清华 公共管理教材

中国公共管理案例
China Case Studies For Public Policy & Management

清华大学公共管理学院中国公共管理案例中心 编著

清华大学出版社
北京

本书封面贴有清华大学出版社防伪标签，无标签者不得销售。
版权所有，侵权必究。举报：010-62782989，beiqinquan@tup.tsinghua.edu.cn。

图书在版编目(CIP)数据

中国公共管理案例/清华大学公共管理学院中国公共管理案例中心编著. —北京：清华大学出版社，2022.2(2024.7重印)
清华公共管理教材
ISBN 978-7-302-59628-8

Ⅰ.①中… Ⅱ.①清… Ⅲ.①公共管理－案例－中国－高等学校－教材 Ⅳ.①D63

中国版本图书馆 CIP 数据核字(2021)第 244778 号

责任编辑：周　菁
封面设计：常雪影
责任校对：王荣静
责任印制：宋　林

出版发行：清华大学出版社
　　网　　址：https://www.tup.com.cn，https://www.wqxuetang.com
　　地　　址：北京清华大学学研大厦 A 座　　　　邮　　编：100084
　　社 总 机：010-83470000　　　　　　　　　　邮　　购：010-62786544
　　投稿与读者服务：010-62776969，c-service@tup.tsinghua.edu.cn
　　质量反馈：010-62772015，zhiliang@tup.tsinghua.edu.cn
印 装 者：三河市铭诚印务有限公司
经　　销：全国新华书店
开　　本：185mm×260mm　　　印　　张：28.5　　　字　　数：477 千字
版　　次：2022 年 3 月第 1 版　　　　　　　　　印　　次：2024 年 7 月第 5 次印刷
定　　价：78.00 元

产品编号：088919-01

"清华公共管理教材"编委会

编委会主任 江小涓 薛澜

编委会委员 （按姓氏拼音排序）

陈振明 程文浩 邓国胜 丁煌 过勇
胡鞍钢 姜晓萍 敬乂嘉 蓝志勇 李勇
孟庆国 彭宗超 齐晔 苏竣 王亚华
王有强 吴建南 燕继荣 杨开峰 杨永恒
郁建兴 朱旭峰

总　　序

　　党的十八大以来，以习近平同志为核心的党中央高度重视和关心教材建设，提出"用心打造培根铸魂、启智增慧的精品教材，为培养德智体美劳全面发展的社会主义建设者和接班人、建设教育强国做出新的更大贡献"。为全面贯彻落实习近平总书记关于教材建设的重要指示精神，教育部推出多项政策，加快推进课程教材治理体系和治理能力现代化，鼓励高校根据人才培养目标和学科优势，制定本校教材建设规划。清华大学积极响应国家号召，出台多项举措大力推进教材建设，鼓励院系发挥学科优势建设体系教材。

　　教材是学科发展的知识载体和成果结晶。公共管理学科是研究政府及相关公共部门为实现经济、政治、文化、生态和社会发展目标，制定公共政策和实施综合管理行为的学科群的总和。中国公共管理学科的兴起与发展与中国改革开放四十多年的社会实践发展紧密相关，这需要中国的公共管理教育能不断追踪社会的发展和治理的进步。新时代的公共管理学科和教育发展对教材建设提出了更高要求，改革开放以来中国有效治理的伟大成就和丰富实践，也为教材编写积累了丰富的素材。我们要用好改革开放和社会主义现代化建设这座理论和政策研究的"富矿"，借鉴国际治理的经验，结合中国公共管理的丰富实践，编写出有时代特色的优秀教材。尤其是当前课程思政的教学改革，更需要我们将中国的经验提炼总结，讲好中国故事。这方面公共管理教材责无旁贷。

　　清华大学公共管理学院建院二十多年来，在公共管理研究生教育方面坚持开拓创新，不断成长和发展，为培养深入理解中国国情与发展模式、具备国际视野并能洞悉全球治理走势、掌握现代公共管理知识的公共事务领导者做出了积极贡献。作为清华公管"十四五"时期学科发展的重要任务之一，"清华公共管理教材"系列丛书的编写和出版，旨在丰富我国公共管理研究生教育教材建设成果，推出融汇古今中外公共管理理论与实践、体现中国改革开放四十多年发展和治理经验、反映中国特色和时代特征的公共管理教材。我们希望这套教材的出版,能够回应各方面对中国发展模式认知与治理理论创新的期待,服务国家治理现代化对公共管理教育高质量发展的需求,并在课程思政教学设计方面作出探索。

本套教材在编写理念上力求把握好以下关系:一是把握好传授知识体系与反映治理创新前沿的平衡;二是把握好提供中国特色治理研究成果与吸纳国外学术研究进展的平衡;三是把握好学术理论性、现实针对性和实践操作性之间的平衡;四是把握好服务国内外教学普遍需求和体现清华公共管理学科特色的平衡。本套教材在教学手段上适应高等教育多媒体教学、网络化教学的新要求,在出版纸质图书的同时,配套多媒体教学课件、扩充资料、影像视频,采用融媒体形式,实现传统图书出版与新媒体技术的有机结合。本套教材力争做到形式和内容的创新,主要特点是:与学科建设紧密结合,具有特色化、专业性和创新性;与课程建设紧密结合,具有实用性、多元性和前沿性;与学院发展紧密结合,具有高质量、引领性和持续性。"清华公共管理教材"系列丛书的读者对象定位于公共管理研究生层次,包括学术型研究生和专业型研究生(MPA),同时可供公共管理类学科或专业高年级本科生阅读参考,也可供公务员培训使用。

为做好丛书组织编辑工作,我们组建了编委会,邀请校内外公共管理教学和理论研究的著名学者,为本套教材的编写与出版工作提供专业指导,衷心感谢各位专家的参与。丛书编写和出版同时得到了清华大学出版社的大力支持,也表示衷心的感谢!我们将与全院教师及学界同人共同努力,力争将这套教材做成精品,为中国公共管理教育和学科发展尽绵薄之力。

江小涓　薛澜
2022 年 2 月

前　　言

习近平总书记指出："坚持问题导向是马克思主义的鲜明特点。问题是创新的起点，也是创新的动力源。"哲学社会科学必须"坚持以马克思主义为指导，必须落到研究我国发展和我们党执政面临的重大理论和实践问题上来，落到提出解决问题的正确思路和有效办法上来"。案例就是以问题为导向，对真实管理情境中的事件进行客观描述，或基于真实事件和情景进行创作而形成的故事，具有将实践问题理论化、系统化，将高水平的研究、教学与实践有机融合的特点，是提升读者实践能力的重要途径。

改革开放四十多年来，党和政府从"摸着石头过河"的学习思路，一步步认识、思索改革并适时进行调整，中国特色社会主义道路、理论、制度、文化不断发展、完善，在探索我国"实现什么样的发展、怎样发展"等重大战略问题的同时，也为发展中国家走向现代化提供了新途径，为解决人类问题贡献了中国智慧和中国方案。在此过程中，全国各地如雨后春笋般涌现出许多鲜活的政府创新和政策探索，我国公共管理领域的理论与实践不断发生着巨大变革，并取得长足进步。因此，开发扎根于中国大地的、具有时代性和典型性的优秀案例，有效记录中国大地上这些年来的翻天覆地的变迁，梳理方方面面改革实践的成就与得失，用中国概念讲好中国故事，既有助于促进国家治理体系和治理能力现代化建设的经验传播，又有助于传递中国新发展理念、彰显中国特色社会主义制度的特色优势。高水平的案例开发、案例研究，正当其时！

从 2006 年开始，清华大学公共管理学院中国公共管理案例中心陆续精选部分经典案例，出版《中国公共管理案例》系列专辑。2006 年出版完成《中国公共管理案例》第一辑和第二辑，2013 年出版完成《中国公共管理案例》第三辑，其中，第一辑被评为 2006 年北京市高等教育精品教材，第二辑、第三辑广受社会好评并已多次印刷。

本次出版的《中国公共管理案例》，围绕中国改革开放四十多年来的发展、变化，在前三辑案例出版的基础上进行了新的探索，作为案例教学用书纳入清华公共管理教材。全书分为党的建设、政府建设、经济、社会、文教、生态文明六个部分,共计十章,内容涵盖党的建设、国家机构改革、行政审批制度改革、财税改革、区域发展、社会组织发展、社会保障、贫困治理、教育发展、生态文明建设。在每一章中,第一节为概述部分,围绕该领域的主要发展阶段、主要模式和特点、相关国际比较及所形成的中国经验或中国方案等展开;第二节为1~2个典型案例,如深圳改革四十年、个人所得税改革之争、如何办人民满意的教育等,以点带面,呈现改革发展的一个侧面和场景;第三节为案例分析,作者从公共管理的专业视角,运用适当的公共管理理论,选取一两个点进行深刻分析,指导读者较为系统、深入地掌握公共管理知识,从而提高其发现问题、分析问题和解决问题的能力。

中国公共管理事业的发展需要一批有家国情怀、能无私奉献、勇于担当的人。本书是清华大学公共管理学院师生集体合作的结晶,在中国公共管理案例中心的组织下,学院薛澜教授、蓝志勇教授、王名教授、杨燕绥教授、孟庆国教授、王亚华教授、韩廷春教授、李应博副教授、曹峰助理教授、张新助理教授、唐啸副教授等多位教师克服自身教学、科研任务繁重的困难,投入大量的时间、精力与多位研究生共同创作完成。即便如此,由于篇幅有限,在中国改革开放四十多年的大背景下,相对于全国各地自下而上涌现出的众多政府和社会治理的创新实践来说,本书的梳理尚有不完善之处。相信在未来的日子里,中国公共管理案例中心会继续不懈努力,将更丰富更优秀的中国公共管理案例和专业视角的案例分析呈现在读者面前。

清华大学公共管理学院
中国公共管理案例中心
慕玲主任
2021 年 5 月 13 日

目　　录

绪论 ⋯⋯⋯⋯⋯⋯⋯⋯⋯⋯⋯⋯⋯⋯⋯⋯⋯⋯⋯⋯⋯⋯⋯⋯⋯⋯⋯⋯⋯⋯⋯⋯⋯⋯（1）

第一部分　党 的 建 设

第一章　党的建设 ⋯⋯⋯⋯⋯⋯⋯⋯⋯⋯⋯⋯⋯⋯⋯⋯⋯⋯⋯⋯⋯⋯⋯⋯⋯⋯（17）

第一节　立论 ⋯⋯⋯⋯⋯⋯⋯⋯⋯⋯⋯⋯⋯⋯⋯⋯⋯⋯⋯⋯⋯⋯⋯⋯（17）

第二节　典型案例

修武县基层党建民心导向制度探索 ⋯⋯⋯⋯⋯⋯⋯⋯⋯⋯⋯（29）

第三节　案例分析 ⋯⋯⋯⋯⋯⋯⋯⋯⋯⋯⋯⋯⋯⋯⋯⋯⋯⋯⋯⋯⋯（43）

参考文献 ⋯⋯⋯⋯⋯⋯⋯⋯⋯⋯⋯⋯⋯⋯⋯⋯⋯⋯⋯⋯⋯⋯⋯⋯⋯⋯（50）

第二部分　政 府 建 设

第二章　国家机构改革 ⋯⋯⋯⋯⋯⋯⋯⋯⋯⋯⋯⋯⋯⋯⋯⋯⋯⋯⋯⋯⋯⋯⋯（55）

第一节　改革开放以来的中国国家机构改革 ⋯⋯⋯⋯⋯⋯⋯⋯⋯⋯（55）

第二节　典型案例

政府到底该如何瘦身？——记1998年国务院机构改革 ⋯⋯⋯（68）

第三节　案例分析 ⋯⋯⋯⋯⋯⋯⋯⋯⋯⋯⋯⋯⋯⋯⋯⋯⋯⋯⋯⋯⋯（78）

参考文献 ⋯⋯⋯⋯⋯⋯⋯⋯⋯⋯⋯⋯⋯⋯⋯⋯⋯⋯⋯⋯⋯⋯⋯⋯⋯⋯（85）

第三章　行政审批制度改革 ⋯⋯⋯⋯⋯⋯⋯⋯⋯⋯⋯⋯⋯⋯⋯⋯⋯⋯⋯⋯（87）

第一节　改革开放以来的中国行政审批制度改革概述 ⋯⋯⋯⋯⋯⋯（87）

第二节　典型案例

案例一：浙江政务服务网——浙江省"互联网＋政务"

的探索与实践 ⋯⋯⋯⋯⋯⋯⋯⋯⋯⋯⋯⋯⋯⋯⋯⋯（111）

案例二：天津市滨海新区行政审批制度改革的微创新 ⋯⋯⋯（121）

第三节　案例分析 ⋯⋯⋯⋯⋯⋯⋯⋯⋯⋯⋯⋯⋯⋯⋯⋯⋯⋯⋯⋯⋯（131）

参考文献 ⋯⋯⋯⋯⋯⋯⋯⋯⋯⋯⋯⋯⋯⋯⋯⋯⋯⋯⋯⋯⋯⋯⋯⋯⋯（140）

第三部分 经 济

第四章 财税改革 ··· (145)
第一节 改革开放以来的中国财税改革 ································· (145)
第二节 典型案例
    个人所得税改革 ·· (160)
第三节 案例分析 ··· (169)
参考文献 ··· (181)

第五章 区域发展 ··· (182)
第一节 改革开放以来中国区域发展概述 ····························· (182)
第二节 典型案例
    案例一：深圳改革40年 ··· (203)
    案例二：海西经济区协调发展之路 ··························· (211)
第三节 案例分析 ··· (221)
参考文献 ··· (232)

第四部分 社 会

第六章 社会组织发展 ··· (237)
第一节 社会组织发展概述 ··· (237)
第二节 典型案例
    自然之友 ··· (251)
第三节 案例分析 ··· (256)
参考文献 ··· (260)

第七章 社会保障 ··· (261)
第一节 改革开放以来的中国社会保障 ································· (261)
第二节 典型案例
    医疗定价与医保支付方式改革：以金华方案为例 ········ (277)
第三节 案例分析 ··· (291)
参考文献 ··· (293)

第八章 贫困治理 ··· (296)
第一节 改革开放40多年来中国的扶贫工作 ······················· (296)
第二节 典型案例
    案例一：巴东闯出的扶贫道路 ·································· (320)
    案例二：精准识别的政策困惑 ·································· (330)

第三节　案例分析 …………………………………………………………（338）
　参考文献 ……………………………………………………………………（349）

第五部分　文　　教

第九章　教育发展 …………………………………………………………（355）
　　第一节　改革开放以来中国教育发展综述 ………………………………（355）
　　第二节　典型案例
　　　　案例一：如何办人民满意的教育？ ……………………………………（365）
　　　　案例二：中国高考制度 …………………………………………………（380）
　　第三节　案例分析 …………………………………………………………（389）
　参考文献 ……………………………………………………………………（394）

第六部分　生 态 文 明

第十章　生态文明建设 ……………………………………………………（399）
　　第一节　中国改革开放以来的生态文明建设历程概述 …………………（399）
　　第二节　典型案例
　　　　合作共治的流域生态补偿如何推动绿色发展？
　　　　　　——以汀江（龙湖）水污染综合治理为例 ………………………（410）
　　第三节　案例分析 …………………………………………………………（425）
　参考文献 ……………………………………………………………………（441）

绪论

蓝志勇*

自1978年改革开放以来,中国巨变,从一个低收入的发展中国家,一跃而成为经济体量世界排名第二的泱泱大国,走向了世界舞台的中央,成为全球瞩目的闪亮明星。

四十多年的光阴,只是历史长河中短暂的一瞬,但却是一代人全部的金色年华。毛泽东曾经用"三十八年过去,弹指一挥间"描述他从1927年建立井冈山革命根据地到1965年重上井冈山的岁月。那个三十八年,是中国人民在老一辈无产阶级革命家的领导下,经过艰苦卓绝的斗争,建立新中国,屹立于世界民族之林的三十八年。而1978年改革开放以来的四十多年,是一代新人在改革开放的大时代里,从青春勃发上大学、开眼看世界,到改革开放中奋进的中青年,再到两鬓斑白,何尝不也是弹指一挥间。这代人在前人的基础上,驾驭时代的洪流,将青春和汗水贡献给了中华崛起。

建设一个伟大的现代化国家,是一项宏伟的事业,需要代代相传的接力,需要千千万万人的努力。中国人民,将在新时代可持续发展的道路上,依照党中央提出的两个百年的宏伟构想,继续奋进。在这承上启下的历史节点,回顾过往的历程、总结成功的经验、审视前进道路上的不足,对我们继续推进中华民族的伟大复兴事业,具有十分重要的现实意义。

本书集清华大学公共管理学院师生的群力,以清华务实、客观的精神,从公共管理的视角,以案例的方式,回顾和记录这一光辉的历程,总结和提炼经验,寻求继续前进的启示。

公共管理是人类的宏伟事业,是以维护和弘扬公共利益为核心使命的现代科学。它所追求、维护和弘扬的公共利益是一种属于大众的

---

* 蓝志勇,清华大学公共管理学院教授。

宏观社会利益,既包含个体利益,又超越个体利益,寻求发展和维护公众的利益。因为,人是同时具有个体属性和群体属性的高等动物。作为个体,人是社会的基本单元。人的生存、利益、偏好、愉悦是人的行为的原动力,是人的自然的个体属性。一有条件,作为个体的人会自然追求个体利益的极大化。人也是高度发达、有思维理性的群体生灵,懂得利用群体的力量将个体的能力最大化。同时,人还是有情感的感性动物,注重群体的交往和感情生活。这一条,也同样根植于人性之中,否则,就不能解释群体生活中的荣誉、牺牲和忘我的行为。在一个社会中,个体私权过大,容易侵入公共领域,让一小部分人有侵夺大多数人利益,降低社会提供公共产品的能力,造成社会的不公,遏制社会的发展。而公权过大,也容易使国家侵入私人空间,将社会的权力、资源和机会集中在少部分人的手中,一旦他们做出错误决策,容易影响社会公正,压制个体原创力的发挥,限制社会的创新和发展能力,其结果与私权过大殊途同归。公共管理注重的就是在特定历史环境和管理条件下、特定的生产力和生产关系条件下,社会公权和私权的平衡、社会人的个体属性和群体属性的平衡,以达到公共利益的极大化。公共管理所追求的文明,是一种在明确的价值理念的指导下,让社会组织有序,管理有责,工具发达,用文化、理性、规则、威权、交换、协同等方法,来寻求人类生存过程中的矛盾的解决。因此,有学者认为,"公共管理创造人类文明,是人类文明的基石,给人类文明提供舞台"。[①]

  公共管理追求从全景式综合理性的视角,观察和审视经济社会的全面发展。重点关注的是政府组织或其他权威性公共组织如何使用政策工具,推动和协调社会各部门共同努力,推动经济发展和国家建设,普遍性地提高人民的福祉。公共管理既重视经济发展,也重视围绕民生主体进行的社会发展和国家治理体系的发展。党的十八大以来提出的构建现代国家治理体系和能力,推动经济建设、政治建设、文化建设、社会建设、生态文明建设五位一体,综合发展的战略,正是公共管理的学科使命,也是我们编写这本书的研究指向。

  本书并不刻意寻求一定的"模式",而是注重审视经验性的发展路径。因为,模式的要求是同质性和可复制性,往往要求有清楚的概念、准确的变量定义、影响路径、成功或者失败的指数以及不同变量在特定条件下能够提供的对结果的贡献率。中国的改革事业宏大而复杂,多

---

① Waldo, D. The Enterprise of Public Administration[M]. Novato, CA.: Chandler and Sharp Publishers, 1980.

种力量博弈,常常必须应对不同时段不同外部条件的变化,互动和互相影响的过程极其复杂。而且,由于地大物博、文化传承、发展水平和经济条件不一,不同地区用不同方式得到发展,各地在相互学习的过程中,也没有不经过本地再创新就能复制的成功,用"模式"难以表达。比如说广东省的外向型和外力拉动型发展,与温州的个体商贩和弱政府干预的发展不同,苏南的集体经济发展方式也有别于浙江的个体经济发展方式,当年在安徽开始的联产承包责任制,不同的村和县用的都是不同的具体承包方式。这些不同的地区,都用自己的方法在它们自己的文化和历史传承条件下取得了成功,而且成功的结果有很大差异。如果要进行高度概括和抽象,那就是从发展路径来看,可以包括几个重要因素:党的领导、改革开放的政策举措,各地积极性的发挥,社会各界充满激情地学习和创新。这个路径可以用图1表示。

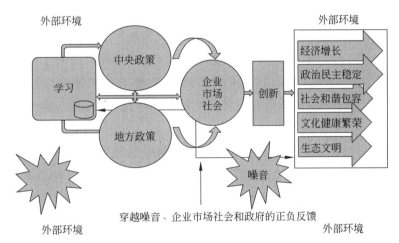

图 1 中国改革开放发展路径图

图中描述了中央政策和地方政策的重要性,企业、市场、社会互动的关键性,创新所达到的发展指标的不平衡性和反馈信息的复杂性。其中,政策通过学习起作用,学习也给发展目标定标准,而反馈的过程带有的噪音,需要有智库协助来过滤、降解负反馈,增强和放大正反馈。回顾中国的近代史,从"开眼看世界"的洋务运动,到戊戌变法、辛亥革命、五四运动、新民主主义革命和改革开放,都记载着我们这个伟大民族砥砺奋发、学习与创新的心路历程。

本书从不同的方面描述了中国四十多年来改革开放的进程,展现了改革开放的宽广画卷。当然,与波澜壮阔的改革实景相比,这只不过是粗略的写意图。但我们希望能通过这样的努力,给中国的改革提供一个注脚,给读者一个窥一斑而见全豹的视点。

文集的第一章是由杨竺松、曾理等撰写的改革开放以来的"党的建设"。党的建设是中国共产党**在马克思主义的指导下领导国家、社会和提高自身生机与活力的理论和实践活动，是中国共产党领导中国人民夺取新民主主义革命胜利、建设社会主义新中国的基石**。中国共产党自1921年成立以来，特别是在1927年井冈山红色政权建立、奠定了党对军事的领导地位以来，率领中国人民披荆斩棘、涉激流、渡险滩，从胜利走向胜利。在这个艰苦卓绝的过程中，有困惑、有曲折，但从来没有过对信念的动摇。在开国领袖毛泽东领导推翻"三座大山"、成功建立新中国、中国人民站起来的基础上，邓小平领导了大规模的改革开放，在多次意识形态的争论中，提倡解放思想，提出建设有中国特色的社会主义这一崭新的命题，指出"把马克思主义的普遍真理同中国的具体实际结合起来，走自己的道路，建设有中国特色的社会主义，这就是我们总结长期历史经验得出的基本结论"。特别是党的十八大以来，以习近平同志为核心的党中央联系群众、不忘初心，继续深化改革，力图补齐党内制度短板，立破并举，完善和健全党的新制度，形成更加成熟、定型的制度体系，带来了党群关系的新风。本书党建与改革方面的案例，就是通过对案例的解剖，对宏大的改革事业中发生的有代表性的故事进行的描述。

由孟庆国、苏冬、薛澜等写的"国家机构改革"一章，叙述了改革开放以来我国党政机构改革的背景、原因、方法和过程，关注点在中央机构。**中国是一个有着计划经济传统的国家，政府对社会的管理非常全面和深入，机构改革的目的是改变政府职能、放活地方、推动市场经济的发展、加强社会管理、保障社会安全、弘扬社会正义，推动经济社会的现代化全面发展**。回顾历次党政机构改革的主题，内容十分丰富。在行政改革方面，呼应党的改革是大政方针需求，改革主题包括分权改革，政府职能的定岗、定编、定机构"三定"改革，适应市场经济的政府职能改革，财税体系改革（分税制的确立），国企改革，金融体系改革，大部制改革，公共服务改革，行政审批制度改革，最新一轮的党政机构综合改革。改革的核心问题一直在围绕六大关系体系——党政关系、党群关系、央地关系、政府与企业的关系、政府与社会的关系和城乡关系展开。需要解决的或者说亟须解决的难题，也深藏在这些历次改革的主题之中。薛澜等学者的研究，从中央政府部门和地方政府两个方面描述和反映了这些改革的努力，提出了许许多多值得我们深思的问题。

孟庆国、首芸云等关注的是行政改革中的一个重大管理流程问题——"行政审批制度改革"。他们对作为改革先锋地带的广东顺德、浙江和天津滨海新区等案例的调查,使"改革艰难百战多"的历程、改革的努力、方法的创新、各种利益的博弈跃然纸上。案例揭示了许多改革过程中碰到的问题和难点,为继续深化改革提供了正反两方面的经验。案例特别关注了网络时代的新技术使用,别开生面,这也是国家治理体系现代化改革继续努力的方向。

由张新、谢梦雨、韩廷春等写的"中国财税改革概述",记录了中国政府财税改革的历程。财税体制的改革是中国政府改革成功的关键。改革开放伊始,财税工作就被提上了中央工作的日程。核心点是突破计划经济条件下的传统财税体制,走向具有市场吞吐能力和管理能力的新税制,既要保证市场的活力,又要保证国家的税收,还要逐步提高税制的弹性能力、经济发展的促进能力、公平公正能力,并有效降低税收成本。牵涉的重大利益群体包括中央政府、地方政府、企业、社会组织、家庭和个人,甚至海外人士。当然,财税改革是行政改革中浓墨重彩的一笔,也是牵动各方核心利益的改革,往往有多方博弈,有观念的、制度的、利益的和方法的博弈,需要慎之又慎。本章的所得税改革案例,就是多方讨论与争议的一个注脚。财税体系本身就是需要随着经济的发展不断变化的体系,但最基本的财税制度的确立,也需要大量的研究工作,是一个没有止境的改革领域,预算改革、中央地方财税关系调整、地方税改革、房地产和所得税改革、非营利性社会组织的税收改革等领域还有巨大的改革空间。

李应博、李淳等撰写的"中国区域发展概述",从一个独特的角度讨论了中国的区域发展问题。在区域发展初期,区域内城镇较少,空间结构比较简单,经济发展以地理环境和自然资源为依托。但是,随着工业和城市化发展的扩大,资源开放规模越来越大,资源枯竭、环境污染加重、地价上涨、劳动力价格提高、区域发展不平衡、人口流动加强等现象的出现,区域发展的挑战就更加多元,**区域治理**的概念开始引起大家的重视。区域治理是指政府、社会组织、私人部门、公民及其他利益相关者为实现最大化的区域公共利益,通过谈判、协商、伙伴关系等方式对区域公共事务进行集体行动的过程。人们意识到,区域的发展,不仅仅是经济问题,也不是一个简单的自然增长过程,与国家行政体系和治理方法有极大的关系。特别是在迅速城市化的过程中,城镇的发展与区域发展高度相关,也需要不同行政部门协调经济组织、社会组织和各利益团体共同治理,与跨界(域)治理(Trans-border Governance)、都市及区域治理(Urban and Regional Governance)等概念高度相关。中国改革开放的四十多年,见证了这一区域发展的过程。作者描述了中国在改革开放的过程中,先沿海开放,后西北开发,再推东北振兴和中部崛起,逐步和有序地推动区域发展的过程。他们用深圳和福建海西经济区两个案例,生动叙述了中国改革开放推动区域发展过程碰到的阻力、观念的博弈和具体困难的克服,生动描写了改革者如何以杀出一条血路的勇气,推动改革,取得成就。他们也在总结经验的基础上,提出未来的挑战和继续努力的方向。

董俊林、王名等撰写的"中国社会组织发展"回顾了中国社会组织发展的历程,从制度创新,到规范发展,到走向法治。作者认为:党的十一届三中全会实现的拨乱反正是民间组织得以发源的体制起点,作为第三部门力量,社会组织在教育、扶贫、环保等领域发挥着越来越显著的作用。本文用一个典型社会组织"自然之友"的工作过程展现了社会组织的重要性和对社会发展与管理做出的贡献。改革开放四十多年,民间力量随着政府规制的灵活、经济的发展和市场的形成,有了发展奉献的社会空间,为社会的管理和有序做出了贡献。随着社会的进一步发展,这些公益组织的发展应该有更广阔的前景。

杨燕绥、秦晨等写的"社会医疗保障篇"叙述了中国社会保障体系的变革与发展。社会医疗保障体系是国家的稳定器,让人民有安全感,生不惧灾,医有所托,老有所养,是现代国家的一个重要职责,也是一个充满挑战的工作。社会和医疗保障体系的建立牵涉分配与再分配的重大理论问题,在很长的时间内,社会福利是一种权力还是一种特权、覆盖面和保障水平如何等,是理论界反复争论、各执一词的难有共识的问题。在实践中,各国的社会保障水平与本国的经济发展水平相对同步。改革开放四十多年,中国的国家保障体制从中华人民共和国成立初年的有限和选择性保障(公务人员、荣誉军人、五保残障等)到一定程度的全覆盖,用短短的几十年走过了资本主义国家走过的漫长的过程,取得了重大的变化。文中还用金华地方政府的社会保障和医疗改革的案例,描述了这一过程的复杂性和艰巨性。在经济发展大踏步接近发达国家水平的过程中,中国的社会保障和医疗体制的改革,还需要在理论上、实践上和社会文化心理上做大量的工作,制度建设和文化建设也面临极其艰巨的任务。2018年党的十九大报告提出"全面建成覆盖全民、城乡统筹、权责清晰、保障适度、可持续的多层次社会保障体系"的目标和任务,本次新冠疫情的全社会动员和医护人员在一线的艰苦努力,加上中国老龄化社会的加速,使我们深深感到,中国在这个领域的工作依然是方兴未艾。

王亚华、刘贤春等写的是中国扶贫工作概述。扶贫工作虽然艰苦卓绝,要与贫困、愚昧和艰苦的环境作斗争,汗洒穷乡僻壤,但对于扶贫努力的认识,共识最高,道德诉求也十分明朗。同时,扶贫的成就是一个值得中国骄傲、全世界羡慕、问题和争论少的话题,未来挑战的艰巨度也较弱。众所周知,改革开放四十多年,中国经济建设成就巨大,使7.4亿多贫困人口成功脱贫(2018年联合国标准),占同期全球减贫人口总数70%以上,是全球减贫事业中浓墨重彩的一笔。党的十八大以来,以习近平同志为核心的党中央把脱贫攻坚摆到治国理政的重要位置,提出了全面脱贫的承诺:"到2020年,我国现行标准下农村贫困人口实现脱贫,贫困县全部摘帽,解决区域性整体贫困"及农村贫困人口实现"两不愁、三保障"。中央先后出台了《中共中央、国务院关于打赢脱贫攻坚战的决定》《"十三五"脱贫攻坚规划》(2016)等指导性文件,明确了全面脱贫的指导思想、总体思路和行动指南。党的十九大也将打赢精准脱贫攻坚战作为决胜全面建成小康社会的三大攻坚战之一。全面脱贫也是中国落实联合国《2030年可持续发展议程》的重要一步,体现了中国作为负责任大国的历史担当。联合国副秘书长杰弗里·费尔特曼表示:"中国是世界的榜样,已使数亿人摆脱了贫困,现在正在寻求为其他国家的发展做出贡献。"中国的脱贫战略策略是,中央高位协调推动,在政策议程中优先度高,通过试点进行推广,压力传导与政治动员相结合,注重激发各主体的积极性。虽然现有政策中依然存在贫困标准的定义无法满足可持续扶贫的需要,对贫困内涵认识不足,依然有政策偏差、执行异化、扶贫效果评估不科学、管理工具滞后等问题,但是在党中央的坚定领导下和广大基层工作者的辛勤努力下,到2021年2月25日,习近平主席在脱贫攻坚总结表彰大会上庄严宣告:"中国脱贫攻坚战取得了全面胜利,现行标准下9899万农村贫困人口全部脱贫,完成了消除绝对贫困的艰巨任务,创造了减贫治理的中国样本。"本篇中湖北省巴东县的扶贫和宁夏市精准扶贫政策的落地等案例,是中国扶贫历程的真实写照。

曹峰、张阳阳等写的"中国教育发展"篇也是一份充满时代感的报告,记录了中国教育改革翻天覆地的变化和伟大成就,提供了一幅全景式的从基础义务教育到高等教育改革的巨幅画面。教育改革过程中的争论、博弈、资源获取的困难,一点不比其他领域少,可以说,更为甚之。改革开放以来的教育,特别是高考制度的改革,为中国改革开放和科学技术发展,提供了大量的人才准备,用丰功伟绩来形容毫不过分。同时,我们也应该清楚地认识到,随着国家建设和发展需求,人民对教育的期望值也在不断升高。国家建设成就越大,整体水平提高越快,人民对教育功能的期望就越高,改革的要求也越高,改革的难度自然也就越大。典型案例的题目是"如何办人民满意的教育",答案或许是"永远难以满意",不二的法则是要永远不断努力。在国家现代化发展、全球高科技竞争的新时代,教育的目标是培养世界一流的人才,打造世界一流的科技文化队伍,成为引领人类文明的主力军。从这个标准来看,教育体系还需要更加大踏步地改革,教育的提升和全面现代化,还需要教育科学和国家管理工作者的不懈奋斗。

唐啸等写的"中国生态文明建设篇"别开生面,讲的是传统中国并不熟悉而现代中国必须严肃认真对待的一个问题。长江、黄河、三山五岳孕育了伟大的中华文明,素有华夏中原、地大物博、青山绿水、风景秀丽的美名。虽然时有黄河泛滥、长江洪水的季节性冲击,但感觉上这只是人类对大自然的无奈。没有想到的是,在经济大发展、工业化快速推进、农业现代化种植方式得到推广的过程中,人类对大自然的破坏能力也与日俱增。中国开始面临自然环境恶化、水土流失、空气污染、生态失衡的挑战。改革开放以来,走向世界也帮助我们更真切地认识到了可持续发展的重要性。我国环境保护事业也从萌芽起步,历经风雨曲折,得到了逐渐发展,国家环保法制体系不断完善,可持续发展战略稳步推进,中国逐渐成为了全球环境治理的一员主将。保护我们的家园,保护地球,保护人类命运共同体,成为了我们这个时代的强音。在未来的时间里,中国人民在生态文明建设方面的努力一定也会受到世界的瞩目,就像作者在文中所期望,"美丽中国"的新图景正在徐徐展开。他们的案例"合作共治的流域生态补偿如何推动绿色发展"讲述了这一新概念在中华大地徐徐展开的艰苦过程,也给了我们看到希望曙光的信心。

书中的案例,记录了中国改革走向成功的历程,也描述了中国改革的艰辛和不易。前进的每一步,都有创新的努力,也时有困惑、担忧和阻力。四十多年的改革开放,开拓了中国人民的视野,为中国人民解决了温饱问题,让中国人民开始在小康的水平上,在工业化、城市化和现代化的道路上迅跑。同时,过去遗留下来的贫困、落后、陈旧观念和改革开放过程中扩大了的贫富悬殊,也使得一些矛盾更加凸显,成为了新的改革和社会管理挑战的焦点,是过去单一经济发展的道路无法解决的问题。从描述的故事来看,虽然改革在各个方面都取得了成就,但不少还远远没有到位。在党的建设和党政领导制度改革方面,还需要构建现代化的治理体系,保证国家的高效运转和长治久安;在财税金融和区域发展方面,更合理的税务体系和城市群发展,是人民高质量生活的基础;在社会组织发展、社会保障、医疗、教育、生态文明等方面,以民生为本的社会管理体系建设,正需要全面展开。党的十九大提出新时代的中心工作任务是解决人民日益增长的美好生活需要和不平衡不充分的发展之间的矛盾,亟须破解的难题是在可持续的经济发展条件下推动民生领域的重大变革,也就是中国特色的社会主义国家分配与再分配政策的合理制定和有效实施。世界上许多老牌帝国主义和自由资本主义的发达国家,有几百年的工业史和相当高水平的人均GDP产出,也有不少美好的国家理想和口号,但在民生方面的问题依然众多,迟迟难以妥善解决。这中间一个重要的症结,其实深藏于政治体制之中。中国的政治体制基础是社会主义的指导思想,是人民的政权,有解决这一问题的意识形态的优势。但具体落实在操作中,依然充满着挑战。虽然我们四十多年来一直在努力,但继续深化改革的难点依然环绕着理顺六大关系的努力:党政关系、党群关系、央地关系、政府与企业的关系、政府与社会的关系和城乡关系。

首先,党政关系的改革亟须推进,这是党的十九大后党政机构综合改革的重要命题。中国独特的社会文化、政治传承、经济体系、新民主主义革命和社会主义建设的历程都清楚地表明,中国共产党的领导,是中国人民站起来和富起来的不二选择。井冈山时期就确定的党的领导地位的理念,在历届领袖的意识中,从来就没有动摇过。但是,在高度发达的现代国家和现代经济体制内,组织程度高、组织网络丰富、知识流量巨大、专业分工程度高,如何有效实施党的领导,既有宏观决策,又有微观领导,其实不是一件容易的事情。回顾改革开放的历史,我们发现,在巨大的改革浪潮中,党的工作受到了相当的冲击。一种情况是党被放在一边,被政取代;另一种情况是党的领导从事政的工作,忽视党的建设和自身的学习和能力的提高,事实上弱化了党的领导。党的十九大报告认为,现有的一些领域党的机构设置和职能配置还不够健全有力;一些领域党政机构重叠、职责交叉、责权错位;一些政府机构设置和职责划分不够科学,职责缺位和效能不高;一些领域中央和地方机构职能上下一般粗,权责划分不尽合理;基层机构设置和权力配置有待完善,组织群众、服务群众能力有待提高;群团松散;事业单位定位不准、职能不清、效率不高;一些领域权力运行制约和监督机制不够完善,滥用职权、以权谋私等问题仍然存在;机构编制管理科学化、规范化、法制化相对滞后,编制管理方式有待改进。

党的十八大以后,习近平同志在对"两学一做"学习教育的重要指示中强调:"要针对新情况新问题严肃党内政治生活,以改革创新精神补齐制度短板,真正使党的组织生活、党员教育管理严起来、实起来。"随着世情、国情、党情的深刻变化,党内法规制度中存在的不配套、不适应、不协调、不衔接、不一致等制度短板日益凸显。在信息化、智能化条件下,经济、社会、政治和文化等各个方面发展呈加速状态,由此带来国内外、党内外新问题新情况层出不穷。但是制度供给短缺或不足,制度和法规滞后于现实,某些领域和方面实践走在了制度前面,致使一部分社会关系得不到适时、适度和适当的调节。制度短板还表现为党内制度体系不健全、结构不合理、缺乏操作性。习近平同志曾指出:"我们的制度有些还不够健全,已经有的铁笼子门没关上,没上锁。或者栅栏太宽了,或者栅栏是用麻秆做的,那也不行。"

另外,基层机构设置和权力配置方式有待完善,在组织群众、服务群众、领导社会组织方面,党政关系的综合改革,理顺管理制度体系,保证政治领导与高效行政的有机结合,是需要高度智慧和专业化能力的挑战,也是建设现代治理体系的关键步骤。

对此,《习近平首论补齐党内制度短板》引述习近平同志在2014年5月9日参加河南省兰考县委常委班子专题民主生活会时的讲话说:"我们的制度不少,可以说基本形成,但不要让它们形同虚设,成为'稻草人',形成'破窗效应'""很多情况没有监督,违反了也没有任何处理。制度短板还表现在对旧制度更新缓慢,更新的步伐跟不上时代节奏,"面对三年左右就会出现一轮更新周期的现代信息社会,我们有些党内制度十年,甚至几十年不变化不更新不换代""结果造成新制度没有,老制度无法执行"。党内法规制度的公信力、约束力弱化,损害了党和政府的威信,造成很多人想干事又不敢干或不知道如何干或干不成的懒政现象。必须以改革创新精神,立破并举,完善和健全新的制度,形成更加成熟、定型的制度体系。

第二个改革亟须面对的问题是如何在组织机构设置、组织运行规则和组织行为管理上克服行政官僚的中梗阻——懒政、惰政、畏政、诿政、揽政、乱政等不作为的现象,将权利、资源和人才下沉,做到责权相配,言行一致,急民之所急,患民之所患。

行政"中梗阻"指的是上面有政策,下面有需求,但梗在中间,政策不能执行下去,问题也上不来,影响政治领导意图的实现。"中梗阻"是组织理论中的一个经典问题,它的别名是"官僚行为"。经常,一些有十年到二十年工作经验的中层人员,过去的、老的工作方法驾轻就熟,升迁无望,新的东西不愿意学,多的工作不愿意干,很自然就形成一种政策执行的阻力,需要靠改革的推动进行治理。也有中层管理体系经过一段时间运行,结成一定的板块,形成自己的运行规律方法和利益,难以改变。还有,传统上按照苏俄体系设定的行政管理体系,部门立法、政出多门、碎片化管理,经过长时间运行,互相冲突,成为了"中梗阻"的温床。虽然经过多次改革,但做增量的多,机构并拆多,而实质性的深度体制机制改革不足。当年邓小平在《党和国家领导制度的改革》讲话中批评的兼职过多无力管辖和副职太多,互相推诿、形式主义等现象,也是反反复复,形式多变,是不作为和没有时间作为的一种梗阻。传统上,我们依靠周期性运动式管理解决这些问题,留下许多漏洞和后遗症。在政治体制改革,提高治理体系现代化能力的过程中,如何通过制度和机制设计、安排好管理和激励制度,使得体制运行顺畅,政通人和,依然是一个亟须解决的问题。

第三个改革依然需要面对的问题是党群关系,也包括政府与社会的关系。这也是习近平同志反复强调的"不忘初心"的问题。立党为民是马克思主义的理论期许,也是中国共产党的核心宗旨。在战争年代,干部战士平等相处,军民同心,艰苦奋斗,迎来了人民的解放和政权建设的胜利。但在长期执政的和平环境中,在巨大的党政体系中,有不少受我们历史上悠久的封建官僚文化影响的官员,开始热衷于官本位、特权、高高在上的荣耀,脱离了群众,使群众对党的信任受到了严重的损害。习近平同志在 2014 年对河南省兰考县干部的讲话中特意提到要注意"塔西陀"陷阱。塔西陀是罗马历史学家,他提到,政府一旦失去了人民的信任,就是讲真话老百姓也不会信。习近平同志指出,我们一些干部,在长期执政过程中离人民渐行渐远,如果这个风气不改变,党的执政合法性就会受到威胁。如何在制度设计上保证干部队伍不享有特权,既保持干部队伍的积极性,保护政权的稳定性,又不搞特权(葛兰西陷阱),促使干部全心全意做人民的事,为人民负责,为人民服务,为民求福祉,在我们继续深化改革、推动党政融合的政治体制一体化的过程中,是十分紧迫的诉求。改造党群关系、政民关系,是克服官僚主义的一项必须完成的任务。组织改造、政策设计、制度监管和文化学习,都是必不可少的手段。宽松和谐的党群关系、政社关系,是国家创新、经济繁荣、人民幸福的基本保障。如何将党的立场与群众的立场有机地结合起来,达到党的立场就是群众的立场或群众的立场就是党的立场的和谐,并在国家的体制、机制里得到反映和实施,是未来深化改革的方向。

第四个改革的难点是现代监察监管制度的设立和运行。本次党政机构综合改革设立了高层次的国家监察体系,是改革监察管理制度的一个重要举措。

现代国家规模庞大、系统复杂、人员众多、专业化程度高。一方面,国家需要极大限度地开源使用人才,放活民间和社会的创造力和生产能力,另一方面用错人才或者工作失误的风险也在不断增大。因此,有效的监管体系是现代国家体系中必备的监察和制衡功能。挑战在于如何设计、配置和管理这一体系,培养优秀的监管队伍,准确、文明、高效地进行司法监管,既能创造宽松、正义、精准的监察体系和环境,维护司法和政策的尊严,又能激励优秀肯干的干部队伍努力工作、创新不断、成就于国。在中国大踏步向市场经济转型的现代社会,这其实是有重大挑战性的难点。

第五大挑战是设计好管理体系,处理好中国的城乡关系,在中国迅速城市化的过程中推动乡村振兴。中国是传统的农业国,有发展空间巨大的农村,是不尽的乡愁和无限美好的乡情的文化源泉。在工业化和城市化的进程中,不少乡村传统农业受到冲击、土地和水资源污染,劳动力和青年人外出,留下衰败和不景气,打工人回村建设的新房,也常常无人居住。20世纪80年代建立的市管县体制,本意是让城市帮助和带动农村,但在发展过程中的实际效果是城市虹吸农村资源和人才,甚至兼并土地,对农村的发展起到了滞阻作用。少数城乡统筹成功的地方要么就是城市兼并农村,要么就是城市补贴农村。除了改革后的一批大农业基地,真正健康发展、靠乡村收入欣欣向荣的乡村不多。这与过去"城乡二元"的制度体系有很大的关系。中国的城市化进程还在进行,而且必然加快。新的政治治理体系必须解决这个现代化过程中的难点,突破现有的行政区划和城乡二元管理的瓶颈,未来在城乡融合发展过程中促进要素的有效流通,互惠互利,有偿资源共享,进入共同发展的轨道,为城市发展的田园化、乡村发展的城市化、区域发展的城市群化,奠定坚实的基础。

第六项需要解决的问题是更高程度的国际化能力建设。在高度全球化和逆全球化同时发生的过程中,中国迅速发展成为了世界第二大经济体,在世界政治舞台上也占据着重要的地位。但中国的国际挑战依然巨大。人均收入水平、工业和科学基础、人才基础、人民素质与其大国地位并不相称。并且,所有的大国文化的规律是对国内民情更了解的政治领袖容易受到拥戴和提拔,更有国内影响力。但大多数的这类干部对国际事务、国际文化和技术的了解往往不足,因为他们的主要精力和思考都在国内。而国际化程度高、了解国际文化、游离于文化之间的干部不容易获得国内文化的认同、支持和信任,容易出现大国处理国际问题的理解和决策失误。作为一个迅速崛起和国际瞩目的大国,要引领世界文明,讲述中国故事,广结善缘,避免无谓的冲突,中国需要制度性地建设国际化的能力,包括对国际文化的了解,对国际政治、经济、社会的了解,对国际竞争力的了解。中国还要在国家治理的体制中提高有强大的制度学习和反应能力,以在纷繁复杂的国际事务中游刃有余,得到更多的国际力量的支持,推动中华振兴。习近平同志多次提到的避免"修昔底德陷阱""金德尔伯格陷阱",指向的就是这个问题。

制度与行为是互相形塑的。这几大关系如果能够理顺,在制度上有合理的对应,经济建设、环境保护、科技创新、城市治理、交通、住房、教育、社保等我们常常认为的难点问题都可能迎刃而解。中国的经济已经发展到了一个可以提供社会安全保障的水平。比如说,合理实施税制改革,保障政府收入,社会公正和提高民间生产积极性;通过精算的方法实施分级诊疗体系,建立全民社会和医疗保障体系;大规模展开生态环境保护教育,加大监管力度,培养有时代问责精神和环境、社会责任意识的新公民。这些大举措,可以跳出许多改革中的细节博弈困境,以"立新"的方式,使旧时代的顽疾不攻自破。

改革开放四十多年给中国带来了翻天覆地的变化,继续深化改革的道路艰苦而漫长。当代中国需要面对的,不是简单的衣、食、住、行问题,而是继续应对当年大清重臣、全球化浪潮的先觉者李鸿章提到的"三千年未见之大变局",按照党中央提出的两个百年的宏伟目标,砥砺前行,群策群力,为人类文明的新形态,提供新样板。勤劳智慧的中国人民,一定能够成功应对历史、当代和未来的挑战,走向更加辉煌的未来。

第一部分

党的建设

党的建设

第一节 立论[*]

  执政党的建设水平与国家治理水平密切相关,执政党建设是中国政治理论与实践中一个十分重要的组成部分。在领导国家治理体系与治理能力现代化的过程中,党中央提出"党要管党""全面从严治党",说明"党的建设"这个命题本身就是中国国家治理方案中的重要"特色"[①]。当今中国共产党是世界上最大的社会主义国家执政党,其领导和影响的地域与人口规模远远多于其他社会主义国家的执政党,因而党的建设具有相当的国际意义。党的建设是中国共产党在马克思主义学说等思想的指导下领导国家、社会和提高自身生机与活力的理论和实践活动。对此,本章将按照先进行历史阶段划分、再对现行机制进行解析的思路,对近几十年党的建设工作进行梳理。

一、历史阶段划分

  改革开放以来,党的建设工作的总目标可以概括为不断提高党的执政能力以及始终保持党的先进性,主线是不断建立健全党的建设制度体系。从1978年12月党的十一届三中全会开启改革开放历史进程到2012年党的十八大拉开中国特色社会主义新时代序幕,以1989年党的十三届四中全会、2002年党的十六大、2012年党的十八大为节点,党的建设可划分为四个阶段。

---

[*] 本节由清华大学公共管理学院助理教授杨竺松、中国公共管理案例中心助理曾理撰写。
[①] 党的建设要靠党自身来领导和推进。

(一) 1978—1989 年：调整思路与重建秩序

1978 年 12 月，党的十一届三中全会在北京召开。这次会议不仅标志着改革开放的开始，也标志着党内秩序重新建立与完善的开始。在这次会议上，前一时期党的建设的历史经验和教训得到了认真总结，马克思主义的思想路线、政治路线和组织路线被重新确立，党中央作出健全党的民主集中制等各项制度的重要决定，选举产生中央纪律检查委员会，邓小平开始成为党的第二代中央领导集体的核心。党中央随后出台了一系列文件，着力完善党的制度建设。1980 年 2 月，党的十一届五中全会通过《关于党内政治生活的若干准则》，作为党章的有力补充，《准则》总结了中国共产党几十年来处理党内关系的经验教训，对党内政治生活的各个方面进行了具体规范，有力地完善了党的制度。1980 年 8 月，邓小平在中共中央政治局扩大会议上作题为《党和国家领导制度的改革》的讲话，其中特别强调了制度建设的重要性："领导制度、组织制度问题更带有根本性、全局性、稳定性和长期性。这种制度问题，关系到党和国家是否改变颜色，必须引起全党的高度重视。"① 1982 年 9 月，党的十二大报告中明确提出"把党建设成为领导社会主义现代化事业的坚强核心"的目标，不仅明确了党在现代化建设中的领导与核心地位，也为党的建设工作指明了前进方向与价值判断标准；会上制定的新党章还规定了党的全国代表大会制度、民主集中制等基本制度。1983 年 10 月，党的十二届二中全会通过《中共中央关于整党的决定》，整顿党的作风、严肃党的纪律，其中强调"经过这次整党，要努力建立、健全和改革党内生活的各种必要制度"②。1987 年 10 月，党的十三大报告中指出"切实加强党的制度建设，对于党的正确路线的巩固和发展，对于党的决策的民主化和科学化，对于充分发挥各级党组织和党员的积极性、创造性，十分重要"③。进一步强调党的制度建设的重要性。报告同时提出在新的历史条件下，"在党的建设上要走出一条不搞政治运动，而靠改革和制度建设的新路子"④，体现出党已经充分认识到制度建设的重要性。

---

① 邓小平.党和国家领导制度的改革[A]//邓小平文选：第 2 卷[C].北京：人民出版社,1994：333.
② 十一届三中全会以来党的历次全国代表大会中央全会重要文件选编（上）[C].北京：中央文献出版社,1997：335.
③ 十一届三中全会以来党的历次全国代表大会中央全会重要文件选编（上）[C].北京：中央文献出版社,1997：485.
④ 十一届三中全会以来党的历次全国代表大会中央全会重要文件选编（上）[C].北京：中央文献出版社,1997：489.

这一时期,党的建设工作得到了恢复与加强,党的制度建设持续推进,初步形成了党内民主制度、党内政治规矩及党的纪律检查制度,有力保障了改革开放的顺利实施,中国特色社会主义道路的开辟,以及马克思主义中国化的推进。

(二) 1990—2002 年:党的建设总体布局逐步形成

党的十三届四中全会后,党中央面对国内外形势的深刻变化,强调不断提高领导水平和执政水平,不断增强拒腐防变和抵御风险的能力,强调党内民主制度,强调将制度建设融入党的建设全局,与思想建设、组织建设、作风建设等有机结合,逐步形成党的建设工作体系。1990年,党的十三届六中全会通过《中共中央关于加强党同人民群众联系的决定》,就群众工作向全体党员提出了具体要求。1992 年 10 月,党的十四大报告中提出:"要进一步发扬党内民主,加强制度建设,切实保障各级党组织和党员的民主权利。"①1994 年 9 月,党的十四届四中全会通过《中共中央关于加强党的建设几个重大问题的决定》,当中提出:"必须进一步坚持和健全民主集中制,特别要注重制度建设。"②1997 年,《中国共产党纪律处分条例(试行)》《中国共产党党员领导干部廉洁从政若干准则(试行)》相继颁布实施,不仅有力地充实完善了党内法规体系,规范了党员、领导干部的从政行为,也标志着党的纪律建设进入科学化、规范化的全新阶段。2000 年,中共中央印发《深化干部人事制度改革纲要》。作为干部人事制度的改革发展的指导,《纲要》指出干部人事制度改革的方向在于通过制度建设防范与克服选人用人上的不正之风及腐败。2001 年,党的十五届六中全会作出《中共中央关于加强和改进党的作风建设的决定》,强调加强和改进党的作风建设的重要性与紧迫性。2002 年,《党政领导干部选拔任用工作条例(试行)》颁布,对有关工作进行具体规范。随后召开的党的十六大对党的建设工作提出了思想建设、组织建设、作风建设有机结合,制度建设员穿其中的明确要求,自此党的制度建设与党的思想建设、组织建设、作风建设并列起来,党的建设总体布局得到进一步调整完善。

这一时期,在国际形势剧烈变化中,国家的内部稳定、改革开放的顺利推进都得益于不断加强和改进党的建设工作。在思想建设上,邓

---

① 江泽民. 加快改革开放和现代化建设步伐夺取有中国特色社会主义事业的更大胜利——在中国共产党第十四次全国代表大会上的报告[J].求是,1992(Z1):2-21.

② 中共中央关于加强党的建设几个重大问题的决定(1994 年 9 月 28 日中国共产党第十四届中央委员会第四次全体会议通过)[J].求是,1994(11):3-9.

小平理论与"三个代表"重要思想成为党的指导思想。

（三）2003—2012年：不断深化到无缝对接

党中央围绕党的执政能力建设和党员先进性、纯洁性建设两个方面开展党建工作，完善党的制度，持续推进党的建设的深入发展和创新。2003年，《中国共产党党内监督条例（试行）》颁布，明确规定了党内监督活动的指导思想、重点对象、监督内容、监督主体的职责等内容，健全完善了党内民主与党内监督制度。2004年，党的十六届四中全会通过《中共中央关于加强党的执政能力建设的决定》，强调加强党的执政能力建设的重点在于改革和完善党的领导体制和工作机制。2005年，《中华人民共和国公务员法》颁布施行，深化干部人事制度改革，进一步朝着科学化、民主化、制度化的方向发展。以民主集中制为重点加强党的制度建设，建立中央政治局集体学习制度；在全党开展以学习实践"三个代表"重要思想、科学发展观为主要内容，保持共产党员先进性主题教育活动，努力把先进性教育活动中的好经验好做法制度化，形成保持共产党员先进性的长效机制。

这一时期，党的建设在实践中逐步形成以加强党的执政能力建设、先进性和纯洁性建设为主线的工作思路，在思想建设上，创立了科学发展观，并成为党的指导思想。

（四）2013年以来：全面从严治党全新时代

党的十八大之后，党中央根据新时期的新要求，全面从严治党成为党的建设工作的鲜明主题。在以习近平同志为核心的党中央领导下，中央全面深化改革领导小组全面统筹部署党的建设工作，从坚持党的领导、全面从严治党、不断提高科学执政、民主执政、依法执政水平等方面展开，坚持政策制定与举措落实并重。全面加强党员对党章等各项党内法规的学习，统一思想认识、牢固树立"四个意识"，全面加强党的领导与党的建设，严明党的政治纪律和政治规矩，维护党中央权威和集中统一领导，落实党的建设政治责任，扭转了一个时期以来管党治党宽、松、软的状况，党的领导体制、决策机制、组织制度、纪检监察制度、干部人事制度、宣传制度等各项制度均取得长足发展，并形成互相支撑的良好态势。党的自我净化、自我革新、自我完善、自我提高能力均得到显著提高，开创了新时期党的建设的崭新局面。

二、继承与创新：当前党的建设工作机制

中国共产党在长期的实践中逐步形成以加强党的执政能力建设、党员先进性和纯洁性建设为主线，党的政治建设、思想建设、组织建设、纪律建设等为主要内容的党的建设工作体系。执政党建设各项工作稳步推进，中国特色社会主义道路、理论和实践持续发展，在复杂变动的国际环境中支持国家取得了巨大的发展成就。

随着经济全球化的不断深化和改革开放的不断深入，中国不仅与世界的联系更为紧密，社会也发生了更为广泛与深刻的变化。为适应这些变化，以习近平同志为核心的党中央坚定推进全面从严治党战略，在既有的党的建设工作基础上，以改革创新精神提出一系列新思想，做出一系列新部署，采取一系列新举措，在多个方面取得了重大进展，理顺了当前党的建设工作的体制机制，提高了党的建设科学化、专业化水平。

（一）更新与完善党的建设工作体系

梳理和修订党内现行制度。党的十八大以来，中共中央先后两次废止和宣布了一批失效党内法规和规范性文件，对新中国成立以来出台的中央党内法规和规范性文件进行系统清理，共从2.3万多份中央文件中梳理出1100余件中央党内法规和规范性文件，废止322件、宣布失效369件。[①] 根据实际情况清理历史文件的同时，党中央制定《中央党内法规制定工作五年规划纲要（2013—2017）》，统筹规划党内法规制定修订工作。先后修订了《中国共产党党内监督条例》《党政领导干部选拔任用工作条例》《县以上党和国家机关党员领导干部民主生活会若干规定》等一系列党内法规与规范性文件，根据现实情况调整党内制度及有关程序，增强制度可操作性、构建科学的选人用人机制，强化党内政治生活的政治性、时代性、原则性和实用性。

细化与创新纪律检查制度。在党内监督方面，党中央根据我国政治行政体制特点，进一步理顺党的纪律与国家法律之间的关系，树立党纪严于国法的工作思路，制定实施《关于组织人事部门对领导干部进行提醒、函询和诫勉的实施细则》，通过细化落实提醒、函询和诫勉制度，改变"违纪只是小节、违法才去处理"的纪检工作形式，对党员干部可能

---

① 中共中央党史研究室.党的十八大以来大事记[C].北京：人民出版社，2017.

出现的一些苗头性、征兆性的作风问题、违纪现象及时进行提醒纠正，将纪律检查工作做在前面、做在源头，使广大党员、干部严格执行党规党纪，遵守国家法律法规。另外，创新巡视监督制度，突出巡视监督工作重要性，使之成为党内监督的战略性制度安排。巡视工作重点在对贪污腐败等违法违纪问题、"四风"问题、违反政治纪律问题等情况进行排查，同时开展灵活机动的专项巡视，针对重点问题为日常纪检工作查漏补缺。自2013年5月第一轮巡视开始，经过先后十二轮巡视，在党的历史上，首次实现在一届任期内中央巡视全覆盖，巡视工作已经成为执政党自我监督的重要手段。

实现党员学习实践活动常态化。十八大以来，以习近平同志为核心的党中央在"思想建党和制度建党紧密结合"思想基础上确立了"依规治党与以德治党紧密结合"的工作思路。一方面，严明党的纪律；另一方面，以主题教育、学习实践活动等为载体，在全党上下强化思想政治教育。先后在全党深入开展党的群众路线教育实践活动，在县处级以上领导干部中开展"三严三实"专题教育，在全体党员中开展"两学一做"学习教育，现在又在全党开展"不忘初心，牢记使命"主题教育。在常态化的学习中，广泛动员干部的党内政治生活重新开展起来，马克思主义理论、党的纪律规范的认识水平达到加深，组织意识、纪律意识得到强化，理想信念得以重塑。同时，学习理论结合对当下中国实际的讨论，在全党范围内统一思想、凝聚共识，形成全面从严治党、全面深化改革的合力。系列学习实践活动之外，中央组织修订了《干部教育培训工作条例》，制定一系列教育培训工作规划，推动这项工作朝科学化、制度化、规范化的方向发展。

（二）全面从严治党，回应群众要求

伴随经济的飞速发展，全社会的物质条件得到了极大的改善，公众对公共服务的要求不断提高。然而，一些掌握公共权力的党政机关，"门难进、脸难看、事难办"，一些党员干部形式主义、官僚主义等作风问题较为突出，奢侈浪费现象严重，设租寻租等贪污腐败现象也层出不穷，由此引起的渎职、滥权等现象屡见不鲜，严重影响了政府公信力与公共服务水平，甚至影响到法治社会的运转，逐步成为群众不能忍受的重大问题，国家政治稳定、社会稳定的不利因素。为回应干部群众反映强烈的这些突出问题，党中央坚决推动全面从严治党，改进党的作风。

（1）**改进党的作风。**党的十八大之后，党中央从八项规定破题，从自身做起，以作风建设为切入口，以上率下，以实际行动展示管党治党

的决心。随后,各级党政机关根据中央八项规定精神,在联系服务群众、规范权力运行等方面制定和修订了一批工作制度和管理规范,强化对作风问题的刚性约束,推动作风建设常态化、制度化。全党上下、各个领域都压缩了会议、精简了文件,减少了迎来送往活动,全面清理了超编配备,压缩了"三公"经费,停建了楼堂馆所……形式主义、官僚主义、享乐主义和奢靡之风等"四风"问题得到有效遏制。高高在上、挥霍浪费、脱离群众的现象得以明显扭转,依法、依规执政、行政的意识显著增强,党风、政风和社会风气为之一新。

(2) **以无禁区、全覆盖、零容忍的态度严厉打击腐败。**习近平同志曾明确指出:"不得罪腐败分子,就必然会辜负党、得罪人民。不得罪成百上千的腐败分子,就要得罪13亿人民。这是一笔再明白不过的政治账,人心向背的账。"①面对严峻的形势,党中央猛药去疴、重典治乱,"老虎""苍蝇"一起打。纪检部门依托巡视制度查找问题线索,先后处理调查线索数百万条,突破了以往反腐工作局限,创新了党的自我监督方法。十八大以来,共有500多名省军级以上党员干部及其他中管干部被立案审查,数十万名党员干部受到党纪政纪处分,有效遏制了多年来腐败多发高发的现象。

(3) **完善干部管理体制,加强日常监督与管理。**中央组织修订《领导干部报告个人有关事项规定》,制定《领导干部个人有关事项报告查核结果处理办法》,规范信息填报、抽查核实、依规处理等有关事项,着力解决领导干部个人有关事项报告后缺乏核实的问题,初步建立了中国特色领导干部个人有关事项报告制度。干部推荐方式与考察办法也逐步改进。在考察对象确定上,要求在广泛谈话调研基础上,结合会议推荐,综合分析确定,以提高民主质量、人选质量;在干部晋升过程中,要求严把干部晋升关口,明确审查档案、核实个人有关事项报告、提取纪检监察机关意见等流程,要求党委书记、纪委书记在人选廉洁自律结论性意见上"双签字",以加强研判、落实责任。同时,对干部选拔任用过程进行全程监督记录,将说情打招呼、跑官要官、拉票等违规情况形成选人用人上的"负面清单",防止领导干部"带病提拔"。颁布实施《推进领导干部能上能下若干规定(试行)》,对干部职位调整的标准、程序、渠道、职责做出规范与明确,以解决领导干部"能上不能下"的问题,推动优者上、庸者下、劣者汰。颁布实施《关于进一步激励广大干部新时

---

① 习近平.在第十八届中央纪律检查委员会第五次全体会议上的讲话//习近平关于全面从严治党论述摘编[C].北京:中央文献出版社,2015.

代新担当新作为的意见》,进一步明确干部培养选拔方向。颁布实施《关于县以下机关建立公务员职务与职级并行制度的意见》,优化基层公务员职务、职级管理体系,有效解决基层干部职务晋升"天花板"问题。种种措施与政策涵盖了干部人事管理的全流程,形成了基本健全的管理体系。

(三)加强基层组织建设,夯实群众基础

中华人民共和国成立70多年来,中国实现了世界历史上最大规模的市场化、工业化与城镇化。在极为深刻、广泛的社会变革下,执政党的执政基础、基层动员能力都受到了巨大的考验。执政党的基层组织扎根基层,直接与人民群众接触,直接为人民群众服务,直接影响群众对执政党的认识和看法,是执政党赢得群众支持、获得动员能力的重要渠道。党的十八大以来,以习近平同志为核心的党中央高度重视基层党组织建设工作,不仅在全党上下开展以为民、务实、清廉为主要内容的党的群众路线教育实践活动,还陆续出台了一系列基层党建政策文件,构建符合当前中国实际的基层党建工作框架,探索从制度、组织等多个方面全面加强党的基层组织建设。

(1) **落实基层党组织建设责任**。任何一项工作在不明确责任、落实责任、追究责任的情况下是不可能有效推进的。一段时间以来,基层党建工作不受重视、没有成效与党组织自身没有对党建责任进行明确、落实与考核有关。明确各级党委(党组)的党建主体责任及有关考核要求,要求主要负责人和其他党员领导干部切实履行从严治党责任。一些地方尝试开展市、县、乡党委书记抓基层党建工作述职评议考核,取得良好效果并向其他组织延伸。数十万名党组织书记聚焦基层党建工作,从问题查找、整改落实、责任厘清等方面向上级党组织书记及基层党员群众代表进行现场述职,并接受监督和评议,使得基层党建动力向下传导、党建责任层层落实。

(2) **加强基层党建投入**。党的十八大以来,在习近平同志"各类资源配置要向基层和基础工作领域倾斜,确保基层党组织和广大干部有资源、有能力为群众服务"①要求指导下,各级党组织逐步树立一切工作到支部导向,大大强化了基层党建工作的投入力度,从加强基层党组织书记培训,提高基层干部待遇,加强基层党组织经费、场地等物质保障

---

① 李志强,刘强.全面从严治党向基层延伸——以习近平同志为核心的党中央抓基层强基础纪实[N].新华社,2017-06-28,http://www.xinhuanet.com//politics/2017-06/28/c_1121227175_2.htm.

等方面较好解决了基层党组织有人管事、有钱办事、有场所服务的问题。另一方面,根据当前社会环境以及改革发展需要,党中央先后修订《中国共产党农村基层组织工作条例》《中国共产党普通高等学校基层组织工作条例》《中国共产党党和国家机关基层组织工作条例》,制定《关于加强社会组织党的建设工作的意见(试行)》等政策,对党的基层组织工作进行细化明确,实现对城市、农村、国有企业、非公有制企业、高校、社会组织等各领域基层党组织的分类指导、分类施策、分类推进。

在城市,针对人口流动性大、就业灵活等特点,总结推广上海等地的经验,以社区党组织为核心,推进街道社区党建、单位党建和行业党建协同发展,1200多万名在职党员到社区报到为群众服务;支持在商务楼宇、各类园区、商圈市场、网络媒体等新型组织形式内发展基层党组织,推动城市基层党组织与基层治理单元相互支持、协调发展。

在农村,创新完善基层党组织设置,向党组织软弱涣散村和建档立卡贫困村选派第一书记,配强贫困地区基层党组织领导。先后从各级机关和国有企业、事业单位选拔出优秀党员到全国10多万个贫困村担任驻村第一书记,实现第一书记"全覆盖";召开全国农村基层党建工作座谈会,推广浙江等地的成功经验,选好、管好、用好农村基层党组织带头人,落实乡镇对村级党组织建设的直接责任,建立健全村务监督委员会工作机制,调整、选拔有经验、有专业技术的干部充实贫困乡镇领导班子,推动精准扶贫、基层治理与基层党建共同发展。

在国有企业,要求把党的领导融入公司治理,将党建工作有关要求写入公司章程,改革领导机制,配备专职副书记,落实党的领导与党组织生活,解决国有企业党的领导、党的建设弱化、虚化、边缘化问题。

在非公企业、社会组织,开展"两个覆盖"专项行动,提高非公有制企业、社会组织党组织覆盖率,解决"一些非公有制经济组织和社会组织党建工作还比较薄弱"的问题;探索发展以园区、商业楼宇为单元的党组织形式,加强社会组织党组织建设及政治领导;出台有关政策文件,建立完善各类非公有制企业、社会组织中的基层党组织建设管理长效机制。

在学校,先后出台政策,推动和完善高校党委领导下的校长负责制,加强新形势下高校思想政治工作,加强院系党组织和师生党支部等高校基层党组织建设;在民办学校、中小学校加强党建工作力度,将党的影响融入办学治校、立德树人的全过程。

(3)**严肃党内政治生活**。党中央修订实施《中国共产党地方委员会工作条例》,制定《中国共产党党组工作条例(试行)》,健全党委(党组)

运行体系,明确党内政治规矩,保障党内民主。各级党组织根据《关于新形势下党内政治生活的若干准则》《县以上党和国家机关党员领导干部民主生活会若干规定》等有关规定,严格落实"三会一课"、民主生活会、组织生活会、谈心谈话、民主评议党员等基本组织生活;恢复和发扬批评与自我批评优良传统,上下级之间开诚布公提意见;积极实践主题党日、领导干部讲党课等创新形式,将党的组织生活与日常工作紧密结合,使组织生活在基层正常起来、实用起来,也使党员认真、积极地参与到组织生活中。规律的党内政治生活不仅加深党员对党的路线、方针、政策的认识,也在基层党组织内营造良好的氛围与风气。

(4) **严明党的纪律**。强调纪律性是马克思主义政党一以贯之的传统。特别是在基层,基层党组织的纪律性直接影响党的各项政策的落实以及人民群众对党的看法。党的十八大以来,基层党组织根据《关于做好处置不合格党员工作的通知》所明确的认定标准、处置程序和政策界限,稳妥有序地处置不合格党员,确保了党员队伍的纯洁性与纪律性。另一方面,根据"对基层干部不作为、乱作为、贪腐以及执法不公等问题,必须坚决纠正、严肃处理"的指示,查处与民争利、懒政怠政等各类案件 3.8 万余件,党纪政纪处分 1.8 万余人。① 同时,党的纪律不仅指国家法律、党内各项规章制度。除了这些刚性的纪律外,党组织在长期实践中形成的优良传统、政治纪律和政治规矩,作为一种传统、一种范式,也应该得到党员干部的尊重与遵守。党的十八大以来,基层党组织换届程序等党内程序受到严格监督规范,要求基层党组织严格遵守党内民主集中制原则,尊重党的集中统一领导,杜绝"村霸"、宗族恶势力等对基层党组织的不良影响,工作成果受到广大人民群众的一致肯定。

(5) **从严进行党员管理**。以"建设一支信念坚定、素质优良、规模适度、结构合理、纪律严明、作用突出的党员队伍"为党员队伍建设目标,规划党员队伍发展,保持党员队伍规模适度,优化党员队伍结构。自 2013 年起,全国党员数量保持适度增长,女性、少数民族、基层及一线工作者党员占比有所提高。同时,根据《中国共产党发展党员工作细则》要求,严格执行培养教育、政治审查等党员发展工作程序,明确责任和纪律,入党申请人、入党积极分子、新党员比例相比之前得到进一步优化,发展党员择优率不断提升。另一方面,着力解决"口袋党员"问题,在全国范围部署开展党员组织关系集中排查,对与党组织失去联系的

---

① 罗宇凡,崔静.全面从严治党向基层延伸[N].人民日报,2017-06-29,http://politics.people.com.cn/n1/2017/0629/c1001-29369921.html.

党员进行规范管理和组织处置,90%的失联党员的组织关系得到重新安排。着力解决流动党员管理难题,重点推进农村流动党员和大中专毕业生中的流动党员管理机制改革,落实流出地党组织跟踪管理、流入地党组织主体管理、有关部门党组织协同管理、街道社区党组织托底管理责任,理顺党员组织关系、管理体系。

(6) **加强与人民群众的沟通联系**。在"以人民为中心"思想指导下,要求基层党组织保持建言献策及评议监督两个渠道的畅通。一方面,打开大门,要求群众参与到基层工作中来,使党的基层工作真正符合群众需求,才能获得群众支持;另一方面,通过基层工作群众评议等创新手段,强化外力推动,让群众参与,请群众监督评判,对党的工作发表意见看法,促进党的工作进一步改进完善。

三、党的建设工作的基本经验

近几十年,中国在经济、社会生活的各个领域都实现了跨越发展,并在这样一场广泛而深刻的历史性变化过程中基本保持了社会稳定。关于中国成功的经验总结与原因分析很多,其中有一点值得充分肯定,就是在中国的现代化建设过程中,中国共产党作为执政党,能够根据形势的变化与发展,在适当的时机领导行政体制与政府管理进行体制改革,比较有效地适应经济与社会发展所带来的各方面的挑战,同时推动和深化党的建设,形成和完善以政治建设、纪律建设、思想建设、作风建设来保持党的活力、提高自身执政能力。

执政党建设的经验,概括起来,主要有以下几个方面:

(一) 坚持党中央权威和集中统一领导

改革开放初期,邓小平曾在讲话中指出,改革要出成果,党中央必须有权威,"特别是有困难的时候,没有中央、国务院这个权威,不可能解决问题。"[①]江泽民同志同样强调维护党中央权威,他指出这既是巩固党的团结统一的必然要求,又是巩固党的团结统一的重要保证。胡锦涛同志也指出发挥地方积极性同维护中央权威要有机结合起来,各级党组织应始终同党中央在思想上、政治上、行动上保持高度一致。[②] 党的十九大报告提出,党的政治建设的首要任务是坚持党中央权威和集

---

① 邓小平.改革开放政策稳定,中国大有希望.邓小平文选(第 3 卷)[C].北京:人民出版社,1993:319.

② 中共中央文献研究室.十七大以来重要文献选编(中)[C].北京:中央文献出版社,2011:151.

中统一领导。几十年的实践已经证明,在党的集中统一领导下,全党上下才能做到令行禁止,党的行动力才有保证,党的各项方针政策才能顺利落实,党领导人民改革开放、发展国民经济等各项目标才有可能实现。

(二) 坚持党要管党、从严治党

从严治党就是高标准、严要求地对党进行治理。中华人民共和国成立后,党中央通过成立纪律检查委员会加强对各级党组织、党员干部的监督管理。改革开放之初,面对党内存在的一些问题隐患,党内开展"整党"活动,调整重建纪律检查工作,严肃党的纪律。"从严治党"正式出现在党的文献与党的建设过程中,并在党的十四大被写入党章。党的十八大以来,党中央坚持一严到底,全面落实管党治党责任,突出执政党作为政党的政治性,强调党的政治纪律与政治规矩,推动全面从严治党向纵深发展。实践证明,正是由于不断贯彻从严治党要求,中国共产党才能在剧烈变化的内外部形势下,复杂的执政环境中,基本保持党的纪律性,有决心与能力进行自我革命,以改革创新精神推动党的建设,更好地应对改革发展过程中的各种风险与考验。

(三) 坚持思想建党与制度治党紧密结合

强调理想和纪律是中国共产党一以贯之的优良传统。毛泽东在古田会议决议中最早提出在思想上建设党的理论。党的十一届三中全会后,邓小平在对"文化大革命"的深刻反思基础上提出了党和国家领导制度改革的问题,认为制度问题是根本性、全局性、稳定性和长期性的问题,关系党和国家的前途命运。随后几十年里,党中央组织了一系列学习实践活动,建立了一系列党内规章制度,思想建设与制度建设成为党的建设重要内容。当前,以习近平同志为核心的党中央根据前一时期的经验教训以及新时期党的建设工作面临的突出问题,提出了"依规治党和以德治党相结合"的工作思路。一方面依靠学习实践活动,加强党性修养教育,使党员干部坚定理想信念;另一方面也依靠严明党的纪律与制度,约束和规范党组织的运行、党员干部的行为。历史经验与当前实践表明,只有以党的理想信念宗旨、优良传统作风为引领,以严明的党内纪律与规矩作保障,二者刚柔并济、相辅相成,才能确保实现全面从严治党目标,更好地建设与锻炼一支先进性与纯洁性并重的党员队伍,不断提升党的执政能力。

(四) 坚持人民立场,密切联系群众

人民性是马克思主义最鲜明的品格,中国共产党作为马克思主义执政党,人民立场是党的根本政治立场。中华人民共和国成立之初,毛泽东多次强调作为执政党要坚持为人民服务的宗旨,保持密切联系群众的优良作风。改革开放以来,邓小平提出人民是改革开放的出发点与落脚点,提出"三个有利于"标准,将"是否有利于提高人民的生活水平"作为检验改革开放成果的标准之一。江泽民同志在"三个代表"重要思想中论述党要始终代表最广大人民的根本利益。胡锦涛同志指出实现科学发展要始终贯彻以人为本的思路。十八大以来,习近平同志提出"以人民为中心"的思想,进一步强调新时期执政党的建党思路、执政思路的核心理念,以及下一阶段工作的宗旨。一直以来的实践也说明,正是对人民立场的坚持保证了中国共产党作为执政党在领导一系列重大建设与改革开放的过程中始终与人民群众的需求、希望保持一致,从而在社会经济发展取得巨大成就的同时,保证了社会的基本稳定。

第二节 典型案例
修武县基层党建民心导向制度探索[*]

党的十八大以来,中国共产党反复强调对于民心与群众的重视,重视党员干部与群众的血肉联系。2013年4月,中共中央政治局会议决定,用一年时间,在全党自上而下分批开展党的群众路线教育实践活动。2014年3月,习近平总书记发表"三严三实"讲话。次年4月,中共中央办公厅印发《关于在县处级以上领导干部中开展"三严三实"专题教育方案》,对2015年在县处级以上领导干部中开展"三严三实"专题教育做出安排。

县委作为党的一线指挥部,处于承上启下的关键环节。2014年以来,在拓展和巩固群众路线教育实践与"三严三实"专题教育基础上,河南省焦作市修武县委推出了关于民心导向与基层党建的六项制度建设,包括联系与服务群众制度、解决难题隐患制度、透明决策制度、体现

---

[*] 本案例由清华大学公共管理学院硕士研究生林声巧撰写,指导教师为清华大学公共管理学院罗祎楠老师、蒙克老师和案例中心主任慕玲老师。2016年12月6日至8日,罗祎楠老师、蒙克老师、案例中心主任慕玲与助理徐晨星、林声巧组成调研组,赴河南省修武县对修武基层党建与民心导向制度工作展开实地调研,在此深表谢忱。

党建元素制度、基层干部暖心制度、基层工作群众评议制度,对"民心是最大的政治"进行制度化的探索。

一、风暴初息 来了新书记

位于河南省西北部的修武县,隶属焦作市,历史悠久,是中原古县之一。公元前1046年,周武王伐纣途中遇到大雨,在此驻扎修兵习武,遂更名为"修武"。"修武"之名传承至今已逾3000年,成为中华大地上最古老的地名之一。秦时始设修武县,至今已有2200余年。修武县总面积676平方千米,辖8个乡镇和1个工贸区,共有223个行政村,总人口28万。2013年,修武县生产总值99.96亿元。全县城镇居民人均可支配收入21000多元,农民人均纯收入10000多元,属河南省中等水平。[①]

2014年年初,焦作市委常委郭鹏经组织任命担任修武县县委书记,成为一名副厅级的县委书记。1976年出生的郭鹏,本科毕业于外交学院,后远赴美国波士顿大学求学,攻读比较政治经济学博士学位。博士期间,郭鹏从事关于中国基层政治的研究,在完成博士论文过程中,他与20余位县委书记和相关党建干部进行了访谈。2003年,他获得博士学位,决定归国。

2004年4月,郭鹏在郑州市二七区参加工作,2005年加入中国共产党。2008年,郭鹏担任共青团河南省统战联络部部长、共青团河南省副书记,2011年起兼任河南省青联常务副主席。在丰富的青年工作与基层经验基础上,结合博士期间的研究与学术积累,2009年郭鹏以笔名"鲲水"在人民出版社出版专著《制度之争与制度认同:信息制度论 话语优势 制度绩效》,指出通过制度设计能够弥补信息不对称的缺陷,强化话语优势,提高制度绩效。《中国青年报》《北京日报》《马克思主义文摘》、"复旦大学政治学研究与方法网""共识网"先后对该书进行评论推荐。

2013年4月,郭鹏从团省委调任焦作市工作,任焦作市市委常委、焦作市副市长。2014年3月,郭鹏兼任修武县县委书记。在党的十八大后的反腐浪潮中,修武县前任领导班子成为重灾区,干部们害怕做错事、犯错误,在面对工作时不愿担当。面对干部队伍"人心涣散、士气低沉"的局面,郭鹏上任的前半年,借助党的群众路线教育实践系列活动,

---

① 县情简介[EB/OL]. http://www.jzxw.gov.cn/News_View.asp?NewsID=1232.

对修武县各乡镇及县委县政府各部门进行了全面的调研走访。他到修武县下辖的各个乡镇、工贸区与县委部门进行调研,参与乡镇与各单位的党组织生活和民主谈心会,与基层干部进行了多次谈话,对于基本县情与各部门工作状况进行了解。

在了解基本县情与工作情况后,郭鹏认为修武的问题核心在"人心",特别是"干部的心"。在以往的经验中,经济工作是"新官上任"紧抓的一项内容,而面对修武的现实问题,郭鹏决定将党建作为工作起步的重要抓手。

在进行党的群众路线教育实践活动过程中,郭鹏产生了"一定不要走过场"的想法。郭鹏认为,"党建是真正的中国特色",能够提高干部队伍的凝聚力和向心力。但在现实中,党建工作却遇到许多问题,例如表面学习但内心却有逆反心理、党建缺乏自豪感等。由于没有真正将党建的逻辑落实到党群关系上,在操作上,干部的价值导向常常产生偏差,包括常常出现"以上级为导向,以媒体为导向,以形式为导向,以招商为导向"的情况,但真正缺乏的也是真正需要的,是以"民心为导向"。

围绕"民心向背",郭鹏提出党建创新思路中重点掌握"民心""制度化""人性""务实"及"跨界"五大关键词,认为民心是最大的政治,要将工作方法制度化,同时制度设计应重视符合人性,能够务实解决问题,并运用现代哲学社会科学研究成果,对中国共产党基层治理与党建工作进行改进。① 郭鹏认为,制度不仅仅是形式上确定,更要可执行可操作,需要考虑到制度背后复杂的人性。在修武的干部队伍中,绝大多数都是修武本地人,本能地对于家乡充满热爱,而制度创新就应该激励干部们努力。

2014年8月,修武县委召开"解决群众路线难题隐忧和建议第一次会议"。② 据时任修武县常务副书记贾顺利介绍,在调研过程中,郭鹏书记发现许多制度没有办法落实,为了能够更加简练而务实,经过半年多的调研、讨论和设计,修武县首次提出"践行群众路线五项长效机制",包括政治生活常态化(务虚会)制度、解决难题隐患和建议制度、乡镇党政班子民心向背评议制度、经济社会发展中体现党建元素制度、群众路线专项整治制度。

---

① 据现场调研访谈资料整理。
② 坚持民心导向 践行群众路线[EB/OL]. http://www.jzxw.gov.cn/news_more.asp?lm2=1032.

二、新政初兴 何以聚人心

2014年8月,修武县召开"全县解决群众路线难题隐患第一次会议",会议决定成立解决难题隐患和建议办公室(临时机构),由县政府常务副县长、县委办主任牵头组成,组建县—乡—村三级社情民意收集网络,对群众难题隐患和建议进行收集、整理和报送。收集主体包括各级党委、基层党总支、党支部及相关政府部门和群团组织,形成全覆盖的社情民意网络。解决难题隐患和建议办公室对报送的难题进行汇总梳理,建立台账,分析研判,按照县委五大班子领导分工与部门职责进行分解转办,涉及多部门单位的上报县委。办理过程由解决难题隐患和建议办公室督办。每季度一次"敢于担当解决难题隐患和建议工作会议",总结各部门解决难题隐患和建议的情况,并以"民心礼包"的形式通过县电视台、县政府网进行公示与宣传。解决难题隐患制度示意图见图1-1。

群众的心暖了,还需要振作干部的心。2014年,初来乍到的郭鹏面对"提不起劲"的干部队伍,着力于以党建解决。郭鹏认为只有干部的心暖了,才能做好服务。2014年年底开始,在县党委宣传部带头推动下,党员干部在工作期间一律佩戴党徽,主动亮明党员身份。党徽由县委向全县所有党员发放,并采用了磁铁吸附式设计,避免损坏衣物,方便佩戴;办事大厅服务窗口摆放"党员示范岗"标牌,体现党员身份;办事处墙上醒目设置"人民至上,共产党好"标志,并向群众发放印制有党徽标志的便民手册;开展党员志愿服务活动;乡镇村内党员户在门口体现党员家庭标志。

在推行之初,体现党建元素的要求受到来自方方面面的许多质疑。许多基层干部表示不理解,一些干部回忆,"起初真的觉得在走形式,重表面,戴个党徽能有什么作用"。表面上虽然按照规定执行,内心仍然不以为然。

但习惯一旦养成,体现党建元素制度就体现出对工作的积极影响。许多党员表示戴上党徽"成为一种身份的标志,很重视"[①]。在与其他地方县委的交流学习中,佩戴党徽的作风在河南省内的其他地市得到了推广。

---

① 据现场访谈资料整理。

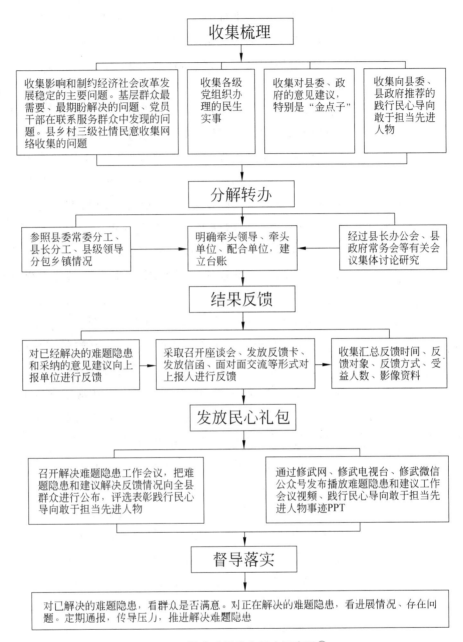

图 1-1 解决难题隐患制度示意图①

在体现党员身份之外,郭鹏还希望改变当地干部在队伍动荡中形成的谨小慎微、不愿担当的风气,更希望能够凝聚队伍人心。2014年年底,在原有的党组织政治生活务虚会基础上,由县委组织部带头实行基层干部暖心制度,对基层干部,特别是普通干部,从思想、政治、工作和

---

① 河南省社科院. 围绕民心导向加强基层党建的制度化探索.

生活等各个细节上提供关怀、激励与帮扶。每月举办各级干部暖心会，及时为党员干部排忧解难，解决党员干部在各方面所遇到的困难，解决其工作的后顾之忧。此外，修武县从2015年开始每季度开展"践行民心导向、敢于担当先进"人物评选活动，并通过组织考察对获奖干部择优提拔重用。打破"少数人选少数人"的干部选拔机制，树立对于干部的评价标准，激发党员干部干事创业的决心和动力。

现民政局局长张利敏，就是在"敢于担当"评比中获得荣誉的优秀基层干部之一。2014年，在一家重点企业办理贷款过程中，由于银行所需材料需要多个部门反复审批，而各部门间手续又互为前置，部门之间相互推脱，不愿承担涉及大笔资金的重大责任。眼看着企业因为贷款困难濒临破产，时任房管局局长的张利敏在反复确认手续材料无误后，在其他部门扯皮推诿的过程中，支持由房管局首先出具相关证明，帮助该企业获得贷款。随后企业补齐其他部门手续，成功获得资金支持渡过难关。张利敏积极主动帮助地方企业绝处逢生，获得了县委的肯定与支持，并因为这一敢于担当的作为，获评首届"践行民心导向、敢于担当"的干部荣誉。[1] 至2016年12月，修武已有39名党员当选先进人物典型。愿干事、能干事、敢干事成为修武县基层党员干部的自觉追求。

基层干部暖心制度还强调对于干部的内在激励。同为2015年"敢于担当"先进个人的城关镇党委书记李新峰在获奖之后收到了一份特殊的礼物。他的父亲李安平在家中收到了来自县委书记郭鹏的亲笔贺信。在信中，郭鹏书记对李新峰的个人表现予以了高度肯定，并感谢其父亲为国家和人民培养了好干部。信中写道："这些成绩的取得，离不开您作为父母的付出。您的生日可能来不及送上祝福，您身体不舒服可能来不及床前尽孝，但您从来都是无怨无悔地给予莫大的理解与支持。"这样的精神激励的意义远远大于物质激励。李新峰表示，"对我来说，父母的肯定，比我拿了几千块钱还高兴"。这一制度在基层得到了进一步的拓展，各乡镇党委在当地都举办了相应的评选活动。五里源乡在评选中，不仅评出"最美共产党员"，更有"最美媳妇""最美家庭""最美企业负责人"。

基层干部暖心制度得到了中央有关领导的认可与批示。新华通讯社2016年6月30日（第2506期）《国内动态清样》刊登《从县委书记一封信看基层缘何焕发朝气》[2]，刘云山同志批示强调"值得倡导"，时任中

---

[1] 据现场访谈资料整理。
[2] 据当地提供材料《中央领导批示及媒体采用稿件》整理。

央组织部部长赵乐际、副部长陈希批示落实。

三、民心导向 干部由群众评议

创新组织内部激励模式的同时,为实现"民心为导向",修武县还重视外部激励的制度探索,基层工作群众评议制度应时推出。2015年2月,这项制度在城关镇与云台山镇进行试点推行,对乡镇与村级领导班子围绕"民心导向"进行评议。李新峰所在的城关镇,正是评议制度试点的两个镇之一。城关镇是临近修武城区的较大的一个镇,而云台山镇是修武的知名景区,都具有一定的典型性。李新峰表示,在初接到这一任务时,"心里实在没底,不知道群众心里是怎么想的,也不知道会来多少人"。

这次基层干部群众评议由县委组织部牵头负责,以群众评议为主体,分为"群众评民意""党员评表率"与"组织评党性"三个部分。[①] 在城关镇的试点中,由群众对村委班子和镇党委班子进行评议。评议前,以各乡镇为单位制定方案,明确评议时间并以书面形式提前一周告知村民,镇村两级党委进行宣传和动员。评议当日,村民各户派出一位代表到村党员活动处参与评议,村委班子成员逐一向村民代表进行现场述职,乡镇党委班子则通过视频录像述职。出乎李新峰与其他干部意料的是,群众的参与积极性非常高,参与率超过了县委组织部所要求的90%。同时,投票结果显示群众对镇村党委班子的满意度也达到了83.9%,在两个镇的试点中还收集了群众难题28条。

试点的成功让郭鹏与县委班子更有信心在全县范围内推行这一制度。2015年8月,基层工作群众评议制度在全县进行推广实施,除原先试点的两个乡镇采用抽样民意调查外,其余乡镇均采用民主评议方式对乡镇与村两级党委领导班子进行评议,并安排之后每半年进行一次评议。

2016年1月,修武县举行了第二次群众民主评议。县委组织部对此次评议进行了详细的方案制定与部署,在原有的乡镇与村两级评议基础上,加入了对于县委班子的评议。村级班子成员在评议现场对群众进行现场述职,乡镇班子采用播放录像的形式,而县委书记郭鹏则代表县委班子在修武电视上进行述职,主要围绕这一年中围绕民心导向所进行的工作,向群众进行报告,通过县电视台提前一周在全县每日定

---

① 修武组织部(2014年58号):《关于开展农村民心向背评议活动的意见》。

时滚动播出。郭鹏书记表示,在电视上述职与向市委述职有一定的差别,电视上所说的要更加简要直白,也要更贴合群众的诉求。

除了"群众评干部"之外,同时进行的还有"党员评表率"与"组织评党性"。与群众评议相似,"党员评表率"由村党员大会以无记名投票方式评议农村两委班子和干部,"组织评党性"由各乡镇党委扩大会议,包括乡镇党委班子成员、机关干部、部分党代表、人大代表与政协委员参加,由各村党支部书记与村委会主任进行述职,由乡镇党委书记进行点评,由参会人员进行集中评议。

接受述职后,村民代表在投票处依次填写评价票,以无记名形式投票。评价内容①包括"您对县委、县政府2015年围绕民心导向履职情况的整体评价""您对镇党委政府2015年亲民爱民服务群众的整体评价""您对村两委班子2015年亲民爱民服务群众的整体评价""2016年您最希望县镇党委政府和村两委解决的问题"。除最后一项自由填写外,前三项均有四类评价意见,分别为"非常满意""基本满意""不满意"与"不了解"。

评议结果将进行及时反馈,建立档案向县党委反馈,并在村务公开栏上向群众公布。同时,评议结果将用于奖优惩劣与调整农村干部待遇。② 三项评议满意率中均高于90%的村与村两委干部,采取一定的形式予以激励。有一项低于60%的村两委干部,由乡镇党委书记对其进行诫勉谈话;两项低于60%的村两委干部,给予黄牌警告;三项均低于60%的村两委干部,按照党内章程或《中华人民共和国村民委员会组织法》予以撤职或依法罢免。同时,评议结果还与农村干部待遇挂钩。农村干部工作补贴中分为基础补贴与绩效补贴,依据评议结果将工作分为优秀、称职、基本称职、不称职四个等次,对绩效补贴进行从"加发"到"不发"的比例分配。对于乡镇干部,评议满意率低于50%的,给予乡镇领导班子黄牌警告并实行跟踪管理;满意率低于30%,在评先评优活动中实行"一票否决"。

基层工作群众评议制度示意图见图1-2。

群众的参与热情十分高涨。据城关镇书记李新峰回忆,2016年元月评议的当天,修武下起了大雪,甚至原先布置用于评议的场地有了积雪。原以为群众的参与率会受到严重影响,甚至做好了改期的打算。但大雪并没有影响群众的参与热情,出席比例甚至高于2015年的第一

---

① 据现场材料《群众评议票》整理。
② 修武组织部(2014年58号)《关于开展农村民心向背评议活动的意见》。

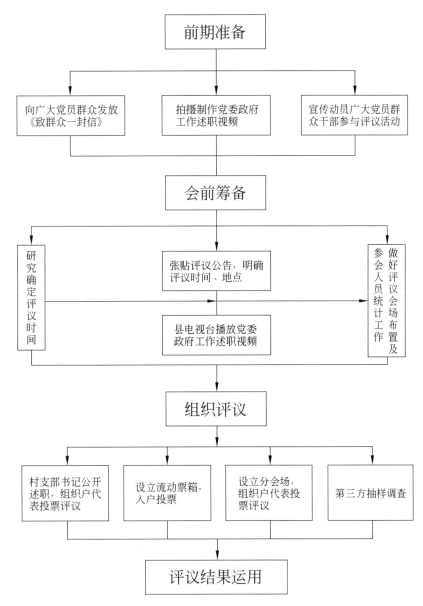

图 1-2 基层工作群众评议制度示意图①

次评议。

在评议过程中，不免有群众意见较大的情况产生。在 2015 年 8 月进行的群众评议中，周庄镇的满意度仅有 69.6%，并有 14.9% 的得票为"不满意"②，位列群众满意率的倒数第一。

---

① 河南省社科院. 围绕民心导向加强基层党建的制度化探索.
② 据现场资料《各乡镇群众评议结果》整理。

评议满意度低迷的周庄镇一直是修武县有名的问题村和上访村。由于周边农地征用拆迁补偿不到位问题，村民与干部之间矛盾重重，还因此发生过多次恶性群体性事件，干群关系十分紧张。在群众评议推行前半年，薛爱玲才从原县财政局副主任调任周庄镇党委书记。在评议推行前，乡镇与村党委对群众进行了动员与宣传，但周庄镇的群众反应冷淡。评议当天，群众的参与率较低，薛爱玲不得不带着投票箱在镇内奔走动员，才勉强满足了参与率的最低要求。然而评议结果，对于初来乍到的薛爱玲而言依然是一次打击。

在各乡镇满意率均高于90%的情况下，周庄镇低迷的满意率显得尤为显眼。这一情况得到了县委的关注。2015年8月的评议后，薛爱玲与组织部进行了多次谈话。由于村情特殊，历史遗留问题多，且到任时间相对有限，县委决定给予周庄镇党委领导班子一定的理解，暂不根据评议结果追究责任，但要求与鼓励其予以整改，四个月后即将再次举办民主评议。在这一巨大压力下，薛爱玲对于民众的难题隐忧进行了了解。针对重点的拆迁补偿与安抚问题，薛爱玲协调各方面资源，极力予以解决。在2016年元月的群众评议中，周庄镇的参与率有了明显的提高，群众投票的满意率更达到92%。

在基层群众评议之外，县委县政府同时委托县统计局经济社会调查队，对修武县内行政与事业单位、村委会与村民及社会各界人士进行抽样调查，对于县委县政府、乡镇党委、村两委的单项工作进行评价，内容涵盖总体评价与单项工作评价，即经济发展、公共设施、环境卫生等单项工作，选项包括"很满意"到"不满意"五级评价与"不了解"。在2016年所进行的首次调查中，共回收300份问卷，对于县委县政府、乡镇党委政府与村两委的总体评价，回答"很满意"的均超过70%，包括"很满意""比较满意"与"基本满意"的总体满意率接近90%[①]，与评议结果基本符合。

考虑到工作任务量与满意率的相对稳定，原定每半年进行的评议制度改为每年年初一次。在县委的带动下，各乡镇继续推出了各乡镇的延伸制度。五里源乡坚持每半年进行评议。由党员代表与群众代表对于村两委领导班子集体、村两委领导班子个人及党员个人进行民主测评。测评结果通过村党员活动部的公示栏进行公示。

2018年2月，修武县召开全县2017年度民心导向评议工作会议，会上播放了市委常委、县委书记郭鹏所作的2017年度工作述职视频并

---

① 据现场资料《群众评议问卷调查结果报告》整理。

现场为与会人员发放评议票,参会人员对县委、县政府 2017 年度工作进行了评议并对 2018 年工作提出意见建议。2017 年度评议工作与 2016 年度相比较,县委、县政府领导班子整体工作评价满意率由 95.08% 提高到 98.13%。其中,2017 年度"党的建设"单项工作以 98.6% 的满意率,在 10 个单项工作评价中名列第一。①

四、制度建设 克服信息不对称

改革的目标是民心导向,首先就应该弄清楚民众的需求是什么。在郭鹏的书中,他提出,需要用制度设计来克服"信息不对称",用制度来提高绩效。②

为更好推动社情民意网络的建立和完善,2015 年 9 月,联系与服务群众制度全面推行。这一制度推动全县党员干部与群众结成对子,形成横纵两张网络。横向网络以统战和群团组织为依托,包括统战、工会、妇联等七家单位 168 名干部,联系 2000 余名服务对象;纵向网络以 86 家县直单位、8 个乡镇与 1 个工贸区,联系全县 187 个行政村 5.5 万户农户,目标是"让每名群众都有一名机关干部亲戚"。同时,县委要求联系党员干部与服务对象每年见面不少于两次,每月电话、短信联系不少于一次。通过党员主动联系群众收集群众难题隐忧,并以县、乡镇、村、管区、组五级网格组织解决群众所面临的难题。在执行中,村两委安排村党员干部与县直部门干部配合联系群众,多重渠道为群众反映信息提供便利。群众大多对于县部门干部信任高于村干部,在需要时更倾向于向县干部反映。县干部再通过向村或乡镇反映,逐级解决群众的难题隐患。

制度推行之初,群众与干部都有一定的情绪。一方面,群众期待干部的联系就是"给政策"或"给资源",在知道联系只是"多一门党员亲戚",许多群众不以为然,甚至大失所望;另一方面,许多基层干部重视程度不足,应付了事的现象仍然存在。

为了防止制度本身沦为形式,县委组织部对各基层党组织收集上报的难题隐患和建议,统一梳理汇总、登记造册,并进行任务分解,明确目标任务、具体单位和责任人、整改措施、时限要求;日常对于干部的联系情况进行不定期的抽查,了解干部与服务对象间的联系情况,并将情

---

① 龚亮,王玉鹏,崔红星.河南修武:以民心为导向筑牢基层堡垒[N].光明日报,2018-03-30(5).
② 鲲水(郭鹏).制度之争与制度认同:信息制度论 话语优势 制度绩效[M].北京:人民出版社,2009:8.

况及时向干部所属部门反馈,要求及时跟进。

县委组织部部长千怀贵认为:"摸清摸透了群众的需求,关键在于解决。"通过严密的长效制度设计,修武县解决了一系列群众反映强烈的问题,包括综合整治60多条背街小巷,打通多条困扰群众多年的"卡脖子路""断头路",建设老年养护中心等。修武县云台山医药公司家属院居民屈小根说:"过去,俺们家属院的道路多年失修,群众出行和孩子上学极不方便。如今,路修好了,困扰我们多年的难题解决了!"①

此外,组织部还组织公开抽查。在2015年年底的难题隐患分析会上,县委组织部邀请媒体作为第三方到场,通过电子数据系统随机抽取号码,直接拨打电话与服务对象联系,核实党员干部与之联系的情况。② 准备抽查前,内部也有不同意见,提出现场随机抽查风险太大,可能出现让领导干部难堪的情况。但在郭鹏书记的支持下,内部尝试随机抽查过几次,有了一定的信心把握后,决定在大会上采用,以提高大家对这一制度的重视。会议当天的抽查相对顺利,多数群众反应较为积极,但也出现了群众反映"流于形式"的情况。

通过密集网络与日常的监督,党员干部与群众逐渐适应这一制度。作为信息联系的渠道,在吸纳与反映民意上显现成效。五里源乡西板桥村长期有土地承包费拖欠的问题,许多村民使用集体土地种植或经营,但拒绝缴纳相应的费用,造成村集体收入流失的现象。西板桥村通过收集民众意见,将这一问题作为重点解决的对象。通过乡、村、组三级网格化的动员,采用党员带头缴纳的方式,成功在15天时间内解决了土地承包费拖欠20多年的问题。在此后的执行中,群众所提出的难题隐患种类更加繁多。在五里源乡西板桥村,群众所反映的问题包括贫困户问题、村内公共设施老化问题、人居环境问题、业余文化生活单调问题等。③ 在每月召开难题隐患分析会后,村委会对本月已收集到的问题与已解决的问题在村党员活动部公示。群众所反映的问题能够及时得到解决与反馈,多数难题隐忧在下月均能得到一定的回应。在难题隐患不断排除之后,个别月份中群众所反映的问题已经是"无"。

联系与服务群众制度推动信息流动顺畅起来,同时起到了防止矛盾扩大升级的作用。2016年7月,七贤镇申国村王某在山东服役期间溺亡,家属就赔偿事宜与部队发生争执,极有可能发生恶性事件。在联络制度的反馈下,七贤镇与民政局及时介入,与武装部门主动协调,促

---

① 龚亮,王玉鹏,崔红星.河南修武:以民心为导向筑牢基层堡垒[N].光明日报,2018-03-30(5).
② 据现场访谈资料整理。
③ 据现场公示资料整理。

使赔偿事宜达成一致,及时解决了可能产生的冲突。①

"新时代新征程,迫切需要党员干部发扬新的'亮剑'精神,点燃敢于担当的激情和梦想。"焦作市委常委、修武县委书记郭鹏说,县里要办的事情很多,件件直接关系百姓。老百姓是最朴实的,也是最认真的。他们就是从身边党员的所作所为来观察党,从自身所在的小区、村庄、城镇的变化来认识党。

为了进一步吸纳民意,2016 年年初,修武县出台《修武县人民政府透明决策程序规定》。作为第一批实行单位之一,县政府规划局在 2016 年 6 月至 12 月期间,依照规定对于三个重大项目方案进行公开决策②,征求群众对于规划方案的意见,包括多渠道的信息公开与多形式的征求意见会。规划局首先将规划方案通过县政府网站、微信公众平台、县政府门口展板与民众聚集较多的文化艺术中心门口电子显示屏公示,并在公示中附上讨论群二维码,鼓励民众参与方案讨论。同时,在县政府与方案施行地召开征求意见会,邀请人大代表、政协委员与网民参与讨论。在元宝山景区建设方案中,通过各渠道征集意见超过 200 条,其中包括对于方案选址、方案设计与规划内容的建议。规划局将建议进行归纳整理后对设计单位进行反馈,要求对方案细节进行修改与微调。

五、成效初显 制度探索与基层治理

制度在实践中不断接受考验。结合河南省社科院的调研与总结,修武县对制度进行整合与调整,提出民心导向六项制度,包括联系与服务群众制度、解决难题隐患制度、透明决策制度、体现党建元素制度、基层干部暖心制度、基层工作群众评议制度。

在六项制度推行逐见成效之后,修武启动了一系列暖心工程,包括家长"暖心工程",组建家长委员会、建立家长社会监督机制、设立服务家长基金等;县委统战部带头继续推动企业家"暖心工程"的实施,为企业家量身定制了"云台绿卡"等 11 项暖心"礼包",通过简化企业办事程序的"两不见面"政策,通过授予企业家荣誉市民称号、提供免费培训、为企业解决实际问题等措施,从经济上、政治上、制度上构建客商进驻修武县的有利环境。河南维科重工机械有限公司正受益于此。企业落地一不需要与乡镇村民见面,由县里干部全面负责协调处理本地关系;

---

① 据信访局现场访谈资料整理。
② 修武县人民政府透明式决策程序规定(试行)修武县人民政府(修政文〔2016〕31 号)。

二不需要与县直部门见面,县里干部全程处理企业落地手续,使得企业能够全力以赴投入生产促进当地经济发展。修武县是河南省内第一个制定并实施该政策的地区,吸引了众多全国行业排名第一的企业纷纷落户修武,形成集群引进的效应。

在六项制度的推行与修武干部队伍的共同努力下,近年来修武在经济社会建设方面发展顺利。2015年,修武县生产总值达到116.5亿元,增长10.4%,增速由多年来焦作地区六县市末位提升到第二位,一般公共预算收入9.81亿元,增长9.1%,地方税收突破6亿元,社会消费品零售总额41.9亿元,增长12.4%,增速位居六县市第一;第三产业增加值40.7亿元,增长9.3%,增速位居六县市第二;固定资产投资150.3亿元,增加18.2%,增速位居六县市第三;新增市场主体2400余户,增长200%①;全县城镇居民人均可支配收入24000多元,比上年增长7.7%;农民人均纯收入13000多元,增长8.6%②。2016年,地区生产总值、一般公共财政预算收入、第三产业增加值、规模以上工业增加值、固定资产投资分别完成124.8亿元、10.4亿元、47.6亿元、57.9亿元、176亿元,地区生产总值增速由多年来六县(市)末位提升到第一位,其他主要经济指标增速也都位居前列③;全县居民人均可支配收入19000余元,比上年增长8.1%,其中城镇居民人均可支配收入25000多元,比上年增长7.2%,农民人均纯收入14000余元,增长7.9%④。2017年,地区生产总值、一般公共财政预算收入、第三产业增加值、规模以上工业增加值、固定资产投资分别完成138.2亿元、11.1亿元、53.5亿元、68.4亿元、198.7亿元;城镇居民人均可支配收入达到28000余元,农村居民人均可支配收入达到15000多元。⑤

修武县成功创建中国长寿之乡、国土资源节约集约模范县、国家农产品质量安全县、国家义务教育发展基本均衡县、全国粮食生产先进县、全国文化先进县、全国医改试点县、全国绿化模范先进县,并在全国率先实施企业家"暖心工程",国内首创"两不见面"全程代办制度和"三位一体"企业项目服务制度,成为中国最具投资潜力特色魅力示范县。2017年9月在京举行的全国社会治安综合治理表彰大会上,修武县被

---

① 徐学智.2016年修武县政府工作报告[EB/OL].http://www.xiuwu.gov.cn/Info.aspx?id=9038.
② 修武县统计局.2015年修武县国民经济和社会发展的统计公报[EB/OL],http://www.xiuwu.gov.cn/Info.aspx?id=9116.
③ 郜方正.2017年修武县政府工作报告[EB/OL].http://www.xiuwu.gov.cn/Info.aspx?id=12391.
④ 修武县统计局.2016年修武县国民经济和社会发展的统计公报[EB/OL].http://www.xiuwu.gov.cn/Info.aspx?id=13062.
⑤ 郜方正.2018年修武县政府工作报告[EB/OL].http://www.xiuwu.gov.cn/Info.aspx?id=14019.

中央综治委授予2013—2016年度全国平安建设先进县称号,并因为连续三届蝉联全国平安建设先进县,首次捧得全国综治最高奖"长安杯"。

教学研讨的参考性问题

1. 初来乍到的县委书记郭鹏为何会采用党建作为工作的抓手,而不是选择履新县委书记经常采用的项目和城建抓手为突破点?你如何评价这一决定?

2. 六项制度之间是什么关系?你认为哪项制度可以继续改进?六项制度是否可能被其他县市采纳?

3. 站在民众、基层干部、市委领导、专家的不同角度,将如何评价六项制度的推行与执行?

第三节 案例分析

从党的十一届三中全会开始,中国共产党的工作重心全面转向以"经济建设为中心"。在党的领导下,中国开启了改革开放的伟大实践。四十多年来,中国不仅在经济建设上成就巨大,社会各个方面都发生了复杂而深刻的变化。中国共产党作为执政党领导了这一复杂、深刻而伟大的变革:对内进行了审慎的体制改革,确保国民经济基本稳定的同时,在原有计划经济体制基础上领导确立了社会主义市场经济的基本规则,在经济、社会的各个层面逐步实现国家现代化;对外领导国家对外开放,积极参加各种国际组织与活动,融入世界。

在这个过程中,中国共产党自身因为经济进一步发展的需要、社会的日渐多元化、区域间竞争、经济与政治上的国际竞争而承受了巨大的改革压力。作为执政党,中国共产党也有其"建党一百年时,全面建成小康社会;到新中国成立一百年时,全面建成社会主义现代化强国"[①]的政治追求。这些压力和追求成为党持续推动改革的动力,促使执政党持续加强党组织建设、不断改进与完善党的领导和执政方式,以更好地参与和领导改革开放进程与国家现代化建设。

修武县的基层党建民心导向六项制度所反映的就是改革开放以

---

* 本节由清华大学公共管理学院中国公共管理案例中心助理曾理撰写。
① 中国共产党章程(2017)(总纲)[EB/OL]. http://www.12371.cn/special/zggcdzc/zggcdzcqw/.

来,基层党组织在党的建设工作中的探索。主要体现在两个方面:一是如何在长期执政的条件下进行党员干部队伍建设,将从严管理党员干部与调动党员干部工作积极性结合起来,建设一支勇于担当、德才兼备的党员干部队伍。二是如何建设与完善回应群众及社会不同利益诉求的长效机制,从而持续密切执政党与社会的关系,提高人民群众对改革开放事业的认同感和参与感,为接下来的改革积累信任与共识。

一、长期执政条件下的党员干部队伍建设

高度重视党的组织建设,强调党组织需具有严格的组织性和纪律性是马克思主义党建学说的传统。中国共产党也历来注重党员干部的培养、管理和教育。毛泽东曾明确指出,"政治路线确定之后,干部就是决定的因素",并提出"才德兼备"的干部标准和"任人唯贤"的干部选拔路线。① 改革开放之初,面对现代化建设的需要,党中央提出干部队伍应革命化、年轻化、知识化、专业化的"四化"干部队伍建设要求,并充分认识到"执政党的党风问题是有关党的生死存亡的问题"②,保持党员先进性为核心内容的党性教育自改革开放开始就是党建工作的重要组成部分。

改革开放的40多年间,作为执政党的中国共产党自身首先经历了巨大的变化。党员规模从党的十一届三中全会时的4000多万增加至目前的9000余万③,人数翻了一倍多,党的组织日渐庞大;与此同时,执政党有践行"以经济建设为中心"的党的基本路线以及应对日益复杂、多元的公共管理需求。这些都要求执政党以高度的组织化来实现有效率的领导和管理。高度组织化在提高效率、满足内外部需求上有正向作用,但是也促使党组织的行政层次日渐分明,领导干部于是从普通党员中逐渐清晰地被分离出来,逐渐形成"关键少数"。

另一方面,与多党制国家政治与行政之间分野明确不同,在执政党长期执政的情况下,执政党的党组织与政府机构紧密地联系在了一起,政治与行政的分野模糊。具体表现在两方面:一是绝大多数政府官员同时具有党员身份,受同级党组织的管理;二是党的干部与政府公务员、国有企业的党员干部之间可以相互流通。这个体系确保了党的领

---

① 毛泽东.中国共产党在民族战争中的地位(1938.10.14)//毛泽东选集(第二卷)[M].北京:人民出版社,1991.
② 陈云.在中纪委第三次贯彻《关于党内政治生活的若干准则》座谈会上的讲话(1980.11)//陈云文选(第3卷)[M].北京:人民出版社,1995.
③ 2017年党内统计公报[EB/OL]. http://news.12371.cn/2018/06/30/ARTI1530343889643695.shtml.

导、党内人才选拔培养的效率,以及执政方针、各项政策的落实。然而,政治的需要与行政的需要相冲突的时候,官员一方面作为执政党党员应该代表民众政治上的要求,另一方面,作为政府的一员也需要站在行政机构的角度处理问题。这样的两难境地中,官员们难免产生"我究竟代表谁"的困惑。

长期执政过程中党组织形成的明确的上下级划分和行政化的倾向固然有确保效率方面的优势,但却不利于执政党保持与社会的良性互动关系。在党的上下层级分明与政府上下级隶属关系分明的共同作用下,进入这个体系的党员干部的绩效评价、人事任免都在体系内进行,党政官员只需对上级负责,只要抓好上级重视的考核指标就能获得不错的职业发展。相对地,社会由于缺乏有效的途径影响官员,其诉求往往难以得到重视。中国共产党拥有 9000 余万党员,无疑是群众性的政党。但这 9000 余万党员中手握权力的一些人却逐渐与社会、与群众相脱离。其中一些干部由于理想、信念缺失,执着于个人利益,最终甚至走向腐败。在党的十八大后的反腐浪潮中,修武县的前任领导班子就成为了"重灾区",不少党员干部落马,这与这些党员干部和群众脱节有密不可分的关系。而在社会上,鲜明的体制内外的界限逐渐形成,体制内外之间人才难以流动,信息不对称,达成共识所需的时间与资源也越来越多。这种情况不仅不利于改革开放的持续推进,也不利于巩固党长期执政的基础。

党的十八大之后,以习近平同志为核心的党中央充分认识到了这个问题的严重性。为了扭转这种局面,党中央相继出台《十八届中央政治局关于改进工作作风、密切联系群众的八项规定》《关于新形势下党内政治生活的若干准则》和《关于组织人事部门对领导干部进行提醒、函询和诫勉的实施细则》等制度,表现出党中央全面从严治党,集中治理"四风"问题,严格规范党员干部的工作、生活作风,营造风清气正的政治生态的决心。

但是,由于广大基层党员干部长期以来难以从自身工作中获得价值感与使命感,仅能从个人的升职加薪上感受到激励,严格的制度虽然严格规范了党员干部的行为,在短期内扭转了党员干部队伍的工作作风、生活作风,但不足以激励干部。在"八项规定"等制度执行之后,修武县的党员干部队伍中就出现了"人心浮动,士气低沉"的现象:干部们害怕做错事、犯错误,面对工作不愿担当。

为提高干部队伍的凝聚力和向心力,落实党的十八大以来党中央对党员干部"既严以修身、严以用权、严以律己;又谋事要实、创业要实、做人要实"的要求,修武县要求党员佩戴党徽、摆放"党员示范岗"标牌等标志,**以体现党建元素**的方式突出日常工作的意义感,在潜移默化中将党员的先锋模范带头作用从形式上内化为党员干部的自觉表现,调动干部的内在驱动力。其次,修武县在党内组织生活上坚持党内民主,并将"敢于担当"纳入干部评价标准,以此鼓励基层干部愿干事、能干事、敢干事。在激励方法上,更为注重满足基层干部自我实现上的需要,从情感上、精神上**温暖基层干部的心**,在党组织内部营造不以物质为唯一追求的氛围,从而改变基层的政治生态。最后,修武县通过**基层干部定期向群众述职,群众评议其工作表现**的形式,引导基层干部将工作重心放到联系、服务群众上来。

修武县通过这些措施激发了党员干部的内在动力,充分调动了基层干部工作积极性,作为从严管理干部的有力补充,不仅凝聚了干部队伍,也在党员干部队伍中创造出良好的以服务群众为中心的工作氛围与风气。

二、执政党与社会间新型互动关系

基于中国将长期处于社会主义初级阶段的科学论断,中国共产党确立了"以经济建设为中心,坚持四项基本原则、坚持改革开放"为核心的基本路线,并以此为指导思想领导中国进行社会主义现代化建设。在这个基本路线指导下,执政党及其领导下的政府逐步放开对经济与社会的管制,主动从多个领域退出,引导建立市场经济机制,让市场的归市场、社会的归社会。

在这个过程中,市场经济高速发展起来,社会财富大幅增加,人民群众的生产生活逐渐自由、自主。群众成为直接创造财富的主体,对社会、经济和政治生活的参与更为广泛,其利益诉求、价值取向也日益多元化。在修武县,来投资的企业家希望政府能够保护市场竞争、优化营商环境;失地农民希望得到合理的拆迁补偿;在经济上相对弱势的群众则希望政府提供更好的社会保障与公共服务,保证社会公平、正义。这些诉求都从自身利益出发,考虑不尽相同,有的甚至彼此矛盾。执政党和政府因而需要拿出办法来有效地回应与整合各方诉求、达成社会共识。

另外,随着市场与社会逐步成长发育起来,执政党和政府与市场、与社会的互动关系也发生着改变。计划经济时代党和政府通过全面的经济计划完全控制社会资源与财富分配的能力逐渐丧失。一些原来由党政机构履行的管理社会、管理市场的职能逐步为社会与市场的自我管理所取代,一些党的基层组织由于无法适应这样的变化而开始出现弱化、虚化、边缘化的现象。在城市地区,基层党组织一时难以全面覆盖大量出现的民营企业、外资企业和社会组织;在农村地区,随着大批农民进城务工,不少农村地区的党组织工作长期得不到有效开展,处于软弱涣散的状态。执政党已经难以单靠自己的力量推动落实党的决策部署,进而实现政党的执政目标。

因此,执政党不仅需要及时回应各方诉求、整合形成社会共识,还需要保持一定的调动社会资源的能力,动员、引导人民群众的能力,以贯彻党的决策部署和方针政策、参与社会治理、推动改革发展,最终实现自身作为政党的政治追求。

这些都需要执政党与社会形成新的紧密互动关系,就有关路线、方针、政策获得来自社会各界的认同,凝聚共识,从而撬动社会力量投入改革、推动改革进程。党的组织,尤其是党的基层组织必须从计划经济体制下管理社会、控制经济的职能中走出来,转变工作形态,建立起与社会各阶层互动的新机制以重新获得联系群众、组织群众、发动群众的能力。具体来说,就是基层党组织必须能够更多地在社会中发挥联系群众、利益表达、协调各方、整合意见、凝聚社会、引导社会的功能。这种能力是领导力、动员力、凝聚力等的综合反映。

修武县在这个方面做了一些有益的尝试:"让每个群众都有一个党员干部亲戚",探索通过建立**联系群众全覆盖**制度收集、分类、解决社情民意,保证基层党组织与人民群众之间保持长期的、固定的密切联系。其次,修武县尝试建立**解决困难隐患制度**,通过让县委县政府了解辖区内各方面的真实情况,以"急群众所急"的实际努力展现执政党对群众意见反馈的重视。再次,修武县探索**透明决策程序**,建立长效机制保障决策民主。通过改造决策流程,群众参与被引入,以弥合信息不对称的问题,在决策过程中充分交换各方意见,最后达成共识。最后,修武县将**群众评议引入干部评价过程**,通过群众对政府工作绩效的再反馈,实现互动上的闭环。群众不仅有了评价干部工作情况的权利,也加强了对政府工作情况的了解;干部也通过群众对自身工作的评价,从另一个方面了解自己的工作情况,更有利于今后工作的开展。

图 1-3 为修武县党组织与群众互动关系示意图。

图 1-3 修武县党组织与群众互动关系示意图

这些在回应人民群众的实际需求方面做出的努力,不仅是修武县在探索通过工作方法的制度化,将进一步增强基层党组织与人民群众的血肉联系的工作成果转变为制度化和常态化的体制机制创新,也是基层党组织通过建立与群众就公共政策、政府工作绩效的沟通机制,引导社会各群体有序参与公共事务、表达利益诉求的尝试。

三、修武县的制度尝试所体现的中国特色

修武县的民心导向六项制度探索是党的基层组织在改革开放过程中根据自身工作的实际情况,为提升管理水平、适应和促进社会发展所进行的具有中国特色的公共管理实践。

民心导向六项制度探索将柔性管理的方式引入党员干部的培养和管理,创新了党员干部队伍建设的形式。修武县的干部暖心制度着重在引导基层党员干部从日常工作中寻找意义感和价值感,通过自身工作价值的体现来满足基层党员干部高层次的自我实现需求。[①] 这种管理方法上的创新本质上是一种"以人为中心"的人性化管理,在强调保持党员先进性的同时,承认基层党员干部也是普通人,也和一般群众一样有各个方面的需求。党组织通过在精神上、情感上对党员干部进行激励,帮助党员干部从公共管理工作中感受到被尊重、实现自身价值,从内心深处激发党员干部干事创业的主动性、积极性和创新精神,从而形成内生的驱动力和约束力,使党员干部自觉规范自身行为,将个人目标与社会主义现代化建设事业结合起来。

中国作为一个人口众多、幅员辽阔、各地区间发展不均衡的国家,中央的政策很可能不能完全适合各个地区的实际情况,更需要在政策落地时由地方政府进行审慎的时机选择以及适应性调整。修武县在干部管理上的探索就是在党中央的全面从严治党政策下,基于地方的实际情况对从严管理干部的政策进行的补充。尽管这些探索解决的是修武当地的具体问题,但所创新的工作机制却能为其他地区的基层党组织所借鉴。因此,修武的经验超越了地方,其机制设计具有了全国性的意义。而中央层面,也对地方出现这些基于实际情况进行的探索有所回应。

2018年5月中央组织部颁布《关于进一步激励广大干部新时代新担当新作为的意见》,其中强调"将坚持严格管理和关心信任相统一,政治上激励、工作上支持、待遇上保障、心理上关怀,增强干部的荣誉感、

---

① 马斯洛的需求层次理论:人的需求分为五个层次,即生理需求、安全需求、社交需求、尊重需求和自我实现需求。

归属感、获得感，充分调动和激发干部队伍的积极性、主动性、创造性，塑造新时期勇于担当的干部队伍"①。这些政策精神与修武县的基层干部暖心制度所体现的对基层党员干部进行"刚柔并济"的管理、激励的思路一致，也体现出中国特色的"基层试点—总结提炼—大范围推广"的渐进式改革路径。实践中，中国的改革开放就是采取试点探索、投石问路的方法，先行试点，鼓励创造，鼓励探索，取得经验后再推广的办法走过来的。中国的这种**渐进式改革**是从农村到城市、从沿海到内地、从局部到整体不断深化的过程。在这个不断深化的过程中，执政党内逐步统一思想，社会逐步凝聚共识，使得改革开放四十多年翻天覆地的变化中，中国社会保持了基本稳定。

民心导向六项制度通过引入群众对干部进行评价探索了有别于西方"选举—回应"模式的新型的与民众、与社会互动模式，为探索中国特色的人民民主理论提供了可供讨论的思路。

长期以来，西方主流的代议制民主理论认为：在多党竞争的制度体系下，政党为了竞争选民手中的选票，会将民众的诉求反映到施政纲领和政策导向中。这种制度安排的核心在于"多党竞争"和"定期选举"。由于选举每隔一段时间举行一次，民众可以每隔一段时间通过选票表达自己对公共事务的态度，政党也会根据选举结果调整自己的执政思路与公共政策，以回应与满足民众的诉求，避免被民众抛弃。由于西方国家长期在经济、社会、文化方面处于领先地位，这种"选举—回应"为核心的互动机制长期以来被认为是最明确有效的机制设计。相对而言，没有经历过定期选举和多党竞争的政府则被认为难以回应或者没有动力回应民众诉求。

民心导向六项制度在制度设计上，尝试建立"需求（收集社情民意）—回应（民心大礼包，解决难题隐患）—反馈（群众评议）"机制，当地党和国家机关通过收集社情民意了解社会各阶层的需求；通过对问题按轻重缓急梳理排序，将社会诉求和问题与其主导的公共政策实践相结合，并加以回应与解决；通过群众对基层政府工作绩效的评价，获得社会对执政情况的反馈。这样有收集、有反馈的解决群众难题的流程设计辅以透明决策程序等制度，推动党和政府将群众诉求作为工作的出发点和落脚点，根据民众需求调整政府工作任务和改革目标，并由民众评价政府工作。这种尝试从实践上探索了区别于"选举—回应"机制

---

① 中共中央办公厅印发《关于进一步激励广大干部新时代新担当新作为的意见》[EB/OL]. http://news.12371.cn/2018/05/20/ARTI1526813816788126.shtml.

的新型互动模式。

修武县的创新扎根于实践,除了反映出改革开放以来党的基层组织对自身建设问题认识的不断深入,也体现出中国共产党领导改革开放实践的**实事求是**、**勇于创新**的基本精神。从政策多样性的角度来看,任何制度都有其适用范围和前提条件,同一个政策或制度安排在不同的实际情况下可能产生完全不同的效果。而改革作为一种在经济、社会和政治制度方面发生范围一定而又速度一定的变化,把握改革力度与轻重缓急十分重要而有难度。① 就中国的改革开放而论,无论是发展社会主义市场经济,还是领导中国进行现代化建设,都是前无古人的事情,没有现成的经验可循,需要执政党通过实践、认识、再实践、再认识的反复过程,逐步从中提炼出规律性认识。这种以解放思想、实事求是为指导思想的改革实践,注重脚踏实地、尊重实践,注重从实践中总结经验规律,体现出中国式的基于实际情况、不盲目相信成功经验、不被现有理论束缚、勇于创新、谨慎实践的改革特色。②

参考文献

[1] 王伟光.改革开放和中国经验[M].北京:社会科学文献出版社,2014.
[2] 中共中央党史研究室.党的十八大以来大事记[M].北京:人民出版社、中共党史出版社,2017.
[3] 宋福范.执政党建设的中国逻辑[M].北京:国家行政学院出版社,2017.
[4] 中共中央组织部.中国共产党组织工作教程[M].北京:党建读物出版社,2015.
[5] 田国强,陈旭东.中国改革:历史、逻辑和未来(第二版)[M].北京:中信出版集团,2016.
[6] 鲲水.制度之争与制度认同[M].北京:人民出版社,2009.
[7] 萨缪尔·P.亨廷顿.变化社会中的政治秩序[M].上海:上海人民出版社,2009.
[8] 王沪宁主编.政治的逻辑:马克思主义政治学原理[M].上海:上海人民出版社,2004.
[9] 王长江.中国共产党:从革命党到执政党转变[J].中国治理评论,2012(1).
[10] 王贵秀.从革命党到执政党——中国共产党政治成长中的地位转变与角色变换[J].中共中央党校学报,2008(4).
[11] 林尚立.执政的逻辑:政党、国家与社会[J].复旦政治学评论,2005.
[12] 林尚立.现代国家认同建构的政治逻辑[J].中国社会科学,2013(8):22-46.

---

① 萨缪尔·亨廷顿.变化社会中的政治秩序[M].上海:上海人民出版社,2009.
② 栗战书.遵循"四个坚持"的改革经验[N].人民日报,2013-11-26.

[13] 林尚立.政党与现代化:中国共产党的历史实践与现实发展[J].政治学研究,2001(3):1-8.

[14] 习近平.深入扎实开展党的群众路线教育实践活动 为实现党的十八大目标任务提供坚强保证——在党的群众路线教育实践活动工作会议上的讲话[J].理论参考,2013(9):4-4.

[15] 党史大事记(1978—2012)[OL].中国共产党新闻网,http://cpc.people.com.cn/GB/64162/64164/index1.html.

第二部分

政府建设

国家机构改革

第一节 改革开放以来的中国国家机构改革*

一、中国改革开放以来国家机构改革情况概述

改革开放以来,我国分别在1982年、1988年、1993年、1998年、2003年、2008年、2013年和2018年进行了八次规模较大的国家机构改革。40年内完成了八次重大的机构改革,在全世界各国机构改革历史上实属罕见。[①]根据每一发展阶段的工作重心和驱动目标,我国国家机构在内容和数量上平均每五年进行一次较大的调整和变动。

(一) 1982年国务院机构改革

1982年的机构改革在经济社会秩序恢复的宏观环境下,急需重新构建高效有力的机构体系;恢复岗位,恢复待遇政策,带来了严重的人员和机构膨胀,直至1981年,国务院工作部门100个,达到中华人民共和国成立以来最高峰。此次改革的目的在于精简机构、压缩人员,实现干部队伍"四化"。在领导班子方面,明确规定了各级各部的职数、年龄和文化结构,减少了副职,提高了素质。在精简机构方面,国务院各部委、直属机构、办事机构从100个减为61个;部委由52个裁并为42个;直属机构由42个裁并为15个;办事机构由5个裁并为3个。在人员编制方面,国务院各部门从原来的5.1万人减为3万人。这一次改革属于典型的精简型机构改革。

---

* 本节由清华大学公共管理学院薛澜教授、孟庆国教授及2017级硕士研究生苏冬共同撰写。部分资料来源于中国政府网、中国网等政府网站。

① 陈鹏.改革开放四十年来我国机构改革道路的探索和完善[J].浙江社会科学,2018(04).

(二) 1988年国务院机构改革

1988年的改革基于经济过热,政府机构再度膨胀,结构不合理,政府在职能上微观管得过多、宏观调控不力,经济、法律间接管理方式等宏观背景。改革目的在于精简机构、设立新机构,压缩人员;改革经济管理部门,变直接管理为间接管理。重点领域在与经济体制改革关系密切的经济管理部门,强化宏观管理职能,淡化微观管理职能。在精简机构方面,国务院部委由原有的45个减为41个,直属机构从22个减为19个,非常设机构从75个减到44个;在人员编制方面,机构改革后的国务院人员编制比原来减少了1万多人。此次改革以精简型为主,有调适型的成分,属于混合型改革模式。

(三) 1993年国务院机构改革

1993年的机构改革基于行政体制无法有效适应社会主义市场经济的需要,需要建立起有中国特色的、适应社会主义市场经济体制的行政管理体制的时代背景。改革以适应社会主义市场经济建设、实现政企分开、改革经济管理部门为目标,重点在于合理划分管理权限,充分发挥企业与地方两个积极性。经过本次改革,国务院原有组成部门由42个调整为41个;原有直属机构19个,调整为13个;原有办事机构9个,调整为5个;取消15个部委归口管理机构,改为部委管理的国家局,仍设15个;国务院的非常设机构也进行了大幅度的裁减,由85个减少到26个。此次改革同样以精简型为主,有调适型的成分,属于混合型改革模式。

(四) 1998年国务院机构改革

1998年机构改革基于政府常常直接干预企业的生产经营活动,难以发挥市场在资源配置中的基础作用,现有政府机构重叠庞大、人浮于事的现象严重,造成了严重的财政负担,相当多的国有企业生产经营困难,下岗和失业人员增多,社会矛盾不容忽视等社会环境背景。此次改革试图消除政企不分的组织基础,推进政企分开、强化政府的宏观调控职能,把生产经营的权力真正交给企业,明确划分部门之间的职能分工,克服多头管理、政出多门的弊端。

此次改革的方案于1998年3月6日在第九届全国人民代表大会第一次会议审议,最终,国务院组成部门由40个减少至29个:政务部门12个,宏观调控部门4个,专业经济管理部门8个,教育科技文化、社会保障和资源管理部门5个。撤销工业专业经济部门共计10个：电力工业部、煤炭工业部、冶金工业部、机械工业部、电子工业部、化学工业部、地质矿产部、林业部、中国轻工业总会、中国纺织总会，打破了政企不分的组织基础。截至2002年6月，经过四年半的机构改革，全国各级党政群机关精简行政编制115万人。这次改革推进了社会主义市场经济发展，加快结束了专业经济部门直接管理企业的体制，影响深远。

（五）2003年国务院机构改革

在中国加入世界贸易组织的背景下，政府机构尚且存在一些不适应的问题，市场经济发展所伴生的一系列新挑战呼唤新一轮政府管理体制改革。这次机构改革的核心主旨是进一步转变政府职能，推进电子政务，提高行政效率，促使政府公正透明、廉洁高效运行。3月10日，十届全国人大一次会议第三次全体会议通过了关于国务院机构改革方案的决定，方案特别提出了"决策、执行、监督"三权相协调的要求。改革对象包括：宏观调控领域，将国家发展计划委员会改组为国家发展和改革委员会（简称发展和改革委），不再保留国家经济贸易委员会、对外贸易经济合作部；国有资产领域，设立国务院国有资产监督管理委员会（简称国资委），国务院授权国资委代表国家履行出资人职责；金融监管领域，健全金融监管体制，设立中国银行业监督管理委员会（简称银监会）；市场安全领域，加强食品安全和安全生产监管体制建设，新组成的国家食品药品监督管理局、国家安全生产监督管理局，仍作为国务院直属机构等。经过此次改革，除国务院办公厅外，国务院组成部门由29个调整为28个。

（六）2008年国务院机构改革

2008年的改革基于政府部门碎片化现象严重，行政效率有待提升，以及社会管理与公共服务逐渐在政府职能转型中位置更加重要的社会背景。试图通过机构改革转变政府职能，理顺部门职责关系，实行职能有机统一的大部制；以改善民生为重点，加强社会管理和公共服务部门的有效整合。改革主要包括两部分内容：一方面，合理配置宏观调控部门职能，如国家发改委要进一步转变职能，减少微观管理事务和具体审批事项，集中精力抓好宏观调控。中国人民银行要进一步健全货币政策体系，加强与金融监管部门的统筹协调，维护国家金融安全。另一方面，强化社会管理和公共服务，如新组建人力资源和社会保障部、环境保护部、住房和城乡建设部、交通运输部,以应对社会主义市场经济发展所面临的新的挑战和困难。本次改革重点强调加强和改善宏观调控,促进科学发展;着眼于保障和改善民生,加强社会管理和公共服务;按照探索职能有机统一的"大部制"要求,对一些职能相近的部门进行整合,实行综合设置,理顺部门职责关系。

(七) 2013年国务院机构改革

此次改革的背景环境是政府部门间碎片化分割,影响行政效率的提升;全能型政府的存在难以适应中国社会主义市场经济的转型发展;2008年全球金融危机呼唤各国政府进一步激发市场活力,恢复经济发展,要求政府进一步简政放权、放管结合,转变职能,进行大部制改革。2013年3月14日,十二届全国人大一次会议表决通过国务院机构改革和职能转变方案。改革重点一方面在于改善宏观、社会管理,如减少和下放投资、生产经营活动等审批事项。凡直接面向基层、量大面广或由地方实施更方便有效的,一律下放地方;减少资质资格认可和认定,除依照行政许可法要求具备特殊信誉、特殊条件或特殊技能的职业、行业需要设立的资质资格许可外,其他资质资格许可一律予以取消。另一方面在于减少部门职责交叉和分散,最大限度地整合分散在国务院不同部门相似的职责,理顺部门职责关系。经过此次改革,国务院正部级机构减少4个,其中组成部门减少2个,副部级机构增减相抵,数量不变。除国务院办公厅外,国务院设置组成部门25个。

(八) 2018年国家机构改革

1. 改革背景:国家治理体系和治理能力现代化的时代要求

党的十九大报告指出:"经过长期努力,中国特色社会主义进入了新时代,这是我国发展新的历史方位。"新时代下,中国所面临的形势、所具备的条件、所拥有的基础、所处的环境、所追求的目标、所承担的任务、所提出的要求,与中国特色社会主义开创之初或推进过程相比都发生了明显的变化。① 在这样的背景之下,党和国家机构设置和职能配置同统筹推进"五位一体"总体布局、协调推进"四个全面"战略布局的要求还不完全适应,同实现国家治理体系和治理能力现代化的要求还不完全适应。一些领域中仍存在党政机构重叠、职责交叉、权责脱节问

---

① 进入新时代的基本依据——理论[EB/OL].人民网,http://theory.people.com.cn/n1/2017/1115/c40531-29647207.html.

题;一些政府机构设置和职责划分不够科学,职责缺位和效能不高问题凸显,政府职能转变还不到位;一些领域中央和地方机构职能上下一般粗,权责划分不尽合理。

2017年12月11日,习近平总书记主持召开党的十九届三中全会文件起草小组第一次全体会议,宣布中央政治局常委会会议、中央政治局会议的决定:十九届三中全会专题研究深化机构改革问题。相关文件起草工作正式启动。2018年2月28日,中国共产党第十九届中央委员会第三次全体会议通过了《深化党和国家机构改革方案》,同意把《深化党和国家机构改革方案》的部分内容按照法定程序提交十三届全国人大一次会议审议。2018年3月,中共中央印发了《深化党和国家机构改革方案》(以下简称《方案》),并通知要求各地区各部门结合实际认真贯彻执行。《方案》全文共八个方面,分别涉及党中央机构、人大机构、国务院机构、政协机构、行政执法体制、跨军地、群团、地方机构等。可以说,《方案》体现了中国进入新时代全面发展和高质量发展的新要求,具有鲜明的时代和主题特色。

2. 改革内容:党、政、军、群改革同步整合推进

2018年深化党和国家机构改革,是推进国家治理体系和治理能力现代化的一场深刻变革,最显著的特征是党、政、军、群改革同步推进,不同于以往以政府机构改革为主的模式。此次政府机构改革属于调适型改革,调整和优化国务院机构设置,以适应新时代我国经济社会发展的需要。

根据《方案》,自然资源部、生态环境部、文化和旅游部、中国银行保险监督管理委员会、国家卫生健康委员会、退役军人事务部、应急管理部、国家市场监督管理总局、国家医疗保障局等一系列新机构组建成立,国土资源部、国务院法制办、国务院三峡办、银监会、保监会等将退出历史舞台。[①] 改革后,国务院正部级机构将减少8个,副部级机构减少7个,除国务院办公厅外,国务院组成部门为26个。新组建或重组建自然资源部、生态环境部、农业农村部、应急管理部、退役军人事务部、文化和旅游部等12个部门;组建成立国家市场监督管理总局、国家广播电视总局、中国银行保险监督管理委员会、国家医疗保障局、国家国际发展合作署、国家移民管理局等9个部门,充分体现了机构改革的"大部制"改革思路,实现了改革的优化、协同、高效三个特征。2018年

---

① 国务院机构改革方案解读:一场前所未有的整合[EB/OL].财经——中国网,http://finance.china.com.cn/news/20180322/4578135.shtml.

的机构改革被认为是继 1998 年机构改革后,近 20 年来改革力度最大的一次。

从改革的目的来看,这次改革着眼于完善国家治理体系,重点放在转职能、转方式、转作风,优化机构职能配置,提高运行效率效能,体现了党的十九届三中全会和十九大的改革精神,体现了"使市场在资源配置中起决定性作用、更好发挥政府作用"的改革思路。具体来说,这次机构改革围绕推动高质量发展、加强和完善经济调节、市场监管、社会管理、公共服务、生态环境保护职能进行。

从改革的内容来看,这次机构改革体现了中国进入新时代全面发展和高质量发展的新要求。本次改革的重点在于:推进重点领域和关键环节的机构职能优化和调整,构建起职责明确、依法行政的政府治理体系,提高政府执行力,建设人民满意的服务型政府四个目标;改革机构设置,优化职能配置,深化转职能、转方式、转作风,提高效率效能四个方面。改革的重点超越经济发展领域,涉及社会管理、公共服务和生态环境保护等社会民生领域,有着鲜明的时代特色。

本次国家机构改革是党、政、军、群各方面同步推进的一次重要改革,以加强党的全面领导为统领,以系统性、整体性、重构性为突出特点,致力于打造优化、协同、高效的机构职能体系,将有助于大力推进国家治理体系和治理能力现代化,进一步完善社会主义市场经济体制,落实以人民为中心的发展思想,是适应新时代下经济社会转型和发展的必然需要。

二、国家机构改革中的理念、模式和路径

(一)中国理念:基于国家制度的顶层设计

2013 年 11 月,党的十八届三中全会提出:"全面深化改革的总目标是完善和发展中国特色社会主义制度,推进国家治理体系和治理能力现代化。"[1]国家治理体系和治理能力是一个国家制度和制度执行能力的集中体现——国家治理体系是指国家制度体系,包括职能、机构和执行三个方面;国家治理能力是指国家制度执行体系(见图 2-1)。其中,机构是职能履行和承担的载体,包括内设机构、编制、责权、岗位、预算等,机构改革是落实职能转变在组织结构调整上的体现。国家机构

---

[1] 习近平.完善和发展中国特色社会主义制度 推进国家治理体系和治理能力现代化[EB/OL]. http://cpc.people.com.cn/n/2014/0218/c64094-24387048.html.

是指国家为实现其职能而建立起来的一整套国家机关体系的总称。我国的国家机构横向上可分为权力机关、行政机关、监察机关、审判机关、检察机关和军事机关;纵向上可划分为中央国家机关和地方国家机关;承担一定国家职能的社会团体和地方自治机关等是国家机构的延伸。可以说,国家机构是国家治理的最重要主体——既是国家治理体系的重要构成,也是治理能力的载体。40多年来,推进国家机构改革已经成为实现国家治理体系和治理能力现代化的重要组成部分。我国40多年来机构改革的历程,也是不断明确党和国家机构的职能定位的过程,为国家机构运行效率的提升和国家治理体系和治理能力现代化提供了坚强保障。

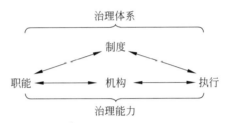

图 2-1 中国国家治理体系和治理能力框架

(二) 中国模式:中国机构改革的模式及特点

纵观40多年来我国的机构改革模式,以改革的根本目标为划分依据,可以将其分为三种模式——精简型改革、调适型改革以及混合型改革。

第一类,精简型改革。这种改革模式主要试图解决机构臃肿、人员冗杂等问题,提高政府工作效率、降低政府运行成本是其改革目标。精简型改革的内容和形式以精简机构、压缩编制、消减人员为主。如1982年机构改革前,国务院组成部门有100个,达到新中国成立以来的最高峰,经过机构改革后,部门数量精简为61个;人员编制方面,由改革前的5.1万人精简为3万人。又如1998年改革中,国务院组成部门由40个减少至29个,全国各级党政群机关精简行政编制115万人。机构数量的减少、人员编制的精简是精简型改革的直接表现(见图2-2),也是改革开放初期机构改革应用的主要模式。

第二类,调适型改革。其主要解决的问题是既有的机构设置与外部环境和需求不匹配的矛盾。这类改革以适应外部经济、社会和技术环境变化与需求为目标;转变政府职能,优化部门设置,科学分工,理顺权责关系是调适型改革的主要内容与形式。这种模式在2003年改革中最为典型——2003年的机构改革发生在我国加入WTO后,改革充分体现出了为适应建立社会主义市场经济体制的治理需要。此外,这种模式在2018年的改革中也有所体现——2018年我国经济社会发展进入新时代,此次改革是在国家面临新的问题和挑战的背景之下,为实现国家治理体系和治理能力现代化,决定进行的机构优化和重组,如自然资源部的组成与诞生。

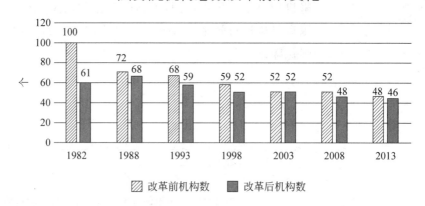

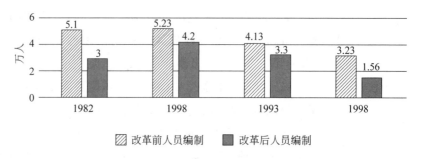

图 2-2 国务院机构改革前后机构数量及人员编制数量变化①

第三类,混合型改革。顾名思义,这类改革兼顾精简和调适型改革的双重特征,且由于机构改革的时代背景复杂性以及中央系统性的决策过程,改革方案往往是经过社会多方慎重考虑和周密、科学设计评估的,因此这种混合型模式在历次改革中最为常见,体现出机构改革实际应用价值与时代发展价值的协调统一性。

总的来说,我国国家机构改革具有环境匹配性、领域综合性和灵活

---

① 图中仅显示有具体统计数据公开的年份。

调适性三个特点。

第一,我国机构改革具有环境匹配性。如 1982 年改革的背景是消除长期带来的机构臃肿问题;1988 年改革背景是经济体制改革;1993 年的改革是要面对社会主义市场经济制度的确立;1998 年改革的立足点是要把计划经济模式彻底打破;2003 年的改革是要面对中国加入全球贸易体系,适应国际规则的要求;2008 年的改革是要求政府职能转向以"民生"为核心的社会管理与公共服务;2013 年的改革目的是强调建设"服务型政府",激发市场活力;2018 年的改革是面对开始全面深化改革,进入全面小康的决胜阶段……可见,历次改革的核心主旨均是对中国阶段性发展特征的积极响应和匹配。

第二,我国机构改革具有领域综合性。20 世纪 90 年代,美国兴起新公共管理运动,将企业管理的思想和技术全面引入政府,如绩效管理、服务外包、信息技术等。西方国家青睐于"管理变革"而非"机构改革"的模式。而我国则是以行政体制范围内的机构改革为抓手,来实现阶段内的涉及政治经济、社会与文化等领域的综合改革。改革既涉及政府职能转变,也涉及如何发挥市场作用的核心问题;改革既是政治改革,也是经济改革、社会改革,因此改革具有领域的系统综合性。

第三,我国机构改革具有灵活调适性。历次国务院机构改革均依托每五年一届的人民代表大会进行,均以完成某一阶段的任务为核心逻辑展开,下次改革是在充分吸收上次改革经验教训的基础上所做的必要修正。如,"机械电子工业部"到"工信部"的多次改革历程,体现了国家机构改革的动态灵活性与渐进调适性。

以国土资源部为例,1998 年,国土资源部诞生于第四次机构改革中的大规模部委撤并浪潮中,由单一职能的地质矿产部、土地管理局等多部门综合组建而成。2008 年,国土部依照机构改革新思路而职责重构,在强化宏观调控职能的同时,弱化对市场的直接干预。一方面,国土部将土地评估、矿业权评估、矿产资源储量评审机构和人员资质认定职责交给行业协会;另一方面,国土部加强土地供需调控和总量平衡,落实最严格的土地管理制度,加强国土规划、土地利用总体规划的整体控制作用。2013 年,重新组建国家海洋局,由国土资源部管理。国土资源部牵头、配合、参与的共有 3 个方面 16 项工作任务。结合新时代国家能源资源战略的新导向,进行了相关的机构人员调整。综上可以看出,我国机构改革具有较强的适应、综合以及动态灵活性特征。

(三)中国路径:中国机构改革的基本思路与方法

国家机构是国家治理的最重要主体,推进国家机构改革是实现国家治理体系和治理能力现代化的重要组成部分,是落实职能转变在组织结构调整上的具体体现,是"大部制"思想的具体应用与实践。

1. 转变政府职能,适应社会主义市场经济体制建设要求

机构是职能的载体,职能是机构的角色作用。改革政府机构不是简单的合并、分拆、重组,其核心要义是转变政府职能,提高工作效能。[①] 总的来说,1978年前的四次机构改革由于仍处于原有计划经济体制之下,社会体制未变、政府职能未变,因此机构改革只停留在对机构的膨胀进行精简的层面,而精简呈现出暂时性,效果难达预期,陷入"精简—膨胀—再精简—再膨胀"的循环怪圈。1978年改革开放以来,转变政府职能成为了机构改革内在思想的关键要义。我国在历次机构改革中逐步理顺职责关系、合理划分管理权限,通过国家机构体系(见图2-3)中的机构政治职能、经济职能、社会职能的关系调整,实现了从"统御型政府""管制型政府"到"服务型政府"的转变,在不同时期面对国家阶段性发展特征做出了积极响应。随着社会主义经济体制建设,从职能转变来看机构改革的脉络,可将其概括为三个阶段、两次转变:

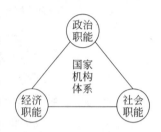

图 2-3 中国国家机构体系的三类主要职能

第一阶段:改革开放前

1949—1978年,在高度集中的计划经济体制下,我国政府"统御型"特征明显:中华人民共和国成立初期,由于国家政权稳定和大力发展建设的需要,政府机构以巩固人民民主专政,维护无产阶级统治为主要职能,机构设置的政治性较为明显。

第二阶段:管制型特征突出

1978年改革开放以后,我国政府职能重点聚焦于经济建设。1982年到1998年间的4次国务院政府机构改革,核心思想是建立与市场经济体系相适应的政府职能体系,主要强调政府的经济建设职能,以行政审批为履行职能的主要手段。具体来看,1988年首次明确提出了"转变政府职能是机构改革的关键"的核心思路;1993年,随着建立社会主义市场经济体制成为中国经济体制改革的目标,适应建设社会主义市场经济体制的需要、进一步推动政府职能转变,成为了政府机构改革的目标;1998年的机构改革中,几乎所有的工业专业经济部门被撤销,结束

---

① 沈荣华.国家治理变革视角下深化政府机构改革的重点和思路[J].行政管理改革,2018(4):24-27.

了计划经济"部门管理企业"的历史。

总的来说,这一阶段的政府职能转变较充分,一些专业性经济管理部门的机构被撤销,以综合性经济管理部门取而代之。① 在这个阶段,伴随高度计划经济体制向社会主义市场经济的转变,政府以行政审批为核心手段的经济管制职能愈加突出,这一时期政府明显具有"管制型"特征。

第三阶段:向服务型政府转变

21世纪以来,我国公民社会开始发育,社会权利意识不断提高。在这样的时代背景下,政府需要进一步转变职能,合理处理政府与社会之间的关系。由此,我国政府开始逐步向公共服务型政府转变,突出强调政府的社会建设和公共服务职能。为关注公共利益的诉求、实现社会满意度,政府工作更重视公开、透明、参与和回应性。② 相应地,经济部门数量开始减少,社会部门开始逐渐增加(见图2-4)。

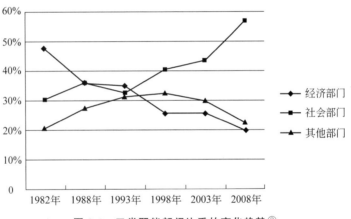

图2-4　三类职能部门比重的变化趋势③

具体来看,2003年机构改革中,有强调加强市场监管,继续对经贸委、商务部、计划经济委员会的改革和调整,国资委的建立促进国有企业改革等。但这次改革中职能转变的重点是强化公共服务职能,以及公民基本权利的维护等——如加强安全生产监管职能,加强食品安全监管职能等。④ 2004年9月19日,中国共产党第十六届中央委员会第

---

① 李文钊,毛寿龙.中国政府改革:基本逻辑与发展趋势[J].管理世界,2010(8):44-58.
② 李文钊,毛寿龙.中国政府改革:基本逻辑与发展趋势[J].管理世界,2010(8):44-58.
③ 根据政府职能进行划分,经济部门指以对国家经济的发展,对社会经济生活进行管理的职能部门;社会部门指通过社会公共服务调节社会分配,组织社会保障,促进社会化服务体系建立,维护社会公平的职能部门。
④ 李文钊,毛寿龙.中国政府改革:基本逻辑与发展趋势[J].管理世界,2010(8):44-58.

四次全体会议上正式提出了"构建社会主义和谐社会"的概念。2005年以来,中国共产党提出将"和谐社会"作为执政的战略任务,"和谐"的理念要成为建设"中国特色社会主义"过程中的价值取向。"民主法治、公平正义、诚信友爱、充满活力、安定有序、人与自然和谐相处"是和谐社会的主要内容。2008年,随着社会的发展,人民权利意识提高,对于权利、社会公平正义的维护受到重视,政府职能的重心逐渐从经济职能过渡到公共服务职能和社会管理职能。在2013年的机构改革中,尤其在关乎国计民生领域的改革,涉及经济调节、市场监管、社会管理和公共服务等全方位的职能转变,政府成为创造良好发展环境、提供优质公共服务、维护社会公平正义的"服务者"。①

2. 优化部门结构设置,推行"大部制"改革

为实现政府职能有机统一,国家机构改革需以政府职能整合为基础。作为推进政府改革的理论基础,"大部制"改革与政府职能转变密不可分——试图在组织逻辑的变革基础之上实现职能转变,通过组织变革为职能转变开辟道路。②

党的十七大强调"加大机构整合力度,探索实行职能有机统一的大部门体制,健全部门间协调配合机制"③。在"职能有机统一"的基础上实行"大部门体制",根本上是试图通过大部门体制来解决部门职责交叉、重叠、冲突的问题,理顺各部门的权责体系。2008年《国务院机构改革方案》强调"政府职能转变是深化行政体制改革的核心,转变国务院机构职能,必须处理好政府与市场、政府与社会、中央与地方的关系。深化行政审批制度改革,减少微观事务管理,做到该取消的必须取消,该下放的必须下放,该整合的必须整合"④⑤。"大部制"改革的提出,是为了解决我国国家治理中长期存在的机构职能条块分割、碎片化,以及由此导致的资源浪费和行政效率低下的问题,是服务型政府的行政体制改革重要方法路径之一。

"大部制"作为一种新型的政府组织体制,不同于以往的政府机构改革,在形式层面上对部门或机构进行简单的合并与精简不再是机构改革的主要目标,而是更加重视对政府职能的有效承接、调整与优化

---

① 吕志奎.渐进整合式改革.2013年国务院机构改革述评[J].中国行政管理,2013(5):11-14.
② 李文钊,毛寿龙.中国政府改革:基本逻辑与发展趋势[J].管理世界,2010(8):44-58.
③ 中国共产党第十七次全国代表大会报告[OL]. http://www.gov.cn/ldhd/2007-10/24/content_785431.htm.
④ 2018国务院机构方案[OL].http://www.npc.gov.cn/wxzl/gongbao/2008-06/16/content_1475429.htm.
⑤ 吕志奎.渐进整合式改革:2013年国务院机构改革述评[J].中国行政管理,2013(5):11-14.

(见图 2-5),具有机构精简、裁汰冗员,职能整合、运转协调,结构优化、资源共享,归口管理、统一领导等典型特征。① 如近年来,江苏省的大农委体制,辽宁省的服务业委员会,成都市的"大交通""大水务",长沙市的内设机构推行"大处室制",深圳市的决策、执行、监督"行政三分",顺德区的党政合署联动,富阳市的专门委员会②等地方的"大部制"实践与创新,为中国机构改革的路径与模式贡献了新的方案。

图 2-5　国务院机构人员编制精简幅度变化

在 2018 年国家机构改革中,"大部制"思想也得以充分体现,改革在"减数"的同时,更加注重了"优化"。以农业和自然资源方面的职能机构调整为例:过去,与农业有关的政府管理职能分散在农业部、水利部、发改委、林业局等部委,跨部门沟通协调在很大程度上降低了效率,增加了成本。新改建的农业农村部正是以"大部制"的改革思路,将农业相关的职能一并纳入,理顺了权责关系,同时还将这一部门的管理职能扩大到了"农村",而"农村"是一个社会范畴,通过优化机构设置,关注着全社会的发展;③此外,根据"大部制"的思想,自然资源部的组建被形象地总结为"上管天,下管地,中间管空气",以统一的空间作为一种资源加以管理,通过组织机构的优化调整,直接推动着我国"多规合一"体系的实现与转型,体现出了国家机构作为统筹主体在国家治理体系与治理能力现代化中的地位与作用。机构部门结构的优化设置,与政府职能转变互相推动,从外在与内在两个层面双重诠释了中国机构改革的思想脉络。

---

① 我国大部制改革的政策演进、实践探索与走向判断[J].改革,2013(3):5-17.
② 我国大部制改革的政策演进、实践探索与走向判断[J].改革,2013(3):5-17.
③ 中国全方位机构改革:政通人和是目标[OL].中国网,http://chinamosaic.china.com.cn/2018-03/22/content_50736118.htm.

第二节　典型案例

政府到底该如何瘦身？——记 1998 年国务院机构改革[*]

从 1982 年开始,每一任总理新上任或连任,都惯例性地在任期的第一年"点一把火",推行一场声势浩大的机构改革,调整或精简机构,裁减人员。事实上这也成为历届政府改革内容的重点之一。截至 2008 年 4 月,机构改革已随着政府五年的任期进行到了第六次,但却一直广受人们争议。其中一个重要原因是政府规模一直未能得到精简,一直在重复着"精简—膨胀—再精简—再膨胀"的恶性循环。政府到底该不该简,以及该如何瘦身,成为为政者和学者们热议的话题。

经济体制、社会结构乃至人们的生活方式都在不断发生急剧变迁,对政府的职能、组织结构、运行机制与管理模式也不断提出新的要求,改革难以避免。回顾 1982 年到 2008 年 20 多年来国务院机构改革的历程,每次改革都对解决当时最紧迫的问题产生了积极作用。而在六次机构改革[②]中,政府"瘦身运动"进行得最彻底、力度最大、波及范围最广、影响时间最长的还应当说是 1998 年的改革。

一、铁腕改革:一次性拆掉 9 座"庙"

1998 年政府机构改革前,社会上流行一段顺口溜,戏说国务院各部委人员构成的状况:"厅级干部一走廊,处级干部一礼堂,科级干部一操场。"1998 年,全国公务员规模 800 余万人,行政管理支出占整个财政支出的比重,由 1978 年的 4.7% 增长到 14.8%,行政管理支出增长率平均每年为 17.7%,而财政支出的平均增长率为 12.3%。在规模的庞大、行政成本的增长背后,各政府机关还存在职能错位、行政效率低下等问题。

政府新任总理朱镕基决定改变这种状况。在 1998 年的"两会"期间,朱镕基在参与人大湖南代表团讨论时说:"我抱着粉身碎骨的决心来干这件事!"而在此次"两会"闭幕式上,朱镕基豪情万丈地说:"哪怕

---

[*] 本案例由清华大学公共管理学院硕士研究生李向品编写;案例的写作得到了案例中心主任慕玲的指导。案例仅用于课堂讨论,不对组织绩效与个人得失作评价。

② 六次机构改革的时间分别是 1982 年、1988 年、1993 年、1998 年、2003 年、2008 年。

前面有地雷阵,有万丈深渊,也要勇往直前,鞠躬尽瘁,死而后已。"

1998年3月6日,在九届全国人民代表大会上,由时任国务委员的罗干提出国务院机构改革方案报告。根据方案,国务院将于1998年年底前完成国务院之"三定"(定职能、定机关、定编制)方案,省级政府机构预计1999年完成,涵盖各个层级的全面机构改革预计三年,即2001年完成。在国务院系统,除国务院办公厅外,将国务院原有的40个组成部门减少为29个,不再保留的有15个部委,新组建4个部委,更名的有3个部委,同时将国务院系统人员精简47%。

新组成的国务院机构被分成四大类:(1)宏观调控部门;(2)专业经济管理部门;(3)教育科技文化、社会保障和资源管理部门;(4)国家政务部门。其中经济部门占总部门的一半。具体变动情况分别为:

(一) 宏观调控部门①

国家计划委员会更名为国家发展计划委员会;保留国家经济贸易委员会、财政部、中国人民银行;国家经济体制改革委员会改为国务院高层次的议事机构,总理兼任主任,有关部长任成员,不再列入国务院组成部门序列。

(二) 专业经济管理部门②

将煤炭工业部、机械工业部、冶金工业部、国内贸易部、轻工总会和纺织总会分别改组为国家煤炭工业局、国家机械工业局、国家冶金工业局、国家国内贸易局、国家轻工业局和国家纺织工业局,由国家经贸委管理;将化学工业部、石油天然气总公司、石油化工总公司的政府职能合并,组建国家石油和化学工业局,由国家经贸委管理;电力行业已组国家电力公司,不再保留电力工业部;国家粮食储备局改为国家发展计划委员会管理的国家局;将林业部改组为国家林业局,列入国务院直属机构序列;保留铁道部、交通部、建设部、农业部、水利部、对外贸易经济合作部;在邮电部和电子工业部的基础上组建信息产业部;成立国家邮政局,由信息产业部管理;组建新的国防科学技术工业委员会;保留国

---

① 改革后宏观调控部门的主要职责是:保持经济总量平衡,抑制通货膨胀,优化经济结构,实现经济持续、快速健康发展;健全宏观调控体系,完善经济、法律手段,改善宏观调控机制。

② 改革后专业经济管理部门的主要职责是:制定行业规划和行业政策,进行行业管理;引导本行业产品结构的调整;维护行业平等竞争秩序。专业经济管理部门都要实行政企分开,切实转变职能,不再直接管理企业。政府与国有企业的关系是:政府按投入企业的资本享有所有者的权益;向企业派出稽查特派员,监督企业资产运营和盈亏状况;负责企业主要领导干部的考核、任免。企业依法自主经营、自负盈亏、照章纳税;对国有资本负有保值增值的责任,不能损害所有者权益。

家航天局和国家原子能机构,对外代表国家,对内作为国防科工委的机构。

(三)教育科技文化、社会保障和资源管理部门

国家科学技术委员会更名为科学技术部;国家教育委员会更名为教育部;在劳动部基础上组建劳动和社会保障部①;保留人事部②;不再保留国家体育运动委员会,其职能委托中华全国体育总会代行,列为国务院直属事业单位;由地质矿产部、国家土地管理局、国家海洋局和国家测绘局共同组建成立国土资源部;广播电影电视部的电视网络政府管理职能划出后,改组为国家广播电影电视总局,列入国务院直属机构序列。

(四)国家政务部门

保留外交部、国防部、文化部、卫生部、国家计划生育委员会、国家民族事务委员会、司法部、公安部、国家安全部、民政部、监察部和审计署。

而改革后的国务院直属机构和办事机构则有四种情况:一是保留的直属机构、办事机构;二是将国务院部、委调整为直属机构、办事机构;三是新组建的直属机构、办事机构;四是并入有关部门,作为部委管理的国家局。经过调整,国务院直属机构设15个,办事机构设6个(详见附录)。

从1998年机构改革的具体措施可以看到,最主要的改革还是在专业的经济管理部门,9个专业经济部门一并撤销或降格变成行业协会,裁撤的部委就有15个。有官员对此次机构改革的看法是:"朱镕基的办法是拆庙,和尚赶不走,我拆庙赶和尚。"此举意味着按照计划经济模式设计的政府机构框架逐渐消解。

而此次改革关于人员精简问题尤为突出,从1998年开始,国务院机构改革首先进行,随后中共中央各部门和其他国家机关及群众团体的机构改革陆续展开。1999年以后,省级政府和党委的机构改革分别

---

① 其方案为:建立统一的社会保障行政机构,现由劳动部管理的城镇职工社会保险、人事部管理的机关事业单位社会保险、民政部管理的农村社会保险、各行业部门统筹的社会保险,以及卫生部管理的医疗保险,统一由劳动和社会保障部管理。

② 调整后职能为:综合管理专业技术人员和国家公务员,承办国务院监管的大型企业领导人员的任免事宜,承办国务院向重点大型企业派出稽查特派员的管理工作。

展开。2000年,市、县、乡机构改革全面启动。① 加上同期国有企业改革造成的"下岗职工"分流问题,分流人员之安排,将是改革的决策层必须解决的议题。

二、改革的背景

其实,在改革方案确定之前,各部委官员纷纷向决策层陈情:市场这只无形的手还不那么有力,还离不开那只有形的政府之手。部长们都在为各自部门的存在理由据理力争。而各个行业国有企业的厂长经理们,也表明需要国务院各部委的指导,不然就成了"没娘的孩子",不利于各个国有企业的经济发展与稳定。

但同时,整个国家的情况并不乐观。1997年,相当多的国有企业生产经营困难,下岗和失业人员增多,社会矛盾开始初步显现。在占70%全国人口的农村,农业基础仍然薄弱,城乡、工农差别依然很大,农民负担有增无减。在工业领域,盲目投资和重复建设造成大量不良贷款,潜伏着时时都可能爆发的金融风险。在金融领域,亚洲金融风波的冲击遍及全球,对我国经济发展已形成严峻挑战。一个个问题都摆在了政府面前。

从表面看,国家的经济社会形势与国务院机构改革并无必然联系。而事实上,政府本身在职能行使与运作方式上的问题,是国有企业经营困难、"三农"问题得不到解决、工业盲目投资等问题的重要原因。

在经济领域,政企不分、政府直接干预企业的生产经营活动仍然是常态;企业不能形成科学决策的投资体制,造成责任不清和决策失误,市场在资源配置中的基础作用难以发挥;在国有企业改革中所倡导的"建立现代企业制度"一直难以得到有效执行。而在社会管理领域,政府也是依靠行政手段管理社会事务。许多原该运用法律手段,或者社会中介组织来解决的问题,也是通过设立政府机关来管理解决;过多的社会责任和事务都集中在政府身上,而政府最应该关注的公共服务供给却一直被忽视。这样的结果是:政府机构重叠庞大,人浮于事,文牍主义、官僚主义与贪污腐败之风屡禁不止,庞大的公务员队伍给国家财政造成了沉重负担。

对于以上所说的这些问题,中央政府决策层将之概括为:政府机

---

① 精兵简政 转变职能——新中国成立以来的历次政府机构改革[EB/OL].新华网,http://news.xinhuanet.com/ziliao/2003-03/06/content_761776_8.htm.

构设置与社会主义市场经济发展的矛盾日益突出。行政体制是连接经济体制、政治体制和社会体制的关节,这些矛盾的解决与政府机构改革紧密相连。

而此时,改革似乎也是一个好的时机。改革开放20年国民经济高速发展,国家经济实力较之前雄厚,社会政治稳定,社会承受能力较强,各方面对政府机构改革的必要性逐步形成共识。进行机构改革的条件已经具备,一场改革应运而生。

三、改革遇到的阻力

邓小平说,改革不是一首田园诗,它伴随着眼泪和痛苦。改革会对相关利益与关系进行调整,也必定会招致反对或抵制。1998年的机构改革由于涉及部门众多,精简人员更是针对所有部委。机构改革剥夺的不单纯是部门利益、个人利益,还有集团利益,其中的难处可想而知。有报道说,1997年12月底,朱镕基在一次讲话中道出苦衷,他正在操作国务院机构改革,找几十位部长逐个谈话,没有一位部长主动表示自己的部门该撤;长时间坐着谈话使他过度疲劳,每次站起来都很困难。①

认清改革的阻力来源于何处,并将其逐渐消除分散,是改革者"将改革进行到底"的必然选择。此次改革最主要的当属个人方面的阻力:对于机构改革中离职和被贬职分流的这部分人来说,经济利益的损失是一方面,更难以承受的是社会地位、心理状态与生活方式的变化。

同时,在改革所涉及的公务员中,反应也有差别。当时,已在外交部供职两年多的蒋某,就对此次改革反应没那么强烈,他自觉对机关工作不适应,工作内容、人际关系、办公环境甚至思维模式都在重复,能在30岁看到60岁的生活,国务院机构改革也是一种人生的机会,因此他乐于改革。当然,改革中利益受益还是受损将是决定不同人员在改革中反应的根本因素。每一个人都会从个人投入、费用和既得利益来计算自己的得失。不同年龄者投入不同,反应也自然不一样,年纪大的投入较多,且他们认为自己比年轻人损失更多,因此多反对变革。

当改革冲击到各个部委历经多年形成的规范和人际关系网络时,抵制改革或对改革进行人为调整就难以避免。有一位亲身经历改革的

---

① 1998年机构改革,朱镕基一次性拆掉9座"小庙"[EB/OL]. 中国经济网,2008-05-04.

人这样说:"在这次改革中,各个不同的部委面临的情况是不一样的,机构改革自然不会一刀切,各部委分开操作就很难完全做到公平公正。"如在机构改革后,有人发现,在机构改革人员职务调整及分流中,与领导关系较密切者多变动不大。此外,也有人说,中央提出来的机构改革目标,政府机构编制精简50%以上,到地方层层打折,最后不了了之。当然,各个部委对此次改革的阻力到底有多大,并没有明确说法。因官僚组织自身的特点,群体的影响多是隐秘的和自发的,群体的阻力也多未被重视。

如何应对改革中的阻力,依照时任国家主席江泽民的说法,机构改革"既要积极,又要稳妥",改革工作要逐步展开。改革的决策层为了使改革能顺利进行,进行了一系列针对性的部署。其一是人员分流的工作用三年左右的时间,分流将采取"带职分流,定向培训,加强企业,优化结构"等办法,将分流工作同提高公务员队伍和基层工作人员的素质结合起来;其二是各个改革机构避免大的动荡,做到人员妥善安排,国有财产不流失,工作正常运转;其三是建议修改《国务院组织法》,依法规范国务院组成部门的设置,建议适时修改地方组织法,对地方政府的职责权限、组织机构做出更明确的规范;其四是要求各级干部严守政务纪律,服从改革大局,正确对待个人工作岗位的变化。改革方案一经批准,就要坚决执行,要同心协力,争取政府机构改革的顺利实施。

2001年2月19日,国家经贸委举办了一个简单的新闻发布会,宣布国家机械工业局、国家石油和化学工业局等9个在1998年由部降级为局的机构正式撤销。

这场惊心动魄涉及多方利益的改革并没有出现预想的尖锐矛盾,媒体评论说这个过渡如此平稳,连国家经贸委原主任盛华仁都感到惊讶,他说:"在调整中几乎没有人给国务院和中央写信。"

四、大分流

宏大机构改革的背后,是一大批普通公务员的命运流转。1998年3月份"两会"正式决定国务院系统要精简47%的人员,但具体到各个部委,如何分流裁员,还没确定。传言随之四起,有人说,裁掉的是经济部门,其他部门不会怎么裁员;又有人说一视同仁,都砍掉47%。

国务院各部委的公务员都在煎熬中等待着分流政策的最后出

台。国务院系统精简47%已成定局,而具体到每个部门,如何精简还在进一步博弈中。新部长上任伊始,一般在会上安慰大家"不要多虑,好好安心工作,组织也会对每一位干部负责到底"。各个部委的部长到司长,都在观察,看清情况再做部门内部的调整。按一个原在国务院卫生部任职的公务员的说法,每一个人都表现得非常积极,连那些平时泡病假的人也每天严格遵守作息时间,避免成为分流名单上的人。

反倒是那些被撤销的部委,如纺织部、煤炭部、供销总社,部长都没有了,分流起来倒是干脆。相当一部分年轻公务员去大学读研究生,因为占了先机,还可以选个好的专业。而许多部委中的公务员则心存侥幸,认为分流未必就落在自己头上,所以一直在观望。

当各个部委的科员都被分流煎熬得疲惫时,改革终于落槌了。总的说来,1998年机构改革"大分流"的途径主要有三种方式:一是离退休还有几年的老公务员提前退休,很多人利用资源下海兼职发挥余热;二是政府拿钱让分流人员去大学学习几年,本科毕业的去读硕士,硕士学历的去读博士,三年期间各种待遇不变,研究生的名额教育部特批;三是调到直属事业单位或大型国有企业,直属单位成了改革的"分洪区"。同时,分流方案还提出,3年内国务院各部门有职位空缺时,优先选用原分流人员。

1998年的改革,分流的口号是"让走的同志舒心,留下的安心"。事实上,这场改革也被人们解读为"中央政府在用种种政策和财物来赎买分流公务员们放弃铁饭碗的资格"。

五、改革的成效与反思

1998年"两会"结束两个月后,即1998年5月,机构改革中国务院部委领导班子的组建调整工作就圆满完成。其中涉及国务院组成部委、直属机构、办事机构、直属事业单位、部委管理的国家局、金融机构等82个单位领导班子的组建和调整,涉及领导干部515名。其中,留任的占36.1%,新任职的占48.2%,安排做其他工作和到龄免职的占15.7%。几乎同时,国务院各部门研究制定的"三定"(定职能、定机构、定编制)方案,全部经国务院批准,机构改革进入了实施"三定"的攻坚阶段。按照转变政府职能、实行政企分开的要求,国务院各部门转交给企业、社会中介组织和地方的职能有200多项;在部门之间调整转移的职能有100多项;部门内部设的司局级机构减少200多个,精减了1/4;

人员编制总数减少47.5%。如减去国防科工委、纺织、轻工、有色金属工业局和知识产权局这五个单位新增的编制数,则人员编制总数基本达到了精简一半的预期目标。

在国务院机构改革的拉动下,党中央各部门、其他国家机关及群众团体的机构改革也陆续展开。1999年以后,省级政府和党委的机构改革分别展开;2000年,市、县、乡机构改革全面启动。在这期间,各级人大、政协机关、法院、检察院机关、群众团体及垂直管理系统也先后进行了机构改革。至2002年6月,全国除部分市、县、乡机构改革尚在实施外,这次历时四年半的机构改革终于接近尾声。

至此,全国撤销了一大批专业的经济管理部门和行政性公司,结束了中国长期计划经济条件下设置专业经济部门管理经济的历史。政府开始以监管的方式而不是直接干涉企业经济运行,政府原来资源配置的职能逐步转给市场。同时,政府开始建立以间接手段为主的宏观调控体系,政府机关与所办经济实体和所管理的直属企业脱钩,将社会可以自我调节与管理的事务逐步交给事业单位或社会中介组织等,从此不再边做"裁判"边做"运动员"。

至2002年6月,全国各级党政群机关共精简行政编制115万人。此外,市、县、乡在机构改革中还清退超编人员约43万人。经过改革,国务院组成部门由40个减少到29个,部门内设司局机构减少200多个。省级政府机构设置平均由55个左右减到40个左右,市(地)级政府机构由平均45个左右减少到35个左右,县级政府机构由平均28个左右减少到18个左右。在人员编制方面,党中央及省级党委各部门精简20%,国务院各部门精简47.5%,省级政府精简48.2%,市、县、乡各级党政群机关精简19.4%。结合干部人事制度改革,在精简人员、定编定岗的同时,全国普遍推行了干部竞争上岗和岗位轮换,干部队伍结构发生了较大变化,整体素质有了明显改善。国务院机构改革后,40岁以下公务员人数占公务员总数的比例,由原来的53%上升到59.6%;有的部委机关人员平均年龄为37.5岁。有的省经过机构改革,省政府各部门中层干部年龄平均下降5岁。[①]

一般来说,每年部委都不断招募新的公务员,另一方面减少的仅仅是退休的公务员,所以公务员的数量肯定是增加的。有个外交部工作人员说:"这和国家管理的模式相关,西方国家是小政府,而我们国家是一个大政府,必须面面俱到。"也有人说:"我们的机构改革还

---

① 邱红杰,王雷鸣.中国政府机构改革取得重大进展[N].新华社,2002-10-24.

是跟原来的政府管理方式有关系,每个部分分得很细很细,每个事情都需要人来负责,需要庞大的公务员来支撑这个机构,直到他觉得编制人数太多了。这基本上是一个周期率,减下来又缩回去。"这是"精简—膨胀"恶性循环规律的民间总结。至今仍在财政部工作的吕某也面对同一困惑,他说:"那次改革的问题是只减了人员,但一些职位的职能没有发生变化,导致一度缺人手,这也是部分人能够重新回来的原因之一。"

当然,这个还只是人员精简的问题,背后沉没下来的问题就更多了。如机构改革后政府的公共服务观、社会责任观是否变化,各级地方政府对本次改革的理念和目标正确的理解与认同的程度,分流人员是否能够在各级各地政府的统筹安排下较顺利地走上新的工作岗位。

六、后续的两次改革

改革是不会停止的,它在革除了一些问题的同时,也会因形势的变化产生一些新的问题。2001年12月11日,中国正式加入世界贸易组织,成为其第143个成员。2003年,国务院又掀起了改革开放以来的第五次机构改革。同1998年机构改革不同,这次机构改革没有大幅度精简机构,也没有大幅度转变职能,只是政府组织继续调整,政府职能进一步转变,上次改革没有解决的遗留问题局部得到了解决。如外贸部1998年因东亚经济危机而保留,此次撤销,和经贸委的一部分组成商务部。而计划经济委员会也被撤销,与经贸委的一部分组成国家发展和改革委员会。

2003年改革带来新的变化是:设立国资委,深化国有资产管理体制改革;建立银监会,建立监管体制;组建商务部,推进流通体制改革;组建成立国家食品药品监督管理局,调整国家安全生产监督管理局为国家直属机构,加强食品药品安全与安全生产监管。

2008年3月,国务院又掀起了一场名为"大部制"的新改革。此次改革则希望职能有机统一的大部门体制既能解决机构重叠、职责交叉、政出多门的问题,又能切实提高政府效率、推进政府执政的法治化与民主化进程。而改革背后真正调整的还是常常提到的政府职能与政府权力运行规范的问题。2008年的改革涉及调整变动的机构共15个,正部级机构减少了4个。其中,建设部、交通部、信息产业部、人事部、劳动保障部和国防科工委被撤销,新组建了住房和城乡建设部、交通运输部、工业和信息化部、人力资源和社会保障部以及环境保护部。改革后,除国务院办公厅外,国务院组成部门设置 27 个。

教学研讨的参考性问题

1. 你怎么理解 1998 年机构改革背景？机构改革的时机是如何选择的？

2. 机构改革的方案与背景之间有何关系？1998 年机构改革重点想解决的是什么问题？

3. 1998 年机构改革都面临哪些阻力？当时是如何消除这些阻力的？如果你作为改革者,你将如何处理这些阻力？

4. 你怎样理解政府职能和政府规模的关系？怎样解决机构改革中政府规模的恶性循环问题？

5. 你是否认为我国历次机构改革具有内在的一致性？你对未来的机构改革有什么样的看法？

附录

1998 年国务院机构改革对照表

现有 40 个部委	改制后 29 个部委			裁撤约 15 个部委
	保留的 22 个部委	更名的 3 个部委	新组建 4 个部委	
外交部,国防部,国家经贸委民族事务委员会,公安部,国家安全部,监察部,民政部,司法部,财务部,人事部,建设部 铁道部,交通部,水利部,农业部,对外贸易经济合作部,文化部,卫生部,国家计划生育委员会,中国人民银行,审计署	外交部,国防部,国家经贸委民族事务委员会,公安部,国家安全部,监察部,民政部,司法部,财务部,人事部,建设部,铁道部,交通部,水利部,农业部,对外贸易经济合作部,文化部,卫生部,国家计划生育委员会,中国人民银行,审计署			
国家计划委员会 国家科学技术委员会 国家教育委员会		国家发展计划委员会 科学技术部 教育部		

续表

现有40个部委	改制后29个部委			裁撤约15个部委
	保留的22个部委	更名的3个部委	新组建4个部委	
国防科学技术工业委员会 邮电部电子工业部 劳动部 地质矿产部			国防科学技术工业委员会（原国防科工委、国家计委国防司），信息与产业部，劳动和社会保障部，国土资源部	
煤炭工业部 冶金工业部 机械工业部 国内贸易部 林业部 广播电影电视部 化学工业部 电力工业部 国家体育运动委员会 国家经济体制改革委员会				国家经贸委管理：国家煤炭工业局、国家冶金工业局、国家机械工业局、国家纺织工业局国家国内贸易局、国家林业局、国家轻工业局（轻工总会、纺织总会重组）、石油和化学工业局（化工部、石油天然总公司组建而成） 国家邮政局（信息与产业部内设） 国土资源部内设：地矿部、国家土地管理局、国家海洋局、国家测绘局 国家广播电影电视总局（国务院直属机构） 国家电力公司

资料来源：中共十五大"国务院关于提请审议国务院机构改革方案的议案"

第三节　案例分析[*]

回顾1982年到2008年20多年来国务院机构改革的历程，每次的改革都对解决当时最紧迫的问题产生了积极作用。而在这6次机构改革中，政府"瘦身运动"进行最彻底、力度最大、波及范围最广、影响时间最长的应当是1998年的国务院机构改革。在遭受亚洲金融风波冲击、国家宏观环境不容乐观、国有企业经营困难等背景下，新任国务院总理朱镕基大刀阔斧地掀起了这次国务院机构改革，其中最主要的改革还

---

[*] 本节由清华大学公共管理学院硕士研究生李向品撰写，指导教师为案例中心慕玲主任。

是在专业的经济管理部门,9个专业经济部门一并撤销或降格变成行业协会,裁撤的部委共计15个;此次改革关于人员精简问题尤为突出,来自既得利益者的阻力非常大,分流人员的安排是需要解决的重点问题之一。然而,机构改革与政府管理方式、公共服务观、社会责任观均有关系,人员精简后职位职能没有相应地变化,改革易陷入"精简—膨胀"的恶性循环。

本案例详细介绍了1998年国务院机构改革的过程,如何理解政府规模和政府职能之间的关系,如何解决机构改革中政府规模的恶性循环问题,未来机构改革会呈现什么样的特点,是案例背后需要探索的重点问题。

一、1998年机构改革有哪些必要性?

截至目前,对公共政策议程确立过程阐述最全面的是约翰·金登的多源流分析模型。他假定议程设定的方式不是以政体形态划分的,而是以问题本身性质决定的。[①] 他以问题流、政策流和政治流三种信息流为基础构建了其模型的基本架构(见图2-6)。

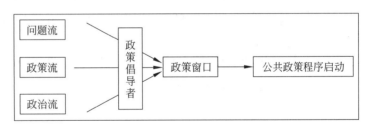

图2-6 约翰·金登多源流分析模型

问题流是指需要政府采取行动并通过政府努力加以解决的公共问题,这些问题引起决策者的注意,或因突发事件比如危机,或因现行制度的反馈。1998年机构改革的问题流是当时的行政机构十分臃肿,已经到了不得不精简机构、裁减人员的地步了,这个问题已经引起了当时新任国务院总理朱镕基的注意。

政治流是由诸如国民情绪的转变、管理或法制的变迁,以及利益集团的施压活动等因素组成的。1998年机构改革前,"厅级干部一走廊,处级干部一礼堂,科级干部一操场"的顺口溜在一定程度上反映了社会

---

① [美]迈克尔·豪利特,M.拉米什著.公共政策研究:政策循环与政策子系统[M].庞诗等译,尹宏毅、庞诗校.北京:生活·读书·新知三联书店,2006.

民众对于机构臃肿的不满情绪以及对于机构改革需求的迫切。与此同时，在规模庞大、行政成本增长的背后，各政府机关还存在职能错位、行政效率低下的普遍问题，机构改革已经聚集了一股社会舆论压力，形成了较有力的政治流。

政策流是由问题专家、问题分析人士以及解决措施构成的。改革方案报告的出台昭示着1998年机构改革政策流的形成。1998年3月6日，在第九届全国人民代表大会上，由时任国务委员罗干提出国务院机构改革方案报告，有计划有步骤地部署了这次机构改革。

政策倡导者是致力于推动问题流、政治流和政策流汇聚，使得政策之窗打开，政策得以推动的重要人物。朱镕基总理上任后，决心进行机构改革，"我抱着粉身碎骨的决心来干这件事"，"哪怕前面有地雷阵，有万丈深渊，也要勇往直前，鞠躬尽瘁，死而后已"，他的决心、魄力、领导力与执行力是推动政策之窗得以打开的重要力量，他是至关重要的政策倡导者。

前三个关键点分别代表着金登的多源流模型中的问题流、政治流和政策流，而朱镕基总理作为政策倡导者，致力于推动这三股流的汇聚。当这三股流汇聚在这个特定的时点上时，政策窗口就被打开，1998年的机构改革时机就在这个时点上成熟并被执行。

二、1998年机构改革重点想解决的问题及面临的阻力有哪些？

1998年机构改革重点想解决的问题是政府规模过于庞大、机构过于臃肿、人浮于事的问题，关键在于人员精简。而人员精简又会带来既得利益者拼命抗争的改革阻力和人员分流的复杂安排问题。

同时，1998年机构改革面临的一个大背景，就是市场经济搞了5年之久，政府的管理职能跟市场经济体制发展的需要有一定的距离。另外，从财政负担上来看，无论是中央政府还是地方政府，财政负担都过重。从国务院来看，此次机构改革的重点是转变政府职能，把综合经济部门改组为宏观调控部门，关键就是要求彻底改变传统的计划投资方式，进一步培育形成市场投资方式，由企业自主决策、自担风险。此外，这次改革更突出的一点就是要减少和调整专业经济部门，原先经济贸易委员会（简称经贸委）管的很多国家局，逐步压缩；一些原来不是经贸委管的部，挂靠到经贸委下面，过一两年以后，再进一步减少。这样有利于在行业管理领域当中逐渐引入平等竞争的机制，加强平等竞争的秩序,这方面的改革力度较大。值得一提的还有,国家药品监督管理局的设立,加强政府的监管队伍,同时明确地方各级政府的职能。①

此次机构改革面临的阻力主要是来自既得利益者,包括了部门利益、集团利益和个人利益,其中最主要的是个人方面的阻力,每一个人都会从个人投入、费用和既得利益来计算自己的得失,对于机构改革中离职和被贬职分流的那部分人,既有经济损失,也有社会地位、心理状态与生活方式的变化,这是他们所难以承受的。

改革者一方面应该坚持改革的决心,另一方面应妥善有针对性地做出人员分流的工作部署,把这部分既得利益者的损失在改革的大原则下降到最低,从而减少改革的阻力,顺利推进改革。

三、如何界定政府职能和政府规模的关系?怎样解决政府规模的恶性循环问题?

政府规模是指以政府职能和权力配置为基础,按照一定的组织原则所组成的各级政府及其部门之总和。它包括内在规模和外在规模,前者是由政府职能、政府权力等无形要素构成的规模,后者是由政府机构、公务人员、财政支出、公共事务等有形要素构成的规模。

从政府与社会的关系发展来看,随着社会的发展,社会事务日益复杂和繁重,特别是现代社会经济作用日益突出,社会需求日渐增加。因此,政府为满足不断增长的社会需求,必将在职能、权力等方面有所扩大和增强,从而导致规模的增长。因此,社会对政府公共供给的需求是政府规模膨胀的基本原因,概括地说,政府规模的变化与政府职能的转变是息息相关的。②

著名的"瓦格纳法则"、尼斯坎南的官僚利益最大化模型、塔洛克及奥尔森的利益集团与政府规模分析、安东尼·唐斯的民主的经济理论、帕金森定律以及财政幻觉假说等都从不同角度对政府规模的扩张进行了探讨。

德国经济学家阿道夫·瓦格纳(Adolph Wagner)对英、美、法、德、日等国的工业化现状进行研究之后,提出了"公共支出增长法则",认为随着现代工业社会的发展,对社会进步的政治压力的增大,以及在工业化经营方面因"社会考虑"会要求增加政府财政支出。这一公共支出

---

① 杜钢建.政府职能转变攻坚[M].北京:中国水利水电出版社,2005:40.
② 李和中.中国地方政府规模与结构研究[M].北京:科学出版社,2012:24.

增长法则后来被人们称为"瓦格纳法则"。瓦格纳同时指出,随着法律关系和沟通的日益复杂,国家的管理和保护职能将不断扩张。而且,随着城市化和人口的集中,需要更多公共支出用于法律和秩序维护以及社会经济调节等方面。

1971年,尼斯坎南(Niskanen)发表了《官僚机构与代议制政府》,提出了官僚预算最大化理论,即官僚追求总预算规模最大化。根据他的观点,对于官僚机构来说,有三个至关重要的因素:(1)官僚机构自身的性质;(2)官僚机构与周围环境的关系;(3)官僚的最大化动机。官僚机构被看作一个非营利性机构,由资助人的拨款来资助。在通常情况下,官僚机构中决定性的官僚是级别较高的官僚,他们掌握着一份独立的、与其地位相当的预算。官僚机构的环境由官僚机构与其赞助者之间的关系所支配。官僚机构是追求预算最大化的。①

塔洛克及奥尔森从利益集团影响政府规模角度进行了分析②,认为利益集团的压力促进政府规模的增长。根据公共选择理论,利益集团不仅追求来自政府的再分配支持,而且追求来自政府的公共物品的提供和外部性的消除。在解释利益集团的压力如何导致政府规模增长的理论中,公共选择的主要观点有:(1)每个利益集团都利用其压力来增加补贴,从政府支出的"蛋糕"中争夺更大份额。(2)日益提高的专业水平提高了交易成本,利益集团通过对政府施压不仅是为获取公共物品和再分配收入,而且为降低这一集团在日益增长的专业化社会中所承担的交易成本。(3)政府通过向利益集团提供各种形式的"偏袒溢出"来换取利益集团的支持。③

唐斯的民主的经济理论的基本出发点是政府当事人(选民、政党与政府),也像经济当事人(消费者与生产者)一样,服从基本的"理性人"假设,即他们总是在给定的制度和非制度的约束下,最大限度地追求自己的私利。随着经济发展水平的提高,一方面人们将要求享有更多的民主,另一方面民主本身通过对腐败、大政府的抑制,对财产权与契约的保障等,也会成为经济发展的一种有力的保障。④

帕金森定律揭示了政府机构不断膨胀的两大动力:其一是,当官

---

① 马骏,周超,於莉.尼斯坎南模型:理论争论与经验研究[J].武汉大学学报(哲学社会科学版),2005,58(5):674.
② 高嵩.公共选择经济学导论[M].北京:经济管理出版社,2007:201-202.
③ 庄垂生,黄大兴.论政府规模及其增长——来自公共选择的启示[J].求实,2001,1:48.
④ [美]安东尼·唐斯.民主的经济理论[M].姚洋,邢予青,赖平耀译.上海:上海世纪出版社,2010:239.

的人需要补充的是下属而不是对手。其二是,当官的人彼此之间是会制造出工作来做的。结论是在行政管理中,行政机构会像金字塔一样不断增多,行政人员会不断膨胀,每个人都很忙,但组织效率越来越低下。

财政幻觉假说认为,立法—行政实体可以就政府的真实规模欺骗公民。政府规模的财政幻觉解释是假定公民是通过他们的纳税规模来度量政府规模的。为了引致公民们不愿意支付的政府规模增加,立法—行政实体必须以这样一种方法增加公民的纳税负担:公民没有意识到他们正在缴纳更多的税收,或者立法—行政实体情愿在下一项选举中付出代价。通过纳税负担的伪装,公民对选举对象形成不完全的概念,产生政府比实际规模更小的幻觉,而实际上政府以超出公民情愿的水平增长。普维亚尼认为,个人进行财政选择时不得不依赖的财政制度会产生创造幻觉的作用,进而改变个人的行为。立法—行政实体希望最大限度地减少纳税人对于任何给定税收水平的反抗,会尽力依靠组织财政制度创造财政幻觉,财政幻觉要么让纳税人觉得所承担比实际轻,要么使受益人觉得提供给他们的公共商品和服务的价值比实际大。①

解决机构改革中政府规模的恶性循环问题的关键在于人员和机构精简后,余下的机构和岗位职能要进行重新的定义和调整,改革后要有相应的配套措施。限制政府规模的途径和方法主要集中在以下几个方面:一是调整政府的行政理念和行为方式;二是进一步界定和完善政府职能;三是控制政府行政成本。② 随着我国市场经济的不断发展和市民社会的日趋完善,政府应该理性地对待自己的职能界定和职能范围,把政府"不该管、管不了、管不好"的事情用正确有效的方式交给市场和社会来完成,"小政府、强市场、大社会"应该成为政府、市场与社会三者之间理想的关系模式。

四、我国历次机构改革是否具有内在的一致性?未来的机构改革应重点关注哪些方面?

我国历次的机构改革无可否认地存在内在的一致性。林德布洛姆的渐进决策模型认为,政策的制定是在过去经验的基础上,经过逐渐修

---

① 庄垂生,黄大兴.论政府规模及其增长——来自公共选择的启示[J].求实,2001(1):50.
② 李和中.中国地方政府规模与结构研究[M].北京:科学出版社,2012:24.

补的渐进过程来实现的。渐进决策并不是不要变革,而是要求这种变革必须从现状出发,通过变化的逐层累积,最终达到根本变革的目的。我国历次机构改革最重要的意义是通过这些改革使政府的职能不断地变化。同时,使干部的观念在不断变化,使他们不断地认识到一些新的工作任务的提出,新的工作标准的提出,不断地适应这个工作要求来调整自我。政府机构改革不仅仅是机构数量的变化和人员数量的变化,更主要的是政府职能的变化。

我国长期以来一直实行条块结合的行政管理体制,在机构设置上强调"上下对齐,归口管理",主要特点就是"逐级下达指标,层层落实任务"。有学者指出,我国政府间关系中存在的"职责同构"是导致地方政府机构和人员相对过剩的一个重要原因。相比中央政府大刀阔斧的机构改革,近些年地方各级政府"职责同构"的现象并没有太大改变。大多数地方党政机构仍完全复制中央层面,党委、政府、人大、政协和纪委五套班子综合起来极为庞大臃肿,有些直辖市,省会城市的市、县区、街道办事处的机构设置仍高度重叠,造成了极大浪费。此外,据统计,近十年来,我国公务人员的总数一直在增加,而其占总人口比重的增速,也一直维持在1%上下(见图2-7)。由此可见,虽然削减人员一直是我国政府机构改革的重要内容之一,其实际效果却并不明显。此外,我国政府人员规模还存在着结构性过剩的特点。

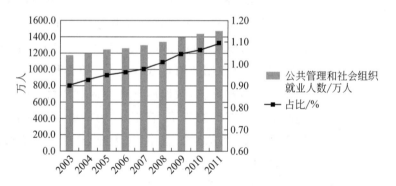

图2-7 公共管理和社会组织就业人数占总人口比重

(资料来源:《中国统计年鉴》)

我国现存的一个奇怪现象是,一方面中央政府部门人力不足的情况突出,另一方面地方政府"人浮于事"与"人手短缺"的情况并存。未来的机构改革不能一味地追求机构和人员的精简,更要注意的是机构职能与机构配置的人员要相一致,中央与地方的情况也应该分开来讨论。

参考文献

[1] 习近平谈治国理政[M].北京:外文出版社,2017.
[2] [美]迈克尔·豪利特,M.拉米什著.公共政策研究:政策循环与政策子系统[M].庞诗等译.尹宏毅,庞诗校.北京:生活、读书、新知三联书店,2006.
[3] 杜钢建.政府职能转变攻坚[M].北京:中国水利水电出版社,2005.
[4] 李和中.中国地方政府规模与结构研究[M].北京:科学出版社,2012.
[5] [美]安东尼·唐斯.民主的经济理论[M].姚洋,刑予青,赖平耀译.上海:上海世纪出版社,2010.
[6] 高嵩.公共选择经济学导论[M].北京:经济管理出版社,2007.
[7] 刘智峰.第七次革命:1998—2003 中国政府机构改革问题报告[M].北京:中国社会科学出版社,2003.
[8] 中共中央关于深化党和国家机构改革的决定[J].共产党员(河北),2018(5).
[9] 全面落实深化党和国家机构改革各项部署[J].新长征,2018(4).
[10] 子平.深化党和国家机构改革 更好发挥制度优越性[J].紫光阁,2018(3).
[11] 丁元竹.深刻认识党和国家机构改革的重要意义[J].中国机构改革与管理,2018(04).
[12] 陈鹏.改革开放 40 多年来我国机构改革道路的探索和完善[J].浙江社会科学,2018(04):4-10,155.
[13] 深化党和国家机构改革是推进国家治理体系和治理能力现代化的一场深刻变革[J].行政管理改革,2018(4):1.
[14] 沈荣华.国家治理变革视角下深化政府机构改革的重点和思路[J].行政管理改革,2018(4):24-27.
[15] 周志忍,徐艳晴.基于变革管理视角对三十年来机构改革的审视[J].中国社会科学,2014(7):66-86,205-206.
[16] 何艳玲,李丹.机构改革的限度及原因分析[J].政治学研究,2014(3):93-107.
[17] 吕志奎.渐进整合式改革:2013 年国务院机构改革述评[J].中国行政管理,2013(5):11-14.
[18] 罗重谱.我国大部制改革的政策演进、实践探索与走向判断[J].改革,2013(3):5-17.
[19] 陈天祥.政府机构改革的价值逻辑——兼论大部制机构改革[J].中山大学学报(社会科学版),2012,52(2):148-155.
[20] 李文钊,毛寿龙.中国政府改革:基本逻辑与发展趋势[J].管理世界,2010(8):44-58.
[21] 何颖.中国政府机构改革 30 年回顾与反思[A].//中国行政管理学会."中国特色社会主义行政管理体制"研讨会暨中国行政管理学会第 20 届年会论文集[C].

中国行政管理学会:中国行政管理学会,2010:30.

[22] 汪旭.回顾与反思:中国政府机构改革的三十年[J].山东行政学院山东省经济管理干部学院学报,2009(2):16-18.

[23] 陈天祥.大部门制:政府机构改革的新思路[J].学术研究,2008(2).

[24] 马骏,周超,於莉.尼斯坎南模型:理论争论与经验研究[J].武汉大学学报(哲学社会科学版),2005,58(5).

[25] 庄垂生,黄大兴.论政府规模及其增长——来自公共选择的启示[J].求实,2001(1).

[26] 吴凯.浅论瓦格纳法则在中国的适用性[J].财经论丛,2006(3).

[27] 杨甲镛.中国政府体制改革研究:以国务院机构改革为中心[D].复旦大学,2007.

[28] 刘长波.国务院行政机构改革研究(1982—2005)[D].华东师范大学,2007.

[29] 宋皎.论我国机构改革的方向[D].武汉大学,2004.

[30] 关于地方政府机构改革的意见.中共中央、国务院〔1999〕2号.

[31] 国务院办公厅转发人事部教育部关于做好国务院各部门分流人员学习和培训工作意见的通知.国务院办公厅〔1998〕28号.

[32] 习近平.完善和发展中国特色社会主义制度推进国家治理体系和治理能力现代化[EB/OL]. http://cpc.people.com.cn/n/2014/0218/c64094-24387048.html.

[33] 中国共产党第十七次全国代表大会报告[R].

[34] 2018国务院机构方案[EB/OL].http://www.npc.gov.cn/wxzl/gongbao/2008-06/16/content_1475429.htm.

[35] 中国全方位机构改革:政通人和是目标[OL].中国网,http://chinamosaic.china.com.cn/2018-03/22/content_50736118.htm.

行政审批制度改革*

第一节 改革开放以来的中国行政审批制度改革概述

行政审批是现代国家管理经济、社会、政治、文化等各方面事务的一种重要的事前控制手段。在中国,受传统高度集中的计划经济体制的巨大影响,行政审批已被日益广泛地运用于许多行政管理领域,对保障、促进经济和社会发展发挥了重要作用,成为一种国家管理行政事务不可缺少的重要制度。但是随着社会主义市场经济的发展,传统的行政审批模式已经不能适应新时代市场经济的发展,计划经济下繁杂的审批程序直接抑制了市场活力。2001年9月24日,国务院办公厅下发《关于成立国务院行政审批制度改革工作领导小组的通知》(国办发〔2001〕71号),成立国务院行政审批制度改革工作领导小组,积极、稳妥地推进行政审批制度改革,改革工作全面启动。十多年以来,党中央、国务院科学判断和准确把握国内外发展新形势,立足于"四个全面"的战略布局,着眼于推进国家治理体系和治理能力现代化,推进以"简政放权""放管结合""优化服务"为核心的行政审批改革,取得了显著成绩。截至2017年2月,2013年以来国务院分9批审议通过取消和下放的国务院部门行政审批事项共618项,其中取消491项、下放127项,已先后以国发〔2013〕19号、国发〔2013〕27号、国发〔2013〕44号、国发〔2014〕5号、国发〔2014〕27号、国发〔2014〕50号、国发〔2015〕11号、国发〔2015〕27号、国发〔2016〕10号文件公布。①

---

* 本节由清华大学公共管理学院孟庆国教授及2016级硕士研究生首芸云共同撰写。
① 13年以来国务院已公布取消和下放行政审批事项全清单(截至2017年2月)[OL].搜狐财经,http://www.sohu.com/a/139698905_173768.

一、中国行政审批改革的基本脉络

党历史上的"放权"始于1942年延安时期推行的"精兵简政"政策,重点在于精简机关、充实基层、提高效能、节约人力物力,以适应抗日战争新形势发展需要。中华人民共和国成立后的最初30年,"精兵简政"成为社会主义建设时期政府改革的常规手段。改革开放后,简政放权成为政府改革新理念,并且在不同时期有不同重点。[①] 自2001年9月24日,国务院办公厅下发《关于成立国务院行政审批制度改革工作领导小组的通知》(国办发〔2001〕71号),成立国务院行政审批制度改革工作领导小组,行政审批改革可以视为真正进入实质性的改革阶段,以适应建立和发展社会主义市场经济的要求。根据行政审批制度改革特征和进程,结合朱光磊[②]、顾平安[③]等学者的研究,本章将改革开放以来行政审批改革划分为以下五个阶段(见表3-1)。

表3-1 改革开放至今行政审批改革脉络

时间	文件	主要内容
1982—1992年	十二届三中全会《中共中央关于经济体制改革的决定》	向国有企业下放权力 政企职责分开,政府不再直接管理企业 增强企业活力
1992—2002年	十四届三中全会《中共中央关于建立社会主义市场经济体制若干问题的决定》	市场对资源配置起基础性作用 核心是政府和市场关系问题 政府职能重塑与调整
2002—2004年	十六届三中全会《中共中央关于完善社会主义市场经济体制若干问题的决定》	减少行政审批权力 转变政府职能并进
2004—2012年	中华人民共和国主席令第七号《中华人民共和国行政许可法》	行政审批制度改革正式步入法制化规范化轨道
2012—2018年	十八届三中全会《中共中央关于全面深化改革若干重大问题的决定》	发挥市场在资源配置中的决定性作用 推进"放管服"改革 建立"权力清单""责任清单""负面清单"制度,推进政府职能转变

---

① 顾平安.简政放权与行政审批制度改革[M].北京:国家行政学院出版社,2016.
② 朱光磊等.相对集中行政许可权改革的探索——构建行政审批局[M].北京:中国社会科学出版社,2016.
③ 顾平安.简政放权与行政审批制度改革[M].北京:国家行政学院出版社,2016.

第一阶段：1982年到1992年。重点是在清理政府权力的同时**向国有企业下放权力**。简政放权的核心是行政权力的重新分配，在计划经济体制下最大限度地调整政府和国有企业的关系，以进一步激发国有企业的市场活力。

第二阶段：1992年至2002年。简政放权的重点是解决**政府和市场的关系**。该阶段不仅将放权局限在政府对国有企业的放权上，而且延伸到政府与市场的关系，**这就为下一阶段政府职能重塑与调整提出了全新的要求。**

第三阶段：2002年至2004年。该阶段中央政府共开展了三轮行政审批制度改革，主要围绕取消或调整行政审批事项而展开，**旨在改变行政审批事项过多、过滥、繁杂的问题。该阶段是减少行政审批权力与转变政府职能并进时期。**

第四阶段：2004年至2012年。中央共开展三轮行政审批制度改革，主要围绕行政审批制度的**法制化**进程，并结合进一步深化行政审批制度改革的要求，相应地取消和调整了一批行政审批事项。

第五阶段：2013年至2018年。五年来，**国务院部门行政审批事项削减44%，非行政许可审批彻底终结**，中央政府层面核准的企业投资项目减少90%，行政审批中介服务事项压减74%，职业资格许可和认定大幅减少。中央政府定价项目缩减80%，地方政府定价项目缩减50%以上。启动了第七轮行政审批制度改革，进一步围绕**政府和市场关系**这一经济体制改革的核心问题，**提出发挥市场在资源配置中的决定性作用**，推进"放管服"改革。

（1）2013年。激发市场活力，优化营商环境。分批取消和下放了416项行政审批等事项，修订政府核准的投资项目目录，推动工商登记制度改革。各地积极推进政府职能转变和机构改革，大幅减少行政审批事项。扩大"营改增"试点，全面放开贷款利率管制，启动不动产统一登记等（见表3-2）。

表3-2 2013年行政审批改革主要文件梳理

改革时间	文件名称	取消和下放事项	改革重点
2013年5月15日	《国务院关于取消和下放一批行政审批项目等事项的决定》	决定取消下放管理层级的行政审批项目91项 决定取消的评比、达标、表彰项目10项 决定取消的行政事业性收费3项	生产经营活动审批事项 资质资格许可和认定 行政事业性收费和政府性基金项目

续表

改革时间	文件名称	取消和下放事项	改革重点
2013年7月13日	《国务院关于取消和下放50项行政审批项目等事项的决定》	决定取消和下放管理层级的行政审批项目29项 决定取消和下放管理层级的评比、达标、表彰项目3项	取消和下放管理层级的行政审批项目 取消和下放管理层级的评比、达标项目
2013年11月8日	《国务院关于取消和下放一批行政审批项目等事项的决定》	决定取消和下放管理层级的行政审批项目82项(2项属于保密项)	加快配套设施建设 加强后续监管,放管结合;公开项目核准和行政审批信息
2013年12月21日	《国务院关于在中国(上海)自由贸易试验区内暂时调整有关行政法规和国务院文件规定的行政审批或者准入特别管理措施的决定》		改革外商投资管理模式;扩大服务业开放,暂时调整相关行政审批及有关资质要求

(2) 2014年。商事制度改革,规范中介组织。国务院各部门全年取消和下放246项行政审批事项,取消评比达标表彰项目29项、职业资格许可和认定事项149项,再次修订投资项目核准目录,大幅缩减核准范围(见表3-3)。

表3-3 2014年行政审批改革主要文件梳理

2014年1月28日	《国务院关于取消和下放一批行政审批项目等事项的决定》	取消和下放64项行政审批项目和18个子项,另建议取消和下放6项依据有关法律设立的行政审批项目	管理层级行政审批项目的落实和衔接工作 加强事中事后监管
2014年4月14日	《国务院关于清理国务院部门非行政许可审批事项的通知》	取消面向公民、法人或其他组织的非行政许可审批事项;取消和调整面向地方政府等方面的非行政许可审批事项	统一要求,分类处理、分步实施,该取消的一律取消,该调整的坚决调整
2014年7月22日	《国务院关于取消和下放一批行政审批项目等事项的决定》	取消和下放45项行政审批项目,另建议取消和下放7项依据有关法律设立的行政审批事项,将5项依据有关法律设立的工商登记前置审批改为后置审批	取消部分职业资格许可和认定事项 将部分工商登记前置审批改为后置审批

		续表	
2014年 10月23日	《国务院关于取消和下放一批行政审批项目等事项的决定》	取消和下放58项行政审批项目,取消67项职业资格许可和认定事项,取消19项评比达标表彰项目,将82项工商登记前置审批事项调整或明确为后置审批	职业资格许可和认定事项 工商登记前置审批事项调整或明确为后置审批
2014年 12月10日	《国务院办公厅关于印发精简审批事项规范中介服务实行企业投资项目网上并联核准制度工作方案的通知》	精简前置审批,只保留规划选址、用地预审(用海预审)两项前置审批,其他审批事项实行并联办理,对重特大项目也应将环评审批作为前置条件	实行项目核准与其他行政审批网上并联办理 规范中介服务行为;建设投资项目在线审批监管平台;构建纵横联动协管体系

(3) 2015年。行政审批标准化,实施清单制度。取消和下放311项行政审批事项,取消123项职业资格许可和认定事项,彻底终结了非行政许可审批。工商登记前置审批精简85%,全面实施三证合一、一照一码。加强事中事后监管,优化公共服务流程。群众和企业办事更加方便,全社会创业创新热情日益高涨(见表3-4)。

表3-4　2015年行政审批改革主要文件梳理

2015年 3月13日	《国务院关于取消和下放一批行政审批项目等事项的决定》	取消和下放90项行政审批项目,取消67项职业资格许可和认定事项,取消10项评比达标表彰项目,将21项工商登记前置审批事项调整或明确为后置审批,保留34项工商登记前置审批事项	健全监督制约机制;落实工商登记改革成果,除法律另有规定和国务院决定保留的工商登记前置审批事项外,其他事项一律不得作为前置审批
2015年 5月14日	《国务院关于取消和下放一批行政审批项目等事项的决定》	取消49项非行政许可审批事项;将84项非行政许可审批事项调整为政府内部审批事项;不再保留非行政许可审批	取消非行政许可审批;制定权力清单,划定政府权力清单,划定政府权力的边界
2015年 7月23日	《国务院关于取消一批职业资格许可和认定事项的决定》	国务院决定取消62项职业资格许可和认定事项	转变职业资格管理理念,简化程序,减轻用人单位和人才负担,激发各类人才创业创新活力

续表

2015年10月15日	《国务院关于第一批清理规范89项国务院部门行政审批中介服务事项的决定》	清理规范89项国务院部门行政审批中介服务事项,不再作为行政审批的受理条件	规范行政审批中介服务事项的落实;加快配套改革和相关制度建设;加强事中事后监管;制定完善中介服务和标准;规范中介服务机构及从业人员职业行为
2015年10月14日	《国务院关于第一批取消62项中央指定地方实施行政审批事项的决定》	国务院决定第一批取消62项中央指定地方实施的行政审批事项	对以部门规章、规范性文件等形式指定地方实施的行政许可事项,原则上年底全取消

（4）2016—2018年。统筹监管,强化"依法审批"。2016年、2017年重点在进一步取消中央指定的地方实施行政审批事项和清理中介服务事项。全面推行"双随机、一公开",增强事中事后监管的有效性,推进"互联网＋政务服务"（见表3-5）。

表3-5　2016—2018年行政审批改革主要文件梳理

2016年2月3日	《国务院关于第二批取消152项中央指定地方实施行政审批事项的决定》		取消和下放管理层级行政审批项目的落实和衔接工作,加强事中事后监管
2016年2月3日	《国务院关于取消13项国务院部门行政许可事项的决定》		
2017年1月12日	《国务院关于第三批清理规范国务院部门行政审批中介服务事项的决定》	国务院决定第三批清理规范17项国务院部门行政审批中介服务事项,不再作为行政审批的受理条件	加快配套改革和相关制度建设;加强事中事后监管;保障行政审批质量和效率
2017年1月12日	《国务院关于第三批取消中央指定地方实施行政许可事项的决定》	国务院决定第三批取消39项中央指定地方实施的行政许可事项;另有14项依据有关法律设立的行政许可事项	事中事后监管措施的落实和衔接工作;明确责任主体和工作方法,切实提高行政审批改革的系统性、协同性、针对性和有效性
2017年9月22日	《国务院关于取消一批行政许可事项的决定》	取消40项国务院部门实施的行政许可事项和12项中央指定地方实施的行政许可事项。另有23项依据有关法律设定的行政许可事项	行业标准规范;加强事中事后监管,惩处违法违规行为;部门间要优化工作流程,压缩审批时限,便利企业办事

二、中国行政审批改革的主要模式分析

(一) 行政服务中心模式

行政服务中心模式通常表现为实践中的"两集中、两到位"或"三集中、三到位",其公认的雏形是1995年深圳率先将外商投资审批有关的18个政府部门集中起来,成立了"外商投资服务中心",它是国内最早的专业性联合审批机构。① 但学者朱光磊研究发现,早在1985年广州市"外经贸天下一条街"的形成就可以算作行政服务中心的雏形,这是国内最早在公共行政过程中使用"一站式服务"模式。② 这种以服务为导向的行政服务中心的审批模式,克服了传统部门审批模式的诸多弊端,它将政府部门中拥有行政审批权的部门集中起来,在同一个行政服务中心里联合办公,实行"一站式"审批、"一条龙"运作、"一窗式"受理模式。③ 该模式最初被理解为与地方投资环境、招商引资有着某种紧密关联,因而在东部沿海地区率先获得发展,又因其形式上契合了服务型政府与整体型政府建构的政策导向,继而在全国范围内不断地蔓延、扎根。发展到今天,该种制度建制已经颇具规模,并彰显出不同的外部名称和权力配置方式。就外部名称来说,有"政务大厅""行政服务中心""行政审批管理办公室"等十余种不同称谓。就权力配置方式而言,情况更为复杂。比如,有的仅表现为一种简单的政府部门内的权力集中。有的则表现为成立了专门的"政务大厅",即政府职能部门先将各自的审批权在部门内部进行集中,随后,各职能部门再将审批权转移至"政务大厅"这一物理平台。需要指出的是,前述"政务大厅"又会因集中事项的多寡以及获得审批权力程度不同,而表现出"收发室""协调机构""准实体审批机构"等不一而足的形态。

行政服务中心的模式(见图3-1)特点就决定了其存在一些先天性缺陷。起初,行政服务中心没有法律依据,它的设立并非依据组织法,更多可以看作地方政府的派出机构。为配合行政审批改革进程的推进,2004年7月《行政许可法》开始正式实施。在《行政许可法》中,"相对集中行政许可"的概念被明确提出,其中第25条指出:经国务院批

---

① 沈荣华,吕承文.从服务结构转身看体制改革逻辑——基于吴江行政服务局的考察[J].理论探讨,2012(3):5-9.
② 朱光磊.相对集中行政许改革的探索——构建行政审批局[M].北京:中国社会科学出版社,2016.
③ 艾琳,王刚.行政审批制度改革探究[M].北京:人民出版社,2015.

准,省、自治区、直辖市人民政府根据精简、统一、效能的原则,可以决定一个行政机关行使有关行政机关的行政许可权。这条规定为行政审批权在政府不同部门间委托移转乃至建立独立单一的行政审批机构提供了法律制度空间。这显然是对以行政服务中心为平台的集中联审机制的立法确认和肯定①,弥补了其法律上的空白。其次,行政服务中心"有名无实",只是"物理集中",从审批权力归属上看,最终的审批决定依旧由原职能部门做出,也就是说,审批职能的归属不曾发生实质变动,这使得行政服务中心难以对审批效果进行监督考核,这就直接影响了行政服务中心的服务效果,扮演着类似综合协调机构的角色,主要履行协调、服务与监督等功能。

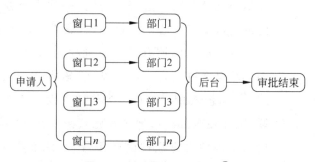

图 3-1　行政服务中心模式②

(二) 行政审批局模式

随着时间的推移,驶入行政审批改革"深水区",一些学者认为,行政服务中心的弊端亟须解决。③ 一位已在行政服务中心工作十余年的官员,在面对所在单位尴尬的法律地位和有限的协调职能时曾无奈地自嘲:"我们到处牵头,四处磕头,既不能点头,也不能摇头,究竟何处是个头!"④有学者分析此情形后提出了对策:"可以考虑利用现有各地已经建立的行政审批中心,将其改造成享有实质性行政许可权力的、统一办理原由各部门分别办理的经常性行政许可事项的许可实施机构。"⑤行政审批局的设立正是对行政服务中心模式这一传统协调机构的反思与修正,将进一步对政府职能转变、结构优化、流程再造和体制变革发挥积极作用。

---

① 贾义猛.优势与限度:"行政审批局"改革模式论析[J].新视野,2015(5):20-25.
② 王成程.从部门审批到网上审批:行政审批的模式变迁[J].长江论坛,2017(3):41-47.
③ 吴明华.政务中心走向拐点[J].决策,2005(7):40-41.
④ 骆梅英、黄玉寅于 2012 年 4 月至 9 月在宁波、杭州等地的调研记录。
⑤ 汪永清.中华人民共和国行政许可法教程[M].北京:中国法制出版社,2003:93.

2008年行政审批局在成都市武侯区率先挂牌成立,标志着行政审批局模式(见图3-2)有了实践样板。该行政审批局与行政服务中心实行"一个机构、两块牌子"的运行模式,与之前的行政服务中心有很大的不同。该局吸收合并了区发改委、人事局、物价局、民政局、科技局、教育局、劳动保障局等20多个政府职能部门的审批权限(占全区行政许可项目的90％以上),并在办事大厅专设了行政审批的科室。武侯区审批局模式的鲜明特色在于:首先,一旦行政审批局获得审批权后,原职能部门的审批权即自动丧失,相对人员所获执照之签章仅由审批局一家负责加盖;其次,审批事项由原职能部门到审批局的移转,是一种彻底的、绝对化的移转,也就是说,审批局原则上行使了一级政府所有的审批权力,行政审批局模式将审批职能集中于一个部门,解决了权力碎片化的问题;再次,审批局在人员编制上自成一体,其工作人员完全接受审批局的派遣、管理与考核;最后,行政审批局模式使政府的决策、执行和监管部门相分离,实现了行政三分。权力清单由审批部门执行,责任清单则由职能部门监管,从而使得职责更加清晰和明确,审批工作更加规范,事中事后的监管得到加强。因此可以看出审批职能与监管职能相分离,打破了"重审批、轻监管""以审代管"的困境,更好地促进了政府职能转变。① 实践中,这种修正也获得了一些地方政府的认同并展开试点推广。2015年3月,中央编办、国务院法制办发出《关于印发〈相对集中行政许可权试点工作方案〉的通知》,正式要求在天津市所有区县和河北、山西、江苏、浙江、广东、四川、贵州8个省、市开展相对集中行

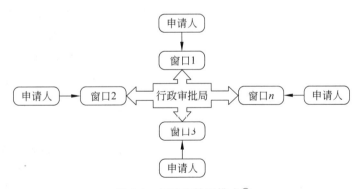

图3-2 行政审批局模式②

政许可权试点。除天津外,其余试点省份各选择2~3个市、县(区)或

---

① 杨伟伟.行政审批局与行政服务中心:共性与差异争鸣[J].广州社会主义学院学报,2016(1):70-75.
② 王成程.从部门审批到网上审批:行政审批的模式变迁[J].长江论坛,2017(3):41-47.

所属国家级开发区开展改革试点。试点内容首先就是探索相对集中行政许可权的实现形式，即将政府各部门的行政许可权交由一个部门行使（专设行政审批部门）或将一个部门的行政许可权交由另一个部门行使（行政审批部门间委托移转）。①

但不能忽略的是行政审批局模式并不是一把万能钥匙。虽然弥补了行政服务中心的部分天生缺陷，但依然存在改进空间。首先，由于行政审批权的专业性，即使是行政审批局模式也无法做到将所有审批权集中在审批局统一办理，一部分专业性强的审批权依旧需要到原部门办理。其次，从全国普查的数据来看，目前行政审批局模式依旧属于试点发展阶段，这也就导致了缺乏完善的管理体系，很多地方还没有建立对应的上级行政审批局，沟通协调的成本变高，影响行政效率。再次，对窗口人员的业务能力提出很大挑战，窗口人员的业务在"全"的同时，是否变得不"精"，这容易产生监管漏洞，埋下隐患。最后，依然不可忽视的是信息孤岛。行政审批局虽然从机构设置上试图打破信息孤岛，实现信息共享，但仍然需要辅助具体的规范制度对需要信息共享的事项进行说明。除此之外，行政审批局权力的高度集中，自然会带来权力难以制约的风险。

（三）互联网＋行政审批模式

2015年的十二届全国人大会议上，李克强总理首次提出了"互联网＋"的概念，目的是希望各行各业都能借助"互联网思维"，与互联网进行对接，依托互联网，实现经济的快速发展。紧接着，李克强总理又在2016年的政府工作报告中提出了"互联网＋政府服务"。在"互联网＋"思路的引导下，各个地方开始探索融合互联网技术，将行政服务中心或者行政审批局与其相结合，借助于互联网，打造一个行政审批网上办事大厅，把行政服务中心的审批事项统一搬到网上办事大厅，并建立起从申请、受理、审查到办结的"一条龙"网上服务体系，形成"线上＋线下"两个办事大厅集中审批的新模式。它是在行政服务中心或者是行政审批局的基础上，将行政审批事项放在网上审批的一种创新模式。② "互联网＋行政审批"关键是实现"线上与线下"的融合，而"线上与线下融合"则是政务服务创新的发展方向。③ 无论是行政服务中心模式还是行政审批局模式依旧将优化线下审批流程作为行政审批改革的着力点，而

---

① 贾义猛. 优势与限度："行政审批局"改革模式论析[J]. 新视野, 2015(5): 20-25.
② 王成程. 从部门审批到网上审批：行政审批的模式变迁[J]. 长江论坛, 2017(3): 41-47.
③ 孟庆国. 线上线下融合是政务服务创新发展方向[J]. 中国行政管理, 2017(12).

"互联网＋行政审批"的模式则力求将互联网便捷、高效、透明的优势融入行政审批改革中,不再是简单地优化流程,更多体现了一种服务理念和服务方式的创新,打破了线下的时空局限,通过预约预审、网上申请等创新也极大地减少了交易成本和权力寻租空间。普查发现,截至2017年4月,已经有29个省级地方已建立了互联网政务服务平台,其中16个地方的平台已覆盖省、市、县三级;实体政务大厅已建成省、市、县、乡全覆盖的服务网点,线上线下立体化的平台体系已初步形成,线上线下相辅相成。但是,在普查中也发现,"互联网＋行政审批"实践效果仍然与理想存在差距,究其根源,在于线上线下没有融合,各自为政、各行其道、资源各不相同并且服务冷热不均。[①] 线上平台与线下平台都各持己见,建设平台的出发点不是"服务"导向而是"自利"导向。思维上没有认可"线上线下融合"的发展方向,在具体操作上,线上线下平台关注的重点不同,缺乏统一规划。监督管理方式和考核标准不同,服务范围不同,服务标准不统一等都影响了"互联网＋行政审批"的效果。

(四) 项目审批代办模式

党的十八届三中全会《中共中央关于全面深化改革若干重大问题的决定》中提出,要深化行政审批制度改革,最大限度减少中央政府对微观事务的管理,对市场能够调节的审批活动要一律取消,对保留的行政审批要提高效率;对地方管理更有效的社会事项审批权力,一律下放到基层。"行政服务中心""行政审批局"及"互联网＋政务服务"这三种模式的主体依旧是政府,在政府的推动下建立并且推行,政府在其中发挥着主导力量并且承担着所有的服务职能,着眼点主要是对行政审批权的下放,并没有将市场的力量充分发挥出来。而项目审批代办模式则跳出了政府这一单一的主体,以服务为导向,立足新型政企协作模式,激发市场活力,优化营商环境。中介服务是市场经济的产物,在起初中介服务引入政府行政审批当中时,出现了诸多乱象,如中介的资质、诚信、寻租等问题,国务院先后在2015年10月、2016年、2017年发布清理规范国务院部门行政审批中介服务事项的决定。该种模式目前在学界并没有被公认为是一种行政审批改革模式,但近几年来天津、上海、浙江等省逐渐探索出了有效的项目审批代办模式。据国办普查,目前全国共有855个政务大厅(省级1个、地市级112个、县级727个、直辖市区15个)提供代办服务,因此该种模式存在探讨的必要性。

[①] 孟庆国.线上线下融合是政务服务创新发展方向[J].中国行政管理,2017(12).

项目审批代办是政府设立代办机构、设置代办员无偿为重点项目单位提供审批代办及相关服务的一种办事制度。该制度能够充分利用代办机构和代办员的信息优势、资源优势、职权优势,在政府部门和企业之间架起一座沟通桥梁,提供从公司成立、项目设立到竣工的一系列服务,对行政审批资源进行了排列重组,实现流程再造,大大简化了审批事项。而且,在代办制框架下,由于行政审批权限并未发生实质改变,最终决定权仍然掌握在政府行政部门,因此项目申请者与审批代办中间实际上是一种委托与被委托的代理关系,且这种代理对申请者来说是无偿的[①]。不仅如此,代办机构还可以利用其专业性,直接对接项目申请者和审批的职能部门,直接降低了交易成本,对申请者来说在体验到"优质服务"的同时提高了办事效率。"双创通"系统是天津滨海新区中心商务区行政许可局依据文件精神,通过不断发现现有行政审批改革存在的问题和用户需求,为优化行政审批流程,为企业提供全生命周期服务的创新尝试,是"项目审批代办"的成功案例。它以"互联网+"为依托,构建了一种"专家+管家"的政务服务模式,代办机构扮演专家角色,天津滨海新区中心商务区行政许可局员工(国企身份)扮演服务管家角色,协同入驻行政许可局的职能部门,共同处理中心商务区的行政审批事项。从"问题"导向到"需求"导向,行政效率与群众满意度都得到了明显提高,一定程度上解决了"部门壁垒""数据孤岛"的问题,为天津自贸区营造良好的营商环境、建设服务型政府都提供了成功的经验。但正如前文所述,代办机构市场混杂,如何进行规范管理?代办机构与办事人之间,政府与代办机构之间的信任机制如何建立?政府和代办机构的权责该如何划分?这些都是需要解决的问题(后续案例关于此部分有详细介绍,此处不再赘述)。

三、中国地方政府行政审批改革的创新实践

(一)上海

上海市的目标是着力于"建成全国行政效率最高、行政透明度最高、行政收费最少的行政区之一"。自2013年至2017年9月,上海分15批取消行政审批等事项749项、调整1105项;累计取消行政审批评估评审232项,优化、简化109项,强力推进评估评审"红顶中介"与政府部门脱钩改制;取消行政事业性收费等逾200项,每年减轻企业和社

---

① 杭州市委、市政府关于推行投资项目审批代办制的实施意见[J]. 杭州政报,2008(7): 8-10.

会负担约65亿元;取消和调整各类证明145项。①

标准化并联审批:从市区到各街道乡镇,行政审批基本实现标准化管理,并探索目录管理、业务手册、办事指南、网上办事、数据共享、监督检查"六位一体"行政权力标准化管理,力争让百姓进入政务服务大厅,就能对政府的办事流程"一看就懂、一查就明"。推进并联审批,在全市实施外商投资企业设立并联审批,下发内资和外资企业设立并联审批、建设工程"四个集装箱"并联审批操作规程。

智能化大数据管理:利用物联网、射频识别等信息技术,上海建立监管对象追溯体系,形成来源可查、去向可追、责任可究的信息链条,建立"用数据说话、用数据决策、用数据管理、用数据创新"的审查机制。上海于2017年在全国率先形成建设项目全覆盖管理信息系统,对134项行政审批实施网上预审当场受理或当场发证,每年通过网上预审当场受理60万余件,当场发证16万余件。

浦东新区"六个双"监管机制②:①"双告知"。登记注册部门在办理市场主体登记注册时,一方面要告知申请人依法应当办理的许可证;另一方面要通过综合监管平台将市场主体登记注册信息实时推送告知相关许可证审批和行业主管部门。②"双反馈"。这是浦东新区结合"双告知"的实施,着眼更好实现部门协同,自主探索建立的配套机制之一,是指许可证审批部门在收到登记注册部门推送告知的市场主体登记注册信息后,一方面应当通过综合监管平台将接收情况及时反馈给综合监管平台,另一方面应当在为市场主体办理完毕有关许可证后,将有关办证信息反馈给综合监管平台。③"双跟踪"。一方面是在市场主体办理完毕有关许可证前,由行业监管部门跟踪其办理情况,逐步建立以街镇网格化管理体系为主,网络舆情、群众投诉等多元参与的问题发现和反馈机制;另一方面在市场主体申请办理许可证时跟踪办证时效,并在办理完毕许可证后将其纳入行业监管。④"双随机"。根据《国务院办公厅关于推广随机抽查规范事中事后监管的通知》(国办发〔2015〕58号)有关工作要求,监管部门在开展行政检查工作时,一方面随机抽取检查对象,即检查哪个市场主体随机确定;另一方面是随机选派检查人员,即谁去检查随机确定。⑤"双评估"。一方面针对人民群众高度关注、与人民群众生命财产安全密切相关的行业、领域、市场以及特殊

---

① 上海推进"三个一批"行政审批制度改革——国际在线[OL].http://sh.cri.cn/20170926/8ece7af1-d4da-b407-15ab-b395feb23325.html.

② 浦东新区"六个双"政府综合监管实施办法(暂行)[OL].http://www.pudong.gov.cn/shpd/InfoOpen/CritericonFile.aspx? Id=564.

产品进行风险评估;另一方面根据行政检查结果、行政处罚情况,对市场主体进行信用评估。基于"双评估"的结果,针对性地动态调整"双随机"检查的频率、频次。⑥"双公示"。根据《国务院办公厅关于运用大数据加强对市场主体服务和监管的若干意见》(国办发〔2015〕51号)等有关工作要求,行政部门在行政许可、行政处罚等信用信息作出决定后7个工作日内进行网上公示。

(二)广东

广东的行政审批制度改革走在全国前列。深圳、佛山等市早在1997年就已开始试点改革行政审批制度。广东省委、省政府高度重视行政审批制度改革,将其作为加快转型升级、建设"幸福广东"和率先打造法治化、国际化营商环境的重大任务来抓。2014年,广东省全面深化行政审批制度改革,最大限度地减少政府对微观事务的管理。2015年,广东省全面公布省政府各部门权责清单和职能调整目录,作为政府部门履职尽责的"总账本"。①

(1)**"一门式、一网式"政务服务模式**:2016年,在全省部署推进"一门式、一网式"政务服务模式改革。要求全面梳理和公开政务服务事项目录,并通过标准化规范事项名称、实施依据、服务对象、服务类别等基本要素,全部进驻实体办事大厅和网上办事大厅,并建设上下左右无缝对接、数字贯通的电子交换共享体系。同年12月,《广东省加快推进"互联网+政务服务"工作方案》发布,要求2017年年底前,全省行政审批事项网上全流程办理率达70%以上;2020年年底前,达到80%以上。②

(2)**推行政府工作部门权责清单制度**:2015年,广东省全面公布省政府各部门权责清单和职能调整目录,作为政府部门履职尽责的"总账本";紧接着,《广东省企业投资项目实行清单管理的意见(试行)》公布,广东成为国家批准的首个企业投资项目清单管理试点省份,而企业投资项目准入负面清单、行政审批清单、政府监管清单三份清单也同时公布;同年,全省还启动了全面推广行政审批标准化的工作。2016年,开展省级部门权责清单动态调整工作,重新公布省直51个部门的权责事项5567项。涵盖发展改革、经济和信息化、民政等9个部门,惠州等5个地区的2866项省、市、县权责事项经省政府批准公布,层级之间的政

---

① 周维,钱绍青.广东省推进行政审批标准化的进程及对策研究[C].中国标准化论坛,2017.
② 深化行政审批制度改革 广东省直610个事项进驻省统一申办受理平台[OL].央广网,http://www.cnr.cn/gd/gdtt/20170419/t20170419_523714237.shtml.

府工作部门权责关系进一步理顺。①

（3）**强化事中事后监管**：省发改委表示，取消、下放和委托管理行政审批事项是管理方式或管理主体的变更，而不是取消管理、一放了之。事项取消、下放和委托管理后，省、市、县发展改革部门严格按照规定，通过日常检查、专项检查、随机抽查等方式，强化事中事后监管。依托网上办事大厅投资项目在线审批监管平台、12358全国价格举报处理平台、省公共信用信息管理系统等，加强对企业、事业单位、社会团体以及经营者行为的实时监管、在线监测，以确保取消、下放和委托管理的各项审批事项规范运行。

（三）贵州②

五年来，贵州省直部门实施的行政许可事项由2013年的347项，逐年精简为现行的272项，减少21.61%，位居全国省级部门行政许可数量最少前列；全面清理自行设定的97项行政职权，拟取消59项，是全国唯一"全面清理取消地方性法规、省政府规章设立的行政审批、备案、登记等行政职权"的省份；"非行政许可"审批事项全部取消。

（1）**建立健全协同监管、信息共享、社会共治的综合监管体系**：**加强信息化协同监管**。严格规范公正文明执法，探索市场监管综合执法，健全跨部门、跨区域执法协作机制，逐步实行"多帽合一"，解决多头执法、重复执法问题。建立市场监管信息互联共享机制，履行"双告知"职责，推进信息交流和资源共享，实现登记部门、审批部门、行业主管部门以及其他部门之间的信息实时传递和无障碍交换。优化政府监管资源配置，整合市场监管机构，推广综合执法模式，减少监管层级，提高协同监管效能。**加强风险防范动态监管**。建立风险防控基础制度体系，完善风险评估、风险预警、风险处置等制度，定期开展风险点梳理排查、风险巡查。探索运用大数据、物联网等现代信息技术，实时采集和监控监管对象的信息及情况，做到早发现、早预警，提高发现问题和防范、化解风险的能力。**建立安全审查监管追责机制**。优化风险告知提示方法，通过信息公示、抽查、抽检等方式，强化对市场主体的全过程监管。

---

① 周维，钱绍青. 广东省推进行政审批标准化的进程及对策研究[C]. 中国标准化论坛，2017.
② 贵州省人民政府办公厅关于印发贵州省开展市场准入负面清单制度改革试点实施方案的通知（黔府办函〔2018〕31号）[OL]. http://www.gzgov.cn/xxgk/jbxxgk/fgwj/szfwj_8191/qfbh_8197/201803/t20180316_1101814.html.

(2)**贵安新区"六个一"行政审批服务新模式**[①]:贵安新区行政审批局强化顶层设计,注重系统集成,积极构建行政审批"**一章审批、一网审管、一单规范**"和政务服务"**一号申请、一窗受理、一网通办**""六个一"双轮驱动改革新模式。贵安新区成立行政审批局伊始,便积极推行"审批局外无审批、行政审批一颗章"。为最大限度缩短办理时限,贵安新区行政审批局把原本分散在新区 14 家部门的 358 项审批服务事项整合为项目建设、企业设立、经营管理、综合税务 4 大类综合窗口实行"一窗受理",让申请人员与办事窗口形成"一对一"的单点对应关系。贵安新区推行"一网审管"改革,创建审批服务"六朵云"(审批云、监管云、监督云、招商云、证照云、分析云)。以监管云为例,工作人员登录贵安新区审批服务云平台,进入"监管云"后,记者看到由事项编码(个人身份证号)、事项名称、申请人(单位)、审批单位、监管单位、反馈信息、监管状态(正常、黄牌、红牌)组成的监管公示栏,以及屏幕上方分别显示着的"事项总计""正在监管"和"待管事项"数量。贵安新区实施"一网审管"和"一单规范",其目的是对行政许可事前审批和事中事后监管的制度机制进行数据化实时监控管理,有效防止审批和监管失衡。

四、国际视野下的行政审批改革

行政审批改革并不是中国的"特有产物",而是世界各国共同面临的难题。从 20 世纪 70 年代开始,世界上其他国家(地区)已纷纷意识到烦琐的行政审批程序不利于整体经济的发展,造成了极大的行政成本,降低了行政效率,并且增加权力寻租的机会,滋生腐败。对于服务对象而言,最大的问题则是提高了交易成本,降低了对政府的满意度,无法满足需求,进而削减市场活力。由此,众多国家(地区)也采取了一系列的行政审批改革的举措,对我国的行政审批制度改革具备借鉴意义。

(一)美国

从制度设计上来看,美国行政审批制度改革整体采用**网络化协作治理形式**,拥有完整的**流程再造和绩效评估机制**,特别注重利用现代科技创新管理方式和服务手段。比较典型的是 2012 年 3 月开始的联邦政府基建项目审批制度绩效改革。按照总统行政命令,联邦政府不仅

[①] 章璐,何兴健.深化改革 做好行政审批"放管服"——贵安新区"六个一"行政审批服务新模式观察[J].当代贵州,2017(33).

成立了跨部门的运行机制——改进基建审批程序指导委员会,负责制定并实施政府审批绩效方案(简称联邦计划)、协调解决成员间矛盾、与各种跨部门小组以及联邦首席信息官和首席技术官磋商协调。还专门设置了一名联邦首席绩效官(CPO)担任指导委员会主席,负责发布具体的行动指南、开发和评估计划方案的执行情况、每年向总统提交绩效报告并公之于众。这种岗位独立灵活,任务集中明确,有利于最大限度推动人员、物资、能源和信息流动,大幅度减少政府审批决策过程的总和时间,提高环境和社会的综合成效。[①]

从权力运作上,**强调法律依据的同时对权力进行规范**。美国的行政许可立法找到了一个很好的切入点,就是在对公共利益保护和对社会生活实施有效管理的同时,以法律的形式把该制度的实施对权利主体利益可能造成的侵害控制在社会和权利主体能够承受的范围内。在实现保护公共利益和对社会生活实施有效管理的前提下,尽一切可能保护相对人及一切利害关系人的合法权益。其采取的主要控制手段,就是**在《联邦行政程序法》中对行政机关实施行政许可权制定了非常全面、严格的程序制度**。[②] 在法律的规范之下,**经历了"下放权力—缩减权力—规范权力"的改革过程**。主要包括以下几个方面:首先,放权于市场。政府将一些行业、项目的审批权限交还给市场。其次,政府自身权力的瘦身。从职业资格审批入手,一般来说,只要具备了基本的职业技能、相关知识,就能够得以通过。同时,政府尽可能地减少许可证的数量对银行业、交通领域的限制,大大放松了许可限制。最后,审批程序的规范化。审批程序的规范化可以实现程序压缩,节约时间,减少分歧。

(二)日本

日本的政府管制始于20世纪初的海运领域,20世纪60年代达到高峰,而20世纪90年代日本管制改革则是日本市场经济改革的重要举措。[③] 20世纪90年代日本政府决定加快管制改革,增大市场机制对资源配置作用,这种放松政府管制的经济举措,基本为其后政府所沿用,并对促进自由竞争、消除抑制竞争和增加社会活力产生了积极影响。[④] 首先,**日本作为具有浓厚法治传统和制度建构的国家,十分注重**

---

① 孙迎春.国外行政审批制度改革经验及其启示[J].行政管理改革,2015(2):59-64.
② 许勇.转型时期我国行政审批制度改革研究[D].吉林大学,2007.
③ 朱慧涛.日本行政审批制度改革的启示[J].地方政府管理,2001(5).
④ 李莲.美日行政审批制度改革的经验借鉴[J].商业经济,2008(17).

"**立法先行**"。政府行为必须有法律作为支撑,政府管制改革的组织体系、审议程序和实施措施都需要法律明确规定,才能保证改革顺利推进。① 日本政府在强化管制改革法治化建设的过程中,**积极引入司法审查和司法救济制度体系**,制定了《行政程序法》以及配套法律法规,确保行政审批和政府管制受到严格的司法审查。② 其次,"**权变理论思想简化行政审批程序**"。日本政府确定了一系列特殊的审批原则,其中"最小限度保留"原则适用于社会性事务,"原则自由、例外审批"原则适用于经济性事务。③ 及时清理不正当不合法的行政审批事项,将不符合市场规律的行政审批事项全部取消,符合规律的事项进行简化,提升政府效能。**再次,尊重市场规律**。日本社会具有比较成熟的市场发育状态,以及比较自由的企业经营权。尽管日本政府重视政府规制行为,但是规制范围却集中在市场失灵的领域,集中在自然垄断、信息不对称等领域,政府绝不过分干预企业、社会事务,绝不插手处理公民事务。主要通过间接管理的手段,运用法律法规以及政策引导,对价格、准入、退出等重点环节进行间接干预,使得经济规制效率最大化。④ **最后,大力发展中介**。日本行政审批改革取得成绩的一个重要原因是依托其完善的市民社会,**政府职能的社会化改造**贯穿于规制改革的始终。日本政府发展中介组织,强调依法规制和独立规制,重视地方分权和社会自治,通过制定政策法案,明确规制部门独立出政府部门,有效推进规制事务民营化发展,从而实现规制行为逐步脱离政府行为,使得中介组织能够参与放松政府管制活动,提高行政审批效率化,防止因信息不对称而引发的资源配置扭曲。⑤

(三) 澳大利亚

澳大利亚在行政审批改革中最重要的是构建"**公私伙伴关系模式**"以及"**自我监管和准监管机制**"。采取各种跨界协同制度,实施系统完整的政策、执行和监督。2012年4月开始的行政审批现代化改革在具体应用中十分重视政府和商界的高层互动、平等协商和共建共享,是联邦分权制下比较典型的集体领导模式。在制度设计上,政府理事会(COAG)专门搭建了国家监管体制内最高的决策—执行—监督平台——

---

① 张霁星.简政放权视域下日本行政审批制度改革及其经验启示[J].理论与现代化,2016(5):50-55.
② 骆梅英.行政审批制度改革:从碎片政府到整体政府[J].中国行政管理,2013(5):23-27.
③ 同上。
④ 张霁星.简政放权视域下日本行政审批制度改革及其经验启示[J].理论与现代化,2016(5):50-55.
⑤ 同上。

商业咨询论坛。同时还成立了跨部门的监管和竞争改革小组,负责设计行政审批改革的方针政策,起草改革议程和相关协议,监督改革的进展情况,定期向商业咨询论坛和政府理事会大会提交书面报告。除此之外,澳大利亚政府也十分注重"监管"领域的改革。澳大利亚总理内阁办公室认为,政府监管是一种依法监管,具有强制执行的义务和责任。虽然具有可靠性和稳定性,但立法过程漫长且修订和废除程序复杂,不能根据时间和环境变化及时更新,很可能产生过时、过度、过量的监管负担。为此,在政府监管之外,又提出了自我监管和准监管。自我监管是由企业开发、资助并由企业专门执行的监管机制,既可以包括没有政府参与的行业计划,也可以包括政府参与制定早期规定的行业计划,还可以是一种行业或一组商业与另一种行业或一组商业就某个义务达成的协议计划。准监管处在自我监管和政府监管之间,是政府用来要求商业服从但又不能形成明确政府规定的大量规则、工具和标准。因为政府参与了监管机制的开发或监控,或者通过提供经费间接参与了监管,所以其形式通常具有政府性质。准监管一般用于跨部门的监管机制,负责解决特定行业领域的问题,并不面向整个商业社会,通常可以分为两种类型:一种是行业监管机制,即行业组织在原则、指南和标准制定和管理中起到关键作用,政府参与只是说明这些要求具有准监管性质;另一种是政府启动的监管机制,但可以不通过立法而利用其他方法鼓励服从监管。为了鼓励运用自监管和准监管机制,减少给社会各界特别是给小商业带来的监管负担和合规成本,同时在适当的情况下,让企业拥有并负责制定更多有效率和效力的监管规定,澳联邦政府跨部门委员会还专门成立了小企业非规范化工作组。工作组成员分别来自总理内阁部、财政部、审计部、工业科学和旅游部、澳大利亚竞争与消费者委员会、监管评估办公室,由监管评估办公室担任主席。[①]

五、中国行政审批改革的趋向和重点

结合改革开放 40 多年来中国地方政府在行政审批改革的自主创新实践及国外经验,中国政府在行政审批改革领域的未来趋向和重点主要聚焦如下三个方面。

---

① 中国行政管理学会课题组.部分发达国家行政审批改革的制度设计和工具选择[J].中国行政管理,2015(1).

(一) 厘清政府权力边界,构建法治高效服务型政府

回顾改革开放以来中央政府行政审批制度改革的发展历程,行政审批改革的历程也是简政放权的历程(见图 3-3)和**重塑政府职能的过程**。从宏观上来看,经历了"政府—企业"到"政府—市场"再向界定"**政府—市场—社会三方**"的权力边界、推进政府权力清单建设转型的逐渐深化的特色。从微观角度,聚焦在政府对自身行政审批权力的改革,从"**缩减**"到"**规范**",从全面政府到有限政府。政府职能的转变也在不断推进,给予新的时代意义,向法治、高效、廉洁的服务型政府转变。

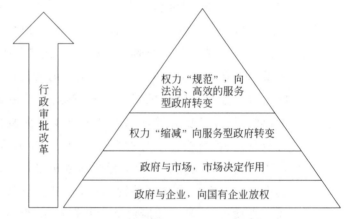

图 3-3　改革开放至今行政审批改革的路径与趋向

行政审批改革是全面深化改革的重要举措,更是新时代中国特色社会主义政府现代化过程中的一次伟大变革。"**简政放权**"是"**优化服务**"**的途径**,其核心是政府角色定位问题,进一步厘清政府、市场、社会的边界,**让价值规律、竞争规律、供求规律等市场经济规律在资源配置中起决定性作用**。从国外经验来看,也都呈现出政府放权于市场的趋势。除此之外,这考验的不仅仅是政府对改革的推动能力,更是**对自身权力的梳理**。党的十八届三中全会和十八届四中全会都强调建立"**权力清单**"制度,真正做到将"权力关进制度笼子",为我国改革行政权力运行机制开出了"良方",党的十八大以来各级政府权力清单制度得到了推动和发展,这都为"简政放权"打下了根基。在"**权力清单**"的基础上,习近平总书记在党的十九大报告中指出,全面实施市场准入"**负面清单**"制度,清理废除妨碍统一市场和公平竞争的各种规定和做法,这意味着政府审批边界的逐步缩小,市场配置资源作用的不断扩大。党的十八届四中全会提出**建设法治政府**的目标,也为行政审批制度改革指明了方向。建设法治政府的核心是促进政府依法行政。行政审批制

度改革则正是基于依法行政的要求,规范行政审批权和审批行为,有效使用"政府"和"市场"两只手从法律层面规范政府权力运行,激发市场活力和社会创造力。"放管结合"是对"简政放权"的有效补充和说明,"简政放权"并不意味着政府彻底放权市场,政府要把更多的监管资源投向事中事后监管环节,建立高效统一的监管数据监测、分析和预警体系,将市场各方的行为纳于规则之下,创新监管方式,强化监管手段,为防范市场风险和提高监管效率提供有力保障。浦东新区提出的"六个双"监管机制则是对"放管结合"的具体阐释。

"优化服务"是行政审批改革的最终目标,即推动政府职能向提供优质公共服务、维护社会公平正义转变。新公共服务理论中强调政府的职能即服务而不是"掌舵",反映了政府职能转变的重要性。在市场经济体制和经济全球化的影响下,利益团体呈现多元性复杂化,政府不能包揽所有事务,这说明管制型政府需要转变职能,应该从行政干预过多的汲取型全能政府转向让市场充分发挥作用的有限政府[①],促进权力的公开化、透明化。行政审批制度改革作为政治体制改革的重要突破口,对于优化政府结构、规范政府权力运行至关重要。自 2001 年国务院成立行政审批制度改革领导小组之后,政府把建设高效、廉洁、法治、负责任的服务型政府作为改革的目标,在精简审批数量、下放管理权限、调整清理行政审批项目上下了大力气,凡是市场可以有效调节的、行业中介机构可自律管理的项目,政府主动从管理中退出来,丢掉一部分权力,把这部分权力还给市场、还给社会。党的十八大报告中提到,要建设职能科学、结构优化、廉洁高效、人民满意的服务型政府。党的十九大报告再次强调建设人民满意的服务型政府需要转变政府职能,深化简政放权,创新监管方式,增强政府公信力和执行力。可见,**转变政府职能,建设服务型政府是行政审批制度改革的落脚点,建设法治、高效、廉洁的服务型政府更是新时代全面深化改革的重要目标**。

(二)构建无缝对接的运行机制,促进协同治理

围绕提高国家治理体系和治理能力现代化,党的十八大以来党中央着力顶层设计、顶层构架、顶层部署,旨在助力国家治理能力和治理体系的现代化建设,坚决摒弃"单一化""表层化""简单化""碎片化"的治理弊端。原有的行政审批权条块分割于各职能部门常常导致管理的冲突与矛盾,烦琐的审批程序又极大地妨碍了行政效率提高,因此,行

---

① 田国强,陈旭东. 中国改革:历史、逻辑和未来:振兴中华变革论[M]. 北京:中信出版社,2014.

政审批改革重点解决的问题即是对不同部门审批流程的整合,解决"碎片化"治理问题。通过将行业准入的规划、产业政策、城市管理、环保、消防、卫生、治安等方面的一揽子资格条件"一网打尽",使整个审批流程在申请人面前变得一体、透明、贯穿、可预见,力求打通审批部门之间的"信息孤岛",降低双方的交易成本。申请人拥有了和行政审批部门及其工作人员同等的信息或信息获取渠道,也就拥有了对审批实施机关及其工作人员执法是否公正、公平、高效的评判尺规,更加推动了行政审批部门之间的协同。"碎片化"问题部分可看作新公共管理运动带来的政府部门各自为政而产生的弊端。从"整体政府"出发,构建无缝对接的运行机制便成为解决跨部门协作的重要目标,其追求的是一种满足公民需求,以信息技术为手段,协调整合某一领域中不同的利益主体,以求为公民提供无缝的公共服务的政府组织模式,是对新公共管理理论的批判、反思与超越。[1] "整体政府"强调利用信息技术降低行政部门间纵向与横向联系的成本,使政府组织结构趋于扁平化,并且能够跨越组织的层级为公民提供整合性、一站式的服务。这正与当下"互联网＋政务服务"的行政审批改革导向是一致的。行政审批领域有着强烈而迫切的整合部门权力的改革需求,各地政务中心如雨后春笋般组建,并不断伴随着"职能集中与到位"的整合;相对集中审批权、联合审批、并联审批、交叉审批、一体化审批、一窗式办理、集中会商会审等各种制度纷纷出台,辅之以网上审批平台的普及性应用。应当说,行政审批制度改革正从精简式集中走向整合式集中的发展趋势,不再单纯强调数量压减和集中办公,而是强调以流程优化倒逼部门改革,重视减少部门的改革阻力,培育改革的支持土壤,拓展改革的参与空间,运用信息技术鼓励并创造条件向社会进一步放权,正逐步将"碎片"整合,朝着政府一体、部门联合协同治理的制度建设迈进。

按照"前台综合受理、后台分类审批、窗口统一出件"的要求,合理划分前台与后台的功能定位,在搭建平台、健全机制、强化管理上加大力度,确保实现权力集中后的无缝对接、高效运转。一是健全审批运行机制。窗口要发挥审批牵头作用,实行"综合收件、一口告知、统一发证"的审批方式,着力强化综合服务功能。行政审批局根据受理事项和职责分工,开展组团式审批、流水线作业,对现场勘查、集体讨论、专家论证、听证或公告等程序进行扎口管理。此外,建立首席审批专员制

---

[1] T.Christensen and P.Legreid.Rebalancing the State: Regulation and the Reassertion of the Centre// T.Christensen and P.Legreid,ed.Autonomy and Regulation: Coping with Agencies in the Modern State[M]. Cheltenham: Edward Elger(forthcoming),2006.

度,赋予其统筹协调、督促指导等职责,确保新机制的高效运转。二是加快审批平台建设。积极探索"互联网+审批"的服务模式,依托电子政务、行政权力公开透明运行等系统,加快建设集网上办事、协同审批、信息共享、联动监管、中介服务等多功能于一体的行政审批网络服务大厅,实现前台收件、自动流转、并联审批,打造"线上线下、虚实一体"的行政审批综合平台。三是强化审批行为监管。强化对行政审批行为的制度约束,健全内部监督机制,完善审批技术标准、执行标准,规范行政审批自由裁量权,建立起定人定岗和"一岗双责"的防控体系,织牢廉洁的审批防范网络。四是推进综合执法。以城管、环保等领域为重点,深入开展综合执法体制改革试点,进一步整合执法职能、归并执法机构、下移执法重心,切实解决多头执法、多层执法、重复执法等问题,建立权责统一、权威高效、群众认可的行政执法体制。通过多维度整合"碎片",以无缝对接的运行体制构建高效协同的政府。不仅如此,协同治理不是政府的独角戏,机制的良好运作离不开市场、社会力量的支持。正如天津"双创通"系统、浙江"网上中介超市",都是将社会力量融入行政审批改革当中。因此协同治理不仅体现在政府内部,而在于激发整个市场、社会的活力,引入市场机构和公民共同参与。

(三) 多重模式并进,整体渐进与重点突破

新制度经济学中将制度变迁模式分为强制式、诱发式、渐进式与激进式,不同的模式之间可以互相组合,美国的行政审批制度改革走的道路是渐进式的。尽管美国行政审批制度的改革通常不会带来轰动性的效果,但是带来的消极影响很小,应发挥的积极效应也得以充分体现,改革的成果也很易巩固。比较中国改革的成功经验之一也是推行渐进式改革模式,行政审批改革也不例外。自 1978 年到 2000 年历次改革的重点集中在央地、政企以及政府和市场权力的调整。[①] 自 2001 年开始国务院办公厅下发《国务院办公厅关于成立国务院行政审批制度改革工作领导小组的通知》,行政审批制度改革再次将重点放在厘清政府与市场权力边界,落脚在服务型政府建设上。2001 年开始启动的新一批行政审批改革是迄今为止取得成效最显著的一次尝试。各地方政府积极响应国家号召开展行政审批模式改革,以往学者认为在原有的部门审批的基础上至今创新推出了三种行政审批模式,即行政服务中心

---

① 王银芽.浅析我国行政审批制度改革变迁模式[J].中国集体经济,2011(25):42-42.

模式、行政审批局模式、互联网＋行政审批模式①，笔者认为还应加上"中介代办模式"，不同的模式顺应了不同的时代背景和改革方向，正如前文所言，这些模式的转变反映了行政审批权由分散走向集中、政府职能由管制逐步走向服务。以四川省成都市武侯区和天津市滨海新区为代表的部分地方政府率先设立专门的行政审批局，推动行政审批工作从程序集中走向实体集中，解决了行政服务中心合法性缺失的困境，将行政服务中心和原部门的"双重管理"变成行政审批局的单独管理，采用"编随事走、人随编走"的原则节约了行政成本，同时采取"审管分离"的模式，即行政审批局负责行政审批，各职能部门则负责监督。解决了行政服务中心模式下"重审批、轻监管"的问题，成为行政审批改革的创新举措。2013年十二届全国人大会议上李克强总理首次提出了"互联网＋"的概念，目的是希望各行各业都能借助"互联网＋"思维实现快速发展。在2016年的政府工作报告中提出了"互联网＋政府服务"的概念，目的是借助互联网发展的契机，依托互联网，实现政府部门之间的数据共享。党的十八大以来，习近平总书记站在战略高度和长远角度，就互联网发展尤其是网络强国战略发表了一系列具有重大现实意义和深远历史意义的重要讲话。结合"互联网＋政府服务"，各地开始探索"互联网＋行政审批"模式，利用前期政务服务大厅以及行政审批局的基础，力求将"线下"与"线上"相融合，浙江、上海、广东等省市已经建立起了该模式。除此之外，行政审批改革过程中市场中介组织也得到了规范发展，"项目代办"模式在天津得到了很好的应用。行政审批不同的改革模式并不是相互独立的，而是不断深化改革的尝试，旨在解决现有的条块体系格局存在的问题，缓解威权体制和地方治理之间紧张关系的尝试，以适应新时代市场经济的发展，也充分考虑到不同地区发展的差异性，对于新技术、新业态、新模式等要留有足够的发展空间，做到与时俱进。

在多重模式的推进上，回顾40多年的改革历程，主要采取的是通过建立试点、示范区等形式进而扩展到全国的推广。1998年深圳率先在全国开展行政审批制度试点，随后各省级人民政府按照党中央、国务院的部署，相继开始了行政审批改革试点。2012年8月23日，国务院常务会议指出，广东省处于改革开放前沿，市场发育程度较高，经济社会发展正全面进入转型期，深化行政审批制度改革、进一步转变政府职能的要求十分紧迫。在广东省进行改革试点，对于深化行政审批制度

---

① 林杰. 我国行政审批的模式变迁：从部门审批到网上审批[J]. 财会月刊：中，2017(9)：96-100.

改革,推进行政管理体制改革,完善社会主义市场经济体制,具有重要的示范意义。因此,国务院依据行政许可法有关规定,批准广东省"十二五"时期在行政审批制度改革方面先行先试,对行政法规、国务院及部门设定的部分行政审批项目在本行政区域内停止实施或调整。多重模式的演进同样经历了复制推广、渐进与重点突破的阶段。除此之外,2015年国务院办公厅公布《国务院部门权力和责任清单编制试点方案》,根据部门职责特点,确定在国家发展改革委、民政部等部门开展试点。2017年,国务院办公厅公布《国务院关于在更大范围推进"证照分离"改革试点工作的意见》,在深入总结上海市浦东新区"证照分离"改革试点经验基础上,在天津、辽宁、浙江、福建、河南、湖北、广东、重庆、四川、陕西10个自贸试验区复制推广上海市改革试点成熟做法。从中央层面到地方层面,我国在推进行政审批改革的进程中,并不是单纯地采用一种演进模式和单一的政府工具,而是紧跟人民的需要、社会的变革和信息技术的发展,不断在实践中检验、探索适合中国行政审批改革的路径,采取多重模式并进,渐进性与重点突破的方式,用试点的方式,吸取先进地区的经验教训再推广到全国,实现改革的稳步前进。

第二节　典型案例

案例一：浙江政务服务网——浙江省"互联网＋政务"的探索与实践*

政府简政放权是党的十八大以来的重要时代主题。提高行政效能、提升政府响应速度、加强政府治理能力,实现政务办理的信息化、网络化、智能化,是当下和未来政务服务的发展方向。作为中国经济最活跃最发达的地区,浙江也是政府简政放权改革的先行者。早在2013年浙江省委和省政府就将"建立公开政府权力清单制度"作为重点突破的改革项目,以期纵向带动政府简政放权改革。以此为基础,2014年浙江省又很快推出了"四张清单一张网"的深化改革,这其中一张网就是浙江政府服务网,是深入推行"互联网＋政府服务"的重要实践(见图3-4)。

政务服务网本质上是政府信息公开的重要载体,浙江省政务服

---

* 本案例由清华大学公共管理学院2014级硕士徐施政与2016级硕士首芸云共同编写,得到了清华大学公共管理学院案例中心主任慕玲老师及浙江省政府副秘书长陈广胜指导。案例仅用于课堂讨论,不对组织绩效与个人得失作评价。

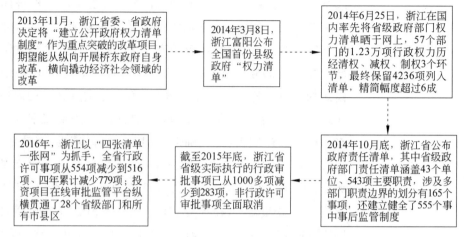

图 3-4　浙江省政府自身改革发展历程①

网则尝试用"互联网+"的理念,在建设模式、应用模式和服务模式上作了积极的探索。2014年6月25日,浙江政务服务网②正式上线,就在当日,浙江42个省级部门权力清单上的4236项行政权力首次在网上公布。浙江政务服务网以"服务零距离,办事壹站通"为口号,致力于实现政务服务一站式办理、行政权力全流程监督,逐步形成服务规范、体验便捷、建设集约、资源共享、覆盖全省的虚拟型"政务超市"。这是全国首个搭建于公有云平台(阿里云),省、市、县三级,采用一体化模式建设的网上政务服务平台。

在"一张网"的基础之上,浙江省的简政放权之路并没有止步,而是进一步深化改革,立足为群众服务的初心,将"最多跑一次"视为浙江省2017年推进行政审批改革的重点工作之一。即群众、企业到政府办事,在申请材料齐全、符合法定受理条件时,最多跑一次。作为信息经济大省的浙江,在推进此项改革时借助"互联网+",以数据多跑路换取群众少跑腿,收获了群众、企业的如潮好评。"最多跑一次"不仅为企业带来了便利,也折射出政府以服务意识替代审批思维的理念嬗变。③

---

① 浙江政府简政放权路线图[OL].http://news.163.com/16/0601/05/BOEV282200014AEF.html.
② 浙江政务服务网地址.http://www.zjzwfw.gov.cn.
③ 简政放权的浙江实践:"最多跑一次"惠民生 促政府转型[OL].中国政府网,http://www.gov.cn/zhengce/2017-10/17/content_5232330.htm.

一、背景:"四张清单一张网"改革[①]

浙江一直是改革先行者。自2013年以来,简政放权改革在浙江省政府的引领下不断推进。2014年,浙江在简政放权改革的基础上开始大力推进"四张清单一张网"改革。"四张清单"即行政权力清单、政府责任清单、投资负面清单、财政专项资金管理清单。清单的作用,是规范政府行政权力,明确政府职责,限定自有裁量权的空间,并据此在投资管理、公共财政等领域进行改革。"一张网"即浙江政务服务网,以"互联网+政务"的模式,将权力清单及政府服务搬到网上,并简化公共服务的流程。

对于行政权力清单,首先是清权,即对政府各部门职权进行梳理,包括行政许可、行政处罚、行政强制等,在省级57个部门共梳理出1.2万项职权。其次是减权,对设立的权力追踪法律依据,对没有法律依据的予以取消,对脱离社会发展需要的,提请修改,对辅助性、技术性和服务性事项则转移给相应的社会组织。最后是制权,对保留的政府权力强化监督,优化流程,列入权力清单。

对于政府责任清单,首先是定责,即依据法律法规对机构职能做梳理,并将其进一步细化为具体事项。其次是定界,明确职责的边界,尤其对于市场监管、食品安全、环境保护以及安全生产等领域存在的职能交叉问题作进一步明确。再次是监管,对于已审批的事项规范事中事后履职行为,明确持续性的责任。最后是服务,为行政相对人行使权力创造、提供必要的条件。相较于权力清单,责任清单将行政主体对社会公众权利、义务不产生直接影响的法定事项也纳入其中,比如规划编制、标准制定等,强化政府的履职责任。

对于投资负面清单,本质是给企业松绑,有针对性地对企业行为加以管理。总的来看包括两个方面:一是准入前管少一点,明确告知投资者哪些项目需要核准,除此之外的其他行业、领域都可自行做主;二是准入后管好一点,推行企业依法承诺制、备案制,变"先批后建"为"先建后验",变事前审批为事中事后监管,力求在投资领域更好地释放改革的红利。

对于财政专项资金管理清单,目的在于对那些在预算年度分配中有指定用途的资金实行清单管理。这是全国首创的一项工作。在2014

[①] 郭林将.深化"四张清单一张网"改革[N].浙江日报,2016-10-19.

年年初,浙江省就启动了省级财政专项资金管理清单梳理工作,并加大整合力度,坚决压减结余资金,严格控制新增口子,深化专项性一般转移支付改革。对现有的专项资金,已实现预定目标或期限已满的,予以取消;凡使用方向一致、扶持对象相同的,予以归并。经过清理,省级财政专项资金减少了 181 个。在发布的管理清单中,有 39 个部门预算专项、40 个转移支付专项。①

"四张清单"聚焦的是政府手中两大核心要素——权与钱。经过多轮简权、确权,浙江省省级部门行政权力从原先的 1.23 万项精简到 4236 项;省级部门主要职责明确为 543 项,市、县级部门主要职责平均为 496 项和 448 项;实行核准目录外企业投资项目不再审批,全省行政许可从原先的 1617 项减少到 516 项;推进财政专项资金整合,对 56 个省级转移支付专项全面制定管理办法。②

二、定位:聚焦政务服务的互联网平台

浙江政务服务网是以政务为主体、服务为主题的互联网平台。这是基于浙江省全省统一的服务门户、管理后台所搭建的大平台,也是全国最早运用云计算技术和管理模式所形成的政府网站。这一张网想实现的是"四个集中"——权力事项集中进驻、网上服务集中提供、政务信息集中公开、数据资源集中共享。作为浙江"互联网+"改革的"一张网",自 2014 年 6 月 25 日开通以来,浙江政务服务网已成为打通为民服务最后 1000 米的重要平台。截至目前,浙江政务服务网累积实名注册用户超过 380 万,日均浏览人次 300 万以上。③

浙江政务服务网目前已经成为全省统一的政务服务互联网门户、统一的行政权力项目库、统一的网上审批系统和统一的数据共享云平台。通过对省、市、县三级 4000 多个政府机构政务服务资源的全面汇集,形成了个人办事及法人办事两大主体板块,阳光政务、行政审批、便民服务、数据开放④四大专项服务。四张清单全部在网上公布,省级部门所有的审批事项一站式网上代理,全流程信息公示,汇集了民生领域

---

① 王京军."四张清单一张网"深化浙江行政审批制度改革[OL]. http://www.chinareform.org.cn/gov/system/Practice/201412/t20141217_214523.htm.
② 陈广胜."四张清单一张网"的浙江逻辑[C]. 陈广胜在浙江省政府系统秘书长和办公室主任培训班上的讲稿,2015-05-06.
③ 数据摘自 2017 年浙江省政府工作报告。
④ 数据开放业务于 2015 年 9 月 23 日开放,此后进一步建立了公共资源交易板块。

的 240 项便民服务。

在行政审批板块,政务服务网已上线省、市、县三级政府部门几乎所有的行政审批事项,在面向互联网提供办理指南、表格下载、投诉评价等服务的同时,还要实现一站式运行。① 以统一认证为例,过去地方政府在集中性的网上政务平台做出了诸多尝试,但部门之间仅仅是浅层次的网络链接关系,各业务系统都有独立的用户体系,部门分割严重。此次浙江省改革着力打破这一局面,只要是政务服务网的注册用户,到任何部门办事都不必二次登录。在"便民服务"板块,服务网以公众需求为导向设置了应用面广、办事频率高的婚育收养、教育培训、求职执业、纳税缴费、就医保健、交通旅游、证件办理、场馆设施、公共安全、司法公证、环境气象等 15 类主题栏目。② 各市县也结合本地实际提出了更多有特色、接地气的自选项目。不仅如此,浙江政务服务网还与阿里巴巴、腾讯合作,推出了移动客户端,并与微信、支付宝等平台对接,进一步延伸政务服务网的触角,让政务服务网的便民应用更普及。在"阳光政务"板块,"四张清单"被搬到政务服务网上。服务网围绕"三公"经费、考试招生、征地拆迁、工程建设等群众关心、社会关注的领域推出一系列重点事项予以公示。同时政务服务网推出了办事咨询服务,要求省、市、县三级政府机构在规定时限内答复公众的相关问题。在"数据开放"板块,浙江政务服务网开放了多个领域的公共数据库,包括了经济建设、环境资源、城市建设、道路交通、教育科技等多个热点民生领域,供广大网民访问、下载。这些数据包括身份户籍、社保、婚育、纳税等与民众密切相关的基础信息,也包括了企业、组织机构的登记、资质、信用信息及政府部门在行政执法、社会管理中积累的信息。

浙江政务服务网在整合建设的过程中,不仅带来了前台板块的大集中,也带来了信息资源日积月累的大汇聚。以大数据为支撑,政府在后台也构建了浙江政务服务网综合监测分析平台。比如,完善行政权力事项管理系统和电子监察系统,实现对省、市、县所有权力事项的目录式、动态化管理,对行政审批等管理服务进行实时监督和数据分析;建设财政专项资金管理系统,力争对每一笔资金的流向进行全过程管理;建设经济运行监测系统,围绕经济增长和转型升级的基本指标,进行即时数据的全面汇聚、动态展示和比对分析;建设地理空间数据管理系统,整合各地、各部门资源,基于统一平台予以集中

---

① 所谓一站式,基本要求是"三统一":统一认证、统一申报、统一查询。
② 项目可具体参见浙江政务服务网。

展现和综合管理。

三、延伸:"互联网＋政务服务"

　　政务服务网是"互联网＋"在政务领域的再延伸。随着科技日新月异地发展,"互联网＋"已然成为一股新的力量,深刻改变着社会经济发展的轨迹,也为政务生态带来变革。现代化的治理是政府、市场、社会的协同治理,而互联网恰恰激发了广大公民、市场组织和社会组织的活力,使政府与民间的沟通更加顺畅,公众参与和舆论监督得到强化,从而有利于政府与其他治理主体之间充分协商、平等合作。另一方面,互联网使信息传播发生了根本性变化,尤其是在移动互联网时代,基层至高层的信息流,已无须一板一眼地依赖逐级传递,这也有利于倒逼行政组织和管理流程创新。

　　正如浙江省政府副秘书长陈广胜所言,对于建立在公共权力和公共财政基础之上的政府治理,其最终的指向都是服务,而浙江政务服务网的建设,反映的是互联网时代下优化政府生态的新思维。浙江政务服务网并非是一个凭空拍脑袋想出的概念,而是在实践中不断发展、持续深化的产物。在2016年省政府工作报告中,省政府从服务民生、保障民生的角度,提出10项"互联网＋政务服务"便民服务网上申请、在线服务、快递送达。在2016年1月,《浙江省"互联网＋"行动计划》正式印发,将"互联网＋政府治理"列入计划,而政务服务正是这一目标的接入点和突破口。

　　对浙江来说,"四张清单一张网"是政府自身改革的主抓手,划清了政府治理的边界,并使之紧跟"互联网＋"的时代潮流,以此改革传统的行政管理和服务模式,逐步形成由现代治理理念与现代信息技术共同催生、演化的现代政务生态。而基于平台和入口的浙江政务服务网,在数据和服务上,将演绎出更多的可能性。

　　通过对大数据的研判分析,浙江政务服务网将发挥更大的能量。数据是财富,这一观念已越来越被广泛接受。但政务数据一般分散在不同的行政机关,由于各地、各部门都只掌握一个局部,形成信息孤岛。而依托浙江政务服务网,浙江建设了省、市、县一体化的信息资源共享平台,并制定了专门的管理办法,将逐步集中汇聚非涉密的政务数据。①

---

　　① 数据共享是分层次、分类型的,既有非受限共享类型,也有受限共享类型;共享方式也分比对验证、查询引用、批量复制等。

而如果能实现在政府内部共享数据,政府就有了健全的人口、法人、空间地理等基础数据库和专业数据库作支撑,从而解决政府部门的信息不对称,避免服务监管上的盲人摸象。通过对政务数据的挖掘分析,还可以找出许多潜伏着的规律性、苗头性、趋势性信息,逐步实现数据驱动,促进政府决策和管理的科学化。

另一方面,政务数据对社会开放能发挥巨大的价值。从法律属性上看,因为采集数据所用的是财政性经费,所形成的自然是公共产品。相对于政府信息公开只是满足公民的知情权,开放数据的核心,是让全社会都能分享更底层、连续性的数据资源。所以,不光是开放浅层次的信息,更需要精准、即时地提供可机读的数据接口(API),保障社会对公共数据的利用权。浙江政务服务网目前正加快构建综合监测分析平台,通过与专业机构合作,先行选取若干应用场景,制定数据采集、交换、清洗、入库、处理和使用的闭环流程,积极开展公共数据挖掘工作,让未来的政府能更好科学治理、科学服务。

四、推进:"最多跑一次"[①]

2016年12月,浙江首次提出实施"最多跑一次"改革——群众和企业到政府办理一件事情,在申请材料齐全、符合法定受理条件时,从受理申请到形成办理结果全过程只需一次上门或零上门。浙江那时提出的改革"小目标"是:到2017年年底,基本实现民众和企业到政府办事"跑一次是原则,跑多次是例外",改革覆盖80%左右的行政权力事项。承诺一年来,"最多跑一次"事项、办件量占比均超九成,57个省级单位、3600余项数据共享权限,百余民生事项"一卡通办","房电水气"联动过户全面推开……向最新的权威调查显示,全省"最多跑一次"实现率达87.9%,满意率94.7%。

(一)层层深入,步步推进

2017年2月10日,时任省长车俊主持召开推进"最多跑一次"改革专题会议,并担任推进"最多跑一次"、深化"四张清单一张网"改革协调小组组长。6天后,省政府办公厅印发通知,启动"最多跑一次"

---

① 以下材料整理自浙江政务服务网(省级)焦点新闻。http://www.zjzwfw.gov.cn/col/col1299557/index.html。

事项梳理工作。全省分两批完成"最多跑一次"事项梳理公布工作，台州在全省各设区市中率先公布群众和企业到政府办事"最多跑一次"事项清单。经过梳理，全市共明确"最多跑一次"项目2491项，其中市级项目333项，涵盖发改、经信、民政、公安等30余个部门。截至2017年3月底，59个省级单位梳理958项，设区市本级平均梳理1002项，县（市、区）平均梳理862项。2017年2月20日，省政府出台《加快推进"最多跑一次"改革实施方案》，明确改革思路，确定时间表、路线图和任务书，提出全面督查将与数据公布同时进行。2017年6月，省政府办公厅将牵头开展"最多跑一次"改革的专项督查，查找短板，进一步倒逼政府自身改革。到2017年年底，确保实现"最多跑一次"覆盖80%左右的行政事项，基本实现群众和企业到政府办事"最多跑一次是原则、跑多次是例外"的要求。省政府召开第九次全会，部署加强政府自身建设和加快推进"最多跑一次"改革工作。不止于此，在"最多跑一次"之上推出"零上门"。自2016年"互联网+政务服务"首次被写入省政府工作报告"十方面民生实事"起，房屋权属证明、纳税证明、港澳通行证再次签注等10项便民服务已实现相关证照网上申请、在线服务、快递送达。省政府承诺，这样的**"零上门"**事项今后将逐年增加。

"一窗受理、集成服务"改革是实现"最多跑一次"的牛鼻子和主抓手。"一窗受理、集成服务"即通过"整合"的形式，让政务服务事项集中进驻行政服务中心，推进各业务系统与"一窗受理"平台全面对接，加强浙江政务服务网建设，构建网上网下融合的政务服务体系，把办事流程全面简化，让群众少跑腿或不跑腿。但窗口设置不统一、工作流程不明确等诸多不规范问题，都会影响改革实效。2017年7月，浙江省《"一窗受理、集成服务"工作规范》（下称"工作规范"）正式发布实施，这是全国首个"一窗受理、集成服务"省级地方标准。

（二）直击痛点，打破数据孤岛

2017年3月3日，浙江省政府办公厅下发《省级公共数据共享清单（第一批）》。根据这份清单，省政府基于省政务大数据平台，向全省各级政府机关、行政服务中心开放了省级部门2600余个公共数据项的共享权限，力图通过此举打破省级部门信息孤岛，全面助力"最多跑一次"改革。在推动数据共享的基础上，**深化平台建设**，准备上线**省工商局统一开发的"全程电子化登记平台"**。4月，浙江政务服务网APP全新上线"网上办事"模块。和以往的网上申请后又要跑去审批中心大厅提交材料不同,通过浙江政务服务网 APP"网上办事"模块,申请人只需要把相关申报材料拍照上传即可,从前端服务让办事人员享受数据共享的"红利"。实现数据共享**不仅体现在申请环节,还有监管环节**。2.0 版**浙江政务服务网投资项目在线审批监管平台**率先打破各地、各部门信息孤岛。除涉密项目外,企业投资项目审批将实行"六个一"制度,即统一平台、统一赋码、统一受理、统一办理、统一监管、统一服务,项目审批全流程可查询、可监督,变"企业跑"为"数据跑"。此外,**在构建以信用为核心的新型市场监管体系**方面,将推动省公共信用信息服务平台与 2.0 版在线平台对接,实时反映市场主体的信用状况,作为必要环节嵌入投资项目在线审批流程。

(三) 打破难点,以法为规

随着有关工作的深入推进,一些深层次问题也浮出水面,如基础设施建设条块割裂,网络互联互通不畅,业务系统缺乏协同;数据资源开发利用滞后,难以有效共享;标准不统一,信息安全、数据保护存在隐患;特别是电子文件、电子证照、电子签名、电子档案在政务活动中的法律效力不明确,严重制约了网上办事的深度和广度,也羁绊了"最多跑一次"改革的推进。

2017 年 4 月,浙江省人民政府印发《**浙江省公共数据和电子政务管理办法**》(省政府令 354 号)(以下简称《办法》),全面推行电子政务,实行网上办事。《办法》将从 2017 年 5 月 1 日起正式施行。这是**国内首个省级公共数据和电子政务管理办法**,对公共数据和电子政务规划与建设、管理与应用、安全与保障等方面作出了相应规范。《办法》明确规定,县级以上人民政府应当加强对公共数据和电子政务工作的领导和协调,并规定由省政府办公厅负责指导、监督全省公共数据和电子政务管理工作。不仅如此,**2018 年 6 月 28 日,省政府常务会议通过了《浙江省保障"最多跑一次"改革规定(草案)》**(下称《规定草案》),在法律上规定了行政管理和公共服务职能的行政机关或者机构,在提供办事服务、处理咨询投诉、实施事中事后监管等过程中开展"最多跑一次"改革。县级以上人民政府应当梳理公布统一标准的办事事项"最多跑一次"清单,包括事项名称、申请材料、办事流程、办理时限等,并实施动态调整。《规定草案》明确,行政机关可以将办事事项的收件、受理、送达等工作全部或者部分委托一个单位办理;县级以上人民政府也可以指定一个单位实施统一收件、受理、送达。也就是说,"一窗受理"将通过立法得到明确,基层行政服务中心不再"师出无名"。①

时任浙江省省长车俊在"两会"浙江代表团开放日中提到,浙江政府的自身改革,第一阶段是行政审批制度改革,第二阶段是"四张清单一张网",第三阶段是更高层次——"最多跑一次"②。实现"最多跑一次",前期的"四张清单一张网"改革提供了很好的基础,其中浙江政务服务网这个平台也提供了互联网技术支撑。如今,"最多跑一次"已经不仅仅是行政审批领域的改革,而是政府数字化转型和政府治理的一场深刻革命,正如时任省长袁家军所言,是从量变到质变、从理念到行为、从制度与工具到方法的一个系统性过程。要加快研究制定政府数字化转型总体方案,明确目标任务,构建框架体系,建立推进机制,把顶层设计和"摸着石头过河"结合起来,把各地各部门的积极性充分调动起来,把社会各界的智慧和力量进一步凝聚起来,营造深化"最多跑一次"改革、推进政府数字化转型的良好氛围。

教学研讨的参考性问题

1. 浙江政务服务网是否仅仅是一个个案,是否具有全国普及的可能?

2. 在权力清单编制和数据共享方面如何平衡部门之间的利益?面对市县基础的不统一,如何进行统筹安排?

3. 不同部门数据的安全要求不同,那么政府数据开放的标准是什么?

4. 浙江政务服务网与阿里巴巴合作,那么企业和政府的安全责任如何分担?

---

① 深化"最多跑一次"改革 浙江又有新动作—新华网[OL].http://www.zj.xinhuanet.com/2018-07/03/c_1123071999.html.

② "最多跑一次"真的能做到吗?省长回答:一定实现![OL]. http://www.zjzwfw.gov.cn/art/2017/3/7/art_1299557_5862667.html.

案例二：天津市滨海新区行政审批制度改革的微创新*

2012年以来,党中央、国务院对转变政府职能多次作出部署,逐渐形成了以"简政放权、放管结合、优化服务"(以下简称"放管服")为主要内容的行政改革工作要点。[①] 党的十九大也提出"转变政府职能,深化简政放权,创新监管方式,增强政府公信力和执行力,建设人民满意的服务型政府""不断推进国家治理体系和治理能力现代化,坚决破除一切不合时宜的思想观念和体制机制弊端"[②]的全面深化改革路线。天津市滨海新区中心商务区行政许可局作为滨海新区和中国(天津)自由贸易试验区(以下简称天津自贸区)面向社会开展行政审批和公共服务工作的机构,以行政审批改革作为工作创新突破口,在席卷全国的改革浪潮中充分发挥区位、体制、决策等方面的优势,开展了一系列行政改革领域的创新实践。

一、背景：天津市开展的行政审批和公共服务改革

长期以来,天津市作为国家行政改革主要的试点地区,在行政审批和公共服务两个主要的行政体制改革领域做出了探索。天津市的行政审批制度改革以建立统一的审批部门、开展"放管服"改革为主要内容,公共服务改革则以建设服务型政府为目标。

---

* 本案例由清华大学公共管理学院案例中心助理魏国华编写。案例写作得到了原天津市人民政府行政审批管理办公室主任赵宏伟、天津市滨海新区中心商务区行政许可局主任徐斐、清华大学公共管理学院教授孟庆国、案例中心主任慕玲的指导。案例主要根据2017年9月4日至9月7日,清华大学公共管理学院案例中心助理魏国华、首芸云在天津市行政许可服务中心、天津市滨海新区中心商务区行政许可局的访谈及调研内容写作而成,相关人名进行必要的掩饰处理。本案例仅用于课堂讨论,不对组织绩效与个人得失作评价。

① "简政放权"的提法始于20世纪80年代的企业改制;"放管结合"在国家行政改革层面的提法始于2013年,并于2015年印发的《国务院关于印发2015年推进简政放权放管结合转变政府职能工作方案的通知》(国发〔2015〕29号)中首次与"简政放权"结合;"优化服务"在国家行政改革层面的提法始于2015年《国务院办公厅关于简化优化公共服务流程方便基层群众办事创业的通知》(国办发〔2015〕86号)。2016年印发的《国务院关于印发2016年推进简政放权放管结合优化服务改革工作要点的通知》(国发〔2016〕30号)首次将简政放权、放管结合、优化服务共同作为行政改革工作要点。

② 习近平.决胜全面建成小康社会 夺取新时代中国特色社会主义伟大胜利——在中国共产党第十九次全国代表大会上的报告[R].北京:人民出版社,2017.

自 2005 年开始建设行政审批服务网络并提出"行政审批改革 1.0", 到 2016 年"行政审批改革 4.0"的落实, 天津市的行政审批和公共服务的主管部门有了较大的调整, 其中最为重要的就是全市 23 个行政区、功能区和自贸区均设立了行政审批局, 这使得天津市成为全国行政体制改革中行政审批局模式的主要试点。在这一模式下, 天津市行政审批和公共服务的管理制度主要包括:

在市级, 天津市人民政府行政审批管理办公室(以下简称天津市审批办)负责行政审批改革, 管理市政府部门的行政审批工作, 对区行政审批局进行业务指导。市政府各部门承接的行政许可和服务事项仍然保留, 但统一进驻市行政许可服务中心现场办理业务。市审批办和市行政许可服务中心"一套人马, 两块牌子", 对各部门派驻的工作人员进行日常管理。在区级, 区政府或管委会均建立了行政审批局。行政审批局的权限包括: 对于非垂直管理的部门, 直接将行政许可和服务事项划归行政审批局承接; 对于垂直管理部门, 它们仍然保留行政许可和服务事项, 但统一进驻行政审批局管理的区级服务中心现场办理业务。同样, 区行政审批局和服务中心也是"一套人马, 两块牌子", 对垂直管理部门派驻的工作人员进行日常管理。在区级以下, 天津市建立了 236 个乡镇街道级别的行政服务中心和 3688 个村居级别的便民代办点, 为居民提供公共服务。

在上述改革后的管理制度下, 天津市针对行政审批和公共服务工作的范围、形式、效率、监督等内容进行了全方位的改革。天津市开展的行政审批和公共服务改革的主要内容如表 3-6 所示。

表 3-6 天津市行政审批和公共服务改革主要举措

改革内容	改革举措	具体内容
审批范围	大幅取消下放行政审批事项, 厘清政府和市场边界	取消和承接国务院规定的市级行政许可事项; 向基层下放行政许可事项、服务事项; 制定市区两级事项目录和权力清单; 实现区级事项统一流程和规范办理
审批形式	探索相对集中行政许可权改革, 实现审批体制"自我革命"	实现"一口受理, 接办分离"; 集中审批权, 区级行政审批局承接全区非垂管部门行政许可和服务事项
审批效能	建设全市行政许可服务"一张网", 推行"互联网+政务服务"	建成市、区、乡镇街道三级全覆盖的行政审批网上大厅和实体大厅, 实现市、区两级审批部门和监管部门联网; 建立行政许可基础信息库和电子要件库; 建立数据中心、异地灾备中心和信息化安全管理中心; 建立网上门户、微信公众平台等应用平台; 实现事项网上申报办理

续表

改革内容	改革举措	具体内容
审批效能	深化商事登记制度改革,推行企业设立联合审批	实现企业设立"五证合一"和"一照一码一章一票"一天办结;减少前置审批事项
	推行投资项目联合审批,促进项目早开工早投产早见效	实现项目审批全部事项和手续线上同步、规范操作;减少投资项目的审批环节和要件数量,压缩审批时间
	出台支持民营经济发展十项措施,鼓励创新创业	实现单一窗口综合受理;建立审批容缺后补机制;实现企业设立一次性审批;推行现场审批、网上审批、立等可取审批、联合审批、预约审批、全程帮办代办等形式;建立政策共享信息平台
依法行政	创新建成行政执法监督平台,实现对行政执法行为的全过程监督	建设全市统一的行政执法监督平台;实现行政执法监督平台和执法部门专业系统联网;实现行政执法人员和行为实时记录和全过程监督
	首创审批操作规程地方标准,规范行政审批服务行为	明确行政许可事项内容和标准,编制办事指南;推动行政许可操作规程编制;编制投资项目报建审批标准;规范行政许可现场踏勘程序
行业监管	加强行政许可中介机构管理,全面清理规范行政审批中介服务	规范合同文本和工作机制;对中介机构实行年度目录管理,建立信用档案和黑名单;对政府部门主管的中介机构进行转企改制
公共服务	整合建立统一便民服务专线,实现群众生活服务便利化	整合53个市级部门政府热线,建设88908890便民服务专线和工作平台;工作平台与市区级部门、行业协会、企业实时协调解决问题;对工作人员进行督办考核,提高效率

二、中心商务区行政许可局的成立与隐忧

天津市滨海新区中心商务区始建于2007年,规划面积46平方千米,定位为滨海新区七大功能区之一和"盐碱滩上崛起的商务区"。随着天津市行政审批和公共服务改革的推进,2013年滨海新区审批办公室向中心商务区管委会下放了一批行政许可事项,中心商务区于是成立了一个行政许可服务大厅,由时任管委会办公室副主任王明兼任大厅负责人,正式工作人员仅有4人。

2014年年底天津自贸区获批成立,中心商务区大部分区域被纳入天津自贸区中心商务片区。按照天津自贸区建设方案,各片区均要成

立行政许可服务机构,行使相对集中的行政许可权。2015年1月,中心商务区管委会筹建行政许可局及其服务大厅,并于2月15日对外办公,4月服务大厅正式挂牌为"中国(天津)自由贸易试验区综合服务大厅"(见图3-5)。此后,行政许可局又陆续加挂"中国(天津)自由贸易试验区滨海新区中心商务片区行政许可服务中心""滨海新区行政审批局中心商务区分中心"和"天津自贸区于家堡商务秘书有限公司"的牌子,成为国内少数集政府机关、服务大厅和国有企业三种身份于一体的行政服务机构。①

图3-5 中国(天津)自由贸易试验区综合服务大厅外景(左)和内景(右)

然而,在中心商务区行政许可局及其综合服务大厅成立后,王明主任却陷入了短暂的"本领恐慌"。首先,新成立的综合服务大厅集中了中心商务区管委会全部241项行政许可和备案权限,其中72项属于国税、海关、海事、检验检疫等8个垂直管理部门,169项由行政许可局直接审批,相比于之前18个审批事项骤然提升数倍;其次,大厅开始对外办公时有独立工作能力的只有4名老员工,新招聘的50多人大多数是刚毕业的学生,对于行政审批工作几乎一无所知;再次,由于老员工的工作压力激增,他们基本没有时间对新人开展传帮带,有形成恶性循环的趋势;最后,在"放管服"改革全面推广的背景下,天津市的行政审批局模式正在如火如荼地开展,中心商务区作为滨海新区和天津自贸区的双重核心,在"放管服"改革上需要发挥自贸区的示范效应,这对行政许可局的工作能力提出了更高的要求。

面对一系列挑战,王明主任和全体工作人员并没有被困难压垮。受限于较弱的工作能力和较强的工作压力,他们在适应新的工作环境和工作内容的同时,确定了以服务为导向和以"小微创新"为手段的工

---

① 在不引起混淆的情况下,本案例采用"中心商务区行政许可局"的名称代指这一部门。

作方式,逐渐打开了新的工作局面,创新实践也如同雨后春笋般在行政许可局的工作中蓬勃生长。

三、雨后春笋般的创新实践

自 2015 年初成立以来,中心商务区行政许可局开展的创新实践主要包括以下几部分:

(一) 商事登记预约预审系统

这个系统的主要功能是为企业成立变更等商事登记服务提供便利,办事人无须到综合服务大厅现场提交材料,而是在网上填写表格和上传相应证明,工作人员在线预审,预审出现问题办事人可以随时修改,预审通过后办事人还可以在线预约现场办件时间,届时到窗口无须排队优先办理,可实现企业登记一次到场当场拿照。这种"在家网报、后台预审、线上预约、窗口优先"的方法大大提高了审批效率,每周通过网上预约预审系统办理的企业登记事项占窗口受理总量的 60% 以上,目前该系统已经推广至滨海新区全区使用,并且即将在天津全市范围内通用。

(二) "四个一"企业综合服务体系

"四个一"是指"设立一个企业综合服务中心、建立一个企业服务信息平台、组建一个企业服务行业协会、形成一套快速反应服务机制"。其中,企业综合服务中心对应已成立的综合服务大厅,快速反应服务机制对应服务大厅的管理制度。在此基础上,行政许可局开发了"双创通"企业服务信息平台,成立了天津自贸区企业服务协会,从而实现了对企业的"四个一"综合服务。"双创通"平台是行政许可局重点打造的应用程序,办事人通过这一手机应用即可随时、随地、随手下单办理企业行政审批相关服务事项。它的服务主要包括基础服务、机构服务、法律服务、政务服务、信息化服务、众创空间服务、人才服务、阿里云服务 8+X 大类,涵盖公司注册、商务行政、秘书服务、企业管理、代理报关、信函代收、会计财务、税务顾问、商标注册、管理咨询等 85 项服务,其中行政审批代办和政务咨询是使用频率最高的两类服务。

(三) 税务综合一窗

这是当时全国自贸区的首个税务流程创新实践,它的主要目的是解决国税和地税窗口办事人数不平衡的问题。由于国税和地税的集中办理时间存在差异，综合服务大厅二层的税务窗口往往出现一个人满为患、另一个门可罗雀的情况，而且企业办税需要分别排两次队。为了降低企业办税的负担，2015年10月，综合服务大厅将国税和地税窗口合并，一个窗口分配国税、地税各一名工作人员，办事人只需要抽一个号就能同时办理两种税。2017年2月，综合服务大厅又把这种联合办税升级为"综合一窗"，企业办税时，不用再自行区分国税和地税，**而是直接让工作人员在一台装有国税、地税两个系统的计算机里同时操作**，实现了国税、地税系统权限的互相配置，业务的融合和流程的标准化，办税时间平均节约20%~30%。

（四）审批效能化

审批效能化是指对行政许可审批的流程进行梳理，取消不必要的环节和材料，改串行流程为并行，对存在漏洞的环节进行弥补，从而提高审批工作效率。中心商务区行政许可局在审批效能化方面主要开展了**接审分离、标准化操作、不受理告知等举措**。接审分离是解决行政审批"门难进、脸难看、事难办"的做法之一。综合服务大厅前台的工作人员均属于行政许可局，但他们并不掌握审批权。他们的职责是，在接到材料并审查无误后将材料录入网络，由后台工作人员负责审批，待审批结束后再将结果传达给办事人。这样一方面提高了审批效率，另一方面让办事人和审批人互不接触，杜绝了审批人故意刁难、消极怠工或贪污腐败的行为。标准化操作是指对行政审批流程的各个环节的行为进行统一规定，并向社会公开相应的规范文本。为了避免经验和自由裁量权导致的审批标准不统一，中心商务区行政许可局制定了标准化操作规程（Standard Operation Procedure，SOP），详细规定了申报材料的填写方式，限制了审批人员的自由裁量空间，并根据工作需要及时修改完善。不受理告知是指对于存在问题而不予审批的行政许可申请，要向办事人出具详细的说明文件，这样一方面确保了办事人清楚程序和问题所在，方便补正材料，提高办事效率；另一方面能起到保护窗口工作人员的效果，避免因没有做到一次性告知而引发投诉和冲突。

四、创新的基础：特殊体制改变身份认同

前面提到，中心商务区行政许可局开展的上述创新实践是基于服务导向的"小微创新"。那么，为什么这些创新实践能够在短短两年多

时间里纷纷成长起来？这一问题的答案，首先需要在中心商务区行政许可局开展创新的客观条件中寻找。

首先是在功能定位上，与天津市其他行政区和功能区相比，中心商务区具有特殊的地理区位。它位于滨海新区和天津自贸区的核心区域，北面是发展成熟的塘沽商业圈和居住区，东面紧邻天津港保税区。因此，中心商务区内绝大多数建筑是写字楼，基本没有成规模的商业和居住区。这就导致中心商务区的常住居民较少而企业法人较多，行政许可局日常的工作以商事登记和其他涉企业务为主，面向自然人的公共服务和面向企业法人的行政许可审批的办理量较少。2016年，涉企业务的办理量超过行政许可局总办理量的80%，而在行政许可局承接的许可事项中，两年里实际发生过的有50多项，其中经常发生的只有30多项，办理量也远少于涉企业务。因此，中心商务区行政许可局的大部分日常工作是在为企业提供设立、变更、注销等商事登记服务，这是中心商务区行政许可局在主要业务方面的特殊之处。

其次是在管理体制上，中心商务区行政许可局的特殊之处在于它的管理体制。虽然行政许可局属于中心商务区管委会的内设工作部门，但是实际拥有公务员编制的只有王明主任一人，其他工作人员均隶属于"天津响螺湾人力资源有限公司"，这家公司是中心商务区管委会成立的国有企业。在全国其他地方，行政许可局或行政服务中心的工作人员要么是公务员编制，要么是事业单位编制，像中心商务区行政许可局这种结合了政府机关和国有企业双重身份的管理体制是非常特殊的。正如王明主任所说，"企业化运作管委会逐渐成为一种模式，我们主要（的工作）是经济建设，所以没有那么深的政府身份"，这种特殊的管理体制与天津自贸区"改革试验田"的特征有着密切的关系。

再次是在人员构成上，前面提到中心商务区行政许可局的工作人员起初只有负责人和四名老员工，其他人员均为刚刚招聘的大学毕业生，平均年龄只有27岁。在负责人的带领下会形成一支极具青春活力和创造力的队伍，他们中有海归硕士，有名牌大学毕业生，学习能力极强，同时又没有过去审批人员的衙门作风，不懂推诿扯皮，每天学习都是创新创造、为企服务，这对创新举措的提出和实践提供了基础。

最后是在工作思路上，2017年8月起，行政许可局为推进服务规范化、标准化和常态化，支部从8月11日起组织为期100天的"创五好支部，建特色大厅"百日内训活动，通过给办事人发放"管家服务笑脸卡"，让办事人对工作人员的工作能力和服务态度进行评价,并将工作人员得到的"管家服务笑脸卡"数量与绩效考核挂钩,强化服务意识。为了建立"服务管家"的身份认同,行政许可局不仅在培训中强调工作的服务性,甚至对综合服务大厅的保安、保洁人员也进行统一的服务能力培训,并且通过不定期的团队建设活动增强全体工作人员对服务大厅和行政许可工作的认同感。

五、创新的举措:问题意识增强创新动力

在"服务管家"的身份认同下,中心商务区行政许可局从工作中遇到的问题入手,逐渐探索出了开展各种"小微创新"的方法。

首先,中心商务区行政许可局鼓励工作人员从日常工作中发现问题,从而做出改进。自成立以来,行政许可局就实行大厅负责人轮岗制,每位工作人员都有机会当"厅长",随时处理工作中出现的问题,这就为他们提供了发现问题、创新工作、解决问题的机会(见表 3-7)。

表 3-7 中心商务区行政许可局工作问题汇总(节选)

事项类型	事项描述	发现时间	解决措施
工作效率	办事人占用窗口时间长,窗口咨询压力大,其他办事人排队等待时间长,办结率低	2015 年 3 月	(1)将取号时间提前并安排专人指导分流,避免现场一人多件多号造成其他办事人等候时间过长而引起纠纷 (2)安排服务机构入驻服务大厅的企业设立咨询区,专门承接企业设立咨询业务
便民服务	中船大厦停止供暖,大厅温度过低	2015 年 3 月	每位到厅办事人员可获免费热咖啡、热水,并设咖啡吧、报刊角,办事人可在此休息、洽谈
业务运行	单一事项审批专业力量不足	2015 年 4 月	首创"合作审批"模式,将由管委会承接的 161 项自贸区审批事项分为合作审批和自主审批,对中心商务区尚不能独立审批的事项,报送至新区审批局相关业务处室,由专业人员完成初审、复审后,系统回传中心商务区批准、办结、发证、归档
内部管理	窗口单位无法利用上班时间进行"两学一做"等学习	2016 年 8 月	下发了《关于学习管委会主要领导在行政许可局工作汇报会上讲话精神的通知》和《关于举办"两学一做——我学习、我分享"半月谈系列活动的通知》,组织全员自学商事登记、税法、行政许可等业务知识及各行业监管理论和办法,利用午休时间,以两周一次分享会的形式开展集中的学习、讨论

续表

事项类型	事项描述	发现时间	解决措施
内部管理	窗口、工位物品摆放混乱	2016年8月	许可局对大厅一二层所有办公区域进行标准化改造,改造范围为办公场所家具、设备、资料、物品、绿植等按规定标准、定位摆放,并对公共区域标志标识进行规范统一
内部管理	有声叫号导致大厅环境嘈杂,办事人因听不到叫号而过号	2016年8月	启用无声叫号,在大厅原有叫号系统的基础上,对接联通短信端口,用发短信的形式取代以往的广播叫号

从生活中寻找解决问题、改进工作的灵感,同样是各种"小微创新"的重要来源。在这方面,王明主任发挥了重要的主导作用。

其一是于家堡自贸区商事登记预约预审系统。商事登记是行政许可局的主要业务,但是商事登记的申请材料有比较严格的填写规范,这就导致企业要么因为填错表格跑冤枉路,要么只能占用一线工作人员的时间在现场填表,这个问题一时间难以解决。有一次,王明主任在医院偶然发现了一款名为"医指通"的在线挂号系统,可以预约天津市各大医院的门诊号,她就想,能否将预约挂号的系统稍加修改,用于商事登记的预约呢?行政许可局在这一思路下很快开发出了商事登记预约1.0系统,该系统又逐渐升级到目前集预约、填写、预审、通知等功能于一体的预约预审系统。其二是"双创通"。如何才能更好地为企业提供服务是王明主任在工作中长期思考的问题。在2015年的一次停电事故中,她所居住的小区物业第一时间为住户送来应急物资,物业宣传的"管家式服务"让她有了打造"服务管家"的灵感并最终落实。在"管家式服务"的基础上,她又借鉴了生活中经常用于寻找人才和购买商品的猪八戒网和淘宝网,规划了一个由行政许可局工作人员、商务服务中介公司、小微企业创业者共同组成的在线服务应用,从而催生了"双创通"系统。

六、挑战与前景:创新实践"永远在路上"

自2015年2月成立,中心商务区行政许可局探索开展了一系列创新实践,而随着业务的持续扩大和成绩的不断积累,这些创新实践的背后仍然存在有待解决的挑战和难点。

其一是工作人员的长期发展。中心商务区行政许可局下设4个科室,有60多名工作人员,绝大多数在一线窗口办理具体业务。由于收入水平相对较高、工作环境较好,这些工作人员均拥有大学本科及以上学历,其中也不乏毕业于重点大学或海外名校的研究生,理应拥有广阔的职业发展前景。但是,目前行政许可局内部对工作人员的激励以绩效奖金为主,尚没有完备的晋升机制,也缺乏与中心商务区管委会其他部门之间的人员流动。

其二是其他地区的竞争对工作人员的影响。虽然中心商务区行政许可局对于创新实践的扩散抱着"不为所有,但为所用"的态度,但实际上,其他地区的竞争仍然会对工作人员产生一些影响,例如开封自贸片区在实地学习"双创通"平台之后开发了"自贸通",在国家领导人视察时展示并得到了肯定,而"双创通"平台本身却没有得到类似程度的宣传和肯定。这种影响可以是积极的鞭策,但也可能是消极的打击,王明主任和其他工作骨干对此也比较关注。

虽然这些挑战和难点仍然存在,但总体上,中心商务区行政许可局的创新实践仍然在不断发展。这一系列的尝试和创新,在提高工作效率和服务水平的同时,也赢得了企业与办事人的广泛赞誉,在2016年企业满意度测评中,中心商务区行政审批效率和一站式服务便利性居全区首位。同时也吸引了全国各地相关单位的学习和复制:长春净月高新区、河南自贸区开封片区、四川自贸区川南片区、辽宁自贸区大连片区、湖南株洲高新区先后学习"双创通"企业服务平台、"专家+管家"线上线下服务体系,全面复制了企业服务方面的经验做法;河南省济源市行政服务中心按照其市委书记批示,特地调研,希望于春节之前借鉴复制"智慧大厅"有关经验,推行"刷脸办证";另外,国地税联合办税一经实施就得到了国家税务总局的关注,纳服司司长专程前来调研,后来该举措也被列入了第三批7家自贸试验区的必选动作,为最终国地税合一的实现提供了有效的探索;商事登记预约预审系统在整个天津市复制推广并升级为天津市商事登记全程电子化平台,同时也为全国各省市商事登记电子化提供了样板。

2017年12月,中心商务区因天津市滨海新区法定机构改革已并入天津经济技术开发区,但行政许可局的相关创新成果在这里得到了接续发展。"实践发展永无止境,解放思想永无止境,改革创新永无止境",说到底,行政审批改革在某种意义上来讲不只是体制机制的改革,而是政府工作人员理念意识观念的变化,是在法律法规限定的范畴内、在自身职能职责内不断换位思考,寻求与民便利的一个过程,是迈小步、不停步,以微创新的方式去不断优化升级政府服务,提升企业和办事人的满意度、获得感的过程。这也是实现服务型政府、法治型政府的必由之路。

教学研讨的参考性问题

1. 作为滨海新区和天津自贸区的双重中心,中心商务区的特殊区位和政策优势是否是中心商务区行政许可局创新实践得以出现的决定性因素?这些创新实践在全国大多数普通地区推广的动力和阻力可能有哪些?

2. 如果中心商务区的行政许可制度并不是"行政审批局模式"而是"服务大厅模式"(政府建设服务大厅集中开展行政审批和公共服务,但各部门仍然保留审批权,独立开展工作,服务大厅只提供办公场所),这些创新实践是否还可能出现,开展创新的动力和阻力将会有什么样的变化?

3. 在政府部门的工作中,是否应当强调领导力对改革创新的引领作用,如何将主要领导的领导能力和一线工作人员的实践经验和问题意识有效地结合?

第三节 案例分析[*]

由天津市滨海新区行政审批制度改革的微创新案例,引出了在行政审批制度改革进程中的两个热点问题。以下试从公共管理的视角对此进行评析。

一、行政审批制度改革如何推动跨部门协作

天津市滨海新区中心商务区行政许可局为了简化行政审批流程采取的一系列微创新取得了良好的运行效果,服务平台的良好运作离不开线下各方主体的配合和支持。线下"行政许可服务中心"(本案例中统称为行政许可局)是当前行政审批改革背景之下,集中提供政务服务

---

[*] 本节由清华大学公共管理学院 2016 级硕士研究生首芸云撰写,指导教师为清华大学公共管理学院孟庆国教授、张楠副教授及案例中心慕玲主任。

的一种模式,旨在优化行政审批流程,建造服务型政府,这种模式源于"一站式"政府服务理念。在政务服务过程中,"一站式"服务具体表现在以整合、协作、集中的运作模式,依靠先进的服务手段,承担着代表政府部门集中办理行政审批业务和部分公共服务事项的职责。要想使得行政服务中心达到预期设立的效果就必然需要各政府部门打破部门壁垒,实现有效的跨部门协作。

对于跨部门协作的理论探讨起步于20世纪70年代,是在"合作政府""整体政府"理论的基础上发展而来的。21世纪初,跨部门协作理论又取得了进一步的发展。John M.Bryson、Barbara C.Crosby与Melissa Middleton Stone等人通过对已有文献的研究,认为在公共部门面对复杂社会问题时,跨部门协作是一种可行的策略,通过跨部门协作不但可以避免资源浪费,更可以通过各部门的协调机制增加效益。同时界定出跨部门协作的内涵,即两个部门或多个部门彼此通过连接或分享资讯、资源及活动,通过共同的能力与产出,解决单一部门无法妥善解决的议题。并且,在界定的基础上,布里森(Bryson)将跨部门协作划分为**五大部分,即初始条件、运作过程、治理结构、机遇和约束、结果与责任**[①],通过这五个主要维度构建跨部门协作的结构框架,系统地整合了跨部门协作理论,并从此构架中延伸出发展跨部门治理的多条建议。这五个维度涵盖了跨部门协作的整个过程,从协作产生的内外环境、协作的主体特征以及协作的时间跨度、成果产出,为研究跨部门协作提供了较完备的理论框架。2016年,布里森等人又在此基础上,结合理论和实证研究,增加了新的要素丰富原有的理论框架,并指出跨部门协作面临的问题和挑战(见图3-6)。

初始条件中,布里森将宏观的政策环境、制度基础、微观的资金需求、协作方的意愿都纳入其中。布里森认为初始条件是推动运作过程的重要因素,二者紧密相关。结合案例,天津市行政审批改革能够良好运作离不开天津市滨海新区特殊的定位。中心商务区行政许可局负责人介绍,2014年年底天津自贸区获批成立,中心商务区大部分被划归天津自贸区,并按照自贸区建设方案要求成立行政许可服务机构,行使相对集中的行政许可权。2015年1月,中心商务区管委

---

① Bryson J M, Crosby B C, Stone M M. The Design and Implementation of Cross-Sector Collaborations: Propositions from the Literature[J]. Public Administration Review, 2006,66(s1): 44-55.

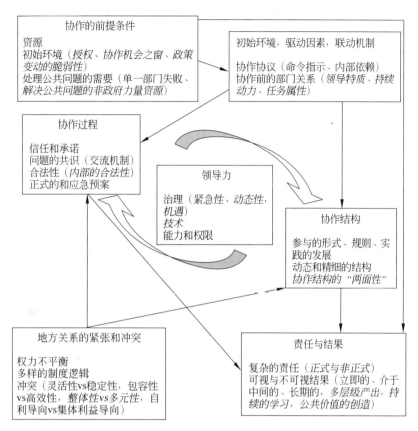

图 3-6 基于主要理论框架以及实证研究的总结①

会开始筹备行政许可局及其服务大厅,并于 2 月 15 日对外办公,短短的 1 个月时间从筹办到大厅职能部门的入驻,他们也感受到了政策红利。天津作为自贸区,作为改革试验田,有着"先行先试"的指导思想,在"放管服"行政审批改革的思路上,朝着"服务型"政府转变,如何使入驻的审批部门实现跨部门协作,具体的措施可以去尝试,上级单位会给予财力、物力以及技术的支持。正是因为有上级这样宽松的政策条件和鼓励创新的态度,王明主任才获得了后续开展工作的条件。

在运作过程这个维度,布里森强调了"跨界领导力"的作用,并且将领导的治理能力视为影响整个协作过程和协作结构的关键要素②,领导

---

① Bryson. J M. Designing and Implementing Cross-Sector Collaborations: Needed and Challenging [J]. Public Administration Review,2016,75(5):647-663. "斜体字"的要素来自于对实证研究而非原有的理论框架的总结。

② Crosby B C,Bryson J M. Integrative leadership and the creation and maintenance of cross-sector collaborations[J]. Leadership Quarterly,2010,21(2):211-230.

的教育水平、年龄等个人特质至关重要。① 除此之外,协作者之间的关系、具备统一的目标意识也不容忽视。以"双创通"系统为例,这个服务平台的成功开发和运作离不开中心商务区行政许可局王明主任和她的初创团队。中心商务区行政许可局从 2015 年 1 月 3 日开始选址,2015 年 2 月正式开始运营,起初的骨干力量包括她自己只有 4 位。王明主任之前在中心商务区管委会担任办公室副主任,对政务服务有一定的了解,另外 4 位成员之前也是在审批办工作的人员,对行政审批的事项也具备业务能力,但是面对上级下放的几百项行政审批权,从事单一工作的他们也需要马上"恶补"知识,对行政审批权进行统一梳理,从选址到运营的 1 个月时间,他们常常是通宵达旦。"管家"理念来自万科的服务理念——"全心全意全为您",万科服务的专业、高效给了王明主任很大的启发。之后在中心商务区行政许可局开全体会议的时候,王明主任便将其当作服务的范例讲述。不仅如此,他们也积极借鉴相关网站的服务经验,发现有一个专门为企业提供代办服务的网站——"猪八戒网",便开始以用户的身份进行体验服务。这些服务理念不是停留在"管家"思维中,而是渗透到入驻大厅的每一个职能部门的工作人员心中,形成上下联动的一种合力。

除此之外,在运作过程中,布里森提到的"权威文本""正式的协议"也不容忽视②。从宏观战略上,中心商务区行政许可局主推了"四个一"企业综合服务体系,旨在从制度设计上推动跨部门协作;从微观领域来看,就"中心商务区行政许可局"而言,阻碍跨部门协作的重要原因在于一些政务服务大厅对入驻大厅的职能部门没有管理权限,各部门之间信息不流通。而中心商务区行政许可局就是通过制度建设推动了跨部门协作的运作。首先,实现统一管理。王明主任向管委会提出,希望对外派到大厅的职能部门人员有一部分的津贴,对他们和大厅服务管家一样同步开展日常管理的考核,并且制定严格的评判标准,实行百分制,表现优秀的全额发放,80 分以下没有绩效津贴,并且征求每家入驻原单位的意见。在实行这项制度之后,职能部门首先从考勤上和仪容仪表上都有了约束。起初,代办机构虽然办事效率高,但是也并没有什么工作热情,只是把服务大厅当作一个办事的场所。为了打破这种割

---

① Esteve M, Boyne G, Sierra V, et al. Organizational Collaboration in the Public Sector: Do Chief Executives Make a Difference? [J]. Journal of Public Administration Research & Theory, 2013, 23(4): 927-952.

② Bryson J M, Crosby B C, Stone M M. Designing and Implementing Cross-Sector Collaborations: Needed and Challenging[J]. Public Administration Review, 2015, 75(5): 647-663.

裂的局面,王明主任把之前团委工作的经验运用其中,用荣誉感、集体感来增强整个团队的凝聚力,在制度的激励之下,形成了团队的凝聚力和荣誉感。其次,用制度规范实现了信息的真正流通。同一事项,审批部门的要求可能不一样,文件也有出入的地方,办事人员到现场办理时还会存在事倍功半的结果。针对这个问题,大厅强制要求每个服务管家、代办机构入驻人员以及审批部门外派人员都参加由中心定期举办的业务培训,并且进行不定期的考核,在每次培训过后每个事项都要制定统一的标准,要求每一位服务管家、代办机构、职能部门掌握。统一培训的方式不仅使办事企业获得了便利,也使职能部门和代办机构的人员提高了业务能力。但是也应该看到当前法律规范尚存在不足。中心商务区行政许可局三种身份于一体,引入代办机构,对入驻的职能部门实行管理的办法还没有可以依托的法律规范,中办发〔2011〕22号文《关于深化政务公开加强政务服务的意见》也明确提出:"行政许可管理机构作为行政机构,应使用行政编制。"所以从严格意义上来讲,该行政许可局属于一家市场服务企业,而少了行政机构的色彩。如果想要推广这种模式则需要完善相关的上位法,以实现长效运行。

在治理结构层面,布里森指出目前缺乏对治理结构层面更详细的阐释。2017年,张楠等学者用实证研究的方法结合北京市朝阳区"全程代办"系统和成都市武侯区行政审批局案例,将治理结构分为权力结构、组织结构、技术结构进行分析[①],强调了信息时代下信息技术的作用,以及不同的行政机构在权力和组织方面的不同。在布里森的五要素模型"结果与产出"中,从行政层级以及公共价值的角度阐释了协作的责任与产出,指出协作的产出是一种多元的、长期的影响,不仅体现在短期的协作效果,还有长效的协作机制,其中,是否建立一种有效的问责机制就是协作效果的一种有力表现。在"机遇与约束"维度,布里森结合新的时代背景再次强调了跨部门协作当前面临的问题是冲突和不平衡,具体表现在权力的不平衡,不同层级的行动者面对看多样的制度逻辑,目标的多元与整体性、自利和集体利益导向等。这既是跨部门协作面临的挑战,更是将来需要重点关注和研究的领域。在治理结构层面,中心商务区行政许可局得以成功运行的一个原因是它不同于传统的政务服务大厅的权力结构和组成形式。2015年4月中心商务区服务大厅正式挂牌为"中国(天津)自由贸易试验区综合服务大厅"。此

---

① Zhang N, Lu Z, Shou Y. The dominant role of governing structure in cross-sector collaboration in developing China: two case studies of information integration in local government one-stop services[J]. Information Technology for Development, 2017: 1-25.

后,行政许可局又陆续加挂"中国(天津)自由贸易试验区滨海新区中心商务片区行政许可服务中心""滨海新区行政审批局中心商务区分中心"和"天津自贸区于家堡商务秘书有限公司"的牌子,成为国内少数集政府机关、服务大厅和国有企业三种身份于一体的行政服务机构。不同的身份使得各自思考的方式并不相同,服务管家国企员工的身份更多是从服务办事人的角度出发,构建起代办机构和审批部门之间沟通的桥梁,协调双方的沟通,解决信息不畅通的问题。在技术层面,从起初的"双创通"1.0到现在的 3.0(详见案例),接审分离、预约预审,依托 SOP 标准化操作规程来做,简化行政审批程序,真正将"互联网+"用到实处。从结构和产出的维度来看,中心商务区行政许可局严格的问责机制对行政审批取得良好效果起到了推动作用。对服务管家、职能部门、入驻商户有着严格的责任追究机制(详见案例),在办理时遇到突发问题,实行首问负责制,由当初第一个为企业服务的服务管家全权负责与相应的职能部门沟通协商,并且登记入册,后续需要服务大厅的领导与原职能部门的领导根据法律制定统一标准。从企业的设立到破产,在办理审批事项时可以通过平台对每个环节进行监督控制,责任可追究可回溯。这为企业解决了后顾之忧,也使服务管家、职能部门和入驻商户时刻秉持认真负责的态度提供每一项服务。

由此可见,中心商务区行政审批改革取得显著成效背后有着多重因素,天津自贸区的政策红利、区位优势、战略定位为其打造了不可忽视的先天优势,同时不同于传统的权力结构使得整体工作人员真正立足于用户需求,"服务"理念成为行动的指南针,尤其借助"代办机构"这只手,从协作结构上充当"协调机构"有效地推动了审批部门的跨部门协作,提高了行政审批效率,APP 的客户端以及整个操作系统则从技术层面上将数据联通,让办事人"少跑路"。除此之外详细完备的管理制度、问责机制真正推动了部门之间信息流动,为部门协作打下了长效运营的良好基础。

二、如何评价行政审批中引入代办机构的合理性

中心商务区行政审批改革一个重要成绩在于有效地发挥了"代办机构"的"专业性",将中介机构有效地融入政务服务当中,并且使得代办机构内部产生良性循环,在服务管家和职能部门之间也架起了有效协作的桥梁,到目前为止是行政审批改革中较成功的尝试。那么,引入代办机构的合理性有哪些?这种方式是否能够长效运行?会遇到哪些

障碍呢？

　　代办机构实质属于一种中介组织。中介组织是指依法在社会和经济活动中发挥服务、沟通、协调、鉴证、监督等功能的社会组织，是按照一定的法律、法规、规章或根据政府委托建立的，遵循"独立、客观、公正"原则，在社会生活中发挥服务、沟通、监督等职能，实施具体的服务性行为、执行性行为和部分监督性行为的社会组织。[①] 市场中介组织是为市场主体提供信息咨询、培训、经纪、法律等各种服务，并且在各类市场主体，包括企业之间、政府与企业、个人与单位、国内与国外企业之间从事协调、评价、评估、检验、仲裁等活动的机构或组织。社会中介组织广义上指除市场中介组织之外的中介组织。本案例中主要指的是市场中介组织。

　　从案例中我们清楚地发现，将代办机构引入行政许可局之后，办件效率和办事人满意度得到了提升。从理论层面上分析，这种模式解决了以往行政审批中存在的以下问题。首先，解决信息不对称。行政审批过程中由于普通民众与政府间存在信息不对称，造成了行政相对人资料准备的不规范、对审批流程的误解、对时间限制的不了解，才使得一项审批需要办事人"多次跑腿"，审批部门也不得不重复性审批，导致双方成本上升，自然而然也就降低政府在民众心中的满意度。通过代办机构的介入可以弥补目前各地行政服务延伸不够的问题，由代办机构直接与审批部门对接，代办机构本身就具备了相关的业务能力，同时由于具备"行政许可局"这种集中办公的场所以及配套的沟通协调的制度，畅通了信息沟通渠道。其次，引入市场竞争。行政审批制度是计划经济条件下政府管理社会经济的一种基本手段和方式，通过审批，政府实现对社会资源的计划配置。从这个角度来讲，传统的计划经济就是审批经济，是以审批管理为主的一种经济体制。而建立社会主义市场经济体制，则要求按经济规律办事，主要通过经济手段和法律手段来规范市场行为，调节经济运行，而不是主要靠审批等行政手段。之前办事企业对职能部门的态度是"门难进、脸难看"，现在将公共服务市场化，在公共服务提供领域引入竞争的思想，对职能部门而言，政府在引入代办机构的同时也引入了竞争，使它们有了竞争意识和服务意识，从而一定程度上缓解了在这一领域公共服务只由政府一方提供的垄断局面，这必然带来服务水平的提高。同时对代办机构采取定期的"末尾淘汰制"考核，行政许可局针对一类业务的中介机构，同时招标入围 10

---

① 中国行政管理学会课题组. 我国社会中介组织发展研究报告[J]. 中国行政管理，2005(5)：5-12.

家,服务3年,按照排名先进入6家,并定期考核,规定每半年末位淘汰1家,剩余4家依次递补进入。这种机制之下各个机构会选拔业务能力强的员工入驻政府大厅,以保证其不被淘汰,使代办机构之间实现了良性循环。最后,明确政府和市场的职能分工,真正做到"术业有专攻"。交易成本经济学认为,市场配置资源带来交易成本,科层组织在节约交易成本的同时又产生了较高的管理成本,节约管理成本的方法不是仅仅回到市场中去,而是建立一种介于两者之间的中间组织,这种中间组织既能节约交易成本又能节约管理成本。"管家＋专家"的服务模式则是对"社会分工"理论的一种现实回应,让政府更加专注于"服务"和"监管"而非"权力"带来的业务垄断,让代办机构专注于"专业能力"。社会分工理论认为,社会分工的进一步深化能够有效降低生产成本。

从成本收益的角度来看,分工的不断细化促使专业化程度不断提高,使得大部分对审批流程都不够熟悉或只是偶尔到政府部门办事的普通民众,自己上门办理审批所花费的交易费用可能比中介机构的收费还要高。"双创通"模式,通过"双创红包"免费为办事企业提供代办服务,首先降低了办事人的办事成本,同时代办机构可以借助政府的平台提高自身的知名度,接受政府提供的专业培训,和审批部门集中办公也大大增加了它们的收益,降低了运行成本。其次,对政府来说,代办机构的存在能使民众更加规范有效地提交申报材料,也能够进一步提高审批材料的电子化程度,使审批部门便于资料审查、储存、传输和归档,从而提高审批效率。而这种方式无疑在减少政府部门的工作量的同时提高政府的行政审批效率,达到政府与民众双赢的效果,最终促进服务型政府的构建。从整个社会来看,也会带来资源配置优化、社会福利增加、制度成本降低、社会运行效率提高的边际改善的结果。但是,引入代办机构这类中介组织并不是万能钥匙,中心商务区"管家＋专家"的模式并不是一帆风顺的。

首先,代办机构行业市场秩序混乱。行业诚信体系建设水平参差不齐,个人、企业、行业与社会整体联动的诚信体系基本上还处在设想阶段。在很多情况下,许多规范的、大型的企业想要保持行业的诚信经营往往是徒劳无功的,它们努力维护的信誉往往就被一些不规范的"黑代理"破坏了。同时,外部监督缺位或行业管理的不力,使有些市场中介服务机构出于眼前经济利益的驱动,往往会忽视执业规则、忽视服务质量。具体表现为不按规定收费、同行间互相压价、诋毁他人等。比如以需要"打通关节"为由收取高额的运作费用。不规范、不规则的行为一旦失去约束和监督,不仅对讲规则的市场中介服务机构是一种打击、不公平,而且会给人形成一种错觉,即执业行为无所谓规则不规则。结果造成市场执业无序,最终影响了整个行业的公信力。这也是"代办机构"这种模式并没有得到全国推广的一大原因。中心商务区依托"先行先试"的原则敢于突破,采取的方法主要是招标制定详细的引入规范并且通过专业考核和办事人的打分采取末尾淘汰制和定期培训,规范入驻大厅的代办机构。从实际运行效果来看,对规范整个市场的代办机构有正向作用,进驻大厅的代办机构都是经过严格选拔的,这无疑在市场代办机构中扮演了"模范标兵"的角色。

其次,政府和代办机构以及办事人之间的信任缺失。"政府购买服务"有很多潜在的"黑箱",容易产生权力寻租行为,地方政府对这方面的创新仍然持谨慎的态度。为了让办事人信任政府同时信任代办机构,中心商务区为"双创通"注册用户免费提供价值万元的"双创红包",用免费提供服务的方式让办事人放心,同时在系统内设置评价板块,办事人线上下单,代办机构抢单,服务完成后,多方评价,办事人满意才能做最终结算。一方面没有金钱交易,则在一定程度上就减少了权力寻租的空间,另一方面全程由系统把控,确保了全流程的公平透明。让办事人对政府引入"代办机构"这一行为的初衷产生了认同感。在现行制度下,代理人的素质普遍不高,也缺乏提升自身业务素质的内在动力,这严重制约了代理中介朝职业化方向发展,导致社会公众对代理行业的信任度下降,影响了整个行业的形象。中心商务区经过严格选拔入驻的程序和资质考核、定期培训,提升了代办机构在办事人心中的可信任程度。同时,让办事人对代办机构评价打分及定期考核也使得政府对代办机构有了较全面的监管,增进了政府与代办机构之间的了解。

再次,政府与市场的界限不清。国家层面没有鼓励在政务服务领域引入代办机构的原因之一是防止政府权力渗入中介组织。比如我国许多政府机关或职能部门兴办属于自己管理的中介组织,使中介组织带有明显的"官办"色彩。要想让中介组织充满活力和发挥作用,首先要解决的问题就是明晰和规范政府与中介组织的关系,使中介组织独立于政府。作为主管部门必须保证,除少数官办中介机构,大多数中介组织不得由政府组建,也不得挂靠政府部门。对于由原来政府部门转换而来的中介组织,应逐步实行分离和脱钩,使中介组织成为具备完全独立性和中介性的社会组织,在行政隶属关系和利益关系上彻底割断与政府的直接的联系原则。中心商务区"双创通"系统能够使得代办机构有效发挥作用的背后因素之一是天津市滨海新区中心商务区行政许可局的多重身份,从严格意义上来讲,行政许可局内除了王明主任之外,主要的工作人员是国有企业员工身份,由他们对代办机构进行管理,负责审批的职能部门和代办机构并不存在直接的管理权限,因此,并不存在政府权力渗透的空间。

最后,缺乏针对中介组织相关的管理条例和政策措施,也未清楚地界定中介组织的介入范围和事项。对于其长期的发展更是没有一个合理的规划,这样的政策环境给管理留下了许多的真空地带,中介组织的发展自然难以规范和合理。因此,在管理中介组织方面政府部门还有待进一步思考,出台一个短期的管理措施和远期的发展规划。同时,我国的立法工作仍然跟不上中介组织发展的需要。目前存在的如以规代法和无法可依的问题,造成了管理标准不一、地方保护主义等现象大量存在,也导致违法违规、违纪现象时有发生。案例中心商务区当前对代办机构的管理主要是内部自己制定的规范,尚未上升到法律层面,这不仅为"双创通"系统后续运营埋下了隐患,对于向外推广也带来了不可控性。

参考文献

[1] Bryson, J M, Crosby, B C, Stone, M M. The Design and Implementation of Cross-Sector Collaborations: Propositions from the Literature[J]. Public Administration Review, 2006,66(s1):44-55.

[2] Bryson, J M, Designing and Implementing Cross-Sector Collaborations: Needed and Challenging[J]. Public Administration Review,2016,75(5):647-663.

[3] Crosby B C, Bryson J M. Integrative leadership and the creation and maintenance of cross-sector collaborations[J]. Leadership Quarterly, 2010, 21(2):211-230.

[4] Esteve M, Boyne G, Sierra V, et al. Organizational Collaboration in the Public Sector: Do Chief Executives Make a Difference? [J]. Journal of Public Administration Research & Theory, 2013, 23(4):927-952.

[5] Zhang N, Lu Z, Shou Y. The dominant role of governing structure in cross-sector collaboration in developing China: two case studies of information integration in local government one-stop services[J]. Information Technology for Development, 2017:1-25.

[6] 顾平安.简政放权与行政审批制度改革[M].北京:国家行政学院出版社,2016.

[7] 朱光磊.相对集中行政许改革的探索——构建行政审批局[M].北京:中国社会科学出版社,2016.

[8] 沈荣华,吕承文.从服务结构转身看体制改革逻辑——基于吴江行政服务局的考察[J].理论探讨,2012(3):5-9.

[9] 吴明华.政务中心走向拐点[J].决策,2005(7):40-41.

[10] 杨伟伟.行政审批局与行政服务中心：共性与差异争鸣[J].广州社会主义学院学报,2016(1):70-75.

[11] 孙迎春.国外行政审批制度改革经验及其启示[J].行政管理改革,2015(2):59-64.

[12] 许勇.转型时期我国行政审批制度改革研究[D].吉林大学,2007.

[13] 朱慧涛.日本行政审批制度改革的启示[J].地方政府管理,2001(5).

[14] 李莲.美日行政审批制度改革的经验借鉴[J].商业经济,2008(17).

[15] 张霁星.简政放权视域下日本行政审批制度改革及其经验启示[J].理论与现代化,2016(5):50-55.

[16] 骆梅英.行政审批制度改革：从碎片政府到整体政府[J].中国行政管理,2013(5):23-27.

[17] 中国行政管理学会课题组.部分发达国家行政审批改革的制度设计和工具选择[J].中国行政管理,2015(1).

[18] 郭林将.深化"四张清单一张网"改革[N].浙江日报,2016-10-19.

[19] 陈广胜."四张清单一张网"的浙江逻辑[D].陈广胜在全省政府系统秘书长和办公室主任培训班上的讲稿,2015-05-06.

[20] 中国行政管理学会课题组.我国社会中介组织发展研究报告[J].中国行政管理,2005(5):5-12.

[21] 田国强,陈旭东.中国改革：历史、逻辑和未来：振兴中华变革论[M].北京：中信出版社,2014.

[22] 王银芽.浅析我国行政审批制度改革变迁模式[J].中国集体经济,2011(25):42-42.

[23] 林杰.我国行政审批的模式变迁：从部门审批到网上审批[J].财会月刊:2017(9):96-100.

[24] 艾琳,王刚.行政审批制度改革探究[M].北京：人民出版社,2015.

[25] 王成程.从部门审批到网上审批：行政审批的模式变迁[J].长江论坛,2017(3):41-47.

[26] 贾义猛.优势与限度："行政审批局"改革模式论析[J].新视野,2015(5):20-25.

[27] 汪永清.中华人民共和国行政许可法教程[M].北京：中国法制出版社,2003:93.

[28] 杨伟伟.行政审批局与行政服务中心：共性与差异争鸣[J].广州社会主义学院学报,2016(1):70-75.

[29] 孟庆国.线上线下融合是政务服务创新发展方向[J].中国行政管理,2017(12).

[30] 周维,钱绍青.广东省推进行政审批标准化的进程及对策研究[C].中国标准化论坛,2017.

[31] 章璐,何兴健.深化改革 做好行政审批"放管服"——贵安新区"六个一"行政审批服务新模式观察[J].当代贵州,2017(33).

第三部分

经 济

财税改革

第一节 改革开放以来的中国财税改革*

改革开放是党在新的历史条件下带领全国各族人民进行的新的伟大革命,是当代中国最鲜明的特色。1978年,以党的十一届三中全会为标志,中国开启了改革开放历史征程。从农村到城市,从经济体制改革到全面深化改革,中国人民用双手书写了国家和民族发展的壮丽史诗。四十多年来,我们党以巨大的政治勇气,锐意推进了中国乃至人类历史上伟大的改革,包括经济体制、政治体制、文化体制、社会体制、生态文明体制和党的建设制度改革,不断扩大开放,决心之大、变革之深、影响之广前所未有,成就举世瞩目。改革开放最重要的成果是开创和发展了中国特色社会主义,改革开放最重要的体现是基本建成了社会主义市场经济体制。

四十多年来,伴随着改革开放的发展,社会主义市场经济体制经历了从建立(1978—1992年)到建设(1993—2012年),再到全面深化、全面创新(2012年至今)的阶段,中国特色社会主义市场经济体制不断完善,国家治理体系和治理能力现代化持续推进,中华民族实现了从站起来、富起来到强起来的历史性飞跃。可以说,伴随改革同行的主线就是政府与市场关系的重塑,伴随改革同向的最重要特征就是财税体制的变革。回顾改革开放以来财税体制从分权到集权,再向国际化、现代化发展的过程,每一次重大变革都给国家经济社会的发展注入了新的活力、给社会主义事业前进增添了强大的动力,建设中国特色社会主义事业在政府与市场关系的不断调整中、在财税体制的不断改革中波浪式向前推进。

---

* 本节由清华大学公共管理学院张新助理教授及清华大学公共管理学院中国公共管理案例中心研究助理谢梦雨共同撰写,得到了清华大学公共管理学院韩廷春教授的指导。

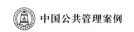

一、从传统财税体制向市场化转变

改革开放前,高度集中的计划经济体制难以满足人民群众脱贫发展的急切愿望。1978年12月18日至22日,中国共产党第十一届中央委员会第三次全体会议在北京举行。十一届三中全会公报指出,当前政治大革命取得胜利,国民经济进一步恢复发展,政治局面安定团结,外交政策进展重大,下一步全党工作的着重点应该从群众运动转移到社会主义现代化建设上来,"我国经济管理体制的一个严重缺点是权力过于集中,应该有领导地大胆下放……使社会主义经济的各个部门各个环节普遍地蓬蓬勃勃地发展起来"。在财税领域,改革首先体现在中央与地方、国家与企业在分配关系上的重大调整。

在中央与地方关系方面,传统财税体制与计划经济体制一脉相承,都是中央管辖下的高度集中的行政体制,中央财政统收统支,地方财政一切预算和收支标准均由中央决定。这是中华人民共和国成立初期国家资源匮乏、必须集中精力尽快发展重工业的必然要求。但一方面,由于20世纪70年代采取的一系列改革措施大幅增加了政府财政支出,打破了艰难维持的财政收支平衡,中央财政入不敷出;另一方面,由于地方财政自主性弱,没有独立预算,收支情况长年不佳。在党和国家的工作重心转移到经济建设的要求下,高度集中、统收统支的传统财税管理体制既不能调动地方政府积极性,也不适用于各地经济蓬勃发展的多样化需求。

因此,为解决中央与地方的财政困境,中共中央、国务院决定改变原有的中央与地方分配关系,参考"划分收支、分级包干"的"四川式体制"和"收支挂钩、总额分成、比例包干、三年不变"的"江苏式体制",改革"财权集中过度、分配统收统支、税种过于单一"的传统体制。1980年2月,国务院下达《实行"划分收支、分级包干"财政管理体制的暂行规定》。新的财政管理体制明确划分了中央和地方财政的收支范围,预算管理体制从"一灶吃饭"到"分灶吃饭",地方财政自主性大幅提高。

1980年实行的"划分收支、分级包干"是改革开放以来第一次较全面和深入的财税体制改革,从根本上扭转了财政高度集中的同吃"大锅饭"局面,不仅初步规范了中央、地方间的财政收支结构、财权划分和财力分配,而且涉及计划、基建、物资、企业、事业等管理体制的调整和改进。[①]

---

① 贾康,阎坤. 中国财政:转轨与变革[M]. 上海:上海远东出版社,2000.

随着税收体制进一步完善,1985年,国务院决定将财政分配方式由"划分收支、分级包干"转为"划分税种,核定收支,分级包干",以税种和企业隶属关系为基础划定中央、地方的固定收入和共享税收。至1988年,由于国营企业陆续实施承包经营责任制,旧的财政分配方式已不再适用于新的经济发展实际,我国开始在全国范围内实施多种形式的"包干"体制。这一时期,在放权让利思路主导下的财政管理体制改革,逐渐使地方政府成为独立的利益主体,增强了地方参与财政管理、改善财政收支的积极性,不仅提高了地方财政财力,而且促进了地方经济的蓬勃发展。

在国家与企业的分配关系上,改革主要采取了两步"利改税"的措施,国有企业利润不再以上缴的形式,而是由政府通过税收制度参与收入再分配。1984年10月,党的十二届三中全会召开并通过了《中共中央关于经济体制改革的决定》,指出增强企业活力是经济体制改革的中心环节,应实行政企职责分开,积极发展多种经济形式,正确发挥政府机构管理经济的职能。在市场经济主导下,过去政府与企业间的指令性的计划分配关系已不再适用,政企逐步分开,国有企业逐渐走上自主经营、自负盈亏的市场化发展的道路。

在经济体制改革的大背景和全国试点基础上,1983年,国务院决定在全国试行"利改税"改革,即国营企业不再上缴利润,而是缴纳企业所有税;1984年在全国范围内推行的第二步"利改税"改革,进一步改革和完善了所得税和调节税。"利改税"变革了政府管理和干预企业经营的形式,调整了政府与企业的分配关系,奠定了未来税制改革的基础,为实现政企分离和实践现代企业制度提供了可能。这一时期,我国财税方面的变革还体现在向城镇职工和企业倾斜的分配政策、侧重能源交通和基础设施的财政支出结构调整、建立健全涉外税制的工商税制改革和适应市场经济的财会制度等内容。

总之,20世纪70年代到90年代间的财税改革,为理顺中央与地方关系、规范政府与企业行为,从而建立市场经济体制提供了突破口,不仅为经济体制的整体改革铺路搭桥,而且为下一步中国特色市场经济体制的创新提供了制度基础。

二、建立社会主义市场经济的财政制度框架

经济体制改革的推进和社会主义市场经济财税体制的初步建立,

为中国经济铺垫了通往市场化发展的道路。① **通过减轻税负和下放权力，改革开放初期的财税体制改革极大地调动了地方政府和国有企业的生产管理积极性，经济进入加速发展的飞跃时期。** 但一直为人们所忽视的一个问题是，随着财权、财力和社会资源大规模由中央向地方、从计划向市场转移，国家财政收入日趋乏力，中央调控能力不断下降，这与财政体制改革过度分权、国有企业经营困难等实际问题紧密相连。

一方面，"分灶吃饭"与"地方包干"强化了地方作为经济活动和经济利益主体的地位，产生了"诸侯经济"盛行的经济新矛盾，导致一系列盲目生产、重复建设、结构失调、市场分割和宏观经济波动等问题，增长过热、需求膨胀、区域割据和逐渐削弱的中央宏观调控能力，对财政体制运行提出了新的挑战。② 更重要的是，市场化改革虽然带来了经济快速发展，而财政特别是中央财政却因此做出了巨大牺牲，一系列放权让利改革的直接结果就是政府财政收入的锐减，各项经济建设和财政补贴政策使得财政支出不减反涨，导致国家财政赤字快速增长。同时，资金不足促使了预算外资金膨胀，1992年预算外资金收入达到3854.92亿元，占当年全国财政收入的110.67%（见图4-1）。1994年前，全国财政体制基本为"一省一税"，不仅各地不同，而且中央增量有限，中央政府不得不借助各种收费和借债来弥补财政赤字。③ 在这些矛盾下，财政收入占国内生产总值的比重和中央财政收入占总财政收入的比重（"两个比重"）不断下滑。随着财政赤字的急速恶化，国家的财政状况濒临悬崖，政府可支配的社会资源大大减少，调控经济和实现国家意志的能力更是大为削弱。

另一方面，20世纪80年代末90年代初，国有企业经营出现了"三分之一明亏，三分之一暗亏，三分之一盈利"的困难局面④，与此同时，预算内收入占GDP比重迅速下降，由1978年的31%急剧滑落至1987年以后的不足15%。随着国企亏损面的扩大，国家与企业关系的转变及一系列的企业改革虽然扩大了企业的财权和经营自主权，但并没有真正实现"政企分开"，政府实质上对企业还承担着无限的责任，无形中增加了财政的隐性风险。

---

① 包括以两步"利改税"规范政府与国企之间的分配关系，逐步建立起从"利润上缴"到"利税并存"，再到"以税代利"的现代市场经济财税体制雏形。
② 沈立人，戴园晨.我国"诸侯经济"的形成及其弊端和根源[J].经济研究，1990(3)：12-19.
③ 楼继伟.中国三十年财税改革的回顾与展望[J].中国经济50人看三十年：回顾与分析，2008(12).
④ 高培勇.公共财政：概念界说与演变脉络——兼论中国财政改革30年的基本轨迹[J].经济研究，2008(12)：4-16.

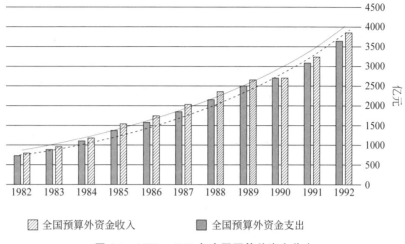

图 4-1　1982—1992 年全国预算外资金收支

建立社会主义市场经济体制呼唤财税领域的新改革。此时，领导人清醒地看到中央政府和国有企业在稳定经济制度和巩固国家能力方面的重要意义，从 1994 年开始推动分税制的重大财税体制改革，1998 年更是实施了以国有大中型企业为主的战略性改组。自 2000 年起，国有企业走上近十年的辉煌之路，随着国有企业的逐步脱困、扭亏为盈，财税收入稳步增长，中央政府所代表的国家能力也逐渐由弱变强，不仅实现了"两个比重"的稳步回升，也奠定了中国在当今世界经济中的重要地位。

以邓小平 1992 年初重要讲话和党的十四大为标志，我国改革开放和现代化建设事业进入了一个新的发展阶段。1992 年春，邓小平视察南方谈话重申了深化改革、加速发展的必要性和重要性，提出要建立社会主义市场经济体制；同年 10 月，党的十四大正式明确"我国经济体制改革的目标是建立社会主义市场经济体制"。1993 年 11 月，党的十四届三中全会审议通过《中共中央关于建立社会主义市场经济体制若干问题的决定》（以下简称党的十四大《决定》），提出要"积极推进财税体制改革"，包括合理划分中央与地方事权，建立中央税收和地方税收体系；改革和完善税收制度；改进和规范复式预算制度。

在党的十四大《决定》的指导下，全面税制改革正式启动并于 1994 年初主体完成。基于"统一税法，公平税负，简化税制，合理分权，理顺分配关系，保障财政收入，建立符合社会主义市场经济体制要求的税制体系"的指导思想与原则，改革的主要内容包括建立以增值税为主体、消费税和营业税为补充的流转税制①;统一内资企业所得税;建立统一的个人所得税制;扩大资源税征收范围;结合税制改革,确立适应社会主义市场经济需要的税收基本规范;适应分税制的需要,组建了中央和地方两套税务机构。

分税制改革是 1994 年税制改革的"重头戏"。改革开放初期实行的"行政性分权"和财政承包制在推动地方经济发展的同时,中央财政收入和宏观调控能力面临着极大威胁。针对"两个比重"过低的问题,1985 年至 1993 年间,中共中央多次提及要兼顾国家、集体、个人三者利益,理顺国家与企业、中央与地方的分配关系,积极进行利税分流和分税制试点。围绕社会主义市场经济体制的建立,1993 年底,《国务院关于实行分税制财政管理体制的决定》发布并于次年 1 月 1 日起正式实施。分税制改革的主要目的是明确央地财政分配关系,内容包括合理划分中央与地方政府的事权与财权,将税种分为中央税、地方税和中央地方共享税三类,并建立相应的中央和地方税收体系分别征管,逐步建立中央对地方的转移支付和税收返还制度,建立健全分级预算制度。

1994 年税制改革顺应了建立社会主义市场经济体制的要求,初步建立了与市场经济体制相适应的规范的财政管理体制,为行业间、内外资企业间营造了公平竞争的环境,同时通过规范政府的预算收入,提出了较完备的、适应分税制和社会主义市场经济体制的税制和税收监管体系,既保证了中央财政收入,又有利于促进地区间协调发展和资源优化配置。

此外,"费大于税"仍是当时财税制度运行中存在的重要问题,政府在规定外征收的各种费用必须整顿改革,这成为此后"费改税"政策的开端。② 这主要分为对企业乱收费的治理和农村税费改革:一方面,根据 1997 年中共中央、国务院发布的《关于治理向企业乱收费、乱罚款和各种摊派等问题的决定》,财政部、国家发改委(原计委)先后取消了一大批不合理的行政事业性收费项目;另一方面,中共中央、国务院先后下发《关于进行农村税费改革试点工作的通知》和《关于做好 2002 年扩大农村税费改革试点工作的通知》,并于 2006 年在全国范围内取消农

---

① 新税制共设税种 25 个,包括增值税、消费税、营业税、关税、企业所得税、外商投资企业和外国企业所得税、个人所得税、资源税、城镇土地使用税、城市维护建设税、耕地占用税、固定资产投资方向调节税、土地增值税、房产税、城市房地产税、遗产税、车船使用税、车船使用牌照税、印花税、契税、证券交易税、屠宰税、筵席税、农业税、牧业税。

② 1998 年朱镕基总理等答记者问[EB/OL]. 人民网, http://www.people.com.cn/GB/other4349/4355/20010315/418194.html.

业税。其他改革措施还包括车辆购置费改车辆购置税、2004年《行政事业性收费项目审批管理暂行办法》等。分税制改革梳理了体制内的政府财政收支，"税费改革"则有助于解决体制外种类繁多、规章各异的政府收费和财政支出端的矛盾。

这一轮财税体制改革自 1994 年开始，共历经十余年，初步治理规范了税费关系，不仅规范了市场与政府间的边界，切实减轻了企业和农民负担，而且加强了政府宏观调控能力，健全了市场运行机制，为社会主义公共财政框架奠定了基础，为国民经济健康平稳发展提供了保障。

三、完善社会主义公共财政制度：国际化背景下的财税体制改革

21 世纪第一个十年是深化财税改革和完善公共财政体制的十年。改革开放以来，我国经济体制改革尽管取得了重大进展，但同时也面临着多重考验。经济结构不合理、分配关系尚未理顺、农民收入增长缓慢、就业矛盾突出、资源环境压力加大、经济整体竞争力不强等问题，对完善财税改革提出了更高的要求。与此同时，**进入新世纪，我国财政体制第一次遇到融入全球经济、适应国际秩序所面临的挑战。**

2001 年 11 月 10 日，世界贸易组织（WTO）第四届部长级会议审议通过了中国加入世界贸易组织的申请，中国正式成为第 143 个成员。加入 WTO 成为这一时期财政体制改革和公共财政建设的重要推动力，这对我国财政管理体制和制度提出了新的挑战。1994 年税制改革针对政府税收征收率偏低、"两个比重"持续下降、中央财政可支配收入有限的问题进行的一系列财政体制改革，使财政收入进入增长快车道，甚至一度突破 GDP 增长速度，这一现象引起了社会各界对我国宏观税负是否过高的争论。同时，面对国际竞争和入世挑战，不少人指出，规范税制、降低税负，以及根据 WTO 规则清理和修改财税法律、法规和规章制度，提高财政透明度和清理部分财政补贴和优惠政策，应当成为新一轮改革的基本方向。

2003 年 10 月，党的十六届三中全会通过了《中共中央关于完善社会主义市场经济体制若干问题的决定》（以下简称十六大《决定》）。全会肯定了我国自党的十四大以来在建设社会主义市场经济体制方面取得的巨大进步，但也指出，必须加快推进改革，完善社会主义市场经济体制。十六大《决定》肯定了前一阶段以构建公共财政体制为目标的改革，**明确了新时期"完善财税体制"的政策方向**，将财税改革与金融体制

改革并列，作为改善宏观调控、转变政府职能的一部分，提出了分步实施税收制度改革和推进财政管理体制改革的明确要求。其主要内容包括：进一步健全财政宏观调控职能；按照简税制、宽税基、低税率、严征管的原则，稳步推进税收改革；完善分税制和转移支付制度，规范各级政府间的分配关系；进一步调整优化财政支出结构，逐步规范公共财政支出；进一步深化财政管理制度改革，重点实施全口径预算管理与或有负债的有效监控。同时，坚持以人为本，树立全面、协调、可持续的科学发展观，构建和谐社会的目标与第三次改革大讨论，为新时期的公共财政体制改革提供思想指导，使政府在财政体制建设中的角色和财政体系自身的作用更为明确。

党的十六大《决定》明确提出包含八个项目的税收制度改革要求，主要包括：在保障有效且充足的公共服务的前提下，推进包括农村税费改革在内的一系列综合配套改革；进一步完善个人所得税制度，兼顾税收效率与公平；为保持经济持续健康发展，实践科学发展观，调整出口退税率；为增强企业自主创新的主动性和竞争力，提高经济自主增长能力，逐渐将生产型增值税转为消费型增值税；营造规范统一、公平竞争的市场环境，统一内外资企业所得税制度；调整资源税标准，改革消费税制度。随后"十一五"规划将改革总结为十个方面。① 新一轮税制改革根据党的十六届三中全会和"十一五"规划的要求，为我国融入经济全球化，减轻税负，改善民生，进一步完善社会主义市场经济体制提供了财税领域的制度支持。

推动政府收支行为规范化和法制化的预算改革是这一时期财政管理体制改革的核心内容。 1994年税制改革与1998年"税费改革"的关注重点是体制内外的政府收支问题，而由于我国经济高速发展，税收收入激增，超预算收入规模进一步膨胀，收支规范化和预算监督成为新时期财政管理体制改革的重心。十六大《决定》中首次提出完善的社会主义市场经济体制要求实行全口径预算的目标和新的政府收支分类科目，强化现有的预算管理措施，这明确了我国走向现代预算国家的预算约束机制设置的要求和实行方案。在实践中，一方面，中央和各级地方政府着力推进已有的改革措施，如部门预算管理改革、政府采购制度、国库集中收付制改革、"收支两条线"改革和"金财

---

① "十一五"规划（2006—2010年）指出要在全国范围内实现增值税由生产型转为消费型；适当调整消费税征收范围，合理调整部分应税品目税负水平和征缴办法；适时开征燃油税；合理调整营业税征税范围和税目；完善出口退税制度；统一各类企业税收制度；实行综合和分类相结合的个人所得税制度；改革房地产税收制度，稳步推行物业税并相应取消有关收费；改革资源税制度；完善城市维护建设税、耕地占用税、印花税。

工程"建设等;另一方面,2005年,国务院正式通过政府收支分类改革方案,以推进财政预算管理的透明度、科学化和规范化,保障预算管理制度的民主高效运行。

这一时期的另一重要改革举措是调整财政支出结构,落实科学发展观,坚持以人为本,财政资源向"三农"和民生倾斜。2016年10月,党的十六届六中全会通过了《中共中央关于构建社会主义和谐社会若干重大问题的决定》,并提出要"完善公共财政制度,逐步实现基本公共服务均等化"。这对我国由以"经济建设型政府"为目标的全能型财政制度转向以"服务型政府"为目标的公共财政制度提出了具体要求。公共财政响应十六大《决定》中优化财政支出结构的要求,逐步启动覆盖农村进程,着力于解决"三农"问题,包括建设社会主义新农村、支持农村教育事业发展、农村卫生和社会保障工作与农业生产等措施。与此同时,公共财政对义务教育、公共卫生、基础科研、社会保障和公益性文化事业教育等基本民生事项的支持力度也不断加大,政府基本公共服务投入不断加大。

这一时期财税体制改革取得了明显成效:2007年以后[1],我国财政支出结构不断优化,生产性支出和行政管理支出占比逐年下降,社会文教费支出等基本民生事项占国家财政支出比重不断上升,特别是医疗卫生支出从2007年的4%增长近一倍,提升至2016年7.01%(见表4-1和图4-2、图4-3)。**这一方面体现出政府公共职能的逐步转变,财政支出重心由经济建设转向民生发展**,政府将更多资源投入公共产品和社会事业,加强了财政的公共化趋势和政府公共服务职能;另一方面,**加大公共服务与公共产品投入,符合经济发展和建立"服务型政府"的要求**,有利于发挥财政支出在教育、科技、医疗卫生等民生领域和社会公益性项目的资源配置作用,对实现我国基本公共服务均等化、社会公平正义和经济平稳快速发展具有重要意义。

四、推进财税体制现代化改革

我国财税体制从统收统支、包干制到分税制三个阶段的发展,为我国建立现代财政体制奠定了重要的制度基础,这既有利于推动建立完善社会主义市场经济体制、充分发挥中央和地方积极性、促进经济社会

---

[1] 2007年,我国对财政收支科目实行了改革,财政支出项目口径产生较大变化,采用了新的分类指标,与往年数据不可比,因此本章仅采用了国家统计局2007—2016年数据,http://data.stats.gov.cn/index.htm。

表 4-1 2007—2016 年国家财政按功能性质分类的支出占财政总支出比重 %

指标	2016年	2015年	2014年	2013年	2012年	2011年	2010年	2009年	2008年	2007年
国家财政教育支出	14.95	14.94	15.18	15.69	16.87	15.10	13.96	13.68	14.39	14.31
国家财政社会保障和就业支出	11.50	10.81	10.52	10.33	9.99	10.17	10.16	9.97	10.87	10.94
国家财政农林水事务支出	9.90	9.88	9.34	9.52	9.51	9.10	9.05	8.81	7.26	6.84
国家财政城乡社区事务支出	9.80	9.03	8.54	7.96	7.21	6.98	6.66	6.69	6.72	6.52
国家财政一般公共服务支出	7.88	7.70	8.74	9.81	10.08	10.06	10.39	12.01	15.65	17.10
国家财政医疗卫生支出	7.01	6.80	6.70	5.91	5.75	5.89	5.35	5.23	4.40	4.00
国家财政公共安全支出	5.88	5.33	5.51	5.55	5.65	5.77	6.14	6.22	6.49	7.00
国家财政交通运输支出	5.59	7.03	6.85	6.67	6.51	6.86	6.11	6.09	3.76	3.85
国家财政国防支出	5.20	5.17	5.46	5.29	5.31	5.52	5.93	6.49	6.68	7.14
国家财政科学技术支出	3.50	3.33	3.50	3.63	3.54	3.50	4.67	4.29	4.17	4.29
国家财政环境保护支出	2.52	2.73	2.51	2.45	2.35	2.42	2.72	2.53	2.32	2.00
国家财政文化体育与传媒支出	1.68	1.75	1.77	1.81	1.80	1.73	1.72	1.83	1.75	1.81
国家财政其他支出	1.01	2.09	2.14	2.33	1.97	2.66	3.00	4.20	4.70	5.93
国家财政对外援助支出	0.26	0.27	0.24	0.25	0.27	0.28	0.30	0.33	0.38	0.43
国家财政武警察装备支出							0.15	0.17	0.20	0.22
国家财政车辆购置税支出							1.04	1.14	1.06	1.18
国家财政地震灾后恢复重建支出				0.03	0.08	0.16	1.72	1.42	1.60	1.71
							1.26	1.54	1.28	

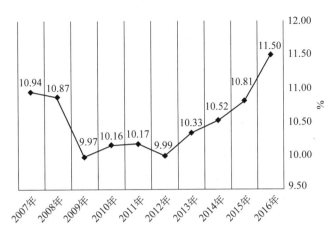

图 4-2　2007—2016 年社会保障和就业支出占国家财政支出比重

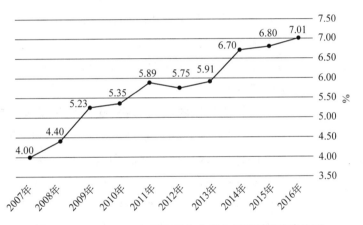

图 4-3　2007—2016 年医疗卫生支出占国家财政支出比重

发展、全面扩大对外开放、提高人民生活水平和维护社会和谐稳定,又对农村、国有企业、金融、投资、价格和外贸等领域的改革有重要意义。然而,随着社会主义市场经济不断发展,财政体制同时也面临着更大的发展考验。例如,欠规范透明的预算管理制度与国家治理现代化的要求不相匹配;不健全、不完善的税收制度制约了经济发展方式转变、社会公平和市场统一;中央和地方的财权和支出责任的划分矛盾影响着财政体制的健康发展。①

2013 年,党的十八届三中全会通过了《中共中央关于全面深化改革若干重大问题的决定》,提出财政是国家治理的基础和重要支柱,科学

---

① 楼继伟.深化财税体制改革,建立现代财政制度//黄根兰.迈向现代财政[M].北京:中国财政经济出版社,2017:5-11.

的财税体制是优化资源配置、维护市场统一、促进社会公平、实现国家长治久安的制度保障。必须完善立法、明确事权、改革税制、稳定税负、透明预算、提高效率,建立现代财政制度,发挥中央和地方两个积极性。要改进预算管理制度,完善税收制度,建立事权和支出责任相适应的制度。2014年6月中共中央政治局召开会议,审议并通过《深化财税体制改革总体方案》,指出新一轮财税体制改革是一场关系国家治理体系和治理能力现代化的深刻变革,是立足全局、着眼长远的制度创新。预计到2016年,基本完成财税体制改革的重点工作和任务,到2020年基本建立现代财政制度。

这一轮财税改革的重要举措有三:

一是深化预算管理制度改革。 突破传统实践中围绕一般公共预算制定改革方案的做法,关注包括一般公共预算、政府性基金预算、国有资本预算和社会保险基金预算在内的全部政府收支,改进预算管理措施,实现全面规范、公开透明的预算制度。2015年新《预算法》的颁布及一系列相关措施标志着现代预算管理制度和全口径预算体系的确立。

二是优化税收收入结构,建立现代税收制度。 在稳定税收的前提下,继续完善地方税体系,提高增值税比重,推进增值税改革,调整消费税征收,加快房产税立法和资源税改革,逐步建立综合与分类结合的个人所得税制。2015年年底,中央全面深化改革领导小组颁布的《深化国税、地税征管体制改革方案》标志着税收征管体制改革正式启动;至2018年,营改增、资源税、消费税和环境保护税等改革均已顺利开展。

三是加快中央和地方财政关系改革。 通过建立事权和支出责任相适应的财政制度,发挥二者积极性,通过共同事权、转移支付等形式理顺中央与地方事权和财权划分关系。2016年8月,国务院通过《关于推进中央与地方财政事权和支出责任划分改革的指导意见》,提出到2020年,我国将基本完成主要领域改革,并规范化、法律化中央与地方财政事权和支出责任划分的基本架构。

党的十八大以来,通过一系列改革措施,我国现代财政制度建设取得重要阶段性成果,财政制度进一步健全,预算管理制度更加完善,财税改革多点开花,不断向纵深推进。现代预算制度主体框架基本确立,保障了经济新常态下财政健康可持续发展,为现代财政制度建设提供支持;税收制度改革取得重大进展,不仅自身成效显著,而且为供给侧结构性改革夯实基础;财政体制进一步完善,对央地财政关系进行了积极调整,财政支出领域的改革为全面深化体制改革提供空间,进一步提升深化了财政体制改革外部效应,发挥了财税政策工具的作用,服务发展大局和供给侧结构性改革。①

五、新时代财税体制改革的方向与任务

2017年10月,党的十九大胜利召开,习近平总书记在党的十九大报告中作出了中国特色社会主义进入新时代、我国社会主要矛盾已经转化为人民日益增长的美好生活需要和不平衡不充分的发展之间的矛盾等重大政治论断,提出了新时代坚持和发展中国特色社会主义的基本方略,确定了决胜全面建成小康社会、开启全面建设社会主义现代化国家新征程的目标,对新时代推进中国特色社会主义伟大事业和党的建设新的伟大工程作出了全面部署。

党的十九大报告明确提出,要加快建立现代财政制度;建立权责清晰、财力协调、区域均衡的中央和地方财政关系;建立全面规范透明、标准科学、约束有力的预算制度,全面实施绩效管理;深化税收制度改革,健全地方税体系。其中,建设现代财政制度是发挥财政在国家治理中的基础和重要支柱作用的必然要求,是完善和发展中国特色社会主义、实现国家治理体系和治理能力现代化的题中应有之义,是决胜全面建成小康社会、实现中国梦的重要保障。②

李克强总理在十三届全国人大一次会议上所作的《政府工作报告》中指出,要深化财税体制改革,并对中央和地方财政关系、税收制度、预算制度三方面改革作出部署。这是中国特色社会主义进入新时代、我国发展处于新方位对财税体制改革提出的新任务新要求,必须加快建立现代财政制度。主要来看,**建立现代财政制度的内容体现在以下三方面:**

第一,建立权责清晰、财力协调、区域均衡的中央和地方财政关系。这是围绕国家治理体系和治理能力现代化,为更好地发挥中央和地方两个积极性,建立健全中央和地方财政关系做出的重要部署。一是推进中央与地方财政事权和支出责任划分改革。2018年2月8日,国务院印发《基本公共服务领域中央与地方共同财政事权和支出责任划分

---

① 闫坤,于树一.十八大以来我国财税体制改革成就[EB/OL].中国财经报网,2017-10-18,http://www.cfen.com.cn/rwcj/sxh/201710/t20171018_2726734.html.
② 肖捷.加快建立现代财政制度//本书编写组.党的十九大报告辅导读本[M].北京:人民出版社,2017:257-263.

改革方案的通知》,明确了公共服务中中央与地方共同财政事权的范围,分为八大类18项,同时也分清了中央与地方共同财政事权的支出责任。二是进一步推进中央和地方收入划分改革,将在保持中央和地方财力格局总体稳定的前提下,科学确定划分共享税方式和比例,适当增加地方税种,形成以共享税为主、专享税为辅的收入划分体系。三是完善转移支付制度,扩大一般转移性支付规模,建立健全一般性转移支付的稳定增长机制,提高转移支付资金分配的科学性、公平性和公开性。

第二,深化税收制度改革。税收作为国家实施宏观调控、调节收入分配等的重要工具,要进一步改革税收制度,优化税制结构,逐步提高直接税比重,立税清费,逐步形成税法统一、税负公平、调节有度的税收制度体系。一是改革个人所得税,逐步建立起综合与分类相结合的个人所得税制度。2018年6月19日,个人所得税法修正案草案提请十三届全国人大常委会第三次会议审议。个人所得税税法迎第七次大修,工资薪金、劳务报酬、稿酬和特许权使用费四项劳动性所得首次实行综合征税;个税免征额由每月3500元提高至每月5000元(每年6万元);首次增加子女教育支出、大病医疗支出、房贷利息支出、继续教育支出等专项附加扣除;优化调整税率结构,扩大较低档税率级距等。二是完善增值税制度,要按照三档并两档方向调整税率水平,健全抵扣链条,构建更加公平简洁、更加中性的增值税制度。同时,要改革国税地税征管体制,降低纳税成本,提高征管效率,为完善税制提供更有力的征管条件。2018年6月15日,全国各省(自治区、直辖市)级以及计划单列市国税局、地税局正式合并征管且统一挂牌。改革国税地税征管体制是加强党对税收工作全面领导、增强税收服务国家治理职能作用的重大改革。

第三,深化预算管理制度改革。目标是加快建立健全规范、公开透明的政府预算制度,确保财政资金高效安全使用。一是建立公开透明的政府预决算制度。政府向社会公开政府预算机构和职能、预算制度、预算编制程序、预算收支安排、预算执行结果等信息。二是加快健全全面规范的预算体系。实施全口径预算管理,把政府所有收支纳入预算,全面反映政府收支总量、结构和管理活动。三是全面推进预算绩效管理。将绩效理念和方法融入预算编制、执行和监督全过程,使绩效管理覆盖所有财政资金。

六、财税改革下的中国模式

改革开放以来,我国财税体制改革与经济体制改革和整体改革思路紧密相关,为改革提供了源源不断的政策支撑动力。改革开放之初,经济体制改革的基调是以分配为主线的"放权让利"财税体制改革,以下放财权和财力为主线,在中央和地方、国家和企业的分配关系上,实行"分灶吃饭"和"减税让利"措施,辅之以"复税制"和对改革措施的财力支持,顺利推动了各项措施最终出台和整体改革的稳步推进。但同时,长期的财政减收增支导致了国家财政收支运行不平衡的困难,"两个比重"持续走低,财政支出事项不断增加,财政运行机制紊乱,财政赤字暴涨、债务规模扩大,大大削弱了国家调控能力。

针对财税领域出现的问题,以 1992 年党的十四大确立的建设社会主义市场经济体制的改革目标为立足点,我国进行了一系列以建立新型财税框架为目标的调整,重中之重就是推动 1994 年全面税制改革和 1998 年"费改税"。全面改革税收制度、国有企业利润分配制度和建立分税制等一系列举措,对建设适应社会主义市场经济体制的新型财政制度框架具有基础性作用;"费改税"则着力解决体制外的政府收支和财政支出端的矛盾,健全市场运行体制,对建设社会主义公共财政框架具有显著意义。这一时期,我国财政收支状况出现积极变化,例如,"两个比重"持续走低的局面得以遏制扭转,财政收支扭亏为盈,企业和农民负担减轻,国家宏观调控职能大大加强等。

进入 21 世纪,我国社会主义市场经济体制改革面临如何进一步完善以应对经济全球化的新考验,这对进一步健全和完善公共财政体制提出了新的要求,新一轮财税体制改革应运而生。新一轮改革为实现全面规范、公开透明的预算制度,改革和创新税收征管体制,以及规范央地财政事权和支出责任划分的基本架构奠定了重要基础。

我国财税体制改革始终与改革开放的总体目标相一致、相适应、相配合,在社会主义市场经济的建设进程中,逐步建立和完善了一套具有中国特色的公共性和现代化的财税体制,充分发挥了财政的资源配置和再分配功能,体现了公共财政民主性、规范性和公共性的要求。改革开放以来,通过一系列财税改革举措,我国经济社会发展在各个方面取得了重要进展：公共财政逐步覆盖城乡大部分地区，税收结构大大优化，财政支出结构向基本民生事项倾斜，基本公共服务均等化逐步实现，政府预算监督管理不断加强，财政收支逐渐规范化等。**党的十九大对加快建立现代财政制度提出的新时代要求，为财税体制改革指出了新的改革方向**，将建立权责清晰、财力协调、区域均衡的中央和地方财政关系，建立全面规范透明、标准科学、约束有力的预算制度，全面实施绩效管理，健全地方税体系等作为下一步工作的重心。**公共财政将成为完善中国特色社会主义、推进国家治理现代化和决胜全面建成小康社会、实现中国梦的重要保障。**

第二节 典型案例

个人所得税改革[*]

个人所得税是对自然人（包括居民与非居民人）个人所得等应纳税收入征收管理所得税的法律规范，始于18世纪末英国所实行的差别税率个人所得税，并逐渐作为一个固定税种在全世界范围内被广泛采用。由于税负由纳税人直接承担，个人所得税通常被归为直接税，与每个人的钱袋子直接相关。自1980年个税制度建立以来，历经数次修改，每每取得公众广泛关注。2018年全国"两会"于3月拉开帷幕，个人所得税又一次成为代表和公众关注的焦点。全国工商联、农工党、致公党中央、人大代表董明珠等均就此提案，内容包括以家庭为纳税单位、提高个税起征点、降低最高边际税率和转变征收方式等。距离2011年《中华人民共和国个人所得税法修正案（草案）》已有七年，此前党的十九大报告和2018年政府工作报告均提出，要提高个人所得税扣除标准，优化税率结构，完善税前扣除，规范和强化税基，加强税收征管，合理减负，鼓励人民群众通过劳动增加收入、迈向富裕。显然，新一轮个人所得税改革势在必行。

然而在万众期待下，个人所得税并未出现在国务院2018年立法工作计划中，而是位居继续研究论证的立法项目之列，引发媒体和社会各

---

[*] 本案例由清华大学公共管理学院案例中心助理谢梦雨、博士研究生曾志敏与公共政策研究所助理李芳编写。案例写作得到了清华大学公共管理学院教授韩廷春、助理教授张新、案例中心主任慕玲的指导。案例部分基于清华大学公共管理学院博士研究生曾志敏与清华大学公共管理学院公共政策研究所助理李芳于2011年共同编写的案例《个人所得税改革：争议中的平衡》，在此表示诚挚感谢。案例仅用于课堂讨论，不对组织绩效与个人得失作评价。

界人士的广泛关注。个税改革的争议焦点到底在什么地方？个人所得税法应该怎么改？是推倒重来还是修修补补？是彻底从制度上改革还是走逐步改良的道路？学者、政府官员和普通大众都在深入地思考、热烈地表达，甚至激烈地争论。时隔七年，中国个税改革的"政策之窗"再次打开，并已进入空前讨论阶段。

一、背景：2011 年修正案

我国个税制度自建立以来，经历了 1993 年、2002 年、2005 年和 2008 年等数次改革，原有制度得到了进一步完善和发展。特别是 2011 年起施行的新个人所得税法修正案，完善了分类税制模式，除适当提高工资薪金费用扣除额、调整税率级次级距外，更强调完善征管措施和建立健全个税信息管理系统。

2011 年 3 月 2 日，国务院讨论通过了个人所得税法修正案草案；4 月 22 日，十一届人大第二十次会议对《中华人民共和国个人所得税法修正案（草案）》进行了初次审议，但并未表决；25 日，全国人大常委会办公厅公布《中华人民共和国个人所得税法修正案（草案）》，并向社会广泛征求意见。至 6 月初，个税法修正案（草案）征求意见总数已超 23 万条，创造了中国人大立法网上征求意见数纪录，超过 2009 年以来 20 部法律征集意见数总和。6 月 27 日，十一届人大第二十一次会议再次审议修正案草案，除维持原草案中将"工资、薪金所得减除费用标准从 2000 元提高至 3000 元"的规定外，将个人所得税第 1 级税率降为 3%。30 日，新个税修正案正式表决通过，其中规定个税费用扣除额提高到 3500 元。

我国曾多次提升减除标准，但调整税率表还是首次。从这个意义上说，2011 年修正案可视为 1994 年《个人所得税法》出台以来最大的一次改革。

2011 年修正案将工薪所得减除费用标准提高到 3500 元/月，超额累进税率修改为 7 级，取消 15% 和 40% 两档税率，扩大 5% 和 10% 两档税率的适用范围，并将现行适用 40% 税率的应纳税所得额并入 45% 税率，扩大了最高税率 45% 的覆盖范围（见表 4-2）。调整后，中低工薪者的税负减轻，高工薪所得者税负提高：每月工薪净收入 3.86 万元为个人所得税负担增减的临界点，超过这一数额税负将增加（见表 4-3）。

表 4-2 《中华人民共和国个人所得税法》有关条文修正前后对照表

修 正 前	修 正 后
第六条 应纳税所得额的计算：一、工资、薪金所得，以每月收入额减除费用二千元后的余额，为应纳税所得额	**第六条** 应纳税所得额的计算：一、工资、薪金所得，以每月收入额减除费用三千五百元后的余额，为应纳税所得额

附：个人所得税税率表一（工资、薪金所得适用）

级数	全月应纳税所得额	税率/%	级数	全月应纳税所得额	税率/%
1	不超过 500 元的	5	1	不超过 1500 元的	3
2	超过 500 元至 2000 元的部分	10	2	超过 1500 元至 4500 元的部分	10
3	超过 2000 元至 5000 元的部分	15	3	超过 4500 元至 9000 元的部分	20
4	超过 5000 元至 20000 元的部分	20	4	超过 9000 元至 35000 元的部分	25
5	超过 20000 元至 40000 元的部分	25	5	超过 35000 元至 55000 元的部分	30
6	超过 40000 元至 60000 元的部分	30	6	超过 55000 元至 80000 元的部分	35
7	超 60000 元至 80000 元的部分	35	7	超过 80000 元的部分	45
8	超过 80000 元至 100000 元的部分	40			
9	超过 100000 元的部分	45			

（注：本表所称全月应纳税所得额是指依照本法第六条的规定，以每月收入额减除费用二千元后的余额或者减除附加减除费用后的余额。）

（注：本表所称全月应纳税所得额是指依照本法第六条的规定，以每月收入额减除费用三千五百元以及附加减除费用后的余额。）

个人所得税税率表二（个体工商户的生产、经营所得和对企事业单位的承包经营、承租经营所得适用）

级数	全年应纳税所得额	税率/%	级数	全年应纳税所得额	税率/%
1	不超过 5000 元的	5	1	不超过 15000 元的	5
2	超过 5000 元至 10000 元的部分	10	2	超过 15000 元至 30000 元的部分	10
3	超过 10000 元至 30000 元的部分	15	3	超过 30000 元至 60000 元的部分	20
4	超过 30000 元至 50000 元的部分	20	4	超过 60000 元至 100000 元的部分	30
5	超过 50000 元的部分	25	5	超过 100000 元的部分	35

注：本表所称全年应纳税所得额是指依照本法第六条的规定，以每一纳税年度的收入总额减除成本、费用以及损失后的余额。

注：本表所称全年应纳税所得额是指依照本法第六条的规定，以每一纳税年度的收入总额减除成本、费用以及损失后的余额。

表 4-3 个人所得税免征额和税率调整后的收益分析

扣除三险一金后收入/元	调整前/元	调整后/元	税减了/元	税加了/元
个人所得税调整前后对比				
5000	325	45	280	
7500	725	295	430	
10000	1225	745	480	
30000	5625	5620	5	
38600	7775	7775	无变化	
40000	8125	8195		70
50000	10725	11195		470
70000	17425	17770		345
100000	28825	29920		1095

二、"政策之窗"再开

2018年,距离上一次个税改革已有7年,随着居民基本生活消费支出的增长和消费结构升级,深化推进改革的呼声越来越高,且不少学界人士认为,2011年个税改革缺乏实质性动作,未能关注综合征收的改革趋势。清华大学经济管理学院教授李稻葵更是直言不讳:"当前的个人所得税税制必须全面、彻底、系统地改革,不能只是局部的修修补补。"[①]2011年以来,有关部门多次表示正在"研究提出个税改革方案",2018年"两会"期间的多个提案和持续报道,使民间对于个税改革的讨论进一步沸腾。尽管改革已成为共识,但对于具体方案,各方人士仍众说纷纭。

(一) 个人所得税免征额调高到多少为合理?

对普通民众而言,减轻税负最直接的体现就是提高个税免征额。随着我国国民经济的发展,个人所得税免征额也在不断调整(见图4-4)。2011年实行新的免征额和税级税率后,全国个税收入及个税占总体税收收入比重明显下降,但这一数字正在逐年回升,至2015年,个税占总体税收收入比重已高于2011年修正案前水

---

① 王晔君.个人所得税免征额拟调至3000元 解读修正案三大焦点[EB/OL].中国新闻网,2011-04-21,http://www.chinanews.com/cj/2011/04-21/2987228.shtml.

平,预计2017年我国个税占比将再创新高,这说明上次调整带来的税收减负红利已基本消失。距离上次提升免征额已有7年,再次调整已是势在必行。

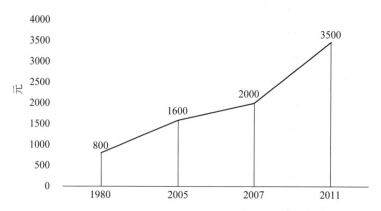

图 4-4　1980—2011年历次个税免征额调整示意图

但是,个人所得税免征额究竟上调多少才合适?全国工商联提议,将个人所得税费用扣除标准提至7000元,同时调整个税最高边际税率,从45%降至30%以下;人大代表董明珠(格力电器董事长)在2017年提案中建议将扣除标准定为5000元,2018年这一数字提到了10000元。

个人所得税费用扣除标准又被称为"生计扣除",目的在于保障纳税者基本生活。在中国,个税免征额以"城镇职工每月人均负担的消费支出"为标准,与赡养系数成正相关。根据财新网分析,2017年城镇职工人均负担消费支出约为4013元/月,相较2011年涨幅达61.2%,明显高于现行个税免征额,考虑到二胎政策全面放开,赡养系数将进一步推高人均负担消费支出。同时,由于个税免征额的标准建立在对城镇常住人口消费水平的理想假设之上,没有考虑到城市务工人员赡养农业户籍人口的负担,赡养系数被严重低估。因而,个税免征额调高是客观现实需求。[1]

根据国家统计局数据,2011年,我国城镇单位就业人员平均月工资为3483元,与当年修正案免征额基本一致。截至2016年,这一数字已增长为5631元,涨幅达62%。但我国目前各省市地区间发展不平衡的情况依然显著,居民工资收入地域间差距大。如2016年,北京市城镇单位就业人员平均月工资为9994元,当年广东省、山东省和甘肃省平

---

[1]　于海荣,王晓霞.降低个税可能吗?一文读懂个税改革逻辑[EB/OL].财新网经济频道,2018-03-04, http://economy.caixin.com/2018-03-04/101216612.html.

均工资分别为6027元、5212元和4798元。因此,制定个人所得税费用扣除标准难以以一地、一省、一城之数字决定。

一方面,有专家学者提出,个人所得税费用扣除标准应当实行动态调整机制,如全国政协委员、天津南开大学经济学院教授钟茂初表示,个人所得税不仅要提高免征额,更应该参照数据指标,按期调整个税免征额,既反映居民收入增长,又"有助于树立法律的严肃性,节约立法资源"①。另一方面,也有观点认为,个税免征额应当下放制定权限,在国家给定的浮动区间内结合各省市实际情况决定,最大限度体现地域公平。

(二) 分类与综合计征模式是否可行?

2018年的"两会"新闻记者会上,财政部副部长史耀斌谈到,不仅要提高免征额,"个人所得税改革还要改革完善个人所得税征税的模式"。事实上,早在2011年就有专家提出,用工资税来调节收入分配其实收获不了多大效果,中国真正意义上的税改应该着眼于更加全面的制度建设。尽管在上一轮改革时也提出我国应实行综合与分类相结合的计征模式,但在税法条款和实践中并未有过多体现。由于中产及以上个人或家庭收入逐渐多元化,工资薪金只是家庭收入中的一部分,李稻葵等专家认为,中国税收体制设计应当将居民所有收入,包括工资薪金、资本分红等纳入考量,同时要考虑百姓的家庭负担。中央财经大学税务学院副院长刘桓以炒股为例,提出资本所得应当高税,劳动所得应当低税,目前股息所得税税率为20%,而月收入超过9000元适用所得税税率为25%,显然不合理。②

不少声音提出,我国个税改革下一步目标应当是深化综合计征改革。目前我国个税制度以分类计征为框架,收入除最常见的工资薪金外,还有个体工商户的生产经营所得、劳动报酬所得、利息股息红利所得等11类,适用税率不一。下一步改革应当采取分类与综合税制相结合的征税模式,纳税人将工资薪金、劳务报酬和房产租赁转让所得等汇总,将专项附加扣除纳入考量后综合纳税,每一财政年度结束后重新计税,多退少补。

然而与提高个税扣除标准相比,个人所得税综合征收在现阶段实

---

① 任焱. 钟茂初委员:建立个税起征点的动态调整机制[EB/OL]. 2018-03-09, http://www.cfen.com.cn/zyxw/jj/zhuanti78/201803/t20180309_2833814.html.

② 陈舒扬. 李稻葵炮轰:个税已沦为"工资税"[EB/OL], 2011-05-03. http://www.nbd.com.cn/articles/2011-05-03/558352.html.

施的可能性较小。综合征收个人所得税并非朝夕之工,一两年内难以将体系建立。自2003年首次明确综合和分类相结合的改革方向至今已有15年,由于各部门意见不统一,这项税制改革迟迟未能启动。有学者认为,改革迟迟不能出台的最主要原因,还是征管上有难度。在中国,以家庭为单位计税主要面临着技术和信息壁垒。综合与分类相结合的个税制度意味着对个人申报纳税的高要求,由于中国是人口大国,且个人信用体系的建设处于萌芽阶段,税务总局对家庭信息掌握有限,大量实践中出现的技术细节难以处理。例如数代同堂的家庭如何计算,老人和孩子是否应当包括在内?进城务工人员与留守人员之间的家庭关系如何认识?鉴于目前全国联网的个人收入、家庭信息系统还不成熟,综合计征税制尚未具备可操作性。我国税务信息平台尚未实现与公安、工商、银行等部门机构实时联网,无法掌握以家庭为单位的纳税人的户籍、收入和财产情况。是否应当和公安部门进一步交换数据,如何保障公民个人信息安全,新的模式是否会面临婚姻隐私、社会伦理等困境,这些都是需要进一步论证的问题。

(三) 税率优化何以实现?

针对党的十九大报告中提出的深化税收制度改革,健全地方税体系的发展要求,时任财政部长肖捷谈到,下一步规划应围绕优化税制结构,加强总体设计和配套实施,推进所得类和货物劳务类税收制度改革,逐步提高直接税比重,加快健全地方税体系,提升税收立法层次,完善税收法律制度框架,特别是要优化税率结构。[①]

一方面,2011年修正案通过调整税率税级,降低45%的最高边际税率的适用范围下限,取消15%一档适用于中产阶级的税级,造成中高工薪者(特别是月收入4万元以上的人群)税负"明降暗增"。不少人认为,我国最高边际税率明显高于新加坡和中国的香港,而且缺乏合理的退税免税政策,不利于吸引高素质人才在华领薪。2017年,全国人大财经委副主任委员黄奇帆曾提议,降低个税最高边际税率至25%,以防止大量跨国公司高收入群体以"工作在大陆、工资在海外"的形式避税。由于高收入人群往往有更多渠道改变个人收入形式,以企业收入、其他个人收入项目等名目获得原本应为工薪所得的收入,因此最高边际税率适用人群有限。[②]

---

① 本书编写组. 党的十九大报告辅导读本[C]. 北京:人民出版社,2017.
② 于海荣. 未来个税房地产税怎么征? 财长肖捷来解答[EB/OL],2017-11-03, http://economy.caixin.com/2017-11-03/101165199.html.

另一方面,考虑到综合计征是未来个税制度的发展趋势,汇总后的个人所得将包括工资薪金、劳务报酬、稿酬等,纳税人月(或年)所得显然将大幅上升。因此,如维持当前个人所得税税率和扣除标准不变,则会造成扣除额事实性下调和适用税率明显上升,大量纳税人税负总体增加,不符合我国财税改革进一步深化的主旨和要求。

因此,有观点认为,考虑到我国目前采用的仍是分率、分类的个人所得税征收制度,工薪只占个人所得的一部分,累进税率对个人总体收入的调节功能十分有限,难以实现分配公平,在综合计征正式实施前,应当相应减少个人所得税税级,保持低收入段的较低税率和高收入段的较高税率,通过中低收入阶层税负减轻和高收入阶层税负增加,既促进和培育中等收入阶层,又弥补由此带来的政府收入损失。

(四)专项扣除该怎么扣?

我国目前实行的个税缴纳制度是以个人为单位,或由支付所得的单位及个人代扣代缴,或自行向税务机关申报缴纳。未来个税改革的方向是参考一些发达国家的综合税制模式,以家庭为单位纳税申报,实行专项扣除。例如美国实行的就是以家庭为主的综合所得税制模式,汇总家庭全年现金、财产和服务等各项所得后,在子女赡养、医疗交通和其他各项税前扣除的基础上,参考家庭结构因素,实行超额累进税率。纳税人需在每年 4 月 15 日前自行向联邦税务局报税。然而繁复的税制也给纳税人纳税申报和税务机关征税稽查造成了较大挑战,不仅纳税人需要花费大量时间研究申报流程,财税官员也需要注入大量精力研究税法和稽查偷税、漏税情况。每年纳税时间截止前,常见纳税人在邮局门口排队寄送申报表格的场景。

李克强总理在 2018 年政府工作报告中提到,要在提高个人所得税扣除标准的同时,增加子女教育、大病医疗等专项费用扣除,合理减负,鼓励人民群众通过劳动增加收入、迈向富裕。对此,财政部副部长史耀斌表示,新一轮个税改革将考虑适当增加与生计支出相关的专项开支扣除项目,目前各方对专项扣除内容的猜测包括父母赡养、首套房房贷利息、"二孩"家庭教育支出等。事实上在中国,专项扣除并非全然陌生的概念,如 2017 年 7 月起,购买符合规定的商业健康保险产品,纳税人即可享受相应税前扣除。[1] 但不少人发现,专项扣除同时存在严重缺

---

[1] 赵实. 财政部就提高个税起征点答澎湃:将完善个税征税模式[EB/OL], 2018-03-07, https://www.thepaper.cn/newsDetail_forward_2020332.

陷——对于个人所得税最敏感的中低收入阶层,很可能由于不需缴纳个人所得税而无法享受这项福利。

三、个税改革展望

针对目前个人所得税改革中的弊病,财税方面的专家学者们提出了不同见解。李稻葵认为,个人所得税改革的新思路是实施平税制度:以较平的税率征税;扩大税基,所有收入合并纳税,同时考虑家庭负担;税率尽量简单,减少不必要的抵扣。俄罗斯、新加坡等地的实践经验表明,平税制度将促进纳税人积极纳税,简化监管成本,最终可能带来政府税收收入的提高。对此,财政部财科所所长贾康认为,平税制虽有优点,但它的最大缺陷是基本放弃了抽肥补瘦的再分配机制。复旦大学金融学院教授孙立坚则比较赞成现行提高个人所得税免征额的做法。他认为,目前提高个人所得税免征额有利于减轻低收入和欠发达地区家庭的负担,激发经济发展活力。但是,不能因个人所得税收入占财政收入比重较小而低估改革的长期影响,如果采取一刀切的做法,不利于社会公平。①

与此同时,如何推动高收入群体成为个税主要来源是未来个税改革的重中之重。目前我国个人所得税主要关注劳动性收入,忽视了财产性收入,个税适用群体集中于工薪阶层,其中大多属于中低收入人群,而高收入群体的大量财产性收入未被拴上政府管控的缰绳,顶层设计和技术手段在加强税源征管的工作中是攻坚难题——尽管我国税务部门已全面上线"金税三期"系统,但其中大量功能仍亟待完善。

目前较能为各方认可的方案是,纳税人将个人工资、劳务报酬、房产租赁转让所得和股息所得等各类收入汇总后,以家庭为单位计算专项附加扣除,应用免征额后纳税。同时缩减税级,减轻中低收入阶层的个税负担,加强获得感和幸福感。与此同时,保留最高税率等措施对高收入阶层的纳税管理,促进分配公平,增加政府个税收入,体现直接税比重增加的改革方向。2018年的"两会"标志着新一轮个人所得税改革"政策之窗"再开。2018年8月31日,十三届全国人大常委会第五次会议正式表决通过关于修改个人所得税法的决定。新个税法规定,居民个人综合所得(包括工资薪金所得、劳动报酬所得、稿酬所得、特许权使

---

① 夏凡越,丁丁. 百名经济学家个税大调查:七成认为免征额过低[EB/OL].2011-05-25,http://money.163.com/11/0525/00/74S0U6SG00252G50_all.html.

用费所得四项)需按纳税年度收入,以扣除减除费用 6 万元(每月 5000 元)以及专项扣除、专项附加扣除和依法确定的其他扣除后的余额缴纳个人所得税。此次修正案对部分税率级距进行了优化调整,扩大 3%、10%、20%三档低税率的级距,缩小 25%税率的级距,30%、35%、45%三档较高税率级距不变。

10 月 20 日至 11 月 4 日间,财政部、国家税务总局会同有关部门起草的《中华人民共和国个人所得税法实施条例(修订草案征求意见稿)》和《个人所得税专项附加扣除暂行办法(征求意见稿)》正式公布并面向全社会公开征求意见,其中包括子女教育、继续教育、大病医疗、住房贷款利息、住房租金和赡养老人六项专项附加扣除等内容。

个人所得税作为财税体制的重要组成部分,在提升公共服务、保障和改善民生等方面发挥着重要作用。如何使个税更好地服务于政府工作目标,成为改善收入分配、促进社会公平、实现经济社会可持续发展的抓手,是改革制定者亟须思考的问题、不断发展的实践和持续创新的动力。

教学研讨的参考性问题

1. 结合案例和个人经验,谈谈个人所得税减除费用的设置应当考虑哪些因素。

2. 请你谈谈对综合计征模式的理解,并指出新一轮改革可能面临的机遇和挑战。

3. 根据你的理解,美国、日本、俄罗斯等国的个人所得税方案对中国个人所得税方案的制定有哪些启示?

第三节 案例分析

习近平总书记指出,财政是国家治理的基础和重要支柱,要兼顾效率与公平,在提高效率的基础上更加注重公平,使财税制度安排更加完善、机制运行更加高效,促进社会公平正义,增进人民福祉。国家税收制度是一项重要且显著的政治符号和政策统筹。税收的目的不仅是收

---

* 本节由清华大学公共管理学院中国公共管理案例中心研究助理谢梦雨撰写,指导教师为清华大学公共管理学院韩廷春教授、张新助理教授。

入和财富的再分配,而且在于以财政收入作为支持国家发展的动力源泉。如何通过财政预算实现公共服务均等化、民生导向和社会公平是党和国家对个人所得税制度提出的重要要求。

一、个人所得税的制度作用

个人所得税作为现代税收体制中不可分割的一部分,兼具公平与效率的双重作用。一方面,个税被赋予了调节贫富差距,维护社会公平的重要作用。由于个人所得税与个人收入水平息息相关,因此被认为是最公平的税种。与消费税和增值税等诸多间接税相比,所得税与当下阶段的个人收入水平和税负能力成正相关且具有累进性,即高收入者所承担的税负占其可支配收入比例高于低收入者承担税负的相应比例。

个人所得税的收入再分配作用主要取决于税收累进性和平均税率两个因素。其一,平均税率直接影响个人所得税对居民收入的调节作用。岳希明等研究指出,平均税率的高低是衡量个税收入分配效应大小的主要因素,其重要意义甚至大于累进性。[①] 其二,税收的累进(退)性是其收入分配效应的衡量标准。如税率随收入上升而提高为累进性税收,反之为累退性税收。累进性税收有利于改善收入分配,累退性税收占收入比例(平均税率)与个人收入水平成负相关,对收入分配起负面作用。我国税制整体呈累退性,家庭收入越高,平均税率越低,而家庭收入越低,税率越高。在中国,增值税等普遍课征的间接税占税收总额比例较大,加剧了居民收入分配不平等的现象。相较而言,个人所得税由于直接对个人收入采用差别税率征税,超额累进,税率随收入上升而增加(收入越高,税负越重),因此为累进性直接税收,对收入分配有显著改善作用。值得注意的是,在我国,个税的再分配作用存在地域差异。由于农村人口平均收入水平低于城市人口,个税应税所得不高,直接税累进性难以抵消间接税的累退性带来的再分配负面效应。[②]

另一方面,个人所得税兼具调控经济发展和补充政府财政的作用。具体而言,个税与国家经济表现联系紧密。由于个人收入水平易受整体经济活动的影响,且个税采用累进制税制,经济上行阶段,个人所得税税收总额激增且增长率高于国民收入增长率,反之则呈显著下降趋

---

① 岳希明,等. 2011 年个人所得税改革的收入再分配效应[J]. 经济研究,2012(9):113-124.
② 岳希明,张斌,徐静. 中国税制的收入分配效应测度[J]. 中国社会科学,2014(6):96-117,208.

势。与之对应,纳税人的税负波动水平往往高于其收入波动水平,这是由于个人所得税抵消了部分经济周期带来的通胀或收缩影响。因此,经济上行阶段,个人所得税有利于降低社会需求,防止通货膨胀和防范经济过热;经济下行阶段,由于收入减少和适用税率下降,个人所得税有助于促进社会需求,遏制经济衰退和推动经济增长。另外,个人所得税也是我国财政税收的重要补充,具体表现在我国个人所得税税收总额不断提高。如图 4-5 所示,我国个人所得税相关数据可追溯至 1999 年,当年共收入 413.66 亿元。截至 2016 年,这一数字已提高至 10088.98 亿元,增长超 23 倍(见图 4-5)。

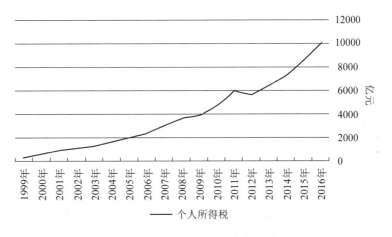

图 4-5　1999—2016 年我国个人所得税税收①

尽管我国个人所得税税收增长迅猛,但与欧美发达国家相比,目前个税占政府税收总量比重依然较低——进入 21 世纪以来,中国个人所得税占税收收入比重长期稳定在 7% 左右,2015 年后略有提升,2016 年个税占税收收入总量的 8%,创历史新高。同时,近十年来,个人所得税占我国财政收入比重维持在 5%～6%。与这一数字形成鲜明对比,2015 年,经济合作与发展组织(OECD)成员国个人所得税占税收总量平均比重为 24.4%,连续五年保持平稳上涨,消费税、商品和服务增值税及企业所得税占比略微下降。除智利、斯洛伐克两国占比接近 10% 外,澳大利亚、加拿大、丹麦、冰岛、爱尔兰、墨西哥、新西兰、瑞士和美国九国个税占比均超过 40%,其中丹麦最高为 55.2%。个人所得税在各国税收结构中的重要地位不言而喻,对公共财政支出的支撑作用愈发

---

① 数据来自中华人民共和国国家统计局官网,http://data.stats.gov.cn/index.htm.

显著。① 然而在全球范围内，广大发展中国家普遍面临着个人所得税税基有限、征收无力等问题，导致个税沦为中低阶层的财务负担，富裕阶层获得的经营和财产收入反而不需纳税，因此欠发达国家的税制结构多倾向于以流转税（增值税、关税和营业税等）为主，所得税在税收总量中比重有限。

二、中外个人所得税制度沿革

与消费税、人头税等不同，现代意义上的个人所得税直到19世纪才出现，并逐渐成为一项固定、系统和广泛应用的现代财政政策。18世纪末，为了筹措英法战争经费，时任英国首相小威廉·皮特首次将个人所得税作为临时税纳入政府预算，规定了免征额和差别税率，此后每逢战争随之开征和废止；1842年，出于财政改革需要和政府庞大赤字，个人所得税经过修订再度实行。随着经济状况转好，个人收入和财政支出增加，个人所得税补充政府收入的作用不断上升。到19世纪80年代，个人所得税成为英国财政制度的一项固定税种。同一时期，南北战争中的美国亦开始试行差别税率个人所得税，法国、德国、意大利和挪威等欧洲国家也逐渐采用了这一税种。

第二次世界大战后，全世界范围内的乐观情绪影响了个人所得税改革的政策导向，这一时期个税多具有高度累进性并呈现复杂的税级税率，国家税收制度以个人所得税为核心、消费税为补充。20世纪80年代末，欧美发达国家纷纷掀起了以"宽税基，低税率"为主旨的税率层级和税基改革。前者着力于减少税级和降低较高层级税率，尽管降低了个税的累进性和平均税率，但推动了纳税人的消费需求，有利于拉动内需和避免经济扭曲；后者通过删减税费扣除项目等，拓宽了税基，降低了税收的边际效率成本，既符合"普遍征税"的原则，确保了横向公平，又避免了超额负担和效率损失。同时，各国实现税收分配效应的途径亦各有差异。如与国际平均水平相比，丹麦个人所得税平均税率较高，累进性较差；美国个人所得税系统累进性具有优势，平均有效税率较低。但累进性与平均税率结合后，两国个税分配效应相当。②

欧美发达国家的所得税体系和财税政策研究对后发国家所得税体

---

① OECD. Revenue Statistics：1965—2016[M]. 2017.
② Adam Wagstaff, et al. Redistributive effect, progressivity and differential tax treatment：Personal income taxes in twelve OECD countries[J]. Journal of Public Economics，1999，72(1)：73-98. DOI：10.1016/S0047-2727(98)00085-1.

系的建立和发展产生了深远影响。然而,在包括中国在内的大部分发展中国家,个人所得税抑制贫富差距和促进收入公平的作用有限。第一,这些国家的个税制度往往无法充分体现累进性和综合性,大量财产性收入和灰色收入限于征管能力和制度设计,未在个税征收范围内,应税范围仅限于正规渠道获得的劳动性收入,因而个人所得税占税收总量和国内生产总值的比例极低,依赖于个税制度调节分配不切实际。第二,与其他税种一样,个人所得税制度的制定和管理需要大量管理、征收、效率和政治成本。第三,发展中国家的个人所得税制度大多效仿发达国家,缺乏具有特色、符合国情的创新实践,税制设计欠高效合理,牺牲了一定的机会成本。鉴于个人所得税带来的再分配效应有限,不少通过财政手段调节收入、抑制贫困的欠发达国家,转而采取所占比重更大的消费税和针对富人阶级的服务税作为个税的替代税种[①]。

中国首次全面开征个人所得税始于1936年,此后国民政府执政期间曾多次修改《所得税法》和《过分利得税法》,后者实质上是所得税的延伸。然而由于国民政府政治腐败、经济落后且中央调控能力弱,逃税漏税和无力缴税者比比皆是,个人所得税占中央政府税收和财政收入总额比重极低。中华人民共和国成立后,由于种种原因,我国尽管设置了个人所得税这一税种,但迟迟未能开征,一方面,由于改革开放前,我国实行高度集中的计划经济体制和公有制为主体的经济制度,国民经济呈现收入平均主义和供给制为主的特点,个人生产、经营和投资收入总量极低;另一方面,当时国民经济以国有经济为主体,税收收入与国有企业上缴利润相比比重较低,且以货物和劳务税收为主。因此在这一时期,所得税收入占全国税收收入和政府财政收入比重微乎其微,个人所得税在政府宏观调控和补充财政收入上能够发挥的作用极为有限。

1978年改革开放标志着我国财税体制建设进入了新的阶段,对个人所得税的建立健全提出了新的要求。在对外开放的时代背景下,1980年9月,第五届全国人民代表大会第三次会议通过新中国第一部个人所得税法,即针对外籍在华人员的《中华人民共和国个人所得税法》,为维护我国主权和税收收益权提供了法律依据。随着社会主义市场经济体制改革的开展,国民经济蓬勃向上,多种所有制共同发展,国民收入逐渐提高,收入差距也在不断拉大;经济发展的同时带来了更高

---

① Bird R M, Zolt E M. Redistribution via Taxation: The Limited Role of the Personal Income Tax in Developing Countries Symposium—Rethinking Redistribution: Tax Policy in an Era Rising Inequality[J]. UCLA Law Review, 2005: 52.

的社会需求,城镇化趋势对我国公共部门合理扩张和公共产品供给增加提出了新的挑战,这些原因导致政府财政支出不断增长,因此采取个人所得税调节收入分配、补充政府财政的迫切性大大加强。1986年1月和9月,国务院分别发布了《中华人民共和国城乡个体工商业户所得税暂行条例》和《中华人民共和国个人收入调节税暂行条例》,对个体工商业户和普通居民的个人所得纳税作出具体规定,并于1988年进一步以《国务院关于征收私营企业投资者个人收入调节税的规定》为基础,明确了私营企业投资者的收入纳税规范。然而这一阶段由国务院颁布的个人收入调节税暂行条例,其主要目的仅为调节居民收入分配,与针对外籍人员的《中华人民共和国个人所得税法》差异较大,存在不少缺陷。

20世纪80年代末90年代初,我国经济高速发展,所有制成分转向多样化,国有企业改革逐步加深,个人收入水平不断提高,税制和税收管理逐渐完善,个人收入调节税和个人所得税占全国税收总额比重显著上升。1992年,党的十四大正式明确"我国经济体制改革的目标是建立社会主义市场经济体制",为财税改革指明了方向。在此基础上,1993年第八届全国人民代表大会审议通过了《中华人民共和国个人所得税法修正案》,并于次年1月1日起正式实行。新的个人所得税制度融合替代了以往针对不同纳税人设立的个人所得税、个人收入调节税和城乡个体工商业户所得税,明确了纳税对象、征税项目、免税项目、税率和费用扣除等内容。作为中华人民共和国第一套较为完整统一、适应经济发展、立足中国国情的个人所得税制度,新《个人所得税法》为一系列法制化、科学化和规范化的个人所得税改革奠定了基本框架,对我国推进改革开放、推动经济发展、调节收入分配和补充政府税收具有重要意义。[①]

20世纪以来,由于个人经济活动的重要性日趋显著,发达国家政府更着重服务于个人独立的经济活动,税种结构因此逐渐由以商品及其课税对象的近代间接税模式转向以所得税为主体税种的现代直接税体系,尽管包括中国在内的大部分发展中国家依然沿用间接税为主的财税模式,但逐渐提高直接税占比显然是发展中国家财税改革的长期目标。在中国,个人所得税改革反映了国家提升直接税地位、提高税收效率与公平的总体改革目标。随着社会主义市场经济体制的健全发展,

---

① 刘佐. 中国个人所得税制度发展的回顾与展望——纪念《中华人民共和国个人所得税法》公布30周年[J]. 税务研究, 2010(9): 3-8; 贾康, 梁季. 我国个人所得税改革的回顾与展望[J]. 中国财政, 2011(20): 39-41.

对与之相适应的复合税制体系要求不断变化。我国于1999年、2005年、2007年、2008年和2011年多次对个人所得税法进行修改,主要措施有提高工资、薪金所得的费用扣除额,减征、免征储蓄存款利息所得税、规范社会保障性的基本扣除、完善个体经营者税前扣除制度、鼓励公益性捐赠、增加有利于社会稳定和经济发展的优惠规定等。[①] 其中2011年修正案是1994年《个人所得税法》出台以来最重要的一次改革。

三、理解2011年修正案

税制改革通常涉及税率和税基两部分。2011年修正案基于"简税制、宽税基、低税率、严征管"的原则,对免征额、税级和税率等因素进行了调整,尽管取得了一定的成效,但也有不尽如人意之处。

第一,税率税级设置不合理。在技术层面上,我国个人所得税税制存在应税收入类别繁多,关联性弱,且税级设置不合理的问题。由于工资酬金所得往往右偏分布,大部分人工资收入不高,适用税率集中在前几级,所得差距有限。一方面,前三级(不超过1500元、超过1500元至4500元和超过4500元至9000元部分)累进级距对应税率分别增加了7%和10%,但更高的税级对应税率增加仅为5%,这使得个税累进性随收入增加反而降低;另一方面,2011年修正案采用的七级累进税制级距过窄,降低了级次的效用。同时,由于我国个税最高税率45%所适用的应纳税所得额为超过80000元部分,较周边国家税负更重,不利于保障我国在高端人才市场的竞争力,且高薪资收入人群往往拥有较多避税机会,偏高的最高税率可能进一步推动其将资产和收入转往周边国家,危害我国政府税收健康,并进一步恶化个人所得税再分配效应。[②]

第二,一味提高免征额不利于个税长远发展。修正案最引人注目的变化是将个税征收减除费用由2000元提至3500元。从表面上看,免征额的提高是众望所归,取悦了大部分民众,但实际上仅仅调整个人所得税免征额,对个人所得税税制的健康发展不仅于事无补,而且可能产生逆调节的效果。我国个人所得税征收范围尚未覆盖大部分农村居住人口,而由于2011年修正案进一步减小了工薪阶层纳税面,个人所得税过窄的税基抑制了它在收入调节中发挥的作用。而且,免征额的提高与收入分配改革提出的提低、扩中、抑高的原则不相符合,税基过

---

① 刘佐. 个人所得税制度改革"十一五"回顾与"十二五"展望[J]. 财政研究,2011(10):27-29.
② 杨斌. 综合分类个人所得税税率制度设计[J]. 税务研究,2016(2):30-37.

窄既不利于大部分不需要缴纳个税的普通民众培养纳税意识,又无法从制度设计中获益。因此免征额提高尽管吸引眼球,但不仅不符合我国以直接税为导向的税制改革趋势,且导致个税在收入调节功能上"失声"。我国个人所得税的收入分配效应在不同阶段的差异同样值得注意。税收的累进性和平均税率是理解个人所得税再分配作用的两大关键要素,但同时也应将居民收入增长纳入考量。20世纪90年代至2006年间,我国个人所得税制度基本维持不变,同时居民收入快速增长,因此尽管个税制度滞后导致累进性逐年下降,但由于平均有效税率稳步上升,个税的收入分配效应仍明显增强;2006年后,我国在税制改革时期不仅三次提高免征额,而且通过2011年个税修正案调整了税率层级。但是与前一阶段相反,提高免征额等措施反而成为了"双刃剑",尽管有效改善了个税累进性,但降低平均有效税率对总体收入分配效应的削弱作用更为显著,因此改革措施反而恶化了个人所得税的收入分配效应。①

第三,征管资本所得缺乏制度依据和必要手段。由于国民收入偏低和税收征收能力不足,个人所得税往往演变为"工资税",主要纳税群体是以劳动收入为主的工薪阶级,而其他形式的个人所得反而落在征管视野之外。由于各类收入税收征管力度不同,工资薪金所得的个人所得税受雇主代扣代缴,偷税漏税难度较大,因此征管规范,缴纳率较高;富裕阶层所依赖的资本收入征管力度不足,导致现行税收制度中劳务性收入税率税收均高于资产性收入,中高收入群体拥有更多"钻空子"的资源和机会。2011年修正案实行后,2012年至2016年间,工薪类别的个税占比由61.7%升至66.7%,涨幅5%,利息股息红利和个体工商户生产、经营所得的个税占比下降趋势明显。与此同时,城镇居民工资性收入增长缓慢,占人均可支配收入比重略有下降。这侧面证明了工薪所得税的比重增长并非源于工资收入增长,在客观上造成了工薪阶层负担加重。2011年修正案客观上缩小了个税税基,弱化了我国个税微弱的收入分配效应,对提高工薪阶层和中低收入者的消费水平、扩大内需拉动经济造成了负面影响。旧的征收体制已经不再适用于日

---

① 徐建炜,马光荣,李实.个人所得税改善中国收入分配了吗——基于对1997—2011年微观数据的动态评估[J].中国社会科学,2013(06):53-71,205.

益增长、来源多样的居民收入。①②

总体而言,2011年个税修正案尽管在最初一段时间内缓解了我国居民收入不平等的现象,但局限于平均有效税率过低和城乡差异明显,其再分配功能未能得到充分发挥。③ 中国国家统计局数据显示,2003年以来,我国基尼指数连续十余年居高不下,于2008年达到最高点0.491,远超国际公认警戒线0.4,这从数据上证明了我国目前收入差距较大,并主要体现在城乡居民、东部沿海地区和中西部内陆地区人口、高低收入群体、各个行政地区、不同行业企业间的收入差距上。加之高收入群体获得不计入经济数据的非法或灰色收入的机会更大,实际贫富差距可能比数据更为显著。税收的分配效应可以通过比较税前和税后的基尼指数衡量。2011年后,我国个人所得税税前和税后基尼系数走向几近重合,依然处于高位,个人所得税在调节10%的最高收入人群和40%的低收入人群收入之间两极分化的问题上缺位,这证明以2011年修正案为主的提高免征额、减少级次和调整级距等微调措施对宏观调控意义不大,显著的贫富差距与个人所得税再分配功能以及税制公平的目标相违背。

个人所得税体系面临的困境对下一步改革提出了要求。目前实行的分类课税模式如果不做制度上的修正,很难真正实现税收的公平性和调节作用。因此,下一步个税改革应当针对现行课税模式进行根本性的调整,建立真正符合中国国情和高效公平的个人所得税制度。

四、探讨个税改革方案

2018年6月19日,个人所得税法修正案草案提请十三届全国人民代表大会常委会第三次会议审议。财政部长刘昆作修正案说明,指出修改工作坚持突出重点,对现行个人所得税法不适应改革需要的内容进行修改,补充、完善保障改革实施所需内容。修改的主要内容包括完善有关纳税人的规定,对部分劳动性所得实行综合征税,优化调整税率结构,提高综合所得基本减除费用标准,设立专项附加扣除,增加反避税条款等。本小节将围绕新修正案草案,对个税改革方案的部分建议

---

① 刘华,陈力朋,徐建斌.税收凸显性对居民消费行为的影响——以个人所得税、消费税为例的经验分析[J].税务研究,2015(3):22-27.

② 程思炜,于海荣.个税征管:严了工薪松了资本[J/OL].财新周刊,2018(24).http://weekly.caixin.com/2018-06-15/101271970.html? p0#page2.

③ 岳希明,徐静.我国个人所得税的居民收入分配效应[J].经济学动态,2012(6):16-25.

进行讨论。

（一）对部分劳动性所得实行综合征税

现行个人所得税法采用分类征税方法，将应税所得分为11类，税率税制各异，对征管效率和公平性提出了巨大挑战。在1996年提出的"九五"计划中，我国正式提出要"建立覆盖全部个人收入的分类与综合相结合的个人所得税制"。尽管这一建设目标得到财税领域专家学者的一致肯定，符合全球财税改革趋势，并在此后各类财税改革和个人所得税改革指导文件中反复重申，但将综合与分类相结合的征收模式纳入立法规划尚属首次。综合课税模式通过将家庭年劳动性所得（包括工资薪金、劳务报酬、稿酬等）叠加统一征税，有利于突破饱受争议的富裕阶层逃税漏税的局面，有效调节收入差距，维护社会公平，实现"低收入者不纳税，中等收入者适当缴税，高收入者多缴税"的个税原则。

草案将包括工资、薪金所得，劳务报酬所得，稿酬所得，特许权使用费所得在内的劳动性所得纳入综合征税范围，适用统一的超额累进税率，居民个人按年合并计算个人所得税；将"个体工商户的生产、经营所得"调整为"经营所得"，根据具体情况，分别并入综合所得或者经营所得；保留经营所得，利息、股息、红利所得，财产租赁所得，财产转让所得等分类，仍采取分类征税方式。这一做法基本符合公众和学界对综合与分类相结合的个人所得税制的期望，有利于调节中高收入阶层收入，维护社会公平稳定。然而考虑到纳税意识、征管成本和税制变化等因素，草案未能将以家庭为单位缴税、将财产性收入纳入税基等热点建议转化为具体提案。

特别是以家庭为单位纳税这一提议未能被此次草案吸收。我国个人所得税的纳税人为个人，而不少发达国家早已采用家庭为纳税单位，后者有利于全盘考量居民家庭整体收支，减轻育龄家庭和单职工家庭的纳税负担，符合个人所得税的公平原则。以家庭为单位纳税有助于从根本上解决由家庭成员收入不均、分布不平衡和分工不同带来的税负不公问题。然而由于财政、工商、公安、银行等部门机构之间信息不共享，这一建议措施同样面临着"信息孤岛"和"数据烟囱"带来的障碍，很难在短时间内实现。可见，综合计征模式的改革任重道远。

（二）优化调整税率结构

草案的另一重大转变是调整了综合所得税税率结构，以现行工资薪金所得税税率为基础，优化调整部分税率的级距，扩大3%、10%、

20%三档较低税率的级距,税率为3%的级距由不超过1500元增加至不超过3000元,大幅扩大10%税率的级距,现行税率为25%的部分所得税率降为20%,并相应缩小25%税率的级距,30%、35%、45%三档较高税率级距保持不变。草案提出的综合所得税税率结构明显降低了中低收入阶层的个税税负,有利于改善民生,提高居民生活和消费水平,促进经济发展。

但同时也有学者指出,一方面,由于采取了综合计征模式,个人所得税适用于四项劳动性收入累计形成的综合所得,最低税率3%的级距应当进一步扩大,以适应新的个税制度。另一方面,此次草案最高边际税率依然保持在45%,远高于经营所得和资本所得,不仅与减轻劳动性收入承担税负的总体要求不相符合,而且为富裕阶层避税套利创造了条件。由于周边国家地区,如中国香港、新加坡等,对高收入群体应用的最高边际税率较低、免税额较高和扣除项目较多,我国在人才吸引和科研创新的竞争中长期处于不利地位。如果新的个税修正案能在增加扣除项目、简化税率结构的基础上降低最高边际税率,不仅能降低高收入者纳税的机会成本,改善个税征收和高收入群体纳税遵从情况,在客观上提高了税源管理水平,而且有利于个人所得税有效发挥收入分配功能,优化资源配置,促进社会公平。

(三) 提高综合所得基本减除费用标准

草案还对基本减除费用标准(俗称"起征点")进行了调整,将免征额由3500元/月提高至5000元/月(60000元/年)。减除标准调整是历次个税修正案中最引人注目的内容,是否应该提高?具体数字如何确定?调整是否合理?本次草案涉及的免征额变化同样需要回应这些问题。

财政部指出,基本减除费用标准应与"城镇职工每月人均负担的消费支出"相符,大于或等于城镇居民月均消费性支出和赡养系数乘积,而赡养系数为城镇常住人口占城镇就业人口的比重。由于我国改革开放以来城镇化和进城务工趋势的影响,存在大量劳动人口居住在城镇,而被赡养人口户籍仍然在农村的情况。赡养系数的计算仅考虑城镇常住人口,在数据上拉低了基本减除费用标准。与此同时,上一次个人所得税法修正案颁布是在2011年,与2018年相比居民收入水平、消费水平和物价水平差异巨大,加之调整后的免征额不仅适用于工资薪金所得,而且是四项劳动性收入的累计综合所得,因此5000元这一数字是如何形成的,其依据何在,又是否符合减负的总体目标,是有关部门应当向人大解释说明的一系列重要问题。另外,本次草案并未提及生活基本费用变化对应的减除费用标准动态调节机制——由于生活基本费用受物价水平等诸多因素影响,修正案很难及时捕捉其动态,因此应当尽快建立定期自动调节机制,根据通胀率和收入水平调整其指数,保障居民基本生活。

(四) 设立专项附加扣除

个税项目扣除是指对纳税人用以维护基本生活和发展的必要费用(非商业性和非投资性费用)进行税前扣除。与税收减免不同,项目扣除是一种非专项性补贴,适用于全体纳税人。通过项目扣除,个人所得税一方面保障了普通民众的基本生存需要,同时促进了国民消费,减轻了社会保障负担,有利于缩小贫富差距,维护社会稳定;另一方面,个税项目扣除是我国向直接税倾斜的税制结构改革实践,推动纳税人加强纳税规划、税权认识和纳税意识,有利于加强税收的再分配职能。草案明确了除现行的个人基本养老保险、基本医疗保险、失业保险、住房公积金等扣除项目外,首次增加子女教育支出、继续教育支出、大病医疗支出、住房贷款利息和住房租金等与人民群众生活密切相关的专项附加扣除。专项附加扣除出于个人负担差异性的考虑,符合公平合理的个税原则,有利于拉动居民消费水平提高。

然而草案并未提及新的扣除项目如何执行。个税项目扣除分为标准扣除和分项扣除——前者以中低收入家庭的收入和税负能力为标准进行扣除,解决了扣除申报程序中的不少障碍;后者纳税人提供证明,扣除金额精确,但容易造成票据泛滥和更高的税收遵从成本,纳税人和征税机关执行起来也更为复杂。同时,个税项目扣除的范围应该包括更多民众基本生存需要,以加强个人所得税的再分配效应,例如此次未列入草案的赡养扣除、扶养费用扣除等。在分类与综合相结合的个人所得税制下,如何实施专项附加扣除既是我国个税征管模式发展的机遇,也是不得不面对的挑战。

作为直接税,个人所得税天然具有高度"税收痛感",每逢改革必能引发公众热议;作为财政政策,制定合理的个人所得税有助于经济、社会等政策的推行;作为再分配工具,个人所得税的立法、征收和税收分配对调节收入分配和实现收入公平至关重要。我国税收改革的目标之一是降低总体税负水平,在直接税导向下,提高个税比重应当以降低其他间接税比重和政府非税收入为前提,完善征管能力,加强税源管理,降低流转税税率。在加强个人所得税再分配功能的同时,还需要增加劳动所得和工薪阶层收入,加大各类扶贫和转移支付力度,进一步完善社会保障体系,推动基本公共服务的均等化,以全面实现个人所得税的制度设计目标。

参考文献

[1] Wagstaff A, Van Doorslaer E, Van Der Burg H, et al. Redistributive effect, progressivity and differential tax treatment: Personal income taxes in twelve OECD countries[J]. Journal of Public Economics, 1999, 72(1): 73-98.

[2] Bird R M, Zolt E M. The limited role of the personal income tax in developing countries[J]. Journal of Asian Economics, 2005, 16(6): 928-946.

[3] 本书编写组. 党的十九大报告辅导读本[M]. 北京: 人民出版社, 2017: 257-263.

[4] 高培勇. 公共财政: 概念界说与演变脉络——兼论中国财政改革30年的基本轨迹[J]. 经济研究, 2008 (12): 4-16.

[5] 黄根兰. 迈向现代财政[M]. 北京: 中国财政经济出版社, 2017: 5-11.

[6] 贾康, 梁季. 我国个人所得税改革的回顾与展望[J]. 中国财政, 2011(20): 39-41.

[7] 贾康, 阎坤. 中国财政: 转轨与变革[M]. 上海: 上海远东出版社, 2000.

[8] 刘华, 陈力朋, 徐建斌. 税收凸显性对居民消费行为的影响——以个人所得税、消费税为例的经验分析[J]. 税务研究, 2015(3): 22-27.

[9] 刘佐. 中国个人所得税制度发展的回顾与展望——纪念《中华人民共和国个人所得税法》公布30周年[J]. 税务研究, 2010(9): 3-8.

[10] 楼继伟. 中国三十年财税改革的回顾与展望[J]. 中国经济50人看三十年: 回顾与分析, 2008(12).

[11] 沈立人, 戴园晨. 我国"诸侯经济"的形成及其弊端和根源[J]. 经济研究, 1990(3): 12-19.

[12] 徐建炜, 马光荣, 李实. 个人所得税改善中国收入分配了吗 基丁对1997—2011年微观数据的动态评估[J]. 中国社会科学, 2013(6): 53-71, 205.

[13] 杨斌. 综合分类个人所得税税率制度设计[J]. 税务研究, 2016(2): 30-37.

[14] 岳希明, 等. 2011年个人所得税改革的收入再分配效应[J]. 经济研究, 2012(9): 113-124.

[15] 岳希明, 徐静. 我国个人所得税的居民收入分配效应[J]. 经济学动态, 2012(6): 16-25.

[16] 岳希明, 张斌, 徐静. 中国税制的收入分配效应测度[J]. 中国社会科学, 2014(6): 96-117, 208.

区域发展

第一节 改革开放以来中国区域发展概述*

一、改革开放以来的总体成效

(一) 地区经济总量大幅提升,产业结构呈现梯度分布

1. 总体经济绩效显著,经济影响力跃升

中国1978年开启以市场化为导向的改革,取得了巨大的经济绩效和体制转型效果。按可比价格计算,2016年中国的绝对经济规模已经是1978年的32.3倍;而按购买力估算,中国占世界GDP的比重从1980年的2.19%上升到2017年的18.20%。从增长速度来看,在1978年到2017年的近40年时间里,中国实现了年均约9.5%的GDP增长。而人均GDP从1978年的205美元上升至2017年的8836美元,增长了42.1倍。此外,改革开放以来,中国实现了7亿人口的脱贫,达到了历史上没有过的脱贫成就。今天,中国已经成为世界第二大经济体、第一大货物贸易国、最大外汇储备国、主要对外投资大国,是世界经济增长的重要引擎;对世界经济增长的贡献率超过20%,成为对世界经济有重要影响的新兴大国。

2. 发展路径由非均衡到协调,区域经济差距先增加后减小

改革开放以来,中国不仅在全国范围内实现了经济的飞速增长,而且在经济空间分布、地区发展质量、制度创新和区域协调发展等方面取得了积极进展。从区域经济的空间变化来看,改革开放以来我国的区域经济发展先后呈现出均衡发展、创新极带动、梯度转移,再到区域一体

---
* 本节由清华大学公共管理学院李应博副教授及2015级硕士研究生李淳共同撰写。

化和区域协调的发展轨迹。即在 1979—2005 年,经济活动不断向东部沿海聚集,经济发展水平在空间上呈现出梯度差异。2005 年以后,随着西部大开发、东北振兴、中部崛起等区域协调战略的实施和生效,区域差距扩大的趋势得以缓解,东部与中西部的区域经济总量差异趋于收敛(见图 5-1)。

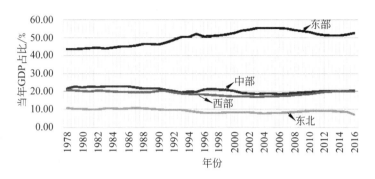

图 5-1 改革开放以来我国四大区域经济比重变化(1978—2016 年)

注:四大板块的划分方式在"十一五"规划(2006 年)中正式提出,本节根据其界定范围追溯至 1979 年。各年份的 GDP 为除去通货膨胀(CPI)影响后的实际 GDP(以 1978 年为 100,下同)。

资料来源:根据中国国家统计局国家数据库中相关数据整理,www.data.stats.gov.cn。

具体来讲,1978—2005 年,我国东部地区 GDP 占全国比重由 43.62% 上升到 55.48% 中部地区、西部地区和东北地区占比分别由 21.60%、20.78% 和 10.63% 下降到 18.78%、17.11% 和 7.82%,经济活动在空间上的集聚不断加强。而在 2005—2016 年,东部 10 省、中部 6 省、西部 12 省和东北 3 省的地区生产总值占全国比重由 2005 年的 55.48%∶18.78%∶17.11%∶7.82% 变为 2016 年的 52.58%∶20.59%∶20.10%∶7.07%(见表 5-1)。2005 年以来,经济活动开始向中西部扩散,总体上扭转了 1978—2005 年区域差距扩大的趋势。

表 5-1 改革开放以来我国四大板块区域经济比重(1978—2016 年)

%

	1978 年	1980 年	1985 年	1990 年	1995 年	2000 年	2005 年	2010 年	2015 年	2016 年
东部	43.62	43.75	45.03	46.05	51.87	52.49	55.48	53.09	51.60	52.58
中部	21.60	22.34	22.71	21.76	19.62	20.36	18.78	19.70	20.33	20.59
西部	20.78	20.24	19.79	20.26	18.22	17.13	17.11	18.63	20.06	20.10
东北	10.63	10.20	10.25	9.78	8.32	8.12	7.82	8.88	8.38	7.07

资料来源:根据中国国家统计局国家数据库中相关数据整理,www.data.stats.gov.cn。

3. 经济结构持续优化,产业呈现梯度转移

经济发展及经济活动的空间变化也推动了经济结构变迁和产业转移。1978年以前,中国农业基础薄弱,轻工业和重工业比例失衡。1978年改革开放以后,通过优先发展轻工业,扩大高档消费品进口,加强基础产业、基础设施建设,大力发展第三产业等一系列政策和措施,中国的经济结构得到优化。从整个国家的经济结构来看,三次产业结构由1978年的29.14%:51.90%:18.96%升级为2017年的8.16%:42.79%:49.05%,增长动力不断由第一、二产业向第三产业转移(见图5-2)。

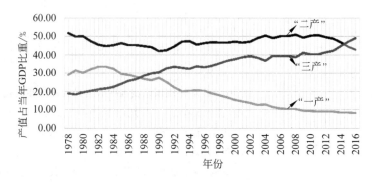

图5-2 改革开放以来我国三次产业结构变化(1978—2016年)

资料来源:根据中国国家统计局国家数据库中相关数据整理,www.data.stats.gov.cn。

从三大产业在地理空间上的分布来看,呈现出东部最高,中西部次之,东北最低的基本格局。从第一产业来讲,各区域在第一产业中的比重基本稳定在改革之初的水平上。其中东部和中部分别由1978年的34.85%和29.05%下降至2016年的34.45%和26.35%,而西部和东北则分别由1978年的26.47%和9.62%上升至29.24%和9.96%(见图5-3);从第二产业来讲,东部经历了先升后降再回升的波动过程,中西部基本保持稳定增长的态势,而东北的比重一直在下降,东部、中部、西部和东北在第二产业中的比重分别由1978年的44.7%:17.66%:17.23%:17.34%变为2016年的51.97%:21.86%:20.18%:6%(见图5-4);从第三产业来讲,东部保持了稳定的增长态势,其比重由1978年的45.72%增加至2016年的56.14%,中部和西部的比重均总体稳定在20%左右,而东北的比重则由1978年的11.57%缩减至2016年的6.81%(见图5-5)。由此可知,我国的第一产业表现出了从中部向东北转移的趋势,而第二产业则一直从东北向东部和中西部转移,同时第三产业增长的动力也由东北转向了东部。可见,改革开放以来,我国基于地区差异性的生产要素禀赋、技术创新能力、总量经济和发展目标不同

而形成了地区间产业梯度转移的格局。

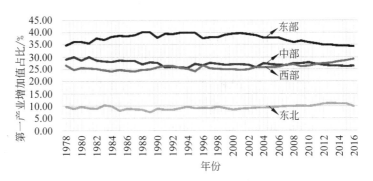

图 5-3　改革开放以来我国第一产业在四大板块间的分布变化(1978—2016 年)

资料来源：根据中国国家统计局国家数据库中相关数据整理，www.data.stats.gov.cn。

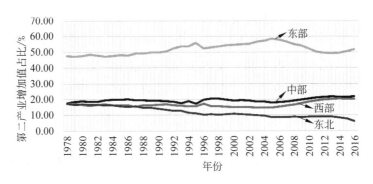

图 5-4　改革开放以来我国第二产业在四大板块间的分布变化(1978—2016 年)

资料来源：根据中国国家统计局国家数据库中相关数据整理，www.data.stats.gov.cn。

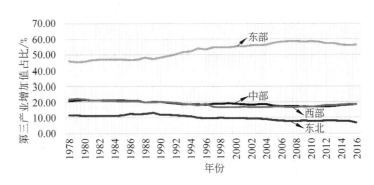

图 5-5　改革开放以来我国第三产业在四大板块间的分布变化(1978—2016 年)

资料来源：根据中国国家统计局国家数据库中相关数据整理，www.data.stats.gov.cn。

(二) 地区发展质量总体提升,地区发展动力悄然改变

1. 发展动力从要素投入向创新驱动转变

改革开放以来,我国在积极吸引外资、增加国内投资的同时,也非常注重发展科学技术,创新对于我国经济增长的贡献不断增加。特别是《国家中长期科学和技术发展规划纲要(2006—2020年)》颁布实施以来,我国的创新资源投入不断增加,R&D经费投入强度由1995年的0.57%迅速增加到2016年的2.11%,我国的R&D经费总额已居世界第2位,R&D人员总量长期居世界第1位。同时,我国的知识创造能力稳步提升,国际科技论文数量居世界第2位;国内发明专利申请量保持世界第1位;国内发明专利授权量已超越日本,居世界第1位,在各领域与创新型国家的差距进一步缩小[①]。

创新资源的不断投入使我国的经济不断从科学技术进步中获益,推动了我国发展动力从要素投入向创新驱动转变。2014年,中国知识密集型服务业增加值占世界比重为10.4%,保持连年增长态势,较2000年提高7.6个百分点;2015年,我国科技进步贡献率达到55.3%,比2003年提高15.6个百分点[②]。截至2016年年底,我国的国家级高新技术产业开发区已达146个,高技术产品主营业务收入为15.38万亿元,高技术产品主营业务收入占当年GDP的比重增至20.67%,比1995年提高了14.28个百分点。同时高技术产品占出口额比重也由1995年的6.80%提高到2016年的28.81%。知识密集型产业的快速发展推动了我国发展动力从要素投入转向创新驱动[③]。2016年,我国第三产业贡献率已超过资本形成总额贡献率,成为拉动我国经济增长最主要的力量(见表5-2)。

表5-2 改革开放以来我国创新投入及其对经济的贡献(1978—2016年)

%

	1978年	1995年	2005年	2016年
资本形成总额贡献率	67.01	46.60	33.10	42.20
第三产业贡献率	28.40	27.40	44.30	58.20
R&D经费投入强度		0.57	1.31	2.11

---

① 中国科学技术发展战略研究院:国家创新指数报告2016—2017[M].北京:科学技术文献出版社,2017:24-27.

② 胡鞍钢.中国进入后工业化时代[J].北京交通大学学报(社会科学版),2017(4).

③ 根据OECD的定义,知识密集型产业包括知识密集型服务业和高科技产业。

续表

	1978年	1995年	2005年	2016年
高技术产品主营业务收入占当年GDP比重		6.39	18.11	20.67
高技术产品占出口额比重		6.80	28.64	28.81

注：R&D经费投入强度(%)为当年的研究与试验发展经费支出(亿元)与国内生产总值(亿元)的比值。

资料来源：根据中国国家统计局国家数据库中相关数据整理，www.data.stats.gov.cn。

2. 各区域处于不同的发展阶段，生态治理问题日益凸显

改革开放以来，我国各区域在经济结构、外向型经济发展程度、城镇化率以及生产效率、节能减排等方面均取得显著成效，但各区域进展不一、差距明显。以工业化发展阶段划分标准看，东部地区的一些省市已经迈入服务经济形态，而中部地区绝大多数处在工业化中后期阶段，西部一些地区则尚处于工业化中早期阶段。以2016年为例，东部地区的三次产业结构为5.3%：42.3%：52.3%，城镇化率为65.9%，外贸依存度为49.4%，各方面都更为接近现代发达经济区，而其他地区则明显滞后于东部(见表5-3)。

表5-3　2016年各区域比较　　　　　　　　　%

	三次产业结构			城镇化率	外贸依存度
	一产	二产	三产		
全国	8.2	42.8	49.0	57.3	31.2
东部	5.3	42.3	52.3	65.9	49.4
中部	10.4	45.4	44.1	52.8	9.8
西部	11.8	43.0	45.2	50.2	10.8
东北	12.1	38.2	50.0	61.7	15.3

资料来源：根据中国国家统计局国家数据库中相关数据整理，www.data.stats.gov.cn。

从各地区生产效率质量来看，现阶段我国整体的生产效率质量与发达经济体尚有差距，且存在明显的区域差别。具体来讲，东部在生产效率、投资效益、节能减排等方面均最优。以2010年为例，东部地区的全员劳动生产率为145952元/年·人，明显高于东北的112525元/年·人，是中部和西部的2倍多；东北在全员劳动生产率和节能减排方面紧随东部之后，但东北的投资效率系数仅为1.22，投资潜力在四大经济板块中最弱。中部和西部除了投资潜力优于东北以外，在产出效率提高和污染物排放控制等方面与东部和东北均存在非常明显的差距(见表5-4)。

表 5-4　2010 年各区域生产率质量指标比较

	全员劳动生产率/(年·人)	投资效益系数	单位产出耗电量/(千瓦时/元)	单位产出排放的废气/(立方米/元)	单位产出的排放废水/(吨/万元)	单位产出产生的固体废物/(吨/万元)
全国	90 921	1.61	0.06	0.74	3.40	0.34
东部	145 952	2.00	0.05	0.50	2.77	0.19
中部	57 527	1.37	0.07	0.95	4.42	0.50
西部	42 703	1.32	0.11	1.58	5.57	0.81
东北	112 525	1.22	0.05	0.77	2.53	0.46

资料来源：根据中国国家统计局国家数据库中相关数据整理，www.data.stats.gov.cn。

注：全员劳动生产率＝规模以上工业增加值/全部从业人员平均人数；投资效益系数＝国内生产总值增加额/固定资产投资总额；单位产出耗电量＝企业电力消费总量/工业增加值；单位产出排放的废气＝规模以上工业增加值/工业废气排放总量；单位产出排放的废水和单位产出产生的固体废物的计算方法同单位产出排放的废气。

除了不容忽视的区域发展差距以外，我国在实现了总体经济增长奇迹的同时，也付出了严重的生态环境代价。多年来粗放型的经济发展使我国人口、经济、社会与生态环境之间的关系严重失调，给我国的可持续发展带来了巨大挑战。一方面，自 1990 年至今，我国的能源消耗和污染物排放的绝对数量一直在持续增长。如 2010 年我国的企业用电总量和工业废水、工业废气和工业固体垃圾的排放总量分别由 2000 年的 13606.29 亿千瓦时、1942403 万吨、138145 亿立方米、81610 万吨大幅增加至 41998.8 亿千瓦时、2374733 万吨、519168 亿立方米、240941 万吨。由此可知，我国严峻的生态环境形势还要持续一段时间。另一方面，我国生态环境质量重心移动的总趋势是自西向东，说明我国自西向东生态环境质量越来越好，生态环境质量恶化速度逐渐变缓，这除了各地长期累积下来的生态本底外，也与各地的生态投入与治理手段相关。①

为了应对长期存在的区域发展差距和日益凸显的生态治理问题，我国需要更好地处理发展效率和区域公平以及经济发展与生态环境保护的关系，将主体功能区战略落到实处，切实改变各地忽视自身条件、盲目追求 GDP 和工业化等统一目标的发展指向，引导各地步入因地制宜确定具有区域特色的现代化发展模式的正确轨道上来。②

3. 社会发展质量与经济发展质量基本同步

在社会发展质量方面，改革开放以来，我国在人均收入快速增长的

---

① 此生态环境格局也可从表 5-4 中各地区在节能减排方面的差别上看出来。
② 樊杰. 主体功能区战略与优化国土空间开发格局[J]. 中国科学院院刊，2013(2)：193-206.

同时,实现了各地区教育、健康、人类发展水平的协调发展。从最能反映国家地区发展质量的人类发展水平(HDI)来看,1982—2017年,中国整体人类发展水平和各地区的人类发展水平均经历了一个显著的提高过程。大部分地区从低人类发展水平上升至高人类发展水平。1982年,全国29个省区都处于低人类发展水平。其中,上海是全国人类发展水平最高的地区,HDI指数为0.54,仍然低于中等人类发展水平的标准。西藏是人类发展水平最低的地区,HDI指数仅为0.21,属于人类发展水平极低地区。① 经过35年的发展,各地区居民的收入、教育、健康均实现了质变。2017年,全国31个省份全部达到中等及以上的人类发展水平,其中处于极高人类发展指数的省份增至7个,高人类发展水平的省份达到19个,其他5个省份为中等人类发展水平。② 全国平均的人类发展指数达0.75,其中,预期寿命指数、教育指数和人均收入指数分别为0.87、0.69和0.70。按地区来看,东部地区的人类发展指数为0.80,是唯一一个总体达到极高人类发展水平的地区;东北、中部和西部的人类发展水平分别位列第二、第三和第四,各区域总体均达到高人类发展水平(见表5-5)。可见,我国各区域的社会发展质量与经济发展质量是基本同步的,即经济发展质量好的地区其社会发展质量也高。

表5-5 各区域人类发展水平比较(2017)

	人类发展指数	预期寿命指数	教育指数	人均收入指数
全国	0.75	0.87	0.69	0.70
东部	0.80	0.91	0.73	0.75
中部	0.73	0.87	0.68	0.67
西部	0.71	0.83	0.64	0.66
东北	0.77	0.89	0.74	0.71

注:本表人类发展指数按照联合国发展计划署2010年公布的新方法计算。

资料来源:UNDP, Human Development Report, 2017, 联合国开发计划署:《中国人类发展报告(1997)》《中国人类发展报告(2017)》《新中国六十年统计资料汇编》;第三次和第六次全国人口普查等相关数据,《中国统计年鉴(2016、2017)》。

---

① 胡鞍钢,石智丹,唐啸.中国地区HDI指数差异持续下降及影响因素(1982-2015)[J].新疆师范大学学报(哲学社会科学版),2018(39):49-50.

② 根据联合国开发计划署最新划分标准,人类发展指数在0.550以下为低人类发展水平,介于0.550和0.699为中等人类发展水平,介于0.700~0.799为高人类发展水平,0.800以上为极高人类发展水平。其中,7个极高人类发展水平的省市依次为北京、上海、天津、浙江、江苏、福建和广东,5个中等人类发展水平的省份依次为青海、甘肃、贵州、云南和西藏。可知,极高人类发展水平的省份均来自东部,中等人类发展水平的省份全部来自西部。如无特别说明,本节的经济社会指标均不包含港澳台地区的数据。

4. 制度创新为区域发展注入强劲动力

制度创新是决定区域发展质量的重要因素。改革开放以来,中央对地方实行经济分权,地方在发展区域经济方面获得了更多自主权。在中央经济指挥棒的指引下,各地、各级政府创造性地发展本地经济社会的积极性得到激发与肯定,我国的区域发展进入了制度创新的"黄金时期"。① 从制度创新的动力来源来讲,我国的区域制度创新大体可分为以下几种②:

一是开放优势诱致型。该类型以沿海城市为代表,在区位和文化方面具有对外开放的优势,如深圳、珠海、汕头和厦门,因其便于与香港、澳门、台湾地区联系,存在较大的工业和进出口贸易比较优势,一开始便被选为对外开放的试点城市,以对外开放倒逼地方政府在行政审批、土地管理、财政、金融等方面进行改革创新,进而引领我国的改革开放。二是自然资源禀赋型。如贵州省利用其适宜的气候和廉价丰富的水电资源等优势积极发展大数据产业,在相关技术、人才、资本等方面积极进行制度创新,促成了贵州的大数据产业集群。三是科学技术驱动型。如中关村科技园利用临近清华大学、北京大学等高校的技术外溢效应,创新性地整合了各种生产要素,并取得极大成功。四是政策支持型。该类型在西部等欠发达地区较为常见,如新疆霍尔果斯利用上合组织框架下的发展机遇,积极推进中国—哈萨克斯坦边境经济合作中心的建设,得到国家政策的大力支持,成为目前中国边境经济合作最具代表性的地区。五是文化内力推动型。如在瓯越文化的熏陶下,温州人形成了讲究功利、务实进取、善于学习、敢于冒险、注重发展工商业、勤奋苦干的精神。在改革初期,温州精神很快凸显出来:其一,创造了"挂户经营"以避免私有企业制度创新的阻力;其二,家族企业以股份合作制企业的形式向银行申请贷款;其三,在非公有制企业建立基层党组织。

简而言之,改革开放以来,中国无论是在经济发展质量、社会发展质量还是制度创新方面,均取得了长足的进步,但不平衡、不充分的发展以及日益凸显的环境治理问题依然是中国在未来较长一个时期内需要面对和处理的问题。

---

① 值得说明的是,面对区域发展过程中出现的区域差距扩大和环境破坏加剧等问题,中国分别探索出了"对口支援"和"河长制"等极具中国特色的、创新的制度安排,这些创新举措对缩小地区差距和治理环境污染发挥了不可或缺的作用。

② 邓宇鹏. 论区域制度创新[J]. 财经理论与实践,2005(2):22-25.

二、中国区域发展的政策变迁

(一) 国家宏观的区域政策脉络

中华人民共和国成立以来,中国的区域发展政策随着国家发展战略和体制转轨经历了明显的调整和变化。一般认为中国区域发展政策主要经历了三个发展阶段,即1949—1978年的均衡发展阶段、1979—1999年向东部沿海倾斜的不均衡发展阶段,以及2000年以来的区域协调发展阶段。[①] 进一步来看,根据政策功能、政策载体、开发路径和作用区域的不同,改革开放以来中国的区域发展政策可以分为非均衡发展阶段(1978—1999年)、区域协调发展阶段(2000—2011年)和一体化联动发展阶段(2012年至今)三大阶段(见表5-6)。

表5-6 改革开放以来中国区域发展政策的三大阶段

发展阶段	非均衡发展阶段(1978—1999)		区域协调发展阶段 (2000—2011)	一体化联动发展阶段 (2012年至今)
	东部沿海优先发展阶段(1978—1990)	内陆跟随阶段(1991—1999)		
政策功能	打造区域增长极	打造区域增长极	缩小区域差距	增强整体竞争力
政策载体	特殊经济区	特殊经济区	产业功能区	城市群、湾区
开发路径	点轴	点轴	平面	网络
作用区域	东部沿海	内陆省会、沿江和沿边地区	西部12省、中部6省和东北3省	长江经济带、海西经济区、粤港澳大湾区

资料来源:作者整理编制。

1. 非均衡发展阶段(1978—1999年)

这一阶段的政策功能是在区域内打造增长极,政策载体主要是出口加工区、经济技术开发区、高新技术开发区以及保税区等特殊经济区。当时中国面临的主要问题是资本、技术、人才等生产要素严重缺乏,致使经济发展严重滞后,导致人民的物质文化需求得不到满足。为了改变这个不利局面,中国进行改革开放,并先后在区位条件较好的东部沿海和内陆省会、沿江和沿边地区设立出口加工区、经济技术开发区和高新技术开发区等特殊经济区,并在资金、税收、土地利用以及经济管理权限方面给予特殊经济区优惠待遇,以此在空间上实现资本、技

---

① 魏后凯等.中国区域政策评价与展望[M].北京:经济管理出版社,2011:1-46.

术、人才等生产要素的集聚,以点轴开发的模式塑造区域增长极,带动全国的经济发展。按照政策扩散的区域,该阶段又可分为东部沿海优先发展(1978—1990年)和内陆跟随(1991—1999年)两个阶段。

(1) 东部沿海优先发展阶段(1978—1990年)

1979年,中央确定在广东、福建两省实行"特殊政策、灵活措施",利用其临近港、澳和台湾的区位优势,设立出口特区,并在特区内扩大地方和企业的外贸权限,鼓励增加出口①。随后陆续设立了深圳、珠海、汕头、厦门4个经济特区。在这4个经济特区取得良好效果、形成示范效应后,中国于1984年进一步开放天津、上海、大连、秦皇岛、烟台、青岛、连云港、南通、宁波、温州、福州、广州、湛江和北海14个沿海开放港口城市,扩大地方权限,给予这些地区外资项目审批权、财税、信贷等优惠政策和措施。② 同年12月,国务院批准设立天津技术开发区。1985年1月,国务院批准广东设立湛江经济技术开发区,同年1月底,国务院决定将长江三角洲、珠江三角洲和闽南三角洲三个地区59个县开放为沿海经济开放区,以发展外向型经济为主。至此,以特殊经济区为主要载体的点轴开发模式在中国东部沿海基本形成。在"七五"(1986—1990年)计划中,中国首次提出了全国经济区域"三大地带"的划分,并进一步突出东部沿海地区优先发展的地位。③ 1987年,党中央提出加快沿海地区发展战略,强调沿海地区要按照"两头在外"(原材料和市场在外),发展外向型经济的原则,统筹考虑和调整沿海地区进出口商品结构以及引进技术和利用外资的方向与重点,使沿海地区更多地利用国外资源、资金和技术,开展多元化的经济技术合作与交流。同时,加强沿海与中西部地区的横向经济联系,带动整个国民经济的发展。1988年,邓小平提出"两个大局"的论述,强调当前其他地区要支持东部率先发展起来。

回过头来看,这一阶段的发展战略是较为成功的。截至1989年年底,五个经济特区(深圳、珠海、汕头、厦门、海南)已批准外商投资项目5700多个,协议外资金额94亿美元,实际利用外资41亿美元,占全国的1/4以上;五个经济特区1989年的工业产值接近300亿元,是10年来我国经济实力增长最快的地区;五个经济特区1989年外贸出口达38.5亿美元,占全国出口额的近1/10。

---

① 资料来源:国务院.关于大力发展对外贸易增加外汇收入若干问题的规定,1979.
② 国务院.关于经济特区和沿海14个港口城市减征、免征企业所得税和工商统一税的暂行通知,1984.
③ 国务院.中华人民共和国国民经济和社会发展第七个五年计划,1986.

(2) 内陆跟随阶段(1991—1999年)

沿海地区开放、开发的成功,为内陆地区带来了良好的示范效应,因此中央和地方都在积极推动内陆相应地区的开放开发,优先在内陆地区的省会、沿江和沿边城市打造增长极。1991年在《关于国民经济和社会发展十年规划和第八个五年计划纲要的报告》中首次提出"促进地区经济的合理分工和协调发展",并且认为"生产力的合理布局和地区经济的协调发展,是我国经济建设和社会发展中的一个极为重要的问题"。1992年8月,国务院决定将沿江、沿边、内陆省会城市实施开放,先后开放了重庆、岳阳、武汉、九江、芜湖五个长江沿岸城市,哈尔滨、长春、呼和浩特、石家庄4个边境沿海地区省会城市,太原、合肥、南昌、郑州、长沙、成都、贵阳、西安、兰州、西宁、银川11个内陆地区省会城市。在沿边开放方面,1992年3月以来,中国进一步开放黑龙江省黑河市、绥芬河市,吉林省珲春市,内蒙古自治区满洲里市、二连浩特市,新疆维吾尔自治区伊宁市、塔城市、博乐市,云南省瑞丽市、畹町市、河口市,以及广西壮族自治区凭祥市和东兴镇13个市、镇,并在以上沿边开放城市中设立了边境经济合作区。

与此同时,中国的特殊经济区也在1991年到1999年间得到迅速发展,中国进入了增长极加速形成阶段。1991年3月,国务院批准建立26个国家高新技术产业开发区,加上原批准的北京新技术产业开发区,国家高新技术产业开发区已达27个,同月上海外高桥保税区这个我国当时开放度最大的自由贸易区投入运营。至1992年2月24日,中国已有154个海、陆、空口岸对外开放,比1978年增加两倍。

总之,自改革开放到进入新世纪前的这段时间(1978—1999年),中国采取了非均衡的区域增长政策,通过设立特殊经济区先后在沿海和内陆的省会、沿江和沿边地区进行点轴式开发,打造区域增长极,帮助中国经济实现腾飞。

2. 区域协调发展阶段(2000—2011年)

东部沿海优先发展为东部地区奠定了先发优势,虽然内陆地区随后也进行了开放开发,但无论是从广度还是深度方面来讲,内陆地区与沿海地区依然相距甚远,二者的发展差距一直在加大。1979—1998年,我国东部地区GDP占全国比重由52%上升到59%,中部地区、西部地区分别由31%、17%下降到27%、14%,经济活动在空间上不断向东部沿海集聚。对此,如何缩小中国各区域间的发展差距、实现"两个大局"的平衡就成为摆在中国决策层面前的重要问题。

虽然中央在1993年已提出西部大开发战略①,但中国正式开始实施区域协调的发展战略却是进入21世纪以后。2000年《政府工作报告》正式提出实施西部大开发战略并成立西部地区开发领导小组办公室。2001年《十五规划》再次重申"实施西部大开发战略,促进区域协调发展",标志着西部大开发战略进入实施阶段。接着,在2002年11月,党的十六大报告正式提出"支持东北地区等老工业基地尽快调整和改造"。次年10月,中共中央、国务院联合发布《中共中央、国务院关于实施东北地区等老工业基地振兴战略的若干意见》,并于2004年4月成立振兴东北地区等老工业基地领导小组办公室,东北振兴进入实质性阶段。2005年中央经济工作会议再次提出"促进区域经济协调发展是结构调整的重大任务",并将促进中部崛起作为当年经济工作的重要任务之一。至此,中国全面协调的区域发展战略初步形成。2006年3月,《十一五规划》第十九章"实施区域发展总体战略"中强调"坚持实施西部大开发,振兴东北地区等老工业基地,促进中部地区崛起,鼓励东部地区率先发展的总体发展战略,健全区域协调互动发展机制,形成合理的区域发展格局。并从国土空间角度把我国划分为四大板块,即东部、东北、中部和西部"。2011年3月,《十二五规划》第十八章"实施区域发展总体战略"中提出实施新一轮西部大开发,全面振兴东北地区等老工业基地,大力促进中部地区崛起,积极支持东部地区率先发展,并在第十九章中提出主体功能区战略(优化开发、重点开发、限制开发和禁止开发)。在2005—2011年,国务院先后批准设立11个综合配套改革试验区,并批复多个区域发展规划②,标志着中国进入了全面的区域协调发展阶段。

3. 一体化联动发展阶段(2012年至今)

进入2012年以来,中国年经济增速均为8%以内,告别了过去30多年平均10%左右的高速增长,由高速增长进入中高速增长的"经济新常态"。因此,提升中国各区域在全球经济竞争中的整体竞争力,保障中国经济健康快速发展就显得尤为必要。

对此,2012年党的十八大报告提出"深入推进西部大开发,全面振兴东北地区等老工业基地,大力促进中部地区崛起,积极支持东部地区率先发展",明确了中国区域经济总体发展战略。2014年12月,中央经济工作会议明确提出要实施"一带一路、京津冀协同发展和长江经济带

---

① 国务院.关于进一步推进西部大开发的意见,1993.
② 孙久文,李恒森.我国区域经济演进轨迹及其总体趋势[J].改革,2017(7):18-29.

三大战略",标志着中国的区域政策朝着推进国际国内一体化的方向发展。其中,京津冀协同发展战略提出在"十三五"期间,京津冀三地将协同发展教育、医疗卫生、养老等社会事业,进一步缩小基本公共服务差距,提高区域基本公共服务均等化程度,促进三地一体化发展。而长江经济带的战略定位为依托长三角城市群、长江中游城市群、成渝城市群,做大上海、武汉、重庆三大航运中心,推进长江中上游腹地开发,进而促进"两头"开发开放,最终拓展中国经济发展空间,形成转型升级新支撑带。此外,湾区建设也是中国区域一体化建设的重要方面。2017年的《政府工作报告》提出,要推动内地与港澳深化合作,研究制定粤港澳大湾区城市群发展规划,发挥港澳独特优势,提升在国家经济发展和对外开放中的地位与功能,至此,粤港澳大湾区已纳入国家顶层设计范畴。

党的十九大报告提出,"贯彻新发展理念,建设现代化经济体系",并将实施区域协调发展战略列入其六项具体实施内容之一。报告强调了建立更加有效的区域协调发展新机制,以城市群为主体构建大、中、小城市和小城镇协调发展的城镇格局,加快农业转移人口市民化。同时,在京津冀协同发展、长江经济带建设及边疆地区发展、资源型地区转型发展和坚持陆海统筹等方面均做出相应部署。由此可知,空间一体化战略在党的十九大以来得到进一步凸显,相应的区域发展政策更加强调完善区域空间一体化发展机制、缩小全区域发展差距以及扶持特殊类型地区发展[1],并推进陆海、国内和国外全空间一体化。[2] 这预示着城市群、特殊类型地区、海洋经济区和"一带一路"沿线地区将成为未来中国区域发展的主要政策载体。

总之,在进入新世纪到党的十八大以前(2000—2011年)的这个时期内,我国为了解决区域发展差距过大的问题,先后实施了西部大开发、东北振兴和中部崛起战略,帮助地区发展其优势产业或助力问题产业转型升级,并进一步通过主体功能区的划分明确各区域的功能定位。这一阶段主要解决的问题是区域发展差距问题,采取面状开发路径,对产业区进行相应政策扶持,对我国的区域发展进行全面协调。自2012年至今,我国通过京津冀一体化、长江经济带和粤港澳大湾区等战略的实施,以城市网络开发的路径积极推进城市群之间在公共服务、经济、

---

[1] 这些特殊类型地区包括资源枯竭、产业衰退和生态严重退化等困难地区类型,在支持贫困地区加快发展的同时,实施革命老区振兴发展行动、民族地区奔小康行动、沿边地区开放开发行动、资源枯竭地区转型、产业衰退地区振兴发展和生态严重退化地区转型发展等特殊类型发展等重大工程。

[2] 杨开忠.区域协调发展新格局的基本特征[J].中国国情国力,2016(5):1-11.

社会等方面的融合发展,推进区域一体化,以提升城市群的整体竞争力。至此,我国进入了以区域一体化为主导的区域协调发展阶段。

(二) 地区发展中的主要典型模式

中国的改革开放通过制度改革释放了人民大众在计划经济条件下被压制的生产积极性,同时针对地方政府的经济分权和政府官员的晋升激励也极大地激发了地方政府的活力,在"官民"两个积极性都被激发的情况下,中国各地尤其是东部沿海地区进入了快速发展的黄金时期,并在一些地区形成了特色鲜明的发展模式。其中比较有代表性的是苏南模式、温州模式和珠江模式。①

1. 苏南模式

苏南模式是指江苏省的苏州、无锡和常州(有的也包括南京和镇江)等地区通过发展乡镇企业实现非农化发展的方式。苏南模式起源于20世纪60年代,在20世纪80年代由著名经济学家费孝通教授总结而来。苏南地区物产丰富,交通便利,位于太湖之滨、长三角中部,农民富裕,中国早期资本主义即在此萌芽,资本积累丰厚。在1958年人民公社化时期,苏南各地在集体副业基础上兴办一批社队企业,主要为本地农民提供简单的生产资料和生活资料。到20世纪70年代,这些小型社队企业逐渐发展成为农机具厂。党的十一届三中全会以后,这些企业迅速壮大起来。特别是在改革开放以后,上海的信息、技术和管理经验辐射到苏南地区,为其工业化起步创造了良好条件。至1989年,苏南乡镇企业创造的价值在农村社会总产值中已经占到了60%。一方面,苏南地区通过发展乡镇企业,走的是一条先工业化再市场化的发展路径。另一方面,苏南地区采取以乡镇政府为主组织资源方式,政府出面组织土地、资本和劳动力等生产资料,出资办企业,并由政府指派的能人来担任企业负责人。事实上,这种模式存在政企不分的问题,容易导致企业负担过重。

2. 温州模式

温州模式是指浙江省东南部的温州地区以家庭工业和专业化市场的方式发展非农产业,从而形成"小商品、大市场"的发展格局。温州处于浙江东南部,三面环山、一面临海,农民无地可种,即使种了也没有多少收获。人们无奈地开始走南闯北做手艺、经商。在温州地区,由于集体资源有限,通过市场自发组织资源的成本相对较低,因而主要采取家庭工业的

---

① 毛帅,聂锐,程平平. 基于政府机制的创业模式发展研究——苏南、温州、珠江模式再析[J]. 科技进步与对策,2012(4): 36-39.

形式配置资源,形成了"小商品、大市场"的温州经济模式。小商品是指生产规模、技术含量和运输成本都较低的商品。大市场是指温州人在全国建立的市场网络。温州模式又被称作"小狗经济",这贴切地形容了温州遍地的小企业、小家庭作坊场景。政府在经济发展的过程之中,扮演了"无为"者的角色,更多的时候政府对民间的经济行为采取睁一只眼闭一只眼的态度。温州模式的另一个显著特点是"藏富于民",但温州这种粗放经营模式在创造富翁的同时,也导致劣货横行、环境污染。

3. 珠江模式

珠江模式是人们对珠江流域以广州、深圳等为中心的14个市县自改革开放以来,向市场经济转轨过程中社会经济发展道路的概括和总结。珠江模式是费孝通教授提出的另一种有影响的区域经济发展模式。珠江模式同样形成于20世纪80年代。改革开放后,珠江三角洲在从计划经济向市场经济转轨的过程中,利用国家赋了的优惠政策和自身的独特优势与外来资源相结合,创造了由地方政府主导的外向型快速工业化经济发展模式。这是一条具有中国特色的沿海地区新型工业化发展道路。珠三角交通便利,区位优势明显,借助邻近香港的地缘优势普遍发展"三来一补"(来料加工、来样加工、来件装配和补偿贸易)企业,与香港形成了前店后厂的格局。这种模式以引进外资和发展外向型经济为主。但珠江模式的发展也面临新的问题:随着珠三角工业化的推进和市场经济体制的建立,地方政府在改革初期对地区经济所能掌握的传统资源正在慢慢消失,比如土地与劳动力优势等都已不再明显,资源扩充和升级将是珠三角继续保持地方经济活力的重要内容。

4. 其他模式

20世纪80年代,随着改革开放的逐步深入,我国许多地区的乡镇企业都得到很大的发展。除了温州模式、苏南模式和珠江模式外,还出现了"泉州模式"和"耿车模式"。泉州模式是1986年由著名管理学家、经济学家和社会活动家苏东水教授提出的,是对泉州乡镇企业经济形式的总结。泉州模式是建立在社会主义市场经济体制下,因地制宜,充分利用本地资源,发展"小""专""活"和多种经济形式的经济模式。耿车模式同样是对乡镇企业发展模式的总结,它是江苏省宿迁县耿车乡乡镇企业的一种发展模式。其特色是:四轮齐转、双轨并进的复合所有制结构。四轮齐转是指乡、村、联户、户4个层次办企业。双轨并进是指合作经济与个体经济交织发展。"耿车模式"是在经济不发达、生产力比较落后的农业地区发展乡镇企业的模式,为不发达农业地区发展乡镇企业提供了较好的思路。

从以上介绍可以看出,苏南模式是对乡镇企业发展模式的总结,温州模式是对私营经济发展模式的概括,珠江模式是对外向型经济的思考,泉州模式和耿车模式是结合自身情况对苏南乡镇企业发展模式的革新。随着苏南经济的发展,苏南模式已经发展成为"新苏南模式"或称"后苏南模式"。"新苏南模式",是指在经济国际化背景下,在原苏南模式的基础上,经过创新演进所形成的新型区域经济与社会发展模式,其基本内涵是"三以三坚持",即以实现"两个率先"为目标,以园区经济为载体,以打造现代国际制造业基地为引擎,坚持改革创新,坚持快速发展、科学发展、协调发展,坚持工业化、城市化、信息化、国际化互动并进。总之,以上地区发展的主要典型模式基本代表了中国改革开放以来各地区的主要发展方式,这些模式也随着时代不断做出调整。

(三) 地区发展中的特色政策工具创新

改革开放以来的经济分权和政治晋升激励为各地区进行政策工具创新提供了空间和激励。地方政府通过营造良好的经营环境、增加要素供给和刺激市场需求等类型的政策工具来积极促进地区发展。按政府干预程度不同,这些政策工具可分为政府部门直接提供、政府部门委托、签约外包、补助或补贴、抵用券、经营特许权、政府贩售、自我协助、志愿服务、市场运作10种工具。自我协助的政策工具如很多东部的村集体以股份制形式对村集体的财产进行投资、管理,最终带领全村人民共同富裕,其中最具代表性的是被称为"中国第一村"的江苏省江阴市华西村。市场运作的政策工具创新也比较多见,较有代表性的、争议较多的是将公立医院进行市场化改革的宿迁医改。

在另一方面,按照政策目标和作用载体不同,各地的政策工具创新可分为传统政策工具创新、特殊经济区的政策工具创新、区域合作政策工具创新和专项政策工具创新四类。① 根据是否直接产生作用,这些政策工具可进一步分类(见表5-7):

在传统政策工具方面,地方政府既可在税收、财政补贴、优惠贷款、国家拨款、国家投资等方面进行创新直接对当地的经济发展产生影响,也可通过许可证制度、区域基础设施、区际通道建设、工业科技园区建设间接地作用于腹地经济;特殊经济区包括经济特区、开发区和高新区、海关特殊监管区和国家级新区,因此特殊经济区的具体政策工具创新也因经济区类型而异,一般通过税收、土地及专项资金的直接支持打

---

① 程栋.中国区域经济政策工具创新:理论与实践[J].贵州社会科学,2016(4):23-26.

表 5-7　地方发展中的特色政策工具创新分类

政策工具创新类型		直接作用	间接作用
传统政策工具创新		税收、财政补贴、优惠贷款、国家拨款、国家投资	许可证制度、区域基础设施、区际通道建设、工业科技园区建设
特殊经济区政策工具创新	经济特区	税收:"两免三减半";低价土地供给;国家贷款;财政留存;外资银行准入	"先行先试权":招拍挂制度、合同工制度、市场价格制度、现代企业制度、社会保障制度、住房制度;公务员制度、市区分税制度、特区立法权
	开发区和高新区	税收减免、土地供给、国家信贷、专项资金	"先行先试"(4项)、管委会体制创设、"N通一平";企业资格认定、外商投资审批权、"新三板"
	海关监管区	保税制度(免进口税)、投资备案管理制度、现汇管理	"先行先试权"(3项:利率市场化、资本项目可兑换、外汇管理)、负面清单管理模式;安全审查制度、贸易"单一窗口"管理制度
	国家级新区	浦东:财政支持,税收"A免B减半",其他新区无直接优惠政策	"先行先试权";中央在编制规划、项目安排、体制机制创新给予支持
区域合作政策工具创新		中央领导小组直接干预、编制区域规划、区域对口支援	行政契约、地方政府联席会议、专项合作
专项政策工具创新		管制:标准制定和过程管理	市场:税费和产权交易 社会:信息公开和公众参与

资料来源:作者整理编制。

造区域增长极,同时通过下放"先行先试权"等制度创新进行区域治理改革、助推腹地经济增长;在区域合作方面,中央可以通过中央领导小组直接干预、编制区域规划和区域对口支援等"自上而下"的方式直接影响区域合作,同时地方也会通过行政契约、地方政府联席会议、专项合作等"自下而上"的途径自发地进行合作;对于资源约束、环境污染等日益凸显的问题,各地会通过专项政策创新来解决,如通过"河长制"等管制手段对过程进行直接干预,也可通过排污权交易、公共服务外包等市场或社会途径间接解决。

作为改革开放以来中国大范围政策试验的产物,以上这些特色政策工具创新具有较强的适应性效率,对各地的发展乃至中国改革开放的成功均产生了深远的影响。

三、小结:改革开放以来区域发展的中国方案

改革开放 40 多年来,虽然存在较严重的区域差距和环境破坏等问

题,但中国在经济总量、地区发展质量和跨区域协调等方面均取得了明显成效,中国的区域发展总体上是成功的。中国为什么能够成功?就区域发展方面来讲,中国的成功与改革开放以来形成的一系列正确的理念、战略和具有适应性效率的制度安排是密不可分的。这些理念、战略和制度安排较好地解决了区域发展过程中的机制、信号、效率和激励问题[1],激发了各地创新和发展的热情,最终使中国的区域发展实现了总体上的成功,为世界贡献了区域发展的中国智慧,同时也为世界提供了解决区域发展问题的中国方案。

(一)"实事求是"的发展理念为改革开放奠定了思想基础

首先,"解放思想,实事求是"的理念为改革开放的成功奠定了思想基础。一方面,改革开放为思想的产生和讨论提供了较包容的政治氛围;另一方面,这些讨论又有助于凝聚改革共识、明确改革方向。经过1978年真理标准的大讨论,我国确定了改革开放道路;1992年关于"计划经济"与"市场经济"的讨论则为我国的市场化改革坚定了方向。其次,1997年关于社会主义初级阶段所有制形式的讨论为所有制改革和民营经济的发展铺平了道路。最后,2005—2007年关于改革本身的争论则凝聚了深化改革的共识。可以说,"解放思想,实事求是"的理念奠定了我国务实主义和渐进主义的改革基调,为后续制定正确的战略决策提供了思想保障。

(二)"和平和发展"是时代主题的科学论断是改革开放成功的先决条件

改革开放以来中国区域发展的成功是在中国改革开放的时代大背景下取得的,其成功源于对国内外局势的正确判断和对战略机遇的充分把握。党的十一届三中全会以后,邓小平基于对国际形势的长期观察,做出了"和平和发展是当代世界的两大问题"的科学论断,进一步坚定了以经济建设为中心、扩大对外开放的正确道路。对外方面,中国一方面妥善处理了中美、中日和中俄等大国关系,慎重地应对了地区问题,并在1997年亚洲金融危机、2008年全球金融危机和2015年巴黎气候大会等有关人类发展的重大问题中,表现出了中国应有的责任和担当,获得了世界上大多数国家的信赖和支持,为中国的和平崛起争取了有利的外部环境。另一方面,在全球化措施上,中国也抓住了"二战"后新一轮全球化的发展机遇,积极融入全球分工体系和创新网络中,特别

---

[1] 蔡昉.中国改革成功经验的逻辑[J].中国社会科学,2018(1):29-44.

是 2001 年中国加入世界贸易组织(WTO)极大地加快了中国对外贸易的发展。同时,中国也积极融入亚太经合组织(APEC)和中国-东盟自由贸易区(CAFTA)等区域性经济合作组织中,进一步夯实中国外向型经济的发展根基。以上正确判断和措施为中国改革开放的成功铺平了道路。

(三) 从"非均衡"到"协调"的增长战略是中国区域发展成功的关键

除了坚持市场化改革的正确方向之外,改革开放以来,党中央、国务院科学判断和准确把握国内外发展形势,立足于"两个大局",先通过非均衡增长战略优先在发展基础较好的东部沿海地区建立特殊经济区,以此解决资本、技术和管理经验缺乏等问题。待东部地区发展到一定程度、要素积累达到一定水平后,再通过西部大开发、东北振兴、中部崛起、京津冀协同发展、长江经济带、粤港澳大湾区等协调发展战略实现区域间优势互补、产业梯度转移,在更大范围内实现生产要素的流动和优化配置,进而推动中国区域经济的协同发展。因此,根据不同的发展阶段实施不同的发展战略,并对相应政策进行适时调整,是中国区域发展成功的关键。①

(四) "发展型政府"是中国区域发展成功的动力之源

此外,具有适应性效率的制度安排则充分激发了各地区的经济活力。有学者认为,改革开放以来中国逐步形成一个政治上集权、经济上分权的制度体系。② 国家在"集中力量办大事"的"举国体制"下,取得了资源集约高效配置下的总体经济成长;从计划经济向市场经济转型过程中,地方官员为了政治晋升展开了以经济增长为中心的"晋升锦标赛"③,塑造了"发展型政府"这种地区激励体制④;渐进式改革路线也使中国的改革开放帮助了中国在继承性中前行的政策试验与扩散模式。⑤此外,中国政府适时进行了所有制、公司制和社会组织的改革尝试,以

---

① 当然,中国坚持计划生育政策带来的低抚养比使中国人口红利所带来的竞争优势得到充分发挥以及其他领域的配套改革提供的稳定的宏观环境也是中国区域发展成功的重要原因。

② Chenggang Xu. The Fundamental Institutions of China's Reforms and Development[J]. Journal of Economic Literature,2011(49):4,1076-1151.

③ 周黎安.中国地方官员的晋升锦标赛模式研究[J].经济研究,2007(7):36-50.

④ 张汉."地方发展型政府"抑或"地方企业家型政府"? ——对中国地方政企关系与地方政府行为模式的研究述评[J].公共行政评论,2014(3):157-175.

⑤ Sebastian Heilmann. Policy Experimentation in China's Economic Rise[J]. St. Comp. Int Dev.,2008(43):1-26.

此获得了有效处理政府与市场、政府与社会关系的中国经验和道路,进一步释放了发展活力。在功能型政策上,改革开放以来中国形成了以国家发展规划为战略导向,财政政策、货币政策、产业政策和区域政策相互协调的宏观调控政策体系[①],为中国经济稳定高速增长提供了政策保障。

总之,思想解放为改革开放奠定了思想基础;"和平和发展"是时代主题的科学论断使中国把注意力集中到经济建设和对外开放上来;渐进主义的改革路线则创造了一个宏观稳定和包容性的发展环境;引入各类激励相容的机制激发了个体的积极性和能动性,实行分散化决策解决了信息不对称问题,市场化改革方向则提高了资源配置效率[②],同时务实主义和试验主义减小了改革的风险;出口导向型战略也使我国抓住了经济全球化的发展机遇,从非平衡到协调的区域发展战略充分发挥了中国各地的比较优势,提升了整体的竞争力。以上理念、战略和制度安排使中国的区域发展实现了总体上的成功,为世界贡献了区域发展的中国智慧,也为世界提供了解决区域发展问题的中国方案。

需要说明的是,改革开放40多年后的今天,中国与世界的联系更加紧密,所处的国内外环境已发生巨大变化,一些新的发展机遇和挑战也在不断出现。一方面是随着中国进入"经济新常态",改革开放过程中曾经发挥过重要作用的特殊经济区、港口城市、资源型城市和老工业基地都遇到了许多新问题,以往的发展方式已难以为继,亟须转型升级。另一方面,在工业4.0、贸易保护主义抬头、逆全球化有所发展和国际秩序快速重构的今天,新一轮科技革命和全球政治经济秩序的变化也在不断挑战着各区域的治理水平。在此形势下,中国应进一步重视区域经济结构和社会结构转型、区域发展方式和路径优化、扩大地区发展内需这三个方面,从"外向型经济"导向转变为"内外平衡型经济",以"投资主导"向"消费主导"和"科技主导"转型,由传统的"工业化主导"向"新兴产业主导"转型。[③] 除了经济社会发展转型外,还需要在教育、科技、卫生、文化等方面加强与全球各地区的"链接度",从而建立更大空间尺度范围内的经济共同体,有效发挥"溢出效应",在为置身其中的各经济主体创造"等值生活条件"的同时,推动地区的整体繁荣发展。

[①] 王一鸣.改革开放以来我国宏观经济政策的演进与创新[J].管理世界,2018(3):1-18.
[②] 田国强,陈旭东.中国改革,历史、逻辑和未来:振兴中华变革论(第二版)[M].北京:中信出版集团,2017:75.
[③] 李胜兰,王妙妙.中国特区经济:何去何从[J].中国经济特区研究,2016(1):85-102.

第二节 典型案例

案例一：深圳改革 40 年*

深圳是中国南部海滨城市，位于珠江口东岸，与国际大都会香港一水之隔。全市面积 1953 平方千米，属亚热带海洋性气候区，四季温润、阳光充沛，盛产水果。2017 年年末常住人口 1252.83 万，其中户籍人口 404.8 万。①

1980 年，在邓小平倡导下，中国第一个经济特区在深圳设立。从此，深圳成为中国改革开放政策和现代化建设先行先试的地区。短短 40 年，深圳从一个仅有 3 万多人口、两三条小街的边陲小镇，发展成为一座拥有上千万人口，经济繁荣、社会和谐、功能完备、环境优美的现代化大都会，创造了世界工业化、城市化、现代化史上的奇迹。

一、深圳特区设立

（一）拉开铁幕

1978 年 12 月 18 日，党的十一届三中全会召开，决定把党和国家工作重心转移到经济建设上来，作出了实行改革开放的重大决策。广东、福建省委向中央要求在改革开放中"先行一步"，利用邻近港澳等有利条件，实行特殊政策，吸引外资、扩大出口。邓小平听说后，高兴地说："就叫特区嘛。过去陕甘宁边区就是特区！"

1979 年 1 月 31 日，中共中央、国务院决定在深圳市蛇口举办工业区。② 同年 4 月，中央同意广东"先走一步"，划出深圳、珠海、汕头等地区，实行特殊的政策措施，以取得改革开放、发展经济的经验。1979 年 7 月 2 日，"中国改革开放的第一炮"在中国大陆第一个出口加工工业区蛇口打响。同年 7 月 15 日，中共中央、国务院决定对广东、福建两省实

---

* 本案例由清华大学公共管理学院案例中心兼职助理任勇编写，案例的写作得到了清华大学公共管理学院于安教授、案例中心慕玲主任的指导。案例仅用于课堂讨论，不对政府绩效得失作评价。

① 深圳政府在线，http://www.sz.gov.cn/cn/zjsz/szgl/201107/t20110712_1675680.htm。

② 深圳在 1979 年完成了"撤县设市"。1979 年 1 月 23 日，中共广东省委决定把宝安县改为深圳市，受广东省和惠阳地区双重领导。3 月 5 日，国务院批复同意广东省宝安县改设为深圳市，以宝安县的行政区域为深圳市行政区域，下辖罗湖、南头、松岗、龙华、龙岗、葵涌六个区，总面积 2020 平方千米，总人口 358267 人。同年 11 月，中共广东省委决定将深圳市改为地区一级的省辖市。

行"特殊政策,灵活措施",在深圳、珠海、汕头、厦门创办"出口特区"。1980年5月,中共中央和国务院正式将深圳定为"经济特区"。1980年8月26日,五届全国人大第十五次会议向全世界宣布:社会主义中国创办了经济特区。美国《纽约时报》惊叹,"铁幕拉开了,中国大变革的指针正轰然鸣响。"

(二)争取"尚方宝剑"

中央文件下达后,广东省领导认为,建立特区必须有相应立法保障,并立即组织人员起草《特区条例》。1980年4月,广东省第五届人民代表大会常务委员会第三次会议审议通过了《广东省经济特区条例(草案)》。同年8月26日,第五届全国人大常委会第十五次会议批准了该条例(以下简称《条例》),并自批准之日起生效实施。《条例》共22条,规定在经济特区实行特殊政策和灵活措施,鼓励外商到经济特区投资办企业,赋予经济特区在改革开放方面更大的自主权,并从注册经营、优惠办法、劳动管理、组织管理等方面确立了经济特区的运作模式。《条例》不仅从法律上宣告了深圳经济特区的诞生,更重要的是《条例》把"特殊政策、灵活措施"以法律的形式固定下来,打消了外商的疑虑,赋予了特区更大的改革自主权,成为特区改革开放的"尚方宝剑"。

(三)"杀出一条'血路'来"

改革开放之初,中央为了打开改革开放的局面,于1979年4月同意广东"先走一步",在深圳、珠海、汕头等地区实行特殊的政策措施,邓小平说,"中央没有钱,你们自己去搞,杀出一条'血路'来。"

深圳经济特区作为改革开放的排头兵,创造了多项第一。1980年,深圳率先突破固定用工的传统体制,"炒鱿鱼"打破"铁饭碗",实行双向选择,放开部分商品价格和收费,率先进行价格改革。1981年,深圳蛇口工业区率先对外招聘干部,率先进行人事制度改革。同年3月,深圳市升格为与广州市相同的副省级市。① 1982年,深圳推出工资改革试点,改革劳动分配制度。"时间就是金钱,效率就是生命"的口号震动全国。1983年,深圳第一家股份制企业诞生,率先试行劳动用工合同制。1984年,"三天一层楼"的国贸大厦成为深圳标志,深圳速度被载入史册。1985年,提出"科技兴市",率先进行科技体制改革。率先实行暂住

---

① 副省级市:中华人民共和国的行政区名之一,受省级行政区管辖。在国民经济和社会发展规划上,副省级市政府已经拥有了省级政府的权限。

证制度。1986年,开启国营企业股份化试点。1987年,率先开放土地市场,土地拍卖"第一槌",引发新中国土地使用制度的"革命"。成立内地第一家证券公司、第一家股份制商业银行。1988年,率先推行住房制度改革,"房屋是商品"的观念走向全国。同年11月,国务院批准深圳市在国家计划中实行单列①,并赋予其相当于省一级的经济管理权限。1989年,百万劳工下深圳,深圳成为最早聚集打工者的城市。以经济手段取代行政分配,传统的住房制度被突破。1990年,深圳证券交易所成立。1991年,内地第一家期货交易所诞生。由此,深圳已在中国改革开放的探索中"杀出了一条'血路'"。

(四)饱受争议

特区"摸着石头过河",但"探索者"也饱受争议。深圳经济特区的建立引起了全世界的瞩目,国内外的反应非常强烈。在国内,由于改革开放刚刚开始,人们对经济特区还很不理解。一些人把深圳特区比作"旧租界"或是"资本主义"的复活。在国外也有反对声音,如苏联认为,搞经济特区是卖国,走修正主义。要不要办特区,办特区是对是错?这个问题,在深圳特区成立的前四年,一直存在争论。

(五)中央肯定

1984年,邓小平决定到特区去看一看。看到深圳由过去"水草寮棚"的渔民村变成"家家万元户、户户小洋楼",看到企业开发的计算机软件,看到"三天一层楼"的"深圳速度",邓小平欣然题词:"深圳的发展和经验证明,我们建立经济特区的政策是正确的。"邓小平对特区的肯定,让办特区是对是错的问题有了旗帜鲜明的结论,此后对深圳发展道路的争论逐渐沉静下来。自此,国内外对深圳经济特区有了较正确、清晰的认识,前来投资的人也大大增加。深圳经济特区迎来了快速发展的春天。

1992年,邓小平第二次视察深圳,并发表了极为重要的谈话:计划经济不等于社会主义,市场经济不等于资本主义,特区姓"社"不姓"资",市场也可以为社会主义服务。

1992年10月,党的十四大明确提出:"我国经济体制改革的目标是建立社会主义市场经济体制。"建立经济特区这一"最大的解放思想、

---

① 计划单列市:享有省一级的经济管理权限,而不是省一级行政级别。计划单列市的收支直接与中央挂钩,由中央财政与地方财政两分,而无须上缴省级财政。

最大的改革开放",正是我们党确立社会主义市场经济理论的重要实践依据。

二、争取立法权

作为改革开放的"试验田",许多事情深圳必须先闯先干。但随着对外经济活动增多,法治的重要性日益凸显。深圳特区要搞市场经济,没有法制不行。只有法律才能让境外人士相信,人家才敢来投资。但特区没有立法权,制约了深圳的进一步发展。于是,1987年,深圳提出特区要有自己的立法权。

(一)特区需要立法权

1981年,全国人大常委会授权广东、福建省人大及其常委会制定经济特区各项单行经济法规,使其在经济体制改革方面起"立法试验田"作用。到1986年,深圳经济特区的法规大约有19项,其中16项是广东省人大通过的,3项规章是国务院通过的。当时珠三角开放,各个地方都要立法,广东省人大忙不过来。而随着深圳经济特区的不断发展,很多问题暴露出来,立法工作迫在眉睫,5年内就有100多项立法提案。另外,深圳此前给广东省报了几个立法计划,都没完整通过,有些创新的东西根本通不过。因此,深圳要真正加快发展,要真正做到有法可依,必须有自己的立法权。

(二)阻力重重

但当时,除了全国人大及其常委会外,只有省级人大及其常委会才拥有立法权,即使是各省的省会城市也只有"半个立法权",省会市人大的立法还需要省级人大批准。所以这个提法一抛出来,就遇到一些同志的强烈反对,被指"夺权""违宪"。

1989年3月,第七届全国人民代表大会二次会议上,国务院提出授予深圳特区立法权的议案,不少代表对此提出了反对意见。上海市人大代表团的代表认为广东已经有立法权了,又有那么多的优惠政策,现在还要再给特区立法权,将进一步扩大政策差距。这是给特区锦上添花,脚步过快。因为当时深圳市人大及其常委会并没有成立,代表们还提出了一条很现实的质疑:深圳连立法主体都没有,怎么授予立法权?广东省人大本身也不同意,认为这是在从省里夺权,搞多头立法,会破坏法律统一。当时的会议由全国人大常委会常务副委员长彭冲主持。

他看到上海、广东两个代表团的意见都这么大,就没将此议案提交大会表决。后经过全国人大委员长会议决定,将议案变通为授权全国人大常委会在深圳市依法产生人大及其常委会后,再对国务院的议案进行审议,作出相应的决定,这才勉强通过。

(三) 努力争取

然而深圳不惧指责,迎难而上,经过5年的不懈努力,在中央领导的大力支持下,终于曲折地取得了立法权。其间,深圳邀请100多位人大常委会委员分批来深圳考察,跟他们解释为何要"立法权",争取他们的理解。到1990年12月,深圳终于成立了人大。

1992年春天,邓小平再次视察深圳,指示深圳继续解放思想,"大胆地试,大胆地闯"。当时的市委书记李灏向邓小平表达了特区立法权的想法。恰逢此时,深圳市人大的筹备工作完成。1992年2月,全国人大常委会授予深圳市人民代表大会及其常委会、市政府制定地方法律和法规的权力。1992年7月1日,七届全国人大常委会作出决定,明确授权深圳市人民代表大会及其常务委员会根据具体情况和实际需要,遵循宪法的规定以及法律和行政法规的基本原则,制定法规,在深圳经济特区实施。90%以上的常委投了赞成票。这是一个前所未有的地方立法授权,从此,深圳的发展如虎添翼,立法优势转化为法治优势。

(四) 立法成果

1993年,深圳先后制定并实施了股份有限公司条例、有限责任公司条例等,这些条例为1993年国家制定《公司法》提供了立法试验;1995年出台的《深圳经济特区律师条例》被称作"律师界首个跟国际接轨的条例",条例出台后,有香港大律师称"看到了回归的希望",为1995年的《律师法》和1997年《刑事诉讼法》的修订,提供了宝贵的经验。2000年3月15日,九届全国人大三次会议通过的《中华人民共和国立法法》,赋予经济特区所在地的市以较大市的立法权。深圳又获得了较大市的立法权,即可以制定地方性法规报请广东省人大常委会审查,经批准后在全市范围内实施。深圳从此可以根据社会和经济发展需要,分别行使特区立法权和较大市立法权。深圳由此成为一个拥有双重立法权的城市。截至2010年年底,深圳共制定法规196项,其中特区法规156项,较大市法规40项,多项法规在全国实现率先突破,是我国地方立法最多的城市。立法权为深圳社会主义市场经济的发展和市场秩序的建立提供了有力的法制保障。

三、特区一体化

(一) 一市两制、一市两法

深圳经济特区设立两年后,1982年6月经国务院批准,在特区与非特区之间设立了边防管理线(见图5-6)。关内的327.5多平方千米是深圳经济特区,关外则是1600多平方千米、与特区无缘的宝安和龙岗区。自1985年起,许多前往深圳的内地人必经这一关,凭"中华人民共和国边境地区通行证"和居民身份证通过,这就是当地人俗称的"二线关"。与"二线关"相对应的是深圳与香港交界的27.5公里长的"一线关"。在1997年之前港英当局统治香港时期,曾多次发生逃港偷渡潮。因此,设立"二线关"的一个重要目的就是减轻一线的压力,确保香港的安全。

图5-6 一道铁丝网将特区内外分隔①

(二) 发展枷锁

犹如中国香港和内地"一国两制"的关系,在深圳存在一个城市两种制度、一个城市两种法律的问题。"二线关"的存在,已经成为深圳城市发展的障碍。人为分割的城市二元结构,导致特区内过度开发、特区外开发不足。2009年,关外每平方千米产值仅相当于关内的1/5左右。"关内是欧洲,关外是非洲""宁要关内一张床,不要关外一套房",这些话形象地道出了深圳关内和关外的显著差别。长期以来,在深圳人心目中形成了关内是城区、关外是郊区的概念。关外在基础设施、市政配套以及公共服务水平等方面,与特区内差距明显。关内外二元分割的另外一个突出表现是"一市两法"。1992年,全国人大常委会已授予深圳"特区立法权",但特区立法只能在特区内施行,而不能适用于经济特

---

① 图片来源:深圳新闻网,http://www.sznews.com/zhuanti/content/2010-06/03/content_4710987.htm。

区之外的宝安、龙岗两区。长期以来,"一市两法"造成特区内外执法标准不一,给深圳的行政管理、司法以及公民权益保障带来诸多困扰。

(三)特区扩容

特区扩容最早的提议起于 2003 年。在当年 3 月份召开的十届全国人大一次会议上,全国人大代表、原深圳市人大常委会副主任张余庆提交了《关于将宝安龙岗两个行政区域划入特区范围管辖,从根本上解决深圳法律适用上"一市两法"问题的议案》。2004 年的十届全国人大二次会议上,广东代表团再次提出这一议案。此后,深圳社科界经常能够听到将特区范围扩大到宝安、龙岗的呼吁,甚至民间也一直在讨论"二线关"以何种方式从深圳的版图上退却。但其后的数年时间内,这个话题都没有得到中央的回应。

在深圳有关方面的持续努力下,2010 年 5 月 31 日,中央批准了深圳扩大特区版图的申请,同意将深圳经济特区范围扩大到深圳全市,将宝安、龙岗两区纳入特区范围。至此,深圳特区范围延伸至全市,特区总面积由 395 平方千米扩容为 1948 平方千米,接近香港面积的两倍(香港总面积 1103 平方千米)。对于"二线关"的去留,批复表示:"今后视发展需要,由广东省有关部门提出特区管理线处理办法,按程序报批。"2010 年 7 月 1 日,深圳经济特区范围正式扩大到宝安、龙岗两区。至此,深圳 101 个特区法规和 41 个规章随即覆盖全市,深圳进入法制一体化时代。

深圳经济特区扩容后,为深圳发展和港深合作开辟了广阔前景。不但关内外发展不平衡的差距得以缩小,还从根本上解决了"一市两法"的问题,拓展了城市发展空间,为深圳建设国际化大都市扫清了障碍。

四、深化改革

(一)特区不特

1980 年 8 月,深圳、珠海、汕头和厦门成为中国首批经济特区;1988 年 4 月,海南设省并建设经济特区。1990 年 4 月,上海浦东新区实行经济特区优惠政策;2005 年,上海浦东新区进行综合改革试点。天津滨海新区综合改革试点也在不断推进。2010 年 6 月,重庆两江新区挂牌成立……由点到线、从沿海到内地,党中央、国务院不断扩展着经济特区的范围和内涵,而深圳经济特区的独特性也不断在减弱。当初改革的时候,它可以做的事情,别人不可以做,现在这种政策优势已日渐丧失。随着邻近城市乃至全国各地交通条件的改善,深圳的区位优势在某种程度上说也有所弱化。这些变化引发了人们的疑问——"深圳还有优势吗?""特区还特吗?"

(二) 二次创业

1995年,随着改革开放向中国腹地延伸,中国的开放地区已经遍布沿海、沿江、沿边和内地,特殊政策成为普惠政策。上海凭借新一轮的发展风头盖过深圳,深圳在政策上的优势越来越弱化。特区如何发展?为此,1995年深圳市发出了"二次创业"的口号,率先提出调整产业结构、发展高新科技等支柱产业的发展观,并提出建立社会主义市场经济的"十大体系"。1997年,深圳初步建立社会主义市场经济十大体系,基本完成了从计划经济到社会主义市场经济的过渡。

(三) 未来之路

进入21世纪,深圳的发展面临着土地有限、资源短缺、人口不堪重负、环境承载力严重透支"四个难以为继"的严峻挑战。

2003年4月,胡锦涛总书记来到深圳,要求深圳"加快发展、率先发展、协调发展,继续走在全国的前列";同年10月,党的十六届三中全会明确要求,特区改革开放的窗口和试验田作用仍具示范效应。2005年,深圳的"特区理念"再次发生飞跃,在勇敢地自我解剖并指出现有发展模式下的"四个难以为继"后,深圳提出从"速度深圳"迈向"和谐深圳""效益深圳"。明确提出今后将不再以GDP论英雄,而要更多重视经济发展中资源消耗、社会公平以及人的发展等问题,以实现经济社会的全面、协调、可持续发展。深圳立法方向与时俱进,通过立法促进科学发展。2006年,深圳在全国率先出台循环经济促进条例。这是一部贯穿科学发展红线的法规,是深圳发展循环经济的纲领性法规。条例建立了绿色GDP核算以及资金支持等10项先进制度,成为深圳循环经济发展的强力引擎。此外,深圳积极推动、鼓励改革创新。2006年《深圳经济特区改革创新促进条例》出台,成为全国第一个保护改革创新的专项法规。2006年《深圳2030城市发展策略》出台,成为中国内地第一个法定化的城市发展策略。2006年《深圳市实施"走出去"战略规划纲要》出台,首次把"走出去"列入城市重点发展战略。同样是在2006年,中国科学院深圳先进技术研究院成立,对深圳高新技术产业发展、建设创新型城市具有重要的里程碑意义。进入21世纪以来,深圳在持续深化国有企业改革的同时,积极深化行政体制改革,推行电子政务,改革重大投资项目审批制度,加快建设现代服务型政府,同时加快推进城市化进程和深化文化体制改革。2010年以来,深圳还率先在全国推进"大部制"等改革举措,为全国行政体制改革作出了积极探索。

党的十八大以来,改革开放进入全面深化的新阶段,借助中央顶层设计,深圳发展呈现出一些创新与新的机遇①。2013年6月16日,深圳碳交易平台正式挂牌。深圳成为我国首个正式启动碳排放交易试点的城市。2014年6月,深圳国家自主创新示范区成立,成为党的十八大后第一个以城市为基本单位的国家自主创新示范区。2015年,中央批准前海蛇口自贸区成立,发挥前海毗邻香港的地缘优势,带动珠三角地区的产业发展。2015年8月,深圳国际低碳城成为国家首批低碳城试点。2017年,国务院医改办在深圳召开全国医联体建设现场推进会,将罗湖医改经验向全国推广。同年,国家研究制定粤港澳大湾区城市群发展规划,深圳成为推动内地与港澳深化合作的前沿和纽带。在新的时代下,深圳继续在区域经济发展、创新驱动、绿色发展和共享发展等方面积极探索,在为自身创造新的发展机遇的同时,也为全国提供宝贵经验。

总之,中国的改革开放没有完成,深圳特区的历史使命没有完成,人们期待深圳这座"改革之城、创新之城"能继续担负起试验田和探路者的使命,为中国现代化建设提供经验。

案例二:海西经济区协调发展之路**

福建省是大陆距台湾最近的一个多山临海的省份。长期以来,由于多种原因,福建的经济发展长期滞后于其他沿海省份。改革开放以来,福建省针对区位优势突出的闽南三角地区、湄洲湾和闽江口地区的开放开发进行了艰辛的探索。为了进一步提升福建省的开放开发水平,增强福建省与台湾、港澳及其他沿海地区的联系,福建省委、省政府于2004年1月正式提出了"建设海峡西岸经济区"(简称海西经济区)的战略构想。这片位于台湾海峡西岸,以福建为主体包括周边地区,南北与珠三角、长三角两个经济区衔接,东与台湾岛、西与江西、浙江的广

---

① 高瑜,李松. 新时代深圳创新发展的新思路[J]. 宏观经济管理,2018(1):83-88,92.
** 本案例由清华大学公共管理学院博士研究生贾开、硕士研究生李淳共同编写。案例写作得到了清华大学公共管理学院教授于安、副教授李应博的指导。案例仅用于课堂讨论,不对组织绩效与个人得失作评价。

大内陆腹地贯通的区域,具有对台工作、统一祖国,并进一步带动全国经济走向世界的独特优势的地域经济综合体的发展得到了中央的高度重视。在各方的积极支持下,"一意见两规划一方案"构成了指导海西经济区建设的宏观政策体系。在这一政策体系的指导下,海西建设进入了一个加速发展的快车道。海西经济区2009年、2010年地区生产总值分别比上年增长12%[①]和16%[②];作为经济区主体的福建省,2009年、2010年、2011年的地区生产总值分别比上年增长12.3%、13.9%和12.2%。海西经济区的建设增进了福建与台湾、港澳及其他沿海地区的联系,走出了一条协调发展之路。

一、福建发展战略的历史演变

由于多种原因,福建的经济基础十分薄弱。福建地处海防前线,因台海关系紧张,福建一度成为中央在地方投资建设最少的省份之一。中华人民共和国成立后至1978年30年间的基建投资仅占全国投资总额的1.5%,绝大多数工业企业的设备和技术都很落后。加之计划经济的长期推行,福建经济发展一直处于封闭和半封闭状态,居于全国的后进地位。1978年,福建地区生产总值在全国29个省区中名列第22位,人均地区生产总值居全国第23位,低于全国平均水平27%。[③]

(一) 解放思想 大念《山海经》

1978年党的十一届三中全会拉开了改革开放、促进经济发展的变革序幕;1979年1月,全国人大常委会发布《告台湾同胞书》,打破了两岸长达30年的禁锢;同年7月,中共中央、国务院下发50号文件,确定福建、广东两省在"对外经济活动方面实行特殊政策和灵活措施";1980年10月,厦门经济特区应运而生。在全国大部分地区尚实行计划经济之时,闽粤两省因其区位特点、与港澳台的历史联系等因素,成为中国经济体制改革的试验田。然而,如何立足本省特点,充分利用中央政策,打破原有思想和制度的禁锢,则成为摆在福建省委省政府面前的一道难题。正如时任省委书记项南所说:"闽之水何泱泱,闽之山何苍苍,

---

[①] 中国网财经中心,http://www.china.com.cn/economic/txt/2011-11/11/content_23891949.htm.
[②] 福建省发展改革和委员会编.《海峡西岸经济区发展规划》解读百问百答.
[③] 中国福建政府网.加快建设海西经济区专题,从"海防前线"到海峡西岸经济区主体地位的形成[EB/OL]. http://www.fujian.gov.cn/ztzl/jkjshxxajjq/hxgl/201006/t20100626_258767.htm.

若要福建起飞快,就看思想解放不解放。"①

项南,福建连城人,这位20世纪80年代的改革派元勋,赴任省委书记后即开展了福建省自中华人民共和国成立以来动员力量最大、持续时间最长、花费精力最多的一次省情大调查。项南要求,"每个人,特别是一个地区、一个县、一个公社,甚至一个队的领导人,心中都要有这么一本'经',都要对福建的山山水水,对自己所在地方的情况有个真切的了解。究竟我们的优势在哪里,劣势是什么,从而趋利避害。"②在调查研究中,福建所具有的山海优势很快就浮出水面,而以往工作重心的缺陷与偏失也随之暴露出来。一方面,福建陆地面积12万平方千米,可折成1.8亿亩,其中耕地面积不足2000万亩,而山区面积达1.4亿亩,但山区创造的财富却不及耕地的6%;另一方面,福建可利用的渔场面积13.6万平方千米,但海洋所创造的财富却不及陆地的6%。福建在中华人民共和国成立后三十几年,工作重心始终放在1900多万亩耕地上,丢掉了山多海阔的优势,造成了全省经济的畸形发展。③ 项南通过这样的方式,调整了"以粮为纲"的工作重心,重塑并解放了各级干部对福建的认识。1981年秋,省委正式作出"大念'山海经',建设林业、畜牧业、渔业、经济作物、轻型工业、外经、科教、统一祖国八大基地"的战略决定。1984年,福建省六届人大常委会第九次会议正式通过了《福建省八个基地建设纲要(试行)的决议》,进一步从法律角度确认了福建省委"大念'山海经'"的战略决策,并迅速转化为全省人民的积极行动。

从"以粮为纲"到"大念'山海经'",战略决策的变化带来了福建省新的发展机遇和局面。到1984年年底,林业、畜牧业、渔业、经济作物和轻型工业五个生产型基地的总产值达115亿元,比1980年增长了53.7%。④ 同时,福建的经济发展跳出了粮食生产的单一结构,跳出了只在人均七分田上做文章的小圈子,放眼山海,走向了农、林、牧、副、渔全面发展。到1991年,全省种植业与林、副、渔业产值比重已从1978年的71:29调整为45.9:54.1,林、副、渔业的比重上升了25.1个百分点⑤。

然而,"山海经济"的重点仍然是如何开发利用福建省内的优势资源,仍然立足于以农业为主体的产业结构。当大陆进一步扩大改革开放,外向型经济发展模式的步伐越来越快时,"山海经济"这一战略决策

---

① 项南.谈解放思想讲话.1981-01-21.
② 1981年3月,项南在闽北山区调研时,在各级领导及群众代表座谈会上发表的讲话。
③ 八闽大念"山海经"[N].福建日报,2008-10-21.
④ 改革开放以来福建发展战略的演变,福建史志"纪念改革开放30周年专稿".
⑤ 福建省情资料库,http://www.fjsq.gov.cn/ShowText.asp?ToBook=207&index=161&.

便难以满足中央对福建所寄予的"改革排头兵"的期望,同时也使福建难以跟上整体经济发展的节奏。因此,伴随着时代的进步,如何适时地修正战略方向,进一步扩大改革开放,又成为摆在福建省面前的一道难题。

(二) 重点突破 发展闽东南

当时间进入 20 世纪 90 年代,国际国内形势发生巨大变化,改革开放的路线受到了极大的质疑和动摇。"发展才是硬道理,敢闯敢干,勇于为先",邓小平的南方视察讲话不仅充分肯定了改革开放的路线不动摇,同时也掀起了中国改革开放的新一轮浪潮。对此,福建省委以邓小平南方视察讲话为指导,召开了一系列研讨会,讨论福建未来的发展战略。

1992 年 3 月,福建省提出了"重点突破"和"区域带动"的新思路,即加快闽东南三角地区、闽江三角洲和湄洲湾等沿海沿江地区发展,从而以沿海的繁荣带动内地建设。1992 年 8 月,省委省政府在福州马尾举办研讨班,正式提出"加快闽东南开放开发"的发展战略。在随后召开的省委五届七次会议上,这一发展战略又得到进一步的具体和深化,即全面实施"南北拓展,中部开花,连片开发,山海协作,共同发展"的战略部署,加快发展以厦门经济特区为龙头的闽南三角地区、以福州开放城市为中心的闽江下游地区、以湄洲湾为代表的闽中沿海重点开发区,并以此三个区域的发展带动其他内陆地区的共同发展。① 福建省的发展战略得到了中央的支持,1992 年 10 月党的十四大决定,将闽东南地区与长江三角洲、珠江三角洲、环渤海地区一起开辟为经济开放区,作为加速开放开发的重点地区,并要求通过 20 年的努力,在这些地区率先实现现代化。

闽东南开放开发的发展战略,是福建省政府在充分认识省情的基础上,紧密结合当时宏观国情所作出的战略决策。邓小平关于改革开放理论中很重要的一点,就是"让一部分地区先富起来,发展快一点,再带动大部分地区,这是加快发展,达到共同富裕的捷径"。② 就福建而言,闽东南地区就是带动整个福建经济发展的突破口。闽东南地区包括福州、厦门、漳州、泉州、莆田 5 个市所辖 42 个县、市、区,土地总面积只占全省 1/3,但主要经济指标却占全省 2/3 左右。③ 经过改革开放十

---

① 吴明刚.海峡西岸经济区发展战略的演进及特点[J].福建党史月刊,2007(3).
② 邓小平文选.第 3 卷[M].北京:人民出版社,1993:166.
③ 唐兴夏,吕良弼.闽东南地区经济发展战略[J].福建学刊,1993 年增刊.

几年的发展,闽东南地区也具备了良好的开放开发优势。1984 年福州市即成为全国首批沿海开放城市;同年厦门经济特区范围扩大至全岛,并实行某些自由港政策;1989 年区域内 4 个台商投资区成立;1992 年福州马尾、厦门象屿保税区成立。再加上区域内的经济技术开发区、国家旅游度假区等在内,闽东南地区形成了一个多层次、全方位、宽领域的开放区域。

相比于其他经济开放区,闽东南地区的突出特点之一就在于其毗邻台湾的区位优势以及与台胞同祖同根的血缘优势。然而,由于政治因素的影响,两岸的经贸关系却迟迟不能打开局面。1978 年党的十一届三中全会以后,大陆开始实行改革开放政策,全国人大常委会《告台湾同胞书》的发表标志着大陆对台方针历史性的转变。在对大陆经贸政策上,台湾当局也开始有所松动,1985 年台湾的经济管理部门公开认可两岸转口贸易,1987 年宣布解除戒严令,开放民众赴大陆探亲,实现了两岸有条件的人员交往;1989 年台湾的经济管理部门原则决定有条件开放对大陆投资。但尽管如此,在整个 80 年代,台湾当局对大陆仍然保持着较高的警惕性和限制性。直到 1991 年台湾当局宣布终止"动员戡乱时期",台湾立法部门通过"两岸人民关系条例草案"中关于经贸交流的条文,经济管理部门先后制定多种贸易投资管理办法,逐步开放进出口市场,并成立"三会一体"的组织机构专门负责制定大陆经贸政策,从法律、制度、组织结构等各方面全方位地对大陆经贸政策进行规范和开放,两岸经贸关系才正式走上迅速发展的快车道。[1]

面对着两岸经贸关系在 20 世纪 90 年代的这一历史性转变,福建省委省政府在"发展闽东南"的战略决策上也做出了适时的调整。1995 年,福建省第六次党代会正式提出建设"海峡西岸繁荣带"的战略目标,即"以厦门经济特区为龙头,加快闽东南开放与开发,内地山区迅速崛起,山海协作联动发展,建设海峡西岸繁荣地带,积极参与全国分工,加速与国际接轨"[2]。相比于"发展闽东南","海西繁荣带"的战略决策不是局限于沿海,而是逐步扩大到了福建全省及周边地区,特别是注重涵盖了闽台合作、对台产业衔接、外经外贸、区域发展等各个领域。

进入 21 世纪后,台商在大陆的经贸活动进一步迈向了高潮,投资主体也由原来的以轻纺为代表的劳力密集型和以石化为代表的资本密集型转变为以电子信息为代表的技术密集型。但在这一波投资浪潮

---

[1] 伍星都.台湾当局大陆经贸政策的演变及其走向[J].当代亚太,1992(5).
[2] 福建省国民经济和社会发展第十个五年计划纲要。

中,福建省受交通、资源、人才等各方面的因素限制,落在了其他省份的后面。据 2002 年东部沿海省市实际使用台资统计,江苏(包括上海)占总投资金额的 39.41%,广东占 17.06%,福建仅名列第三位,占比 15.06%。① 而且随着长三角、珠三角、环渤海经济区等国内其他区域经济区的不断壮大,福建的对台优势不断地受到影响和削弱。在 2003 年这一数据的排名中,福建更是落在了江苏、山东、浙江之后,名列第四。② 面对如此严峻的形势,福建省必须重新修正发展战略,改变过去由于经济底蕴不足和过分依赖外来投资而形成的不甚合理的产业结构和地区经济格局。

(三) 走出福建　跨向新海西

2004 年,时任福建省省长的卢展工在《政府工作报告》中首先提出"建设对外开放、协调发展、全面繁荣的海峡西岸经济区"的战略构想。这一构想的提出不是无的放矢,而是结合了中央政策方向的调整以及福建省的自身定位和当时现状,深思熟虑后的结果。一方面,党的十六大之后,中央主动调整了对台策略,胡锦涛总书记提出"要做好台湾人民工作"的对台工作新思维。③ 海西经济区的建设,即搭建一个对台交流的前沿平台,很好地符合了中央对台政策的转变要求,服务了祖国的统一大业。另一方面,自 1985 年国家将长三角、珠三角、闽南厦漳泉地区同时划定为沿海经济开放区之后,两个三角洲已经占据了全国经济总量的半壁江山,福建则面临着被边缘化的尴尬处境。因此,海西经济区的提出,是对福建发展战略的重新定位,显示出卢展工明确的发展导向型决策思想。随后,2004 年 3 月在十届全国人大二次会议上,福建省代表联名向大会提交了关于建设海峡西岸经济区的建议。2004 年底,卢展工被任命为福建省委书记。

卢展工提出建设海西的战略构想后,立即引起了全国政协副主席、致公党中央主席罗豪才的注意。罗豪才是福建安溪人,一直积极关心福建的发展。2004 年 5 月,以罗豪才为团长的全国政协常委视察团赴闽考察,并向 7 月召开的十届全国政协常委会六次会议提交了"关于建

---

① 2002 年两岸经贸交流情况[EB/OL].中国台湾网,http://www.chinataiwan.org/jm/jmsj/jmjl/200708/t20070803_438905.htm.

② 2003 年两岸经贸交流情况[EB/OL].中国台湾网,http://lib.taiwan.cn/jldata/201109/t20110921_2074933.htm.

③ 2004 年胡锦涛在参加十届全国人大一次会议台湾代表团审议时的谈话。

设海西经济区"的考察报告。① 此后,全国人大、全国政协、各民主党派、工商联的领导纷纷赴闽就支持海西建设展开调研。2004年7月,胡锦涛总书记对罗豪才的考察报告做出重要批示,要求有关同志"认真阅处"。

2005年,福建省出台多项关于海西建设的政策文件,包括《关于发展壮大中心城市的若干意见》《关于加快产业集聚培育产业集群的若干意见》等。国家各部委也与省政府签署多项合作纪要,将海西战略落到实处,如铁道部"十一五"期间将斥资1000亿元开工建设温福铁路、福厦铁路、厦深铁路、龙厦铁路以及江西向塘至福建福州港、湄洲湾港铁路等项目,延伸和拓展福建的"经济腹地"②;交通部按照西部力度、中部标准支持福建高速公路建设,特别是加大沿海区域公路网密度;国家工商行政管理总局在放宽市场准入条件、扩大闽台贸易合作、福建工商行政管理系统信息化建设等方面给予支持等。

2006年1月,胡锦涛总书记考察福建,表示支持海西经济发展。3月,在十届全国人大四次会议上,海西经济发展被写入政府工作报告和"十一五规划"。随后,温家宝、贾庆林、曾庆红、吴官正、罗干等中央核心层相继考察福建,关注并了解海西战略的相关定位和发展情况。2008年3月,在十一届全国人大一次会议期间,党中央多位领导人都对海西建设提出了要求和期望。贺国强看望福建代表团全体代表,指出建设海峡西岸经济区不仅具有重大的经济意义,也具有重大的政治意义。吴邦国与福建代表团全体代表一起审议全国人大常委会工作报告,希望福建立足对台优势,着眼全国大局,全面推进海峡西岸经济区建设,在促进祖国统一大业方面发挥不可替代的作用。习近平看望福建代表团全体代表时表示,他很赞同福建省委省政府的发展思路,福建有条件成为科学发展、和谐发展、两岸交流合作的先行区。11月,李长春在福建考察时表示,福建省委把中央精神和福建实际有机结合起来,创造性地开展工作,提出并实施了海峡西岸经济区建设,各方面工作蒸蒸日上。11月,李克强在福建考察时表示,海峡西岸气势如虹,福建的发展生机勃勃,海峡西岸经济区建设呈现出巨大的空间和广阔的前景。

2009年,国务院讨论并通过《关于支持福建省加快建设海峡西岸经济区的若干意见》(以下简称《海西若干意见》)。5月,温家宝赴闽视察,他强调福建省要牢牢把握两岸关系和平发展主题,发挥自身独特优势,

---

① 海峡西岸经济区发展大事记[EB/OL].中国福建政府网,加快建设海西经济区专题,http://www.fujian.gov.cn/ztzl/jkjshxxajjq/hxgl/201006/t20100603_252459.htm.

② 福建斥资千亿打造省内铁路网[N].福建日报,2004-12-21.

认真落实《海西若干意见》确定的各项任务,把海峡西岸经济区发展推向新的阶段,在促进祖国和平统一大业和全国发展大局中发挥更大作用。为进一步落实国务院《海西若干意见》、支持海西发展,2011年国务院正式批复了国家发改委会同有关部门和地方政府联合编制的《海峡西岸经济区发展规划》,明确并细化了 2011—2020 年十年间,建设海西经济区的具体目标、任务分工、建设布局和先行先试政策。海西经济区迈入了新的发展阶段。

二、海西规划的内容和实施

选择平潭:政策制定的过程与博弈

在国务院 2009 年通过的《海西若干意见》和国家发改委 2011 年发布的《海峡西岸经济区发展规划》中,明确提出了海西经济区在对台关系、周边地区关系、先进产业布局、文化旅游这四个方面的战略目标。[①]围绕这四大目标,中央和地方政府从经济区空间布局、基础设施建设、产业发展等各个政策方面对海西经济区的未来发展做出了全面规划和政策指引。

《海西若干意见》中明确提出"在现有海关特殊监管区域政策的基础上,实施更加优惠的政策,探索进行两岸区域合作试点"的要求。[②] 2009 年 7 月,为贯彻《海西若干意见》精神,在进行详细调研之后,福建省委八届六次全会决定设立平潭(福州)综合实验区。随后,省直有关部门便开始了《平潭规划》的研究编制工作,并于 2010 年 3 月启动了平潭综合实验区概念性总体规划的国际招标。2010 年 7 月,福建省委省政府将研究编制的《平潭规划》上报国务院。经过国家发改委等有关部门多次实地调研、反复论证,2011 年 11 月,国务院正式批复《关于平潭综合实验区总体规划》。[③] 平潭就此成为海西经济区规划的核心"据点"。

在任何一个区域发展规划中,均需要确定"据点"这个问题本身是没有歧义并形成共识的。因为大量资源的倾向性投入会引发利益分配问题,"据点"具体位置的选择往往容易引起巨大争议。平潭综合实验区的选择也不例外。在官方文件和新闻报道中,福建省委省政府选择

---

① 关于支持福建省加快建设海峡西岸经济区的若干意见,海峡西岸经济区发展规划。
② 关于支持福建省加快建设海峡西岸经济区的若干意见。
③ 平潭综合实验区总体发展规划解读:5-6。

平潭的理由，主要基于以下三方面的考虑①。

第一，平潭在地理上的区位优势。海西经济区的战略目标之一是建设"两岸人民交流合作先行先试"区域②，因此对台关系是海西建设的重中之重。平潭岛地处台湾海峡中北部，是中国第五大岛，主岛及附属岛屿陆域总面积392.9平方千米，距台湾新竹仅68海里（约125公里），是大陆距离台湾最近的海岛县。从区位理论的角度出发，地理距离的远近是决定区位优势的首要因子，选择平潭自然有着不可辩驳的理由。

第二，平潭岛自然资源丰富，拥有众多避风条件良好的港湾和深水岸线，具备建设大中型港口的基本条件。海西经济区规划在整体空间布局中明确指出③，将建设"一带、五轴"的协同发展格局。这一格局的核心问题是在连接沿海一线发展带的同时，打通内陆地区对外开放的综合发展通道。因此海西需要一个出海口，而平潭优良的港口资源为此提供了得天独厚的自然条件。

第三，平潭岛尚未开发，具备相对充裕的土地资源、人力资源，开发成本低。在相对紧张的资金、资源限制下，选择一片"处女地"，将带来更少的拆迁成本和交易成本。同时，发展规划制定过程中受到既有因素的限制较少，路径依赖的现象不严重，规划的目的将较容易实现。

但另一方面，对于平潭的选址问题，依然存在不同的声音和意见：

第一，平潭岛的区位优势并没有想象中明显。近年来，台资的主要投资方向已由福建转向了长三角和珠三角，尤其是前者。而台资看重长三角的原因并不在于距离因素的远近，而在于产业环境的完善程度和政府政策的优惠程度。因此，平潭地理空间上的区位优势并不能成为决定性的理由。

第二，平潭与台湾的交流合作存在文化障碍。尽管官方一再强调平潭与台湾的地理优势，但平潭与台湾的交流合作尚存在难以克服的文化障碍问题，而这尤其体现在语言上。台湾大部分属于闽南语系，而平潭属于闽北语系，方言不同将会对双方的交流带来较大的障碍和问题。

第三，建设成本巨大。与支持者的第三条理由针锋相对，反对者认为由于长期缺乏投资，平潭县的基础设施极为薄弱、产业环境极为单一、人力资源极为匮乏。从零开始的建设，所需耗费的建设成本远远大于拆迁过程中的交易成本。相比而言，福建南部的厦、漳、泉都可以成

---

① 平潭综合实验区总体发展规划解读：10-12.
② 海峡西岸经济区发展规划.
③ 同上.

为综合实验区不错的备选方案。

关于综合实验区选址平潭的问题,以上两方面的意见都是从成本—收益的经济学角度来提出理由,但区域发展规划从来都不是一个单纯的经济学问题,它还牵涉制度安排、政治角力、历史遗留等其他更复杂的因素。

在支持选址平潭的理由中,有一条是为了平衡福建南北的发展差异问题。福建的经济发展南强北弱。闽南地处平原、依山临海,再加上厦门经济特区的特殊地位,经济发展一日千里;闽北地处山脉,交通不便,福州作为省会城市,对闽北发展的带动力有限。同时,厦门作为计划单列市,其投资项目、税收收入多由中央直管。从这个角度来说,厦门的发展并不能给福建本省带来巨大收益。因此,在福建省委省政府领导看来,将投资额巨大的综合实验区放在平潭,自有其理由所在。

无论是基于何种原因,综合实验区最终落户平潭,平潭成为了海西经济区建设的突破口。这个突破口是否能够实现政策目标、如何实现政策目标,则是值得关心的下一个问题。

三、新时期区域协调发展的未来

2012年以来中国经济进入了由高速增长转换为中高速增长的"新常态"。在"增速换挡、结构升级和动力转换"的"三期叠加"时期,传统依靠投资驱动和外贸拉动的经济发展方式已难以为继。而此时平潭仍然沿袭了其他地区经济实验区"大投入、快产出"的一般做法,并未在社会管理、生态文明等方面有特别的侧重或创新,即并没有聚焦在经济、社会、生态协调发展,实现"两岸合作新模式"的综合试验区定位上。另一方面,随着2013年国家提出"一带一路"战略后,平潭作为"21世纪海上丝绸之路经济带"的核心区域也迎来了新的历史机遇。截至2018年4月,平潭围绕互联互通、产业合作、海洋合作、经贸合作、人文交流合作、用好侨力资源、岚台合作七个方面,确定平潭综合实验区建设"一带一路"开放合作区重大项目64个,列入省"海丝"核心区建设重大项目7个,项目总投资42.33亿元,已完成投资10.51亿元。在机遇与挑战并存的发展形势下,作为海西经济区建设的突破口,平潭能否把握战略机遇,实现经济发展的转型升级,进而带动海西经济区达到更高水平的协调发展,还需要时间加以检验。

教学研讨的参考性问题

案例一：

1. 深圳在改革开放过程中遇到哪些问题与挑战？这些问题产生的根源是什么？
2. 对于以上问题的处理，深圳有哪些值得其他地区借鉴的经验教训？
3. 结合案例谈谈中国的特区经济在中国改革开放过程中的作用、面临的问题及在新时代的发展方向。

案例二：

1. 海西战略和福建省整体转型发展的关系是什么？
2. 平潭的区域禀赋和制度要素在海西开发中有何作用？
3. 海西在未来跨区域治理中的主要方向或途径是什么？

第三节　案例分析

"案例一：深改革 40 年"分析*

深圳作为中国改革开放的先发地，其在改革过程中的发展历程具有很大的代表性。一定意义上讲，深圳改革开放的40多年就是中国改革开放的一个历史缩影。从公共管理的视角出发，深圳改革开放历程中的以下问题值得深入探讨。

一、深圳在改革开放过程中遇到哪些问题与挑战？这些问题产生的根源是什么？

深圳的改革开放历程是一个先行先试、不断克服困难与挑战的过程。其面临的困难与挑战随发展阶段而异，深圳也采取了不同的应对措施。

在深圳开发开放的初期（约 1979—1991 年），深圳面临的主要问题是基础设施落后、制度建设滞后，缺乏资本、人才、技术等生产要

---

* 本节由清华大学公共管理学院2015级硕士研究生李淳撰写，指导教师为清华大学公共管理学院李应博副教授。

素,以及来自意识形态方面的挑战。这些问题很大程度上可以说是中国计划经济时期遗留下来的。首先,在意识形态方面,中国虽然在党的十一届三中全会上摒弃了"文化大革命"中"以阶级斗争为纲"、以政治建设为中心的思路,将注意力转移到进行社会主义经济建设上来,但对于什么是社会主义、社会主义与市场经济是什么关系等问题,包括很多党政领导干部在内的中国人都还没搞清楚。因此,在思想解放尚未全面完成的情况下,很多人担心如果给予深圳更多的经济管理权限、扩大对外开放的话,资本主义就会在深圳生根发芽,一些人把深圳特区比作"旧租界"或是"资本主义"的复活。在国外也有反对声音。因此,当深圳提出要拥有立法权时,便遭到很多人的挑战。其次,从中国的区域发展战略上来讲,改革开放以前中国基于对当时形势的判断而采取了沿海和内地均衡发展的战略,国家并没有优先将有限的资源投入东部沿海进行建设,像深圳这样有区位优势的潜力地区并没有受到国家应有的重视,因此深圳的基础设施建设几乎得"从零开始"。加之,计划经济时期由于受经济体制、发展战略、政治干扰等因素影响,中国在改革开放前的经济力量依然非常薄弱,无力为深圳的发展提供资金、技术、人才等方面的支持。所以,邓小平才会对当时的探索者们说"中央没有钱,你们自己搞,杀出一条'血路'来"。最后,从制度建设方面来讲。一方面是中国的很多法律制度在"文化大革命"中受到很大的冲击与破坏,无论是政府运作机构还是相应的法律制度都难以有效发挥作用。更关键的是,改革开放后,深圳面临的是全新的发展环境,很多以往的法律制度难以解决新出现的特别是对外交往方面的许多新问题,而制度建设又是地区发展中极为重要的一个方面。因此,从《特区条例》的出台,再到争取立法权,深圳千方百计地进行制度建设是有其重要考量的。

发展到中期(约 1992—2000 年),随着特殊经济区政策在全国范围内的扩散,深圳面临着内部的区域分割问题凸显、原有的政策优势减弱、区域间竞争增强等挑战。以上问题的出现与中国的经济发展模式和区域发展政策的调整有很大的关系。一定意义上讲,中国的改革开放就是一个科层制下的政策试验与扩散的过程。[①] 考虑到改革开放对当时的中国来说,是一个全新而大胆的尝试,中国没有经验可循,只能"摸着石头过河"。为了减少风险,中央政府需要挑选某些条件合适的

---

① Sebastian Heilmann. Policy Experimentation in China's Economic Rise[J]. St. Comp. Int Dev. (2008) 43: 1-26.

"点"先行试验,待获得成功经验后,再大范围地加以复制推广。作为改革开放的排头兵,先行先试获取改革开放经验以供全国借鉴是深圳的一个重要功能。同时,改革开放后,在中央政府 GDP 指挥棒的引导下,地方政府必须在区域经济竞争中获胜。① 而为了能够在区域经济竞争中获胜,地方政府就有充足的动力去争取中央政府的优惠政策以获得"区域租金"。② 到了 20 世纪 90 年代,特别是 1992 年邓小平"南方谈话"以后,经过深圳等先行地区试点后的"特殊经济区"政策得以在全国大范围推广开来。这一年中国先后开放了沿江、沿边城市,并在上海、天津、深圳设立保税区,又兴建了大连保税区和广州保税区……就这样由点到线、从沿海到内地,党中央、国务院不断扩展着经济特区的范围和内涵,深圳经济特区的独特性也在不断减弱,使得深圳特区的竞争力在日益激烈的区域竞争中大受影响。此外,改革之初在深圳划分的边防管理线将深圳的特区与非特区从地理上分割开来,随着特区经济带腾飞,特区内外的发展差距日益扩大,造成了区域贫富悬殊、非法"越境"、特区发展空间受阻等区域分割问题。

  进入 21 世纪,深圳的发展面临土地有限、资源短缺、人口不堪重负、环境承载力严重透支"四个难以为继"的严峻挑战。一定程度上来讲,深圳发展至今面临的以上问题是由经济发展的规律造成的,也是先发地区面临的通病。从经济发展的规律来讲,经济活动不断在空间上"集聚"是经济发展的普遍现象③。深圳作为改革开放的前沿阵地,其在基础设施和制度环境等软硬件方面均具有先发优势,加之由于信息共享、要素匹配以及技术知识的学习效应存在"集聚经济"④,使得经济发达地区能够对周边地区产生"虹吸效应"⑤,在此情况下,资本、技术、人才就会不断地向发达地区聚集。而一个地区的土地、水以及公共服务等资源毕竟是有限的,所以发展到一定阶段,很多地区都难免会遇到深圳所面临的"四个难以为继"的挑战。但在另一方面,深圳的上述问题却是能够通过具有预见性的发展规划来加以减弱或避免的。比如针对案例中深圳的土地空间不足问题,可以在特区发展过程中做好城市规划,做到"集约发展"而不是"粗放扩张",并及时将深圳的"非特区"纳入

---

① 周黎安. 中国地方官员的晋升锦标赛模式研究[J]. 经济研究,2007(7):36-50.
② 殷存毅,夏能礼. 治理特征、激励结构与区域租金——开发区经济增长的内在机制解释[J]. 理论探讨,2015(1):75-78.
③ 刘修岩. 空间效率与区域平衡:对中国省级层面集聚效应的检验[J]. 世界经济,2014(1):55-80.
④ 孙久文. 论中国区域经济学的完善与创新[J]. 区域经济评论,2017(2):20-24.
⑤ 杜明军. 区域一体化进程中的"虹吸效应"分析[J]. 河南工业大学学报(社会科学版),2012(3):38-41,46.

规划是能有效解决土地问题的。而对于其他资源环境约束则需要深圳通过产业转型升级来缓解。

总之,深圳的发展经历与中国改革开放的历史进程高度相关,其不同阶段所面临的问题背后均有深刻的政治、经济和社会原因。深圳前期面临的发展基础薄弱等问题主要跟中国计划经济时期的经济体制及区域发展战略有关;中期面临的政策优势递减等挑战主要由中国在改革开放过程中"试点—推广"的经济发展逻辑和中央—地方在政治上集权、经济上分权的关系所致;后期遇到的资源环境约束有一定的经济规律原因,但也与深圳早期的发展规划较为粗放有关。因此,从某种意义上讲,深圳的发展历程就是中国改革开放的一个生动缩影。

二、对于以上问题的处理,深圳有哪些值得其他地区借鉴的经验教训?

深圳作为改革开放的先行先试区域,其在发展过程中遇到的很多问题也是其他跟随地区会遇到或将要面对的。"前车之鉴,后事之师",总结深圳发展的经验教训非常有必要。

改革开放40多年来,深圳创造了许多"第一",以深圳为代表的经济特区成功带领中国各地区在改革开放中"杀出一条'血路'来"。可以说,深圳在经济发展、制度建设和府际关系的处理等方面均获得了很大成就。其成功经验可以总结如下:第一,在经济发展过程中发挥比较优势,经济发展随发展阶段进行动态调整。深圳在发展初期用了区位与政策的比较优势,在没有中央资金支持的情况下,通过争取更多在土地、税收、行政审批等方面的管理权限,发挥特区的政策红利,以"放权让利"的形式吸引外资到此投资建厂,同时利用邻近港澳的区位优势,发展进出口加工实现了初步积累。在发展的中后期,面对政策红利的稀释以及日益严峻的资源环境约束,深圳主动进行深化改革,转向了创新驱动发展的战略,避免了发展危机。第二,根据发展需要,提供具有适应性效率的制度安排。正如制度经济学家所言,制度是重要的,而具有适应性效率的制度则是一个经济体成功的关键因素。[①] 在这方面,深圳可以说是具有相当高的"制度意识"。首先,1979年深圳"撤县设市"解决了深圳在中国政治情景下极为重要的行政级别的问题。其次,《广东省经济特区条例(草案)》不仅从法律上宣告了深圳经济特区的诞生,

---

① 道格拉斯·C.诺思.理解经济变迁过程[M].北京:中国人民大学出版社,2012:12-13.

而且把"特殊政策、灵活措施"以法律的形式固定下来,打消了外商的疑虑,赋予特区更大的改革自主权,成为特区改革开放的"尚方宝剑"。最后,1992 年争取得到的立法权则使深圳的发展如虎添翼,立法优势转化为法治优势。一定意义上说,深圳的成功就是制度的成功。第三,在府际关系方面,深圳较好地处理了与港澳、广东省以及中央政府的关系,并在关键时刻争取到当时的关键人物邓小平的支持。如在 1989 年 3 月第七届全国人民代表大会二次会议上,国务院提出的授予深圳特区立法权的议案,也遭到了广东省人大的反对,深圳先是建立了自己的人大,然后做通广东省的工作,最后在 1992 年邓小平第二次视察深圳时适时提出了自主立法的想法,在邓小平的支持下深圳成功取得了关系重大的立法权。

当然,作为改革开放的先行先试区,深圳在"摸着石头过河"的发展过程中也走了不少弯路,其教训值得汲取。一方面,深圳在前期的发展规划中没有对发展后的空间以及资源环境问题做出充分的预见。深圳完成"撤县设市"后将深圳人为地划分为"特区"和"非特区",导致"一市两制、一市两法",造成特区内外执法标准不一,给深圳的行政管理、司法以及公民权益保障带来诸多困扰。同时,人为分割的城市二元结构,导致特区内过度开发,特区外开发不足。另一方面,同许多其他地区一样,深圳在发展过程中的产业选择方面也存在忽略了产业基础能力,盲目引进,导致最终"消化不良"的错误。如深圳在 2001 年创作的动漫《魔比斯环》,由于在国内缺乏互补性资产,同时与国外也缺乏合作交流,导致其作品在国内收益不高,在国外由于垄断厂商的阻挠而未能成功上市,最终以惨重损失而收场。[①]

总体来讲,作为改革开放的成功案例,深圳的成功经验多于失败的教训。其成功经验包括在经济发展过程中注意利用比较优势并对经济发展战略进行动态调整、重视提供具有适应性效率的制度以及妥善处理府际关系等,而教训主要包括空间规划预见不足、产业选择不当以及与当地实际"嵌入"等方面。以上经验教训值得其他地区借鉴和反思。

三、结合案例谈谈中国的特区经济在中国改革开放过程中的作用、面临的问题及在新时代的发展方向

特区经济以经济特区为载体,在对外贸易和经济管理方面享有特

---

① 王缉慈,梅丽霞,谢坤泽.企业互补性资产与深圳动漫产业集群的形成——基于深圳的经验和教训[J].经济地理,2008(1):49-54.

殊权限,是中国经济社会发展过程中的特殊经济形式。改革开放以来,中国经济特区的表现形式由单一转向多元,从沿海地区发展到内陆,从经济发达地区发展到经济欠发达地区或者边疆地区。从深圳、珠海、汕头、厦门、海南5个第一批经济特区,再到国家级新区、国家综合配套改革试验区、国家级开发区、国家级边境经济合作区、国家级台商投资区等叫法上没有"特区"的第二批经济特区,即新经济特区,经济特区在中国经济发展过程中的形式和功能日渐丰富(见表5-8)。

表5-8 改革开放以来中国经济特区的设立情况

时　　间	经济特区形式
1979—1989年	深圳、珠海、汕头、厦门和海南5个经济特区;54个国家级高新技术产业园区;129个国家高新技术产业开发区;197个国家级经济技术产业开发区;14个沿海开放城市
1989—1999年	15个国家级保税区;13个国家旅游度假区;15个国家级边境经济合作区;6个国家级台商投资区;15个副省级城市
2000—2009年	63个国家级出口加工区;14个保税港区;8个国家级综合保税区;9个国家级保税物流园区
2010年至今	14个国家级综合改革配套试验区;42个国家级综合保税区;粤港澳大湾区;喀什经济特区、霍尔果斯经济特区;河北雄安等17个国家级新区;上海、海南等12个自贸区

总体来讲,经济特区的建立对于中国的经济发展具有以下意义:第一,经济特区可以利用外资引进技术,提高产品质量,增强产品竞争力;第二,经济特区可以利用外商销售渠道,适应国际市场需要和惯例,从而扩大出口,增加外汇收入;第三,经济特区有利于引进先进技术,了解世界经济信息;第四,经济特区有利于学习现代经营管理经验,培训管理人才;第五,可以扩大中国走向世界的通道,开辟世界了解中国改革开放政策的窗口。当然,经济特区的形式及功能也随建立的时期和发展的要求而在动态变化。进出口加工、经济技术开发区和边境经济合作区等早期的经济特区空间范围相对较小,主要功能是吸引资本、技术和学习管理经验,为经济发展和经济体制的改革积累经验。而近年来建立的综合改革配套试验区、国家级新区则在空间范围上更大,此时的"新特区""试验区",在各自所引领的区域发展中,被赋予从经济发展、社会发展、城乡关系、土地开发和环境保护等多个经济社会领域,以及权力授予、权力运行、权力制约等多个政治领域同步推进的改革任务,形成了相互配套的政治经济社会管理体制和运行机制,正在为中国的科学发展探路。总之,以深圳为代表的经济特区作为中国经济体制改革的先行先试者,在非均衡的区域发展战略指导下,以渐进式的增量

改革为内容,以建立完善的市场化体系为目标,为中国的改革开放探索出了一条具有中国特色的发展道路。①

另一方面,由于受中国政治激励机制和区域竞争的影响,很多地方在发展过程中出现了"唯 GDP 是论",导致作为区域增长极的经济特区在快速发展过程中出现很多问题。具体来讲,包括以下几个方面:

第一,经济特区形式多样、定位不清。目前中国的经济特区包括高新技术产业园区、经济技术开发区、保税区、自贸区、国家级新区等不同的形式。从特区产业来看,各种不同形式的经济特区发展模式均呈现单一化,目前大多以工业为主导(深圳、厦门、海南除外),以国际贸易、出口加工、旅游、房地产、金融、临港产业、物流等行业的发展为辅,都是外向型发展模式,从产品和产业结构来看较为雷同。产业雷同不仅不利于区域经济发展互补和区域发挥各自的优势,而且不利于区域参与国际竞争,同时也影响经济特区对邻近地区的辐射带动效应。此外,在产业选择上,随着楼市的狂热,很多经济特区热衷于搞房地产开发,严重扭曲了区域的经济发展质量。② 出现这样的情况最重要的原因在于其缺乏科学的规划和明晰的产业导向,发展定位不清晰,从而严重影响其长远发展。

第二,特区政策及体制"特色"不明显。经济特区特殊的税收及优惠政策是其存在和发展的前提。改革开放 40 多年来,经济特区在对外贸易、政治、经济、文化等政策及体制方面大胆创新,其成功经验惠及全国各地。随着高新区、经济技术开发区、保税区、边境经济技术合作区、自贸区等经济特区的设立以及西部大开发、振兴东北老工业基地、中部崛起等战略的实施,先行先试已经不是经济特区独有的名词,传统经济特区所独有的优惠补贴、可申诉类补贴以及所得税补贴已不具有优势,这些优惠政策在各种形式的新经济特区的快速成长及区域发展战略的实施下已变成普惠政策,有些区域的发展政策比特区更"特"。因此,在新时期,经济特区政策与体制"特"色不突出,面临突破创新的阵痛。

第三,创新能力不足,经济效益有待提高。在中国现有的政治框架内,经济特区的发展很难真正摆脱政治因素的影响从而实现独立发展。

---

① 罗清和,蔡腾飞,李佩.新时期经济特区还要特下去[J].深圳大学学报(人文社会科学版),2008(6):11-17.

② 2010 年,海南楼市遭遇寒潮。国家统计局公布的数据显示,2010 年上半年海南商品住宅投资为 184.99 亿元,同比增长 78.1%,销售额同比增长 121.7%。但 2010 年 6 月,海南房地产投资环比下降 8.42%,商品住宅投资环比下降 6.32%,商品房销售面积环比下降 20.56%,商品房销售额环比下降 29.18%,出现了房地产泡沫。

在此情况下,无论是发展规划、招商引资还是人事任用等方面,经济特区都受到当地政府的直接干预。由此导致经济特区在发展规划中缺乏远见、招商引资中"重量不重质"等短视行为。由此带来的结果就是进驻经济特区的企业良莠不齐,特区整体的研发力量不足,使经济特区内的很多企业为劳动密集型产业或处于劳动密集型生产环节,很多经济特区成了代工、贴牌和高能耗、高污染企业的集聚地,最终导致其生产的产品附加价值不足,经济效益有限,不利于腹地经济的健康发展。

此外,由于经济特区以发展外向型经济为目标,其原料、资本、技术和产品销售均易受到外部因素的影响。由此导致经济特区对外部风险缺乏抵御能力,当国际贸易形势发生变化时,经济特区极易受到影响。这也是经济特区在发展过程中需加以认真对待的一个问题。

在全球贸易形势变化、中国进入经济新常态的新时期,中国经济已难以继续依靠投资、出口和工业驱动来实现增长,伴随着市场需求降温、产能普遍过剩和劳动力等要素成本的提高,企业转型、产业结构调整和发展方式转变已成为客观必然趋势。可以说,中国经济已步入新常态和转型再平衡的关键时期。在此背景下,中国经济特区面临转型和创新两大难题,经济特区的未来何去何从是亟须考虑的难题[①]。因此,一定意义上说,经济特区的发展不仅关乎中国新一轮对外开放的发展,还关乎中国的经济均衡发展以及深化改革能否顺利推进的大局。为此,经济特区在新时代应该从以下方面做起:

第一,进行结构调整、转变经济发展方式、扩大内需三个方面的突围。转型是其必然的出路,那么经济特区如何由立足于"外向型经济"向立足于"内外平衡型经济"转型,如何由以"投资主导"向"消费主导"转型,如何由传统的"工业化主导"向未来的"城镇化主导"转型等是经济特区需要考虑的问题和面对的挑战。

第二,与世界经济接轨,融入世界产业链。经济特区要继续发展下去,除了经济社会发展需要转型之外,还需要在政治、经济、科学、教育、文化等各方面与世界接轨。只有这样,经济特区才能与世界公平对话,在世界交流中拥有话语权等于拥有主动权。此外,中国不同形式的经济特区不仅产业结构单一,而且大多处于产业链的末端。在未来的发展中,积极主动地参与国际竞争,成为全球产业链中的重要一环,避免被边缘化是经济特区的又一发展趋势。

第三,实现区域联动与协同创新。经济特区虽然以外向型经济发

---

① 李胜兰,王妙妙. 中国特区经济:何去何从[J]. 中国经济特区研究,2016(1):85-102.

展为目标,但也需注重区域协同发展。传统经济特区和新经济特区大多以独立发展为主,其辐射带动效应不足,区域联动与协同创新作用较弱。欧美国家提倡建立创新共同体,那么经济特区要想可持续发展和竞争突围,显然要将区域联动与协同创新作为其发展的新风向。创建区域协同创新的共同体、区域创新平台、区域创新体系等均是经济特区未来发展面临的挑战。

特区经济过去是,现在是,未来也将是中国经济发展过程中极其重要的一个组成部分,特区经济能否健康发展不仅关乎经济特区腹地经济增长,更关乎中国的深化改革能否顺利推进。为此,经济特区应该继续"特"下去,主动创新特区的发展模式,突出制度与体制创新,同时积极探索对外开放新模式,实行经济向世界级转型。最后,经济特区还需完善经济特区与非经济特区的协调发展与合作机制。

总之,中国经济发展遵循"点""线""面"的发展路径,而经济特区是"点"的最好形式,是中国实施区域经济发展战略的重要形式。当前的中国经济处于转型期,经济特区也面临不"特"的质疑和严峻的挑战,在此双重背景下,特区的"特"字不能"特"在优惠政策和减免税,而应该"特"在技术创新、制度创新与国际接轨三个方面。经济特区应重拾40多年前对外开放排头兵的魄力,积极面对转型和创新的发展趋势,在发展模式、制度和体制、对外开放形式、与世界接轨、区域协作等方面继续"特"下去。

"案例二:海西经济协调发展之路"分析

海西经济区作为福建省主推的地域经济综合体,对于福建省衔接台、港、澳,增强与长三角和珠三角的联系,进而提升福建省的开发开放水平和促进区域的协调发展均具有重要意义。从战略的酝酿到具体政策的落实,海西经济区的发展路径在中国区域协调发展中具有较高的典型性和代表性。下面就从区域发展与政策的视角出发,对以下问题进行进一步的探讨:

一、海西战略和福建省整体转型发展的关系是什么?

海西战略的提出与福建省整体发展转型的关系主要包括以下方面:

第一,海西战略有利于福建省在新一轮产业技术转移过程中吸引台资,缩小福建省与其他省份的发展差距。进入21世纪后,台商在大陆的经贸活动进一步迈向了高潮,投资主体也由原来的以轻纺为代表的劳力密集型和以石化为代表的资本密集型转变为以电子信息为代表的技术密集型。但在这一波投资浪潮中,福建省受交通、资源、人才等各方面的因素限制,落在了其他省份的后面。据2002年东部沿海省市实际使用台资统计,江苏(包括上海)占总投资金额39.41%,广东占比17.06%,而福建仅仅名列第三,占比15.06%。而且随着长三角、珠三角、环渤海经济区等国内其他区域经济区的不断壮大,福建的对台优势还在不断地受到影响和削弱。2003年这一数据的排名中,福建更是落在了江苏、山东、浙江之后,名列第四。面对如此严峻的形势,福建省必须重新修正发展战略,以吸引台资,缩小与其他省份的发展差距。

第二,海西战略有利于缩小福建省内的发展差距,增强福建省的整体竞争力。相比于其他长三角和珠三角省份,福建省的内部发展差距更为明显。2014年,作为福建省的三大核心城市,福州、厦门、泉州三市的常住人口占全省总人口的51.5%;三地市共同创造了全省59.35%的GDP总量,且各地市的GDP总量和人均GDP水平均明显高于全省平均水平。与此同时,三地市内部在经济总量和经济结构方面也存在较大区别。① 因此,推进海西经济区的开发开放有利于在更大范围内优化资源的配置,促进福建经济发达地区与其他地区的协调发展,增强福建省的整体竞争力。

第三,海西战略对福建省联系周边地区,实现与周边地区的包容性发展,增强区域整体竞争力具有重要意义。整体上,海西经济区与南北两侧的长三角、珠三角经济区相比还存在"经济凹地"现象。虽然福州、厦门、泉州在海西范围内经济竞争力比较理想,但是作为海西经济区的核心城市,其经济实力与珠三角的广州和深圳、长三角的上海等区域核心城市相比,仍存在较大的差距,在带动区域整体发展方面,面临很大的压力。在此形势下,海西经济区的建设有利于完善我国沿海区域经济布局,依托其自身所具有的连接台、港、澳和两个三角洲的区位优势,通过承北接南、东拓西联,与长三角、珠三角对接,逐步形成从环渤海湾到珠江三角洲整个沿海一线的完整发展布局。同时也有利于在加快东部发展中发挥福建的后发优势,充分发挥省内生态资源、沿海港口、外向带动、对内连接等优势,实现经济社会在新的起点上更高水平、更优

---

① 李杰等.海西经济区三大核心城市经济增长要素分析[J].发展研究,2016(3):42-49.

效益的发展,更好地促进东部率先发展。

总之,作为跨区域的协调发展战略,海西战略对福建省的产业升级、缩小区内差距和融入地区发展均有重大意义。

二、平潭的区域禀赋和制度要素在海西开发中有何作用?

整体来讲,平潭的区域禀赋和制度要素在海西开发中起到了一个增长极的作用。在区域经济学的研究领域中,关于区域战略与发展的增长极理论是极为重要的基础理论之一。增长极理论认为,经济增长通常是从一个或数个"增长中心"逐渐向其他部门或地区传导的过程。20 世纪 70 年代,波兰经济学家萨伦巴和马利士在增长极理论的基础上又进一步提出"据点式开发理论"。该理论强调,由于资源的限制,集中建设一个或几个据点,并由此带动周围地区经济的发展,能够产生集聚效应。海西经济区规划作为一个典型的区域战略规划,充分体现了增长极理论和据点式开发理论的精髓。以福建为主体涵盖浙、粤、赣三省,覆盖面超过 6000 万人的海西经济区,必须找到一个"据点",并由此带动整个经济区的发展,这个"据点"就是平潭。

从区域禀赋来讲,平潭岛地处台湾海峡中北部,是中国第五大岛,主岛及附属岛屿陆域总面积 392.9 平方千米,距台湾新竹仅 68 海里(约 125 千米),是大陆距离台湾最近的海岛县。同时,平潭岛自然资源丰富,拥有众多避风条件良好的港湾和深水岸线,具备建设大中型港口的基本条件,且平潭岛尚未开发,具备相对充裕的土地资源、人力资源,开发成本低。在相对紧张的资金、资源限制下,选择一个"处女地",将带来更少的拆迁成本和交易成本,发展规划制定过程中受到既有因素的限制也较少,路径依赖的现象不严重,规划的目的将较容易实现。考虑到以上因素,平潭成为"据点"是科学合理的。

从制度要素来讲,平潭的制度环境有利于形成自下而上的政策创新和自上而下的政策推动。一方面,平潭因为尚未开发,所以在其开发过程中面临的既得利益较少,地方政府在进行政策创新过程中面临的阻力较小,为地方政府的政策创新提供了条件;另一方面,大陆一贯重视两岸的友好交流合作,平潭作为大陆与台湾的重要交流载体自然会受到高层的关注,在发展政策方面会向平潭倾斜,为自上而下的政策推动提供了可能。

三、海西经济区在未来跨区域治理的主要方向或途径是什么?

作为超越行政区域边界的跨区域经济综合体,海西经济区应继续完善相应的沟通协调机制,以经济合作为抓手,综合推进社会、政治、文化和生态方面的协作交流,提升跨区域治理水平。

在经济合作方面,要抓住发展机遇,提升整体经济竞争力。"海峡西岸经济区战略""一带一路""中国制造 2025"等战略的提出与实施均为海西经济区提供了重大机遇。为此应继续增加对海西经济区特别是福州、厦门和泉州等核心城市的投资,以扩大经济规模,提升整体竞争力。同时,注重科技创新,提升经济增长质量。另外,应该加强福州、厦门和泉州三个核心城市之间以及核心城市与周边地区的互动与合作,按照区位条件和资源禀赋进行专业化的分工协作,优化产业布局,实现资源优化配置与充分利用,提高海西经济区整体的区域竞争力,打造具有核心竞争优势的海西经济区。

另一方面,各区域也应注重在社会、政治、文化和生态方面加强合作,提升跨区域公共事务的供给能力,加强在环境污染、跨区域犯罪等问题上的协作能力。同时,注重相应法律法规、技术标准的合作对接,综合提升海西经济区的跨区域治理水平。

参考文献

[1] 中国科学技术发展战略研究院.国家创新指数报告 2016—2017[M].北京:科学技术文献出版社,2017:24-27.

[2] 樊杰.主体功能区战略与优化国土空间开发格局[J].中国科学院院刊,2013(2):193-206.

[3] 胡鞍钢,石智丹,唐啸.中国地区 HDI 指数差异持续下降及影响因素(1982—2015)[J].新疆师范大学学报(哲学社会科学版),2018(39):49-50.

[4] 邓宇鹏.论区域制度创新[J].财经理论与实践,2005(2):22-25.

[5] 魏后凯等.中国区域政策评价与展望[M].北京:经济管理出版社,2011:1-46.

[6] 孙久文,李恒森.我国区域经济演进轨迹及其总体趋势[J].改革,2017(7):18-29.

[7] 杨开忠.区域协调发展新格局的基本特征[J].中国国情国力,2016(5):1-11.

[8] 毛帅,聂锐,程平平.基于政府机制的创业模式发展研究——苏南、温州、珠江模

式再析[J].科技进步与对策,2012(4):36-39.
- [9] 程栋.中国区域经济政策工具创新:理论与实践[J].贵州社会科学,2016(4):23-26.
- [10] 刘瑞明,赵仁杰.西部大开发:增长驱动还是政策陷阱——基于PSM-DID方法的研究[J].中国工业经济,2015(6):32-43.
- [11] 李胜兰,王妙妙.中国特区经济:何去何从[J].中国经济特区研究,2016(1):85-102.
- [12] Chenggang Xu. The Fundamental Institutions of China's Reforms and Development[J]. Journal of Economic Literature,2011,49:4,1076-1151.
- [13] 周黎安.中国地方官员的晋升锦标赛模式研究[J].经济研究,2007(07):36-50.
- [14] 张汉."地方发展型政府"抑或"地方企业家型政府"?——对中国地方政企关系与地方政府行为模式的研究述评[J].公共行政评论,2014(03):157-175.
- [15] Sebastian Heilmann. Policy Experimentation in China's Economic Rise[J]. St. Comp. Int Dev.,2008(43):1-26.
- [16] 王一鸣.改革开放以来我国宏观经济政策的演进与创新.管理世界[J].2018(03):1-18.
- [17] 蔡昉.中国改革成功经验的逻辑[J].中国社会科学,2018(1):29-44.
- [18] 田国强,陈旭东.中国改革,历史、逻辑和未来:振兴中华变革论(第二版)[M].北京:中信出版集团,2017:75.
- [19] 高瑜,李松.新时代深圳创新发展的新思路[J].宏观经济管理,2018(1):83-88,92.
- [20] 殷存毅,夏能礼.治理特征、激励结构与区域租金——开发区经济增长的内在机制解释[J].理论探讨,2015(1):75-78.
- [21] 刘修岩.空间效率与区域平衡:对中国省级层面集聚效应的检验[J].世界经济,2014(1):55-80.
- [22] 孙久文.论中国区域经济学的完善与创新[J].区域经济评论,2017(2):20-24.
- [23] 杜明军.区域一体化进程中的"虹吸效应"分析.河南工业大学学报(社会科学版)[J].2012(3):38-41,46.
- [24] 道格拉斯·C.诺思.理解经济变迁过程[M].北京:中国人民大学出版社,2012:12-13.
- [25] 王缉慈,梅丽霞,谢坤泽.企业互补性资产与深圳动漫产业集群的形成——基于深圳的经验和教训[J].经济地理,2008(01):49-54.
- [26] 罗清和,蔡腾飞,李佩.新时期经济特区还要特下去[J].深圳大学学报(人文社会科学版),2008(6):11-17.
- [27] 李杰等.海西经济区三大核心城市经济增长要素分析[J].发展研究,2016(3):42-49.

第四部分

社　会

社会组织发展

第一节 社会组织发展概述*

社会组织,作为区别于政府、市场的"第三部门",在社会治理中发挥着越来越重要的作用。社会组织有几个相近的概念,非政府组织(Nongovernment Organization)、非营利组织(Nonprofit Organization)、公民社会组织(Civil Society Organization)等。在本章中社会组织主要指不以营利为目的,面向弱势群体、社会公众或特定社会群体,开展各种基于志愿的公益性活动或互益性活动,并承担一定公共职能的非政府组织。社会组织主要包括社会团体、民办非企业单位(社会服务机构)、基金会、境外在华非政府组织和社区社会组织等不同类别。目前关于社会团体、基金会、境外在华非政府组织,都有不同的法律规制和保障;民政部也就社区社会组织下发了专门的文件;民办非企业单位因法律调整的原因,即将改为社会服务机构,主要指的是直接提供各种社会服务的非营利组织。从主要功能上看,社会组织大体可分为服务型社会组织和倡导型社会组织;从受益和社会影响上看,社会组织大体可分为公益性社会组织和互益性社会组织;从活动范围上看,社会组织大体可分为全国性社会组织、区域性社会组织和城乡社区社会组织;从活动领域上看,社会组织分布在社会经济生活的各个主要领域中,其中以环境保护、扶贫开发、扶危济困、公共卫生、教育支援、社区发展、行业发展、产业合作、创新创业支持、参与国际交流合作等为主。

改革开放以来,我国经济体制由计划经济转向市场经济,充分发挥市场的力量,带动整个经济的发展。随着市场要素的解放和自由流动,各行各业如雨后春笋般相继发展了起来。作为市场经济发展过程中不

---

* 本节由清华大学公共管理学院王名教授、博士后董俊林共同撰写。

可缺少的具有中介性质的社会组织,如各种行业协会、商会、职业团体、联合会、促进会,包括各种打工者、农民工的维权或互助组织等纷纷登场,它们同时扮演着市场经济中不同利益集团的利益表达和维权主体的角色。同时,政府也逐步把经济管理和社会管理的职能放权,由越来越多的社会组织来承担。

由于市场经济本身存在缺陷,中国社会又面临着从高度集中政治化的单位体制向分散化、"碎片化"的社会转型,使得环境问题、贫困问题、教育问题、公共卫生问题等社会问题日益突出,贫富两极分化越来越严重,社会矛盾趋于激化。面对各种尖锐的社会问题和矛盾,许多公民自发组织起来,开展环境保护、扶贫济困、助学助教、艾滋病防治等公益慈善活动。同时,市场经济造就了一部分先富起来的富人阶层,以富人和企业家为主体的非公募基金会等新型慈善组织开始活跃起来。党的十八大以来,党和政府出台了一系列关于社会治理的措施,明确政府与社会两大主体参与国家治理的角色,扩大社会治理主体,增强社会主体力量。进入新时代,社会组织被纳入国家"五位一体"总体布局,成为新时代治理体系中的重要主体以及各项建设事业的重要力量。

一、中国社会组织的发展历程

1978年春天,全国科学大会的召开拉响了改革开放的启蒙之声,1978年5月《实践是检验真理的唯一标准》一文席卷神州并引发思想的大讨论,12月党的十一届三中全会的召开则全面吹响了改革开放的时代号角。在这场影响中国历史的变革中,社会组织悄然成为改革开放的重要成果,从孕育复苏、茁壮成长,到乱象困境、清理整顿,再到监督管理、培育发展,社会组织走向法治的全面发展时代。

截至2018年5月,中国社会组织数量达到80万余家,其中在民政部登记的有2306家,占社会组织总数量的0.3%,绝大部分社会组织在地方各级民政部门登记。其中,民办非企业单位(社会服务机构)和社会团体占绝大多数,基金会近年发展迅速,境外非政府组织和社区社会组织暂不在统计范畴内。

改革开放之后,我国社会组织陆续发展起来。党的十一届三中全会实现的拨乱反正是民间组织得以发展的体制起点。按照时间顺序,通过媒体检索和查找登记注册平台数据,本节整理出40年来主要社会组织数量变化趋势(见图6-1)。

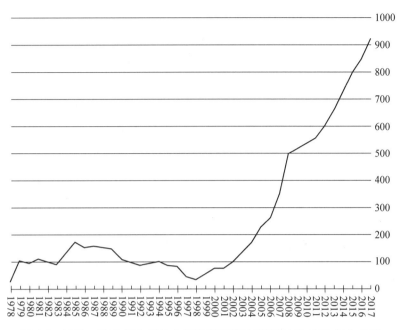

图 6-1　1978—2017 年中国社会组织年度增长趋势图（以 1991 年为 100）

改革开放 40 多年来，社会组织的数量增减趋势总体上呈现为在曲折中不断增长、突飞猛进的趋势，其中出现了两个发展高潮，最近十多年涌现出一个前所未有的蓬勃发展势头。从每年新增的社会组织数量看，我们以改革开放第一阶段的终点 1991 年为 100，则 40 年来社会组织年度增长趋势如图 6-1 所示。从图中可见，尽管在 20 世纪 80 年代中后期至 90 年代末一度出现了曲折，但绝大多数年份社会组织的数量均高于 1991 年的水平，而且出现了两个高潮：一个出现在 20 世纪 80 年代中期的 1985 年，峰值达 174；另一个发展高潮从 21 世纪初开始呈现，峰值在 2005 年超过前一个高潮，2008 年突破 500，到 2017 年最高，峰值达 919，2017 年末实际登记注册的社会组织总量达 76.1 万家，相当于 1991 年的 9.19 倍。社会组织是社会建设的重要力量。20 世纪 80 年代之前，社会团体类型主要为带有强烈行政色彩的社会组织，如妇联、共青团、工会等。20 世纪 80 年代之后，随着改革开放后经济的发展，大量的商会、基金会等类型的社会组织出现。随后就迎来了社会组织快速发展、百家争鸣的阶段。

（一）第一个十年：从无到有，普遍生长

改革开放的第一个十年中，中国的社会组织经历了从无到有、普遍生长的发展过程。改革开放从思想、科技、经济等多个层面上为社会组

织的复苏和兴起提供了契机和保障。全国科学大会的召开掀起了恢复和兴办学术性社团以及群众性科普协会的高潮,据不完全统计,1978年恢复成立的各类学会、研究会及分科学会共78家,1979年达249家。到1987年年底,中国科协属下的全国性学会达146家,分科学会1555家,乡镇科普协会46569家,形成了遍及全国城乡的学术性社团及群众性科普网络。最引人注目的是数量巨大且不断增长的乡镇科普协会以及在科协支持下自下而上发展起来的各种群众性的专业技术研究会。①

在以经济建设为中心的指引下,经济体制改革率先在农村取得突破性进展,家庭联产承包责任制极大解放了农业生产力,促进了农业生产的发展,农民收入大幅增长。村民自发并逐渐认可和成为共识的村民委员会取代了生产大队,成为今天中国农村的基层组织形式。农村自发组成的专业技术研究会蓬勃发展,会员甚众,活动涉及种植、养殖、乡镇企业、服务业等多个专业门类,成为农村发展和经济体制改革的重要力量。经济的发展呼唤着行业协会商会组织的兴起发展,全国食品工业协会、广告协会、交通运输协会等组织相继成立。一些城市建立了个体劳动者协会,农村也出现了农民"养兔协会"等专业协会。1988年1月,由30家民营企业组成的企业家商会在福州成立,成为第一家由民营企业家组成的商会。改革带来的经济活力,让社会组织成为一种自然而然、应运而生的现实需要。

在社会领域,1978年4月,中国红十字会作为人民卫生救护团体在北京、上海、天津等10个城市恢复工作。1980年8月,全国人大颁布了《律师暂行条例》,各地陆续建立了数十家律师协会。同年12月,上海通用文科学院正式开学,这是上海市第一所由热心教育事业的民间人士自筹经费创办的民办业余大学。北京、江苏等地陆续恢复和成立佛教协会等宗教协会,开展活动。社会、文化和教育领域发育和生长出的基金会蔚然兴起,1981年中国儿童和少年基金会、华侨茶叶发展研究基金会成为最早成立的基金会。在城市社区和农村乡村,基层社会组织也开始萌发,自治性组织开始影响百姓生活。

改革开放促使国门打开,迎来了国际民间组织在中国的活动交流和组织发展。一批境外非政府组织通过访问交流、资助计划以及拜见国家领导人等形式逐步地进入中国开展项目活动,设立机构,参与和见证中国社会的发展进程。1984年中加贸易理事会北京代表处设立外国商会机构。1988年福特基金会成为中国政府允许进入中国大陆境内开

---

① 王名.社会组织概论[M].北京:中国社会出版社,2010:81.

展项目活动的第一批国际非政府组织之一。

在改革开放的第一个十年中,社会组织的发展"伴随着思想解放、经济发展和社会开放,伴随着不断加速和深化的社会改革与转型,以各种形式的学会、研究会为主,出现了一个在自上而下体制的推动下形成的全社会结社的活跃局面"[①]。从管理层面来看,"国家虽然没有颁布成文的法律法规和建立统一的管理体制,但党和政府一直大力推动社会组织的复兴发展,一些部门也尝试建立起相应的体制和规范。我们将这一时期所形成的管理体制称为'以放任发展和分散管理为特征的管理体制'"[②]。

(二) 第二个十年:清理整顿,双重管理

社会组织的普遍生长逐步引发新的问题和乱象,这些问题和乱象在改革开放的第二个十年中显现而出,党和政府开始重视社会组织的管理和整治,从制度规范上引导社会组织走进新的发展阶段。自1988年起,国务院先后发布了《基金会管理办法》《外国商会管理暂行规定》《社会团体登记管理条例》。这三个法规的颁布代表了我国社会组织发展进入规范管理的新时期。通过管理规定、归口管理、清理整顿等等方式,国家和地方对社会组织进行了规范管理。

社会组织发展现实问题推进国家机构的变革。1988年成立的民政部社会团体管理司成为国务院制定的社会组织统一登记管理机关。在民政部的统一安排下,从1989年开始在全国范围内进行了基金会和社会团体的复查登记工作。1990年6月,《国务院办公厅转发民政部关于清理整顿社会团体的请示》,开始了历时一年的全国范围内第一次社会团体清理整顿工作。同年9月,民政部发布了《关于在全国农村开展村民自治示范活动的通知》,之后全国各地普遍开展了村民自治示范活动。20世纪80年代兴起的农村合作基金会在发挥积极作用的同时,存在系列乱象、缺陷、风险等问题,在国务院及其部门的领导下,历时数年进行整治并最终取缔。整顿和示范使得社会组织在经历"野蛮生长"之后走向规范和有序。1997年4月,《国务院办公厅转发民政部关于清理整顿社会团体意见的通知》开始了全国范围内第二次社会团体清理整顿工作。经过清理整顿,社会团体、基金会和民办非企业单位被纳入统一的登记管理体系中。

---

① 王名.社会组织概论[M].北京:中国社会出版社,2010:83.
② 王名等.社会组织与社会治理[M].北京:社会科学文献出版社,2014:6.

在清理整顿的过程中,党和政府开始探索建立统一的监管体制和制度,形成了中国特色的经验和方案:双重管理体制。双重管理,最初只是一个形象的说法,并非严格意义上的行政或制度范畴。"这一词汇强调的是社会组织在登记审批和日常管理上要有复数以上的政府职能部门负责,多重审批,共同把关,同时各负其责。"①1989 年国务院通过实施的《社会团体登记管理条例》规定:"申请成立社会团体,应当经过有关业务主管部门审查同意后,向登记管理机关申请登记。"这部法规正式开启了双重管理体制成为我国社会组织的一项基本制度。1998 年颁布的《社会团体登记管理条例》和《民办非企业单位登记管理暂行条例》更为明确和细致,明确规定社会组织实行双重管理体制,即分别由两个不同的政府职能部门(登记管理机关和业务主管单位)行使对社会组织的监督管理职责,政府加强对社会组织的监督管理。

1992 年年初邓小平南方谈话为改革开放注入历史性动力,社会组织同时也迎来更多发展机遇。1995 年第四届世界妇女大会在北京召开,同时举办世界妇女 NGO 论坛,来自全世界近 1 万家非政府组织参与了这个规模宏大的国际论坛。这是中国改革开放进程中第一次大规模与境外 NGO 接触。通过媒体的报道与传播,普通公众开始了解 NGO 的概念与相关知识。中国对外开放中的外部力量之一境外 NGO 通过思想、项目、资金和活动逐步进入中国社会的多个方面,"它们提供社会组织建构的理念与工具"。北京召开的世界妇女大会为中国社会传递出一种特定的信号,那就是"社会公众可以通过自我组织的方式参与到全社会的公共事务中"②。境外非政府组织、社区基层组织乘此东风开始成长。社会组织的影响逐渐渗透到政治、经济和社会各个领域。新兴职业的兴起,促使律师、会计师、评估师等各类中介组织雨后春笋般设立。在经济发展的大背景下,行业协会、商会等各类工商行业组织迅速发展。与之对应的中国社会组织的研究力量逐渐兴起,这其中以 1998 年清华大学 NGO 研究中心的成立为代表,20 年改革开放孕育出的研究机构深耕于社会组织理论和实践,在学理、政策、法治、人才等多个层面影响并见证中国社会组织的改革发展历程。

在清理整顿与双重管理的发展环境下,社会组织迎来新的发展,成为党和国家政治生活中非常关切的一项重要内容。1992 年 8 月,民政部召开中华人民共和国成立以来首次全国社会团体管理工作会议。

---

① 王名等.社会组织与社会治理[M].北京:社会科学文献出版社,2014:11.
② 陶传进.当代中国社会组织的四重演变[J].文化纵横,2018(1):20-28,20.

1996年7月,中共中央政治局常委会专门研究了民间组织工作。1997年10月,党的十五大报告中提出要培育和发展社会中介组织,并以此作为促进经济和政治体制改革的一项重要措施。党和国家在清理整顿社会组织过程中解放思想、改革创新、逐步开放、摸索经验,让社会组织能够在改革开放中继续发展。

(三) 第三个十年:监督管理与培育发展

随着改革开放的纵深推进和中国经济社会发展,党和政府对社会组织的管理政策进一步调整,对社会组织的态度也发生了积极的转变,逐渐形成社会组织培育发展的政治保障。1998年6月,在国务院机构改革中,国务院批准成立民政部民间组织管理局专门管理民间组织事务。党的十六届四中全会提出"发挥社团、行业组织和社会中介组织提供服务、反映诉求、规范行为的作用,形成社会管理和社会服务的合力",为社会组织发展及与政府合作奠定制度基础。2007年党的十七大报告用"社会组织"一词代替使用多年的"民间组织"概念,同时提出在基层民主政治建设中要"发挥社会组织在扩大群众参与、反映群众诉求方面的积极作用,增强社会自治功能"。党的十七大为社会组织的发展提供了政治保证,并将社会组织的发展提到了战略高度。

在改革开放的大背景下,社会组织逐渐发展为社会团体、民办非企业单位和基金会三大组织形式,并在三大条例的指导下接受监督管理。1998年国务院发布了《民办非企业单位登记管理暂行条例》,并修订了《社会团体登记管理条例》。2004年3月,国务院颁布了《基金会管理条例》,政府首次允许个人、企业自发成立非公募基金会。这一期间,中国的基金会发展迅速,2006年后每年基金会数量增幅均在15%~20%。非公募基金会从无到有,发展非常迅速,在总量上已经超过公募基金会。民政部民间组织管理局以及各级民政部门的民间组织管理机构依据相应法规开始对我国社会组织进行登记管理。社会组织在中央国家文件和法规条例的指导下走上了规范化发展的道路。

在培育发展方面,自上而下的改革以及自下而上的社会创新成为社会组织发展的重要动力。1999年经贸委颁布了《关于加快培育和发展工商领域行业协会的若干意见(试行)》,规定了行业协会的17项职能,行业协会的定位也由行业管理向行业服务转变。2001年,国家经贸委所属国家内贸局、冶金局、建材局、纺织局、轻工局、机械局、石化局、有色局、煤炭局等部门撤销,组建成立了相应的行业协会。2000年,国家提出社区建设的指导思想、基本原则、主要内容和目标任务,并确定了由民政部牵头、地方党委和政府领导、有关部门配合、居民和社会力量广泛参与的社区建设工作体系的政策,我国城市社区组织开始大力发展。2007年十届全国人大五次会议审议通过了《企业所得税法》,大幅提高了公益捐赠税前扣除比例,并确立了对非营利收入实行有条件免税的制度。同年国务院出台了《关于加快推进行业协会商会改革和发展的若干意见》,明确行业协会改革发展坚持市场化方向、政会分开、统筹协调、依法监管的原则。与此同时,各地政府主动加快了对官办社会组织去行政化的改革,增大官办社会组织的自主性。为防止官办社会组织与政府脱钩后出现混乱和衰亡,一些地方在民间化改革的同时,加强对社会组织的培育。如北京市成立社工委,上海市成立行业协会发展署,珠海市成立社工委等机构,专门负责社会组织的培育,加强对社会组织的扶持,培育社会组织的效果也非常明显,有效地保证了官办社会组织民间化改革的顺利进行。

在地方以及基层实践中,持续改革释放的活力引发社会领域创新的丰富实践。一大批草根民间自发组织活跃在社会的多个领域,开展服务,举行活动,满足人民群众的社会需求。而地方政府根据自有条件推出不同的培育与发展社会组织的地方政策。比如,北京市2008年提出构建社会组织"枢纽型"工作体系的工作思路,广东省取消了行业协会的双重管理体制,上海市推出了一系列扶持和培育社会组织的财税政策等。公益机构恩派①于2006年在国内首创"公益孵化器"模式,在上海建立孵化器培育社会组织。随后,公益孵化器的模式在全国几十个大中城市推广复制。政府成为公益孵化器的主要资金来源和主导推动力量,公益孵化器通过场地、资金支持和能力建设帮助社会组织生存和发展。

(四)第四个十年:走向法治的全面发展

在改革开放的第四个十年中,依法治国逐渐成为强烈的呼声,社会组织在时代背景下走向法治的全面发展。2008年汶川地震让中国社会组织更多地走向历史舞台,公益慈善成为引领社会组织发展的重要牵引力。在地震救援和后期重建中,大量国内外民间组织积极行动,在抗震救灾、公益慈善、社会帮扶等方面,社会组织的作用和价值得以凸显和认可,但也引发政府和社会组织关系的讨论。2011年"郭美美事件"对社会组织特别是慈善组织公信力带来挑战和压力,依法治善,社会组

---

① 中国第一家公益支持型机构,在中国首推公益孵化器,以"助力社会创新、培育公益人才"为宗旨。

织走向法治发展的呼声愈发强烈。

　　2012年党的十八大提出,要全面推进依法治国,加快建设社会主义法治国家。十八大还提出建立政社分开、权责明确、依法自治的现代社会组织体制。此后,党和国家加强了社会组织管理的法律和制度建设。2015年,中央办公厅和国务院办公厅出台的《关于改革社会组织管理制度促进社会组织健康有序发展的意见》明确提出《社会组织法》等相关法律法规的制定和修订要求。同年出台的《行业协会商会与行政机关脱钩总体方案》对积极稳妥推进行业协会商会与行政机关脱钩做出了部署。2016年《民法总则》的颁布实施明确了各类社会组织的法人地位。《中华人民共和国慈善法》和《中华人民共和国境外非政府组织境内活动管理法》两部法律出台,填补了社会组织管理领域的高层级法律的空白,使社会组织的慈善活动与监管有法可依。与此同时,国务院制定了志愿服务条例,志愿服务工作纳入法制轨道。为加强监管,民政部出台《社会组织信用信息管理办法(征求意见稿)》,明确了登记管理机关依据社会组织未依法履行义务或者存在违法违规行为的有关信用信息,建立社会组织活动异常名录和严重违法失信名单制度。

　　随着改革开放发展到一个新阶段,党和国家以及整个社会对社会组织的认可度、接受度和需求程度都在进一步提升。2016年,民政部民间组织管理局(民间组织执法监察局)正式更名为社会组织管理局(社会组织执法监察局),对外可称国家社会组织管理局,标志着社会组织管理和发展进入全面时期。2016年二十国集团民间社会会议在山东青岛召开,习近平同志致会议贺信指出"民间社会组织是各国民众参与公共事务、推动经济社会发展的重要力量",并坚定地表达"中国政府支持本国社会组织参与国内经济社会建设",这代表党和政府对社会组织的最新定位和认识。党的十九届三中全会通过的《中共中央关于深化党和国家机构改革的决定》则把社会组织作为党和国家机构改革的一项内容。社会组织首次被系统性纳入国家最高层面的机构改革设计中,与全面深化改革同步推进。

　　在习近平同志新时代中国特色社会主义思想指导下,社会组织进入全面发展的时代。社会组织是推动经济社会发展的重要力量,发展社会主义民主政治的重要渠道,坚定文化自信的重要支撑,保障和改善民生的中坚力量,建设美丽中国的重要参与,军民融合的有效力量,促进"一带一路"国际合作和推动构建人类命运共同体的重要抓手。社会组织在实现中华民族伟大复兴的中国梦中不断拓展边界、丰富功能和提升服务。

二、社会组织领域的中国方案

改革开放前中国国家和社会高度一体化,国家对社会资源实行全面管理和控制。随着改革开放的推进,国家对社会管控幅度逐渐收缩,给社会赋予更多空间。中国在社会组织发展领域积累经验,形成方案,构筑起中国特色的发展道路。

(一) 经验1:在改革中释放社会空间

与中国改革开放同时进行的"全球结社革命"推动了公民社会组织在全球的迅速发展,中国和世界政治、经济、社会发展方式集中表现为公民社会的发展。公民社会指国家或政府系统以及市场或企业系统之外的其他组织、关系和行动的总和,它是官方政治领域和市场经济领域之外的社会公共领域。中国社会组织的发展,正是通过在改革中释放社会空间,培育和发展公民社会。

改革开放的一大成果是中国社会组织的崛起和发展。不仅表现在社会组织成为中国社会进步和发展的标志,还体现在社会组织在发展变革中展示出的改革精神和改革成果与整个改革的大环境交相辉映,构筑起中国在世纪之交的发展画卷。改革是释放体制活力的源泉。通过解放思想,实事求是,鼓励实践,倡导科学,探索经济体制改革发展起来的改革开放,在社会组织发展中留下浓厚色彩。

改革开放通过制度上的"破立并举",激发社会活力,释放社会空间。通过解放思想,打破思想禁锢,破除不适应社会主义现代化建设的体制机制,同时来不断调整生产关系,完善上层建筑。从改革开放初期社会团体的复苏和发展到民政部社团管理司的成立,从三大条例的出台到民间组织管理局的成立,再到更名为社会组织管理局,中国社会组织发展不断经历着自身的改革,而每一次改革都是对社会空间的主动释放。社会团体的兴起唤醒了个人参与、社会价值和公共领域的追求,开启了中国社会的发展空间。民间组织的存续称谓显现了改革进程中政府与社会的二元分化,民间组织的发展昭示着社会空间的进一步扩大,民间组织成为政府管控的重要对象,并开始进行自主权的探索努力,特别是草根组织在社会环境下的生存发展,更是让社会的活力和空间不断延展。社会组织的名称确立,则是改革开放的一大成果,在政治、经济、社会三大领域背后蕴发的组织形式成为中国社会的组织中坚。在改革开放之中,成长和壮大起来的社会组织既是改革开放的过程,也是改革开放的结果。

改革开放的成功与否,释放社会空间吸纳社会能量是关键。改革的经验就是社会空间的不断释放。释放社会公众的组织空间,建立中国社会自治体系,实现是政党的归政党,国家的归国家,协会的归协会,商会的归商会,学会的归学会。总而言之,社会组织各归其位、各尽其能,是社会空间的有效显现。

(二) 经验 2:将社会置于管控范围内

改革开放的历史进程改变了国家与社会的力量对比,进而对国家与社会关系产生了直接或间接的各种影响。党通过文件精神和党的建设实现对社会组织的领导,国家通过法律规定以及取缔打击、准入控制、限制竞争、分类控制的方式来实现社会组织管控,从而将社会置于管控范围内。

改革开放初期,国家实行计划经济体制和管控型社会管理体制。党的十四大正式确立建立社会主义市场经济体制的目标,经济转轨带来了社会转型,社会逐渐从国家体制中相对独立出来。2004 年,党的十六届四中全会首次提出要"建立健全党委领导、政府负责、社会协同、公众参与的社会管理格局"。2006 年,党的十六届六中全会提出了构建社会主义和谐社会的美好目标。2007 年,党的十七大报告强调加强以民生为重点的社会建设。2012 年,全国人大通过的"十二五"规划纲要系统提出了"改善民生,建立健全基本公共服务体系"和"标本兼治,加强和创新社会管理"的社会建设目标。2012 年,党的十八大报告提出"社会体制"的概念,更系统地论述了"在改善民生和创新管理中加强社会建设",进一步明确了社会管理和社会建设的关系,提出了中国特色社会主义社会管理体系的基本框架。2013 年,党的十八届三中全会提出"国家治理"与"社会治理"的概念,并指出全面深化改革的总目标是"完善和发展中国特色社会主义制度,推进国家治理体系和治理能力的现代化"。党和国家的会议文件不断体现着管控社会的决心、意志和思路,成为国家政治社会生活的实践纲要。

对社会组织的党建引领,是中国在社会管控中的特色经验。1994 年党的十四届四中全会通过《中共中央关于加强党的建设几个重大问题的决定》,要求"各种新建立的经济组织和适合组织日益增多,需要从实际出发建立党的组织,开展党的活动"。1998 年中组部、民政部下发的《关于在社会团体中建立党组织有关问题的通知》规定了哪些社会团体需要建和如何建党组织,社会团体党组织的任务等工作。2000 年中组部《关于加强社会团体党的建设工作的意见》要求健全社会团体党的组织等。2015年中央办公厅印发《关于加强社会组织党的建设工作的意见（试行）》，提出要形成"党委统一领导、组织部门牵头抓总、社会组织党建工作机构具体指导、有关部门齐抓共管的工作格局"。党的十九大召开前，2300余家全国性社会组织实现了党的组织和党的工作"两个全覆盖"。2016年年末全国各级各类社会组织中党组织覆盖率达到58.9%，比2015年提高了17.4%。① 党的十九大报告中进一步强调注重在社会组织中发展党员，社会组织的党组织之职责也写入了新修订的党章中。社会组织成为党的工作和群众工作的重要阵地，是党的基层组织建设的重要领域，社会组织的政治功能受到重视，党对社会组织的政治领导得以加强。

改革开放重塑了中国社会形态，在社会组织领域不断坚持着改革开放的原则。习近平同志指出："无论改什么、改到哪一步，坚持党对改革的集中统一领导不能变，完善和发展中国特色社会主义制度、推进国家治理体系和治理能力现代化的总目标不能变，坚持以人民为中心的改革价值取向不能变。"中国社会组织40多年来的发展正是在坚持党的领导下，围绕着广大人民的需要和诉求，不断完善中国特色社会主义道路，推进中国社会现代化进程。

（三）经验3：在管控中学会培育发展

社会组织在改革开放的进程中经历了不同的发展形势。改革开放初期，在从计划经济体制向市场经济体制的转变中，不仅催生了经济领域的社团组织，而且推动了行政体制和社会管理体制的改革，使得社团组织在各个领域发展起来。随着国家机构改革、事业单位改革、现代企业制度建立等系列进程，社会组织不断诞生新的形势。开放的大门，迎来境外非政府组织在中国的实践以及中国社会组织的海外成长。通过分类管理和政府购买，中国社会组织在管控中学会培育发展。党的十八大以来，社会组织在"五位一体"布局建设以及国家战略方面迎来发展机遇，成为未来社会组织以及中国社会发展的趋势。

在中国特色社会主义道路实践中，党和政府一方面高度重视和发展社会组织。2012年以来，中央财政每年安排2亿元专项资金，用于支持社会组织参与社会服务。2013年，国务院办公厅下发《关于政府向社会力量购买服务的指导意见》，要求在教育、就业、社保、医疗卫生、住房

---

① 詹成付.中国社会组织工作要自觉肩负起新时代的历史责任——学习党的十九大报告的初步体会，http://www.chinanpo.gov.cn/3201/107017/index.html.

保障、文化体育和残疾人服务等领域逐步加大政府向社会组织和企业、机构等社会力量购买服务的力度,更多更好地发挥社会力量的作用。依法在民政部门登记成立或经国务院批准免于登记的社会组织成为购买服务重要承接主体,为政府与社会组织更深层次的合作奠定了基础。2016年财政部、民政部联合下发的《关于通过政府购买服务支持社会组织培育发展的指导意见》中,其"基本原则"第一条就写明:"凡适合社会组织提供的公共服务,尽可能交由社会组织承担。"在其"主要政策"部分中则规定,"政府新增公共服务支出通过政府购买服务安排的部分,向社会组织购买的比例原则上不低于30%"。

党的十八届三中全会提出,要改进社会治理方式,激发社会组织活力,适合由社会组织提供的公共服务和解决的事项,交由社会组织承担。多地大力推进政府购买社会组织服务,投入大量资金用于购买社会组织提供的各类社会服务。党的十九大提出了共建、共享、共治的社会治理格局,再次强调建设"党委领导、政府负责、社会协同、公众参与、法治保障"的社会治理体制,并强调推动社会治理重心向基层下移,发挥社会组织作用。党的十九大报告前后五次提到社会组织且涉及领域更广,从一个侧面反映出在国家治理体系和治理能力现代化的大格局中,社会组织作为我国社会主义现代化建设不可或缺的力量,将发挥越来越重要的作用。2016年中办国办印发的促进社会组织健康有序发展的文件可以说是一个关于社会组织发展的纲领性文件,是中央对社会组织发展的顶层设计。从地方层面来讲,地方各级政府需要把社会组织纳入经济社会发展全局来考虑,例如上海在培育和发展社会组织方面一直走在全国的前列,不但将社会组织纳入上海市经济社会发展的整体格局,而且出台了《上海社会组织发展"十三五"规划》。

社会组织培育发展的另一项路径是投入国家发展战略中去。在"一带一路"建设背景下,2017年,中国民间组织国际交流促进会就与90多家国内社会组织正式启动中国社会组织推动"一带一路"民心相通行动计划(2017—2020年),数百家中外民间组织加入合作网络。新时代,社会组织在促进"一带一路"沿线国家民心相通,为"一带一路"建设共同贡献民间力量、民间智慧,构建人类命运共同体中发挥重要力量。

(四) 经验4:在法治下探索社会共治

从改革开放到全面深化改革,从依法治国到全面依法治国,社会组织在改革和法治的背景下,走出了中国的经验和方案。社会组织的发展进程伴随着中国法治化的进程和改革开放的进程。1997年党的十五大报告提出建立社会主义法治国家的目标。1999年依法治国写进宪法,成为国家的政治目标。2012年党的十八大提出全面推进依法治国,加快建设社会主义法治国家,将依法治国方略提到更新的高度。党的十八届四中全会通过的《中共中央关于全面推进依法治国若干重大问题的决定》将"依法治国"从最初的单一概念,发展成为内容翔实、结构严谨、涉及面广的表述,同时包含着具体可行的举措。

改革开放后,社会组织的复兴发展带来了法治化的需求和实践。1982年颁布的宪法确立了公民结社自由的权利,1986年颁布的《民法通则》确立了社会团体法人制度。此后,社会组织领域的法律制度建设主要立足于行政法规和行政规章领域。1988年9月和1989年6月,国务院先后发布《基金会管理办法》和《外国商会管理暂行规定》。1989年10月,国务院又发布《社会团体登记管理条例》,三个法规初步形成了我国社会组织管理的法律框架。社团条例、民非条例、基金会条例确立了双重管理、分级登记、限制竞争的管理体制与方式,相关的行政规章对内部治理等方面作了规定。这些法律制度为社会组织的规范化管理和健康发展创造了条件。

2017年《中华人民共和国民法总则》将社会团体、基金会、社会服务机构这三大类型社会组织与事业单位一起纳入非营利法人类别。明确非营利法人地位有利于社会组织的生存发展,有利于社会组织与事业单位在服务提供时进行公平竞争,有助于社会组织依法自治和健全法人治理结构;另一方面,社会组织从法律层面被全面纳入治理体系有利于依法管理和依法自治,同时也有助于国家治理和社会治理的衔接,有助于政府治理和行业自治的良性互动。

党的十九届三中全会通过《中共中央关于深化党和国家机构改革的决定》,把社会组织作为党和国家机构改革的一项内容。十三届全国人大专门增设了社会建设委员会,这是全国人大连续15年历经三届之后的首次增设,传递出的强烈信号就是社会建设得到了更大的重视,社会建设领域今后将得到更高层面的法律保障。2016年颁布的《中华人民共和国境外非政府组织境内活动管理法》填补了对境外非政府组织立法的空白。境外法共7章54条,内容涉及境外非政府组织的登记和备案、活动规范、便利措施、监督管理、法律责任,成为指导境外在华非政府组织活动发展的根本遵循。

2018年《社会组织信用信息管理办法》的发布实施标志着我国正式建立了社会组织的信用监管和奖励惩戒制度体系。同时,社会组织的信用信息已经被接入全国信用信息共享平台,纳入全国信用管理系统,并建立了一个多部门联动的守信联合激励、失信联合惩戒的具体制度和操作办法。

社会共治是共治理念的新发展,即多元社会主体在社会权力的基础上共同治理公共事务,通过协商民主等手段发起集体行动以实现共同利益的过程。[①] 作为全面深化改革背景下党和国家探索治国理政的重要创新,社会共治制度具有深刻的理论渊源和现实基础,这一范畴不仅出现在党和国家的最新政治文件中,更在地方政府的治理创新实践中得到应用并取得了积极成效。在社区治理、政治协商、生态环境等领域,社会组织的有效参与,将是社会共治的关键。

社会治理的聚焦重点,在于提升社会治理的"社会化、法治化、智能化、专业化"水平,使其能够应对复杂的系统治理问题。解答这个难题的关键就在于"共治"二字。在全面依法治国背景下,社会组织探索社会共治,通过公益慈善、社会创新和科学技术成为新时代社会共塑的重要力量。改革开放进入新时代,需要从总体上将党政力量与社会网络的拓展、法治保障水平的提升、新技术的融入以及专业体系的建设协同起来,让社会组织在公共事务和社会治理中发挥更大作用,以开创更有秩序更有活力的社会治理新局面。

第二节　典型案例

自然之友[**]

自然之友,英文名 Friends of Nature,登记注册名为"中国文化书院·绿色文化分院",是改革开放以后中国民间自发成立的最早的环保社会组织之一。1994 年 3 月经主管部门批准在民政部正式登记为挂靠在中国文化书院下的二级社团。多年来,自然之友在环境保护领域开展了大量卓有成效的公益项目和活动,全国累计超过 20000 人的会员群体,获得"亚洲环境奖""地球奖""麦格赛奖"等环境领域的多个国际大奖,并发起成立了十多家有影响的社会组织,成为中国社会组织的先行者。

[①] 王名,李健.社会共治制度初探[J].行政论坛,2014(5):68-72,68.
[**] 本案例由清华大学公共管理学院案例中心兼职助理朱琴、张智勇、董俊林、徐晓敏共同编写,案例的写作得到了清华大学公共管理学院王名教授的指导。案例仅用于课堂讨论,不对政府绩效得失作评价。

一、自然之友的成立

改革开放以来,我国经济得到了快速的发展。但这种发展常常是以破坏生态和环境为代价的。江河污染、地下水位下降、森林面积减少、土地荒漠化、沙尘暴加剧、气候变暖、物种灭绝等问题凸显出来。大量事实说明,经济发展和保护生态环境的矛盾和冲突已经越来越尖锐。虽然已经有越来越多的人注意到我国存在着严峻的环境问题,但在大多数人眼里,环境保护是政府的事,要保护环境,百姓只有寄希望于政府和专家。

1970年4月22日,盖洛德·尼尔森①和丹尼斯·海斯②在美国首次发起了以环保为主题的草根运动,各地大约有2000万人参加了游行示威。人们举行集会、游行和其他多种形式的宣传活动,高举着受污染的地球模型、巨幅画和图表,高呼口号,要求政府采取措施保护环境。1970年的首次"地球日"活动声势浩大,是现代美国环保运动诞生的标志之一,并最终推动了美国环境署的建立。国外的环保经验表明,正是广大普通群众对破坏环境的行为的斗争、抵制和对环保措施的支持和参与,才使国家的环保工作得以逐步发展和完善起来。

1993年6月5日是"世界环境日",在北京西郊玲珑园古塔下,30多位深怀社会责任感的知识分子在草坪上席地而坐,自发地举办了一次讨论,探讨中国环境现状和公民的环境责任问题。这次活动的召集人就是后来自然之友协会会长梁从诫先生。那时在大多数人眼里,环境保护是政府的事,很少有人想到个人可以组织起来参与环保活动。

1994年,梁从诫先生与王力雄③、梁晓燕④、杨东平⑤等人意识到国内环境问题的严峻性,同时受到国际民间环保团体推动国家环保的实践经验启发,成立了中国第一个民间环保组织。1989年10月,国家颁布了《社会团体登记管理条例》,确立了双重管理体制。他们在为第一家民间环保组织寻找业务主管单位时,先后遭到了国家环保总局和北京市环保局方面基于各种原因的拒绝,最后在"中华文化书院·绿色文

---

① 盖洛德·尼尔森,美国民主党参议员。
② 丹尼斯·海斯(Dennis Hayes),1970年全球首次地球日活动的组织者,创建了地球日联盟(Earth Day Network),是美国著名的环境主义者,被誉为"地球日之父"。
③ 王力雄,著名独立思想者、民族问题专家及民间环保人士,自然之友的创始人之一。
④ 梁晓燕,著名民间环保人士,现任西部阳光农村发展基金会秘书长,自然之友的创始人之一。
⑤ 杨东平,北京理工大学文学院教授,著名教育和文化学者,自然之友的创始人之一。

化分院"的名称下找到了文化部作为其业务主管单位,因此官方名称是"中国文化书院·绿色文化分院",Friends of Nature(自然之友)是在民政部注册登记后追加上去的。

二、自然之友的理念与策略

自然之友基于其使命、愿景和核心价值观,持续推动实现核心战略目标:"发现、培育、支持更多的绿色公民,并推动更多的自组织环保行动",将工作领域聚焦在以下三项核心能力上:法律与政策倡导、会员+公众行动中心、环境教育(见图6-2)。

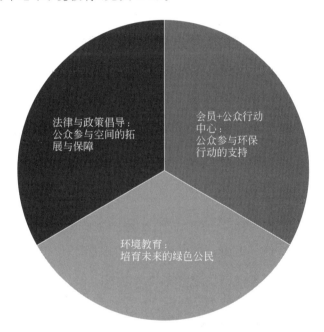

图6-2 自然之友工作聚焦图

自然之友的理念是创新的。绿色和平是国际上最有名的环境保护团体,在早期,绿色和平一直是采取很激烈的对抗性行为来进行环境保护或者对政府施加压力的。与绿色和平理念不同,自然之友成立之初,梁从诫先生提到,将自然之友的理念明确定为"支持中国政府的一切有利于环境保护的政策措施和行动。但是,如果我们认为中国政府做了不利于环境保护的事,违背了'环境保护'的原则,自然之友作为一个民间组织,认为自己有责任也有权利进行监督和批评","并在力所能及的范围内参与解决"。

自然之友创始人梁从诫先生强调自然之友"不唱绿色高调,不当绿色救世主"。环保是个社会问题,民间组织不能只指手画脚而不去顾及政府的难处,忽视现实的问题,比如要考虑老百姓吃饭穿衣的问题。因此,自然之友的环保事业不能离开中国国情,必须把环境保护与人民生活实际困难的解决联系起来考虑,积极寻求与社会各方面,包括政府和企业界的合作。

自然之友作为民间组织,无法使中国环境状态得到根本性的改变,只是在力所能及的范围内,呼吁政府和公众提高环保意识,同时给关注环境问题的社会人士提供一个组织和平台,作为社会力量以较低的成本优势和高效率,发挥共同的作用,解决政府无暇顾及的问题。

三、自然之友的环保实践

滇金丝猴(学名 Rhinopithecus bieti),是灵长类中除人类之外唯一的一种红唇动物,属于国家一级保护动物,是中国特有的世界级珍稀濒危动物。据中国科学院昆明动物研究所的调查,滇金丝猴的现存自然种群只有 13 个,个体数量仅 1000 多只,其濒危程度和珍贵程度完全可以同大熊猫相比。狩猎与生态环境的破坏是它们所受的主要威胁。

1995 年 5 月,滇金丝猴保护区所在的德钦县为解决财政问题,意在白马雪山自然保护区的南侧砍伐 100 平方千米的原始森林。这不仅意味着滇金丝猴的生存环境将受到严重的直接威胁,而且对整个滇西北的生态都是灭顶之灾。环保志愿者奚志农开始为金丝猴的命运上下奔走,他先后找到了县、地区和省里的有关部门,也通过省内一些媒体进行呼吁,但他没能引起人们的关注,也没能引起有关部门的重视。1995 年 12 月初,奚志农通过一个偶然的机会联系到了自然之友协会,呼吁协会出面制止砍伐滇西北原始森林,保护珍稀动物滇金丝猴。

自然之友协会此时成立还不到两年,而从发起到注册成立整整花了一年的时间。在全面了解了滇金丝猴的生存状况后,自然之友协会立即通过各种渠道及媒体,发出了题为"支持志农,保护滇西北原始林"的呼吁书,提出不仅要保住森林和金丝猴,还要帮助当地寻求可持续发展的途径。自然之友协会的梁从诚先生亲自出面,凭借他本人的个人影响力和活动能力将呼吁书和奚志农的信转送到了国务院、全国人大环资委等领导机关和在京的各大新闻单位。

自然之友协会的呼吁书明确指出:中华人民共和国是《国际濒危

动植物贸易公约》的签字国,中国政府是一个负责任的政府,负有不可推卸的保护滇金丝猴的法律责任。姜春云、宋健同志以及林业部、国家环保总局领导都十分重视这一事件,很快对呼吁书和信件作了肯定的批示。与此同时,在京的很多大媒体先后报道了这一消息,引起了社会的广泛关注。一时间,中央政府、新闻媒体、专家学者对这一事件都做出了积极反应。

奚志农揣着宋健的批示,带着中央电视台"新闻30分"的记者,立刻赶往现场。而此时的德钦县,伐木公路已经修到了森林边缘。奚志农和记者首先见到了伐木总指挥、德钦林业公司的张总经理,对于要求停止伐木的呼吁,张总的回答是:"为这次伐木我们已经贷了几百万元的款了,没法停下了。我们公司承担着全县4个月的工资……"奚志农和记者又马不停蹄地走访了县林业局、县委县政府、县人大的有关领导,回答大同小异,都是摆出一大堆的问题和困难,有的干脆来个避而不见。

国家林业部根据部长批示迅速组成了调查组,很快到达了昆明对此事件展开了调查。云南省委、省政府领导根据姜春云副总理的批示,专门召开了会议研究制止采伐滇西北森林的问题,并向国务院报送了解决方案。为了保护这100平方千米的原始森林和滇金丝猴,同时也为解决当地的经济困难,中央答应该县停止采伐原始森林,此后每年拨1100万元的财政补贴。

时隔两年之后的1998年,自然之友协会才发现滇西北原始森林的采伐实际上从未真正停止过。自然之友协会通过在媒体工作的会员迅即将这一情况通报中央电视台。中央电视台记者很快赶到滇西北进行现场采访,并于1998年8月2日在《焦点访谈》节目中,以"补贴到手,斧锯出手"为题将此事向社会曝光。朱镕基总理在观看了节目后拍案而起,做出指示,要求各级政府严肃处理此事。巨大的行政压力、新闻媒体的曝光和报道及全国人民的强烈关注,使得省、地、县政府部门迅速采取措施,切实严令禁止了对原始天然林的砍伐。至此,以当地政府为单位的砍伐在迪庆州彻底停止了。

自然之友协会致力于提高全社会环境意识,动员公众以各种形式自觉参与环保行动,倡导中国式的"绿色文明"。自然之友协会开展环境教育、传播绿色文明的主要方式和手段是:学校课外教育、各种形式的成人教育、出版物、美术和音像作品、大众传媒、群众性活动等;特别注重通过各类活动在青少年中培养环境意识。自成立以来,自然之友多次举办了由专家主讲的"绿色讲座",多次组织中小学环保夏(冬)令营及"大学生绿色营"等活动,参与编写了多种环保主题的出版物等。

通过这一系列的活动,自然之友协会赢得了国内外广泛的关注,其领导人梁从诚曾于1998年作为中国民间环保人士的代表与美国总统克林顿会面,并于2000年获得被誉为亚洲诺贝尔奖的"麦格赛赛"公共服务奖。只有极大地提高全民族的环境意识、使环境保护成为全体社会成员共同的责任和使命,在公众中树立人与自然和谐共处的新型文化观念和生活方式,社会经济和可持续发展才能在中国实现,中国的环境才能得到真正有效的保护,神州大地才有可能青山常在、绿水长流。

2014年自然之友发起举办非公募基金会——自然之友公益基金会。基金会的主要工作方向为:面向中国的草根环保组织和志愿者组合,促进更广泛、更有效的公众参与行动;面向草根组织、研究机构和政策推动者,促进更持续、更有效的环境政策倡导工作。同时在2014年成立专业环境教育机构——自然之友·盖娅自然学校,以已有20年历史的"环境教育"团队为基础,通过课程、师资、基地三部分的持续探索与实践,推动更有效的体验式环境教育和亲子环境教育,拓展自然之友在环境教育领域的专业性、引领性与影响力,培育更多未来的绿色公民。

第三节 案例分析[*]

一、自然之友采取了怎样的策略进行环境保护?

改革开放以来,国家经济体制从一元化的计划经济体制转向多元化的市场经济。但早期粗放型的经济发展模式给资源和环境带来了沉重的压力,公民环保意识也较差,政府对资源约束和环境污染等问题的政策也处于起步阶段。

自然之友作为社会组织,具有非营利性、非政府性和志愿公益性。有着相对于政府一定的独立自主性,可以通过横向的网络联系与民众

---

[*] 本节由清华大学公共管理学院2016级硕士研究生徐晓敏撰写,指导教师为清华大学公共管理学院王名教授。

基础动员社会资源。环保社会组织参与政策制定或执行的方式可以分为制度化参与方式与非制度化参与方式(见表6-1)。①

表6-1 社会组织参与政策制定或执行的方式

参与方式		具体形式
制度化参与方式	直接参与方式	—作为正式成员,参与政府会议和委员会 —参与政策执行过程,并且提供公共物品
	合法性间接参与方式	—参加听证会 —提交法案 —法律诉讼
非制度化参与方式	合法性间接参与方式	—通过大众媒体宣传 —召开研讨会 —合法性集会或示威
	非法性间接参与方式	—非法示威 —暴动 —恐怖活动

在本案例中,通过梳理涉及解决环保问题的主体可以分为三类:一是政府部门,又细分为中央政府和地方政府;二是以营利为目的的对生态进行破坏行为的企业、个人等;三是自然之友协会、媒体等第三方社会力量。各利益主体关系网络图见图6-3。

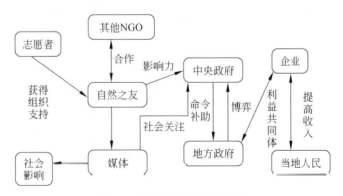

图6-3 利益主体关系网络图

自然之友协会进行生态保护的策略,根据有无借助政府力量分为两种:一是借助政府力量;二是利用学校课外教育、成人教育、出版物、美术和音像作品、大众传媒、群众性活动等方式发挥倡导性功能。本案例中,中央政府指部委、人大等中央机关,地方政府指省级及以下等政

---

① 郑准镐.非政府组织的政策参与及影响模式[J].中国行政管理,2004(5):32-35.

府部门。因为地方政府与本地企业在一定程度上是利益共同体，企业在污染环境的代价之上营利，地方政府依靠营利企业提高税收，增加GDP，而选择对地方环境问题睁一只眼闭一只眼。自然之友可以以个人影响力和组织影响力直接获得与中央政府的沟通，向政府反映问题。自然之友也可以通过与媒体沟通，揭露问题，提高社会关注度，给中央政府以舆论压力，使社会问题得到中央政府的关注和解决。中央政府为解决环保问题，一方面会出台严厉政策，禁止环境破坏的现象再次出现，另一方面，会帮助地方政府，给予补助和支持，解决本地政府的难题。

二、中国的社会组织应该如何处理与政府的关系？

改革开放40多年，中国特色社会主义进入新时代，我国社会主要矛盾已经转化为人民日益增长的美好生活需要和不平衡不充分的发展之间的矛盾。社会组织要在人民对美好生活的向往和社会主要矛盾的解决中不断定位使命、挖掘潜能、整合资源、精耕细作、品质服务、反馈提升，在党和国家的信任度、人民群众的满意度、国内外社会的影响度中追求自身的持续、健康、高效发展，在中国特色社会组织之路建设中各放异彩。自然之友正是秉持了这样的发展理念精神，在中国乃至世界的绿色环保事业中引人注目。

社会组织是伟大复兴中国梦的实现者。2017年习近平同志致信祝贺中国农学会成立100周年，他希望中国农学会发扬传统，与时俱进，团结带领广大农业科技工作者，面向农业科技创新主战场，在推动我国"三农"事业发展中发挥更大作用，为实现"两个一百年"奋斗目标、实现中华民族伟大复兴的中国梦做出新的更大的贡献。社会组织要树立自信，坚持改革开放精神，在新时代奋力作为，成为中国社会发展的重要力量。

社会组织在自身发展和不断作为的过程中，与政府关系问题成为一项重要和无法回避的议题。社会组织在处理与政府关系中需要把握好"我是谁""我从哪里来"和"到哪里去"的经典式基本问题。在贯彻党和国家发展理念精神，遵守国家法律政策规定，投入国家政府发展战略计划，开展多种合作等方面建立良好的政社关系。

社会组织把握"我是谁"是要社会组织在处理政府关系中充分认识自身的现状和发展未来。案例中的"自然之友"正是在多年的发展中，坚持自身的使命、愿景和核心价值观，不断推动实现核心战略目标。梁从诚先生强调自然之友"不唱绿色高调,不当绿色救世主"。民间组织不能只指手画脚而不去顾及政府的难处,忽视现实的问题,比如要考虑老百姓吃饭穿衣的问题。因此在与政府的往来中,自然之友能够把握和运用政府体制中的特点,在重大事件的处理上运用不同级政府的力量来捍卫自身所代表的价值,当然也是符合最广大人民根本利益的要求。

社会组织把握"我从哪里来"是要社会组织不忘初心,尊重历史,在改革开放的全面推进中不断发展。中国的社会组织有着不同的根源、成长环境和发展模式,我们有官办的社会组织,还有更多民间草根力量,还有着不同的类型、领域、属地等。政府改革过程转化出的社会组织不断面临着深化改革的推动力,比如行业协会、商会脱钩等问题,需要以一种贯彻和执行的方式去处理各项要求,当然改革中的"摸着石头过河"依旧存在,需要不断给政府反馈和建议。大量在民政部门注册有着合法身份的社会组织则面临更多的监督和管理,需要以一种被管理和主动适应合作的方式去处理与政府的关系,在合作协作以及各种关系中共塑良好的政社关系。还有那些未能注册的大量基层组织,则是要把握好身边基层政府的需要和要求,去除"神秘""封闭"和"僵尸",与政府能够在信任和理解的支持范围内活动。而境外非政府组织则由于其受到所在国的影响作用,在与中国政府的关系往来中,需要把握好双方国家关系和本组织的立场观点问题,这样在与中国各级政府往来中才能建立更好的信任和合作,当然这些发展的前提是对中国法律的遵守。

社会组织把握"我到哪里去"是要社会组织在处理政府关系中把握大局方向,在政府的发展战略规划中应运、乘势和借机发展而起。社会组织有自身的发展计划、目标甚至是战略,能不能在与政府的有效结合上寻找着力和突破是社会组织需要考虑和决定的问题。一方面,政府通过战略、规划、报告、计划等形式表达对国家和地方的发展蓝图,不同属地类型的社会组织当前都可以通过学习等方式获取和自身相关的内容要求。另一方面,社会组织根据自身不同的发展阶段、资源禀赋以及对社会未来的自身判断,会在独立发展、合作发展以及跨越发展等模式方面与政府关系有着不同的选择。自然之友在法律与政策倡导、公众参与、环境教育等方面都选择与政府开始不同程度的合作,极大地扩大影响和效果,值得社会组织学习借鉴。

参考文献

[1] 王名. 社会组织概论[M]. 北京:中国社会出版社,2010:81.

[2] 王名等. 社会组织与社会治理[M]. 北京:社会科学文献出版社,2014:6.

[3] 陶传进. 当代中国社会组织的四重演变[J]. 文化纵横,2018(1):20-28,20.

[4] 陈家建. 法团主义与当代中国社会[J]. 社会学研究,2010(2):30-43.

[5] 陈健民,丘海雄. 社团、社会资本与政经发展[J]. 社会学研究,1999(4):66-76.

[6] 邓正来,亚历山大主编. 国家与市民社会[M]. 北京:中央编译出版社,2000.

[7] 高丙中. 社会团体的合法性问题[J]. 中国社会科学,2000(2):100-109.

[8] 范明林. 非政府组织与政府的互动关系——基于法团主义和市民社会视角的比较个案研究[J]. 社会学研究,2010(3):159-176.

[9] 顾昕,王旭. 从国家主义到法团主义——中国市场转型过程中国家与专业团体关系的演变[J]. 社会学研究,2005(2):155-175.

[10] 江华,张建民,周莹. 利益契合:转型期中国国家与社会关系的一个分析框架——以行业组织政策参与为案例[J]. 社会学研究,2011(3):136-152.

[11] 王绍光,何建宇. 中国的社团革命——中国人的结社版图[J]. 浙江学刊,2004(6):71-77.

[12] 张钟汝,范明林,王拓涵. 国家法团主义视域下政府与非政府组织的互动关系研究[J]. 社会,2009(4):167-194.

[13] 朱健刚. 草根 NGO 与中国公民社会的成长[J]. 开放时代,2004(6):36-47.

[14] Evans P B. Embedded Autonomy: State sand Industrial Transformation[M]. Princeton, N. J.: Princeton University Press, 1995.

[15] Evans P B. State-Society Synergy: Government and Social Capital in Development. Berkeley[M]. Calif.: California University Press, 1997.

[16] 郑准镐. 非政府组织的政策参与及影响模式[J]. 中国行政管理,2004(5):32-35.

[17] 邓国胜. 政府与 NGO 的关系:改革的方向与路径[J]. 中国行政管理,2010(4).

[18] Guosheng Deng. The Hidden Rules Governing China's Unregistered NGOs: Management and Consequences[J]. The China Review, 2010,10(1):183-206.

社会保障

第一节 改革开放以来的中国社会保障*

社会保障(Social Security)是国家抵御社会风险和保障公民基本生活安全的制度安排和服务体系,使全体公民能够生有所育、住有所居、病有所医、伤有所疗、失业有所帮、老残有所养和灾难有所救。

1951年中国颁布实施了《中华人民共和国劳动保险条例》,企业按照工资总额的3%缴费,向全体职工提供免费医疗、工伤保险、生育津贴、退休金和遗属抚恤金以及丧葬费。计划经济时期,以职业为依托,城镇职工为主体,凭单位职工身份可享受的职工福利制度形成并逐步稳固,如《关于做好1969年决算编纂工作的通知》规定了按照工资总额的11%提取职工福利基金直接计入成本,如提取后仍入不敷出,可从税后留利中提取职工福利基金进行弥补。1992年,《关于提高国营企业福利金提取比例,调整职工福利基金和教育经费计划基数的通知》中规定,1992年5月1日起,职工福利费按工资总额扣除各项奖金后14%从成本中提取。

2016年11月,国际社会保障协会(ISSA)[①]在第32届全球大会期间将"社会保障杰出成就奖"(2014—2016年)授予中华人民共和国政府,并将中国经验概括为:"在强有力的政治决心下管理创新,采取不同类型的社保计划,梯次推进的实施方略。"

2017年,中国共产党第十九次全国代表大会报告提出:"按照兜底线、织密网、建机制的要求,全面建成覆盖全民、城乡统筹、权责清晰、保

---

* 本章由清华大学公共管理学院博士生导师杨燕绥教授、2015级博士研究生秦晨撰写。
① 国际社会保障协会(The International Social Security Association,ISSA)是面向社会保障管理机构、政府主管部门和经办机构的全球领军国际组织,协会在国际劳工组织的支持下成立于1927年,目前汇聚158个国家(地区)中的330个社会保障机构。

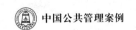

障适度、可持续的多层次社会保障体系。"

一、中国改革开放以来社会保障情况概述

（一）中国社会保障制度变迁

社会保险制度被视为一种国民收入再分配的制度安排，具有风险分担与互助合作的基本特征，是现代国家的基本职能之一。中国在经济社会发展的基础上，与时俱进、有所创新地建立和完善了社会保障制度。

1. 劳动保险时代（1951—1996年）

1951—1978年，我国社会保障建设依照"恢复国民经济、发展民生事业"的原则进行探索和建设。1951年2月26日，原政务院颁布《中华人民共和国劳动保险条例》，标志着中国城镇企业职工劳动保险制度的确立。此时期的社会保障制度借鉴苏联模式，体现国有企业责任，企业按照工资总额的3%缴费，由各级工会经办，建立退休金计划、工伤保险计划、生育保险计划、丧葬补贴和免费医务室，职工不缴费即可以根据工龄领取养老金、获得免费医疗和其他福利待遇。此外，还有福利分房制度。在农村人民公社的经济体制上，建立了保吃、保烧、保医、保住、保葬的失能贫困人口的五保制度①，还有合作医疗制度和宅基地制度，1976年全国有90%的农民参加了合作医疗。这些制度安排使工人和农民有了当家做主人的体验，随之迸发出极大的生产积极性，为新中国的经济社会建设做出了贡献。

1966—1976年，由于企业生产制度陷入混乱局面，劳动保险计划停止运行。只有机关事业单位和国有企业断断续续为职工提供住房、支付退休金等。

2. 社会保险时代（1997—2017年）

1978年，在中国改革开放之际，社会保障也面临转型与发展。1978年，国务院颁布了《关于安置老弱病残干部的暂行办法》和《关于工人退休、退职的暂行办法》，分别解决了"文化大革命"期间积累的200余万人的退休金问题。1986年国务院颁布实施了《国营企业实行劳动合同

---

① 1956年通过的《高级农业生产合作社示范章程》中对五保范围和制度进行了规定。其中第53条第1款规定：农业生产合作社对于缺乏劳动力或者完全丧失劳动力，生活没有依靠的老、弱、孤、寡、残疾的社员，在生产上和生活上给以适当的安排和照顾，保证他们的吃、穿和柴火的供应；保证年幼的受到教育和年老的死后安葬，使他们生养死葬都有依靠。

制暂行规定》(2007年颁布实施了《劳动合同法》,2012年、2017年修订),打破了国营企业多年来的"铁饭碗"用工制度。为保障解约职工的基本生活,该规定第五章规定了退休期间的社会养老保险、医疗保险、抚恤金和丧葬费待遇,同时制定了《国营企业职工待业保险暂行规定》和《女工生育保险试行办法》,但机关事业单位仍旧执行原退休金制度,由此形成养老金的双轨制。

1993年,党的十四届三中全会通过的《中共中央关于建立社会主义市场经济体制若干问题的决定》,把建立社会保障制度作为社会主义市场经济基本框架的五个组成部分之一,明确了社会保障体系的基本内容:(1)在养老保险方面,1993年,《中共中央关于建立社会主义市场经济体制若干问题的决定》明确提出"城镇职工养老保险和医疗保险金由单位和个人共同负担,实行社会统筹和个人账户相结合"的制度目标。1995年,国务院发布《关于深化企业职工养老保险制度改革的通知》,确定了"社会统筹与个人账户相结合"的基本框架,并提供两个实施方案给地方政府进行选择。1997年,党的十五大报告指出,"建立现代企业制度是国有企业改革的方向……深化国有企业改革,是全党重要而艰巨的任务"。作为国企改革的配套措施,1997年国务院颁布了《关于建立统一的企业职工基本养老保险制度的决定》,标志着统账结合的养老保险制度的正式建立。(2)在医疗保险方面,1992年,国务院成立医疗制度改革领导小组,标志着医疗保险制度的改革进入准备阶段,此后形成社会统筹与个人账户分离的"九江模式"和社会统筹与个人账户通道的"镇江模式"。1998年12月国务院颁布《关于建立城镇职工基本医疗保险制度的决定》,标志着社会统筹和个人账户相结合的新型医疗保险制度的确立。(3)其他。1993年国务院颁布《企业职工失业保险条例》,1994年人民代表大会制定《中华人民共和国劳动法》(第九章为社会保险和福利),1996年国务院制定《企业职工工伤保险试行办法》(2003年颁布《条例》,2010年修订),直到2000年制定《社会保险法》,社会保险法律框架基本形成。

根据2004年《中华人民共和国国宪法修正案》第23条的规定,《宪法》第14条第4款内容为:"国家建立健全同经济发展水平相适应的社会保障制度。"同年,中国政府首次发表《社会保障白皮书》。白皮书中提到,20世纪80年代中期以来,伴随着社会主义市场经济体制的建立和完善,中国对计划经济时期的社会保障制度进行了一系列改革,**逐步建立起与社会主义市场经济体制相适应,由中央政府和地方政府分级负责的社会保障基本框架**,包括社会保险、社会福利、优抚安置、社会救助、住房保障以及作为补充保险的企业年金、商业健康保险,还有赈灾救济响应系统和全国社会保障(储备)基金理事会等制度,这些项目分别由不同政府部门主管,由市县政府统筹收支、中央财政兜底。社会保险是核心部分,包括养老保险、失业保险、医疗保险、工伤保险和生育保险。根据1982年宪法的社会保障原则,国家颁布实施了如下社会保障法律:《残疾人保障法》(1990年)、《最低生活保障条例》(1999年)。白皮书还指出,中国人口规模大、经济发展水平相对低,且已经进入人口老龄化,影响社会保障的可持续性。可见,从社会保障制度框架到多层次和一体化的体系建设的需求是迫切的,且将面临巨大的挑战。

2007年,党的十七大报告提出:"加快建立覆盖城乡居民的社会保障体系,保障人民基本生活,探索建立农村养老保险制度。"2008年10月,党的十七届三中全会提出建立政府补贴和个人积累相结合模式的新型农村社会养老保险制度(下文称"新农保"),该制度于2009年在全国10%的县(市、区)开展,2010年在全国推开。2011年,国务院在全国推动城镇居民养老保险试点工作。2014年,实现了城乡居民养老保险一体化发展。2002年,《中共中央国务院关于进一步加强农村卫生工作的决定》要求"建立符合社会主义市场经济体制和农村经济社会发展水平的农村卫生服务体系和农村合作医疗制度"。新型农村合作医疗制度(下文称"新农合")于2003年开始试点。2007年,城镇居民医保开始试点。截至2017年,城乡基本医疗保险制度覆盖超过13亿人。2016年,国务院印发《关于整合城乡居民基本医疗保险制度的意见》,要求整合城镇居民基本医疗保险和新型农村合作医疗两项制度,建立统一的城乡居民基本医疗保险制度。

2000年以后,省际经济发展和赡养负担差异越来越大,广东和北京等地养老保险有结余,辽宁和黑龙江出现当期收不抵支的情况。2010年《社会保险法》规定基本养老保险基金逐步实行全国统筹,2012年《社会保障"十二五"规划》提出基础养老金全国统筹,2012年党的十八大、2013年党的十八届三中全会、2015年十八届五中全会均提出全国统筹养老金问题,因缺乏公共品的生产机制,全国统筹养老保险政策迟迟不能出台。2018年,开始建立企业职工基本养老保险中央调剂金制度。为此,党的十九大报告提出"建设全国统一的社会保险公共服务平台"。

此间,出台《社会保险法》《军人保险法》《工伤保险条例》《失业保险条例》等一系列法律法规。社会保障的覆盖范围从城镇扩大到农村,从国有企业扩大到各类用人单位及灵活就业人员和非就业群体。截至2017年年底,基本养老、基本医疗、失业、工伤、生育保险参保人数分别达到9.15亿人、11.77亿人、1.88亿人、2.27亿人、1.92亿人;五项基金总收入为6.64万亿元,同比增长23.9%,总支出为5.69万亿元,同比增长21.4%。① 自2005年起,连续12年上调企业退休人员基本养老金,城乡居民养老保险待遇标准也有较大幅度提高;职工和居民医疗保险报销比例分别达到80%和50%以上;失业保险支出项目和待遇水平近5年平均增长14.2%;广大参保人从社保制度中享受到更多经济发展成果。

中国正在构建中央统筹的基础养老金,完善职业企业年金和个人账户的制度安排;整合城乡的基本医疗保险,搭建异地就医的结算平台,实行智能与监控;促进就业和精准扶贫;大力推进行政体制改革,消除体制障碍,提升社会保障公共服务水平与效率。国家社会保障体系建设与党中央的决策、财政的支持和政府的执行力是分不开的。② 2017年各级财政补贴基本养老保险基金8004亿元,基本养老保险财政补贴规模2017年已经突破8000亿元,相当于财政总支出的4%。全国社会保障基金于2000年8月成立,过去18年,社保基金年化收益率是在8.4%左右,发展至今中国社会保障基金理事会管理的资产已近2.5万亿元,成为中国市场上最主要的主权基金之一,在应对对老龄化社会挑战和促进中国金融市场的发展、经济结构调整和转型升级等方面都具有显著效果。

同时,中国已经建成覆盖城乡的社会保障公共服务体系,实现了参保登记、基金征缴、权益记录、待遇支付一体化、五险统一经办的完整链条和业务流程。2017年年底,全国县级以上社保经办机构实有工作人员超过20万。社保经办管理服务延伸到街道、乡镇、社区,基层服务平台建设覆盖中西部60%的县。"电子社保"示范城市建设加快推进,网上经办、掌上社保、自助服务等新业务模式加快普及。全国社会保障卡持卡人数超过10亿,社会保障卡已成为公共服务领域的重要载体。

---

① 2017年我国五项基金总收入达到6.64万亿元[EB/OL].新华网,2018-01-26,http://www.xinhuanet.com/finance/2018-01/26/c_129800163.htm.
② 杨燕绥.社会保障为中国发展保驾护航[EB/OL].人社部网站,2016-11-21,http://www.mohrss.gov.cn/SYrlzyhshbzb/dongtaixinwen/buneiyaowen/201611/t20161121_259939.html.

3. 社会保障体系建设时代(2018年至今)

2018年,在中国经济社会进入新的发展时期,党的十九大报告指出:中国要"按照兜底线、织密网、建机制的要求,全面建成覆盖全民、城乡统筹、权责清晰、保障适度、可持续的多层次社会保障体系"。中国进入社会保障体系建设的发展时期,围绕"以人民为中心,增进社会公平正义,促进全民共建共享"推进机制体制建设。根据中共中央印发的《深化党和国家机构改革方案》建立了国家医疗保障局,它将进一步提升我国医疗保障的公共治理能力。

(二)政策变迁:统账结合与个人账户的转型和退出

1. 统账结合与养老保险个人账户的转型

(1)统账结合的养老保险制度初衷

1997年,国务院颁布了《关于建立统一的企业职工基本养老保险制度的决定》,标志着统账结合的养老保险制度的正式建立,试图建立现收现付的基础养老金和个人积累的储蓄养老金,以应对人口老龄化的养老金风险。该决定规定,企业按照工资总额的20%缴费,计入地市统筹账户,计发基础养老金;职工个人按照工资的8%缴费,由企业代扣代缴,计入个人账户(本息复利计算,可以携带与继承),计发个人养老金;地方政府可以提供过渡性养老金。养老待遇由"基础养老金+个人养老金+过渡性养老金"构成,统账结合的养老金计发公式如下:

$$\text{统账结合的养老金} = [(\text{当地上年度或城镇职工月平均工资} + \text{本人指数化月缴费工资})/2] \times \text{缴费年限} \times 1\% + \text{个人养老金} + \text{过渡性养老金}$$

其中,个人养老金=个人账户储蓄额/计发月数。

2016年,个人账户记账利率为8.31%,实际上基本未投资运营,存入财政专户获取银行记账利息2%左右。60岁领取者的个人账户养老金计发月数为139(按照平均寿命71岁计算,实际上城镇居民平均预期寿命超过78岁,城镇职工平均寿命超过80岁)。

(2)职工养老保险个人账户转型

关于职工养老保险个人账户的属性一直存有争议,是职工社会保险缴费,还是职工个人养老金储蓄?2001年,国务院通过了《养老保险改革辽宁试点的方案》,试图"做实"职工养老保险个人账户,建立个人账户养老金的投资运营机制。后来由于养老保险支付压力越来越大,这项实验停止了。2000年进入老龄化社会以后,加之早退休政策,越来越多的统筹地区,用尽28%缴费还出现收支缺口。人社部发布的《中国社会保险年度发展报告 2016》显示,黑龙江养老保险基金累计结余赤字超 200 亿元,13 个地区养老金支付能力不足 1 年,东北三省 2016 年企业养老保险欠账合计达 626 亿元,养老金当期收不抵支的省份增至 7 个,分别为黑龙江、辽宁、河北、吉林、内蒙古、湖北、青海。反之,累计结余超千亿元的地区为广东、北京、江苏、浙江、山东、四川、上海、山西、安徽。这 9 个地区共计结余 2.61 万亿元,占全部累计结余的 70.6%。2015 年财政补贴累计达 3.2 万亿元。

面对上述问题,国家采取了如下措施:(1)从 2018 年 7 月开始建立中央调剂金制度,为实行中央统筹基础养老金奠定基础;(2)加大累计结余社会保险基金投资运营和保值增值的力度;(3)2017 年人社部发文规范和提高了职工养老保险个人账户的记账利率,借机向社会公开解释职工养老保险个人账户是参保职工养老保险缴费的记账方式,以个人日后养老金计发关联,其储存资金与社会保险滚存资金一同投资运营,并非个人积累养老金账户。至此,中国职工养老保险个人账户由模糊定义转型为职工养老保险缴费记账方式,由此明确了职工缴纳养老保险费的责任。与欧美国家不同的是,企业缴费是职工个人缴费的 2.5 倍,不是 1∶1 的分担关系。

2. 统账结合与医疗保险个人账户的退出

(1) 统账结合的医疗保险制度初衷

多年来习惯"一切国家包下来"的干部和职工认为,公费劳保医疗是社会主义制度优越性的体现,看病掏钱增加群众负担;经济效益好的企业怕影响自身利益,参加医改不积极……

——《全国医改试点迈出可喜第一步——镇江市职工医疗制度改革调查》

医疗风险一般属于当期风险。1978 年,世界卫生组织(WHO)提出了医疗保障的基本定义,即"让人人享有合理的基本医疗服务"。在 WHO 的 194 个成员国中,有 114 个国家制定了医疗保障法律和制度,保障模式包括财政出资的免费住院和家庭医生首诊服务(英国模式,约占 34%)、社会医疗保险(德国模式,约占 65%)和家庭医疗储蓄账户(新加坡模式),几乎没有个人账户的制度安排。

1998 年 12 月国务院颁布的《关于建立城镇职工基本医疗保险制度的决定》,标志着我国统账结合的基本医疗保险制度的正式建立。企业按照工资总额的 6% 缴费(其中 30% 划入个人账户),计入地市统筹账户,用于支付住院费用的 70% 左右;职工个人按照工资的 2% 缴费,由企业代扣代缴,计入个人医疗保险账户(本息复利计算,可以携带与继承),用于支付门诊费用和药店费用。统账结合的医疗保险基金报销公式如下:在定点医院和定点药店发生的医疗费用,在起付线(地方社会平均工资的10%左右)以上和封顶线(地方社会平均工资的4~6倍)以下的,在三个目录以内的部分为70%~90%(三级医疗机构报销70%,二级医疗机构报销80%,基层医疗机构报销90%)。镇江某小学退休教师杨老师,家里珍藏着三张卡:纸质医保专用卡、医保IC卡和医保智能卡。三张卡片记载着镇江医改十年的艰难探索和曲折发展。

1998年建立职工医疗保险个人账户的初衷有四点:一是激励国有企业职工参保缴费;二是支付门诊和药店费用;三是引导个人控制医疗费用;四是个人适度积累医疗费用。在2010年,前两个功能基本完成,后两个功能基本流失。2010年颁布的《社会保险法》第三章中未提及职工医疗保险个人账户,城乡居民医疗保险未设立个人账户。

(2) 职工医疗保险个人账户的退出

根据《中华人民共和国审计法》的规定,2016年8月至9月,审计署组织地方审计机关对基本医疗保险和城乡居民大病保险等医疗保险基金进行专项审计。审计抽查了28个省本级(含新疆生产建设兵团)、166个市本级和569个县(市、区)2015年和2016年上半年的基金管理使用情况,抽查资金金额3433.13亿元,延伸调查了3715个定点医疗机构、2002个定点零售药店以及其他相关单位。审计结果公告如下:截至2016年6月,审计地区基本医疗保险参保人数55951.65万;城乡居民大病保险参保人数36797.79万。2015年和2016年上半年,审计地区基本医疗保险基金收入12692.81亿元,其中保险费收入12280.12亿元;基金支出10081.15亿元,其中基本医疗保险待遇支出9681.06亿元;期末基金累计结余9769.38亿元,其中统筹基金6602.95亿元,个人账户3166.43亿元(占结余总额的32.41%)。

(3) "沉睡"的医保个人账户①向何处去?

职工个人医保账户上的结余款如何处置成为新的公共政策问题。"睡"着可惜,不能用于家人,"套现"购买生活用品成为很多人的选择,也成为欺诈医保基金的重灾区。2015年,患有高血压的邹某,让女儿用丈夫老周的社保卡买药,合计报销11376.64元,结果母女俩双双因诈骗

---

① 医疗保险个人账户是医保基金的重要组成部分,任何单位、个人不得违反个人账户使用范围和要求,违规支付的,视情节轻重,将暂停或者取消医保结算;涉嫌犯罪的,由公安机关追究其刑事责任。

罪获刑。此案引发巨大争议,社会对于个人账户放开家庭互济进行讨论。①

镇江市医改办于 2009 年下发了《关于进一步完善统账结合基本医疗保险个人账户政策的通知》,整合家庭参保人的个人账户,实现家庭互助互济,增强了对疾病风险的抵御能力。自 2017 年 10 月 1 日起,南宁市正式扩大职工基本医疗保险个人账户使用范围,实施社保卡中的医保个人账户余额全家共享。浙江省还出台政策将个人账户历年结余资金作为家庭共济资金,用于支付参保人员近亲属的医疗保障费用,并且可为本人及其近亲属购买商业健康保险,只要相互绑定社会保障卡,就可以实现家庭套餐一卡通。截至 2017 年 1 月,浙江省 9 个市通过信息系统改造,实现家庭成员绑定,已有 29.6 万名参保人员享受到家庭共济,个人账户共济资金 2.8 亿元,涉及个人账户 6.1 万个。

为活化医保账户、拓宽职工医保个人账户功能,各地政府相继出台相关政策,将个人账户适用扩展至二类疫苗、健康体检等项目。洛阳、贵阳、杭州和深圳等地纷纷出台规定将二类疫苗②纳入医疗保险个人账户支付范围,为群众提供安全、方便的公共卫生和基本医疗服务。部分地区引入重疾险等商业保险、健康体检和慢病等提高个人账户资金使用率,减轻大病或者其他高额医疗费用负担。引进健康预防等积极保障方式,将健康维护和健康服务纳入个人账户支付范畴。2017 年,苏州有 6.5 万人申领"阳光健身卡",定点健身场馆从 47 家拓展到 99 家。2017 年 6 月,国务院办公厅印发的《关于进一步深化基本医疗保险支付方式改革的指导意见》明确指出,要"严格规范基本医保责任边界,重点体现'保基本',公共卫生费用、体育健身或养生保健消费等不得纳入医保支付范围",健身房医保刷卡被叫停。为进一步规范医疗保险基金使用,苏州市停办医保资金划转健身卡业务:"稳慎推进医保个人账户改革,停止执行地方制定的使用个人账户基金购买健身卡等非医疗支出政策。"

---

① 绍兴日报,2015-12-19.
② 《疫苗流通和预防接种管理条例》规定,疫苗可分为第一类疫苗和第二类疫苗。第一类疫苗是指政府免费向公民提供,公民应当依照政府的规定受种的疫苗。第二类疫苗是指由公民自费并且自愿受种的其他疫苗。一般,成人接种疫苗均为二类疫苗,2018 年起多省、市医疗保险已将二类疫苗纳入医保个人历年账户资金支付范围,市民可用个人医保历年账户资金。

二、社会保障制度安排的中国方案：优势和挑战

改革开放40多年来，中国通过平衡经济发展和社会福祉间的关系，促进社会共识，不断扩大和完善抵御社会风险的制度安排、扩大社会保障的覆盖面和适度提高待遇水平，在2004年基本形成社会保障的制度架构。此后，开始整合城乡居民的养老金制度和医疗保险制度，整合机关事业单位和职工养老金制度，建设一体化的社会保障公共服务平台，进入可持续的社会保障体系建设阶段。社会保障日益成为促进中国经济社会快速发展的保护伞。以深圳为例，2002年以2元费率开始动员民营企业和农民工参加医疗保险，如今实现社会保险全覆盖，在来自农村和各地的新居民和新职工中培育了工匠精神，他们成为深圳经济快速发展的主力军。

（一）"民生为本"政治承诺下的制度推进

坚持社会主义原则，党中央和政府一直将保障和改善民生放在工作优先地位。强有力的政治承诺也被国际公认为中国推进社会保障全覆盖的基本特质。2016年11月17日，国际社会保障协会授予中国政府社会保障杰出成就奖。

1992年，党的十四大报告提出："深化分配制度和社会保障制度的改革。统筹兼顾国家、集体、个人三者利益，理顺国家与企业、中央与地方的分配关系，逐步实行利税分流和分税制。加快工资制度改革，逐步建立起符合企业、事业单位和机关各自特点的工资制度与正常的工资增长机制。积极建立待业、养老、医疗等社会保障制度，努力推进城镇住房制度改革。"

1997年，党的十五大报告指出："我国社会主义初级阶段社会的主要矛盾是人民日益增长的物质文化需要同落后的社会生产之间的矛盾，这个主要矛盾贯穿整个过程和社会生活的各个方面。"第五部分提出："建立社会保障体系，实行社会统筹和个人账户相结合的养老、医疗保险制度，完善失业保险和社会救济制度，提供最基本的社会保障。建立城镇住房公积金，加快改革住房制度。"

2002年，党的十六大报告提出了全面建设小康社会的目标和基本要求，其中，"社会保障体系比较健全，社会就业比较充分，家庭财产普遍增加，人民过上更加富足的生活"成为根本的政策目标。

2007年，党的十七大报告专节描述社会保障体系的建立与完善的

总体规划和要求。第八部分第四点提出：加快建立覆盖城乡居民的社会保障体系，保障人民基本生活；涉及的内容包括社会保险、社会救助、社会福利、残疾人事业、老龄事业、防灾减灾和住房保障等。第五点专门阐述了对基本医疗卫生制度的具体要求。

2012年，党的十八大报告将社会保障制度视为现代市场体系和宏观调控体系的有机构成，提出全面建成小康社会和全面深化改革开放的目标包括社会保障全民覆盖，人人享有基本医疗卫生服务，住房保障体系基本形成，完善社会保障体系，健全基层公共服务和社会管理网络，建立确保社会既充满活力又和谐有序的体制机制。

2017年，党的十九大报告将社会保障作为国家治理体系重要组成部分，进入社会保障制度体系建设的新阶段。按照兜底线、织密网、建机制的要求，全面建成覆盖全民、城乡统筹、权责清晰、保障适度、可持续的多层次社会保障体系。

(二) 借鉴与创新下的分阶段式发展

联合国《世界人权宣言》将社会保障权作为一项国际人权，指出"每个人有权享受社会保障，并有权享受他的个人尊严和人格的自由发展所必需的经济、社会和文化方面的各种权利"。在这个意义上，各国需要依照自己的国情实现相关的制度安排。以个人账户为例，为了引导国有企业职工参保缴费，养老金个人账户嵌在社会保险计划内存活了20年后转型为职工养老保险缴费，2018年另立延税型个人养老金账户，医疗保险个人账户也在存活了20年、完成其使命后逐渐退出。

1. 社会保险为用工制度改革保驾护航，个人账户激励职工参保缴费

1985年以后，伴随国营企业改革和劳动合同制的推进，在打破国企职工"铁饭碗"的同时，国家开始探索建立社会保险制度。1986年，国务院在《国营企业实行劳动合同制暂行规定》第五章中提出了社会养老保险、医疗保险等；在《国营企业职工待业保险暂行规定》中规定了失业保险待遇。借鉴当年俾斯麦政府推行社会保险立法的经验（1883—1889年），中国在1993—1998年间，连续出台了一系列社会保险法规和政策，包括《企业职工失业保险条例》（1993年）、《企业职工工伤保险试行办法》（1996年）、《关于建立统一的企业职工基本养老保险制度的决定》（1997年）、《关于建立城镇职工基本医疗保险制度的决定》，建立起社会保险的制度框架。与德国社会保险不同的是，鉴于国营企业职工低工资和免费福利的具体国情，中国在职工养老保险和医疗保险中均设立了非社会互济的"个人账户",职工个人按照工资的8％缴纳的养老保险费全部计入个人账户,企业按照工资总额的20％缴费,其中的3％计入职工个人账户,可以携带与继承,在退休时作为个人养老金计发;职工个人按照工资的2％缴纳的医疗保险费全部计入个人账户,企业按照工资总额的6％缴费,其中的30％计入职工个人账户,可以携带与继承,用于个人支付门诊费用和购买药品。这一变通政策,帮助国营企业职工接受了"参保缴费"的现实,打开了发展社会保险制度的局面。2004年,养老保险和医疗保险的参保人均超过1亿人。此时中国政府做了两件事情,一是将"社会保障体系建设"写入宪法,二是向全球发布《社会保障白皮书》,宣布中国社会保障制度框架基本形成。

2. 建设城乡一体化的社会保障,政府补贴引导城乡居民参保缴费

2003年开始试行新农合,2005年启动医疗救助,2007年启动城镇居民医疗保险,同年建立农村最低生活保障和城镇廉租住房保障,2009年启动农村社会养老保险,2011年启动城镇居民养老保险,2014年整合了城乡居民基本养老保险和机关事业单位养老保险与企业职工养老保险并轨。2016年国务院印发《关于整合城乡居民基本医疗保险制度的意见》,要求统一城乡居民基本医疗保险制度。由于城乡居民收入不稳定,政府缺乏经济状况调查的手段,中国政府采取按人头提供保费补贴的办法,带动5亿居民参加养老保险(2018年个人储蓄100～1000元,政府利息补贴每人30元,养老补贴88元),8亿居民参加医疗保险(2017年个人缴费40元,政府补贴480元)。2016年,社会医疗保险覆盖人口过13亿,中国政府因此获得了国际社会保障协会的全球大奖。2017年,党的十九大报告提出社会保障体系建设的具体目标,并建立了国家医疗保障局,将人社部门、卫计部门、民政部门和发改委的相关职责整合进入国家医保局。

(三)公共服务理念下的社会保障水平提升

实践表明,完善的社会保障制度和体系是政治民主、国家理财战略和社会和谐的集合。社会保障公共品的生产需要国家的体制机制保障。2008年,国家建立了人力资源和社会保障部,下设社会保险经办机构。2010年中国颁布了《社会保险法》,统一了身份证和社保卡的号码,截至2017年超过10亿人持有社保卡。社保经办管理服务从省市区县延伸到街道、乡镇、社区,基层服务平台、"电子社保"示范城市建设加快推进,网上经办、掌上社保、自助服务等新业务模式加快普及,社会保障卡已成为公共服务领域的重要载体。党和政府立足于"四个全面"的战略布局,推进国家治理体系和治理能力建设,医疗保险率先进入"社会契约、集体定价、预算预付、激励相容"的社会治理时代,国家、社会和公民共同参与社会保障制度体系建设,国家医疗保障局应运而生,将以其权威之势进一步推动社会治理。

(四)国际比较下的中国方案:优势和挑战

1. 福利制度的国际经验

社会保障是工业革命的产物,其本质是实现资本积累与风险分担的平衡,福利制度需要对经济和社会变迁进行回应。1884年,恩格斯在《法德的农民问题》中提出社会保障架构的雏形,包括最低工资、养老金、伤残抚恤等[①]。1883—1889年,德国坚持劳资共治,颁布实施了《雇员疾病社会保险法》《工伤事故社会保险法》和《老残社会保险法》。1935年,美国坚持补缺型福利,联邦政府颁布实施了《老遗残持续收入保障法》,1964年增加了老遗残和公务员医疗保险,建立了联邦社会保障总署。社会保障号码逐渐成为证明公民身份的法律实践。1948年,英国坚持社会公平,艾德里首相宣布英国进入福利国家。20世纪50—60年代,为应对工业化带来的社会结构性转变,社会福利制度在欧洲国家快速扩张,免费医疗、无期支付失业津贴、养老金达到退休前工资的70%以上等,福利支出超过GDP的10%和财政支出的50%。

20世纪70年代末期,第三世界国家纷纷独立,产业结构改变、失业率上升、人口老龄化加剧,发达国家爆发了福利危机。英、美等国家冻结了部分福利支出(撒切尔政府取消了失业保险,建立了求职者津贴),促进就业和推动部分福利民营化(Privatization),大力发展职业养老金和个人养老金,建立三支柱的国家养老金运行机制;同时,发动家庭医生改善慢病治疗效果,合理控制国民健康保障的成本。北欧国家更是积极促进就业,以持续社会保障政策(Active Social Policy),包括促进生育率、女性劳动参与、大龄人员就业等,以达到经济效率和社会公平的平衡。全球社会保障制度的共同发展趋势是国家、企业和个人联合共建,政府、社会和市场机制共行,可谓第三条道路。

发达国家的实践证明,社会保障制度必须伴随经济发展和人口结构变化的时间表进行倒计时的改革(见表7-1)。进入老龄社会之前是

---

① 马克思·恩格斯选集.第四卷[M].北京:人民出版社,1972.

"全覆盖、保基本"的扩张式发展,在深度老龄社会是"调结构、保稳定"的适度性发展,在超级老龄社会是"促合作、保持续"的保守式发展;同时,伴随国际行政体制改革,基于社会保障号码建设一体化的改革服务平台和提供一站式的管理服务,如美国联邦社会保障总署、澳大利亚中央公共服务网络等。

表 7-1 典型国家经济水平、人口结构变化时间表和社保改革进程

经济发展—人口结构—社保改革	美国	德国	日本	中国	世界	发达国家	欠发达国家
进入老龄社会(65+,7%);人均GDP1万美元[OECD主要国家2005年不变价1970年数据],国民平均寿命期初70岁—期末75岁,社会保障全覆盖、保基本扩张式改革	1950	1950	1970	**2000**	2005	1950	2050
发展所需时间/年	65	25	25	25	30	50	30
深度老龄社会(65+,14%);人均GDP2万美元[OECD主要国家2005年不变价2000年数据],国民平均寿命期初75岁—期末80岁,社会保障调结构、保稳定适度性发展	2015	1975	1995	**2025**	2035	2000	2080
发展所需时间/年	15	35	15	10	15	10	20
超级老龄社会(65+,20%);人均GDP4万美元[OECD主要国家2015年不变价2000年数据],国民平均寿命期初80岁,社会保障促合作、保持续保守式发展	2030	2010	2010	**2035**	2045	2010	2100

资料来源:联合国《世界人口老龄化报告》(1950—2050),OECD Data,清华大学就业与社会保障研究中心于森博士、胡乃军博士整理。

在后工业化时代,新兴市场国家要应对现代化和社会经济结构的结构性变化的双重挑战,在社会福利制度方面的改革必定有别于传统福利国家的制度逻辑,体现了更为明显的制度变迁特征。在新兴国家的福利改革中,西方视角的福利制度改革方案往往忽略了既有福利制度路径依赖、制度文化和偶发事件影响,不能构成有效的福利改革示范。

2. 中国方案的优势和挑战

(1) 优势:与时俱进改革、快速实现全覆盖、走多元化道路

改革开放40多年来,尽管中国面临农业、工业和互联网经济同时发展的困境,以及未富先老(进入老龄社会时人均GDP仅有800美元,

OECD 主要国家为 1 万美元)和快速老龄化(从进入老龄社会到深度老龄社会仅有 20 多年)带来的社会问题,但中国借鉴发达国家的经验和教训,几乎与发达国家同步实施与时俱进的社会保障改革。2000 年进入老龄社会前后,开始建立统账结合的基本养老保险、医疗保险和个人账户式的住房公积金制度;2004 年启动企业年金制度;2018 年,在接近深度老龄社会时,启动延税型个人养老金制度,构建起三支柱的国家养老金制度;社会医疗保险、社会医疗救助与商业健康保险相结合的医疗保障制度,实现医患保集体定价和预算预付式支付方式改革,步入社会治理的新阶段。

中国坚持全覆盖、保基本的原则,以较低水平、极快速度实现了社会保障风险全覆盖和应保人群全覆盖的大目标,取得突破性的进展,堪称中国速度和中国效应,确保经济体制改革,特别是国营企业改革的顺利进行。中国的实践经验表明,在社会保障这一涉及最广泛利益的制度设计上,以坚定的政治决心,形成社会共识,在改革中砥砺前行,用制度创新和经验总结来完善民生保障,实现社会公平,其经验值得发展中国家借鉴。

(2) 挑战:结构缺陷、体制障碍、待遇差距大

目前我国社会保障存在政策碎片、结构缺陷、体制短板导致的发展不均衡、不充分和不可持续的问题。

一是养老金方面。①扭曲的模式。统账结合的养老保险模式被模糊的职工责任及其定位所困扰,职工按个人工资 8% 缴纳的是社会保险费,还是个人养老储蓄;如果是社会保险缴费,统账结合即沦为现收现付模式,没有积累功能。②企业负担重。企业费率高达工资总额的 20%(大部分发达国家在 10% 封顶),是世界上最高的养老保险费率。这造成民营企业和小企业发展难、参保难,设立企业年金更难的局面,由此形成基本养老保险一柱为大的局面。2016 年平均支付 2250 元/月(为缴费工资的 60% 和社会平均工资的 40%),仅能保证基本生活,当届政府基本养老金支付压力越来越大,存在政治风险。③遗留的转制成本。1997 年以前的企业职工视同缴费缺乏财务安排,与人口老龄化对接,财政兜底的责任越来越大;加之政策导向造成的早退休和提前退休领取养老金的倾向,部分地区已经出现当期资金缺口,中央财政担保支付的压力逐渐加大,从 1998 年的 24 亿元发展到 2017 年的 4630 亿元,年均增长 30%。总之,这种降费难、扩面难、统筹难、支付难和单一体制支撑的局面是不可持续的,已经影响社会对国家养老金制度的信心和支持度。④赡养负担趋重。统计赡养比应为 4 个就业人口供养 1

个养老金领取者,但由于存在青年待业、中年灰色就业、早退休和提前退休等原因,2016年是2.75个缴费人供养1个养老金领取者,男女平均退休年龄仅为54岁左右,养老金支付期在20年以上。⑤统筹层级低。地区间差异加大,影响了制度的稳定性,不利于劳动力合理流动。东北三省企业高费率(20%)、低费基,出现当期资金缺口,甚至用尽累积基金;广东等地费率低(13%)、基数高(>社平工资的80%)、有结余;实现中央统筹缺乏体制机制保障。目前,建立中央调剂金可能出现"滥发"和"懒收"的道德风险。

二是医疗保障方面。一方面,医疗服务供给体制扭曲,基层医疗资源不足、价格增长过快;另一方面,医保福利化倾向和综合治理能力不足。职工个人医保账户占用了40%的医保资金,退休职工不缴费和城乡居民缴费不足,仍然存在因病致贫和大病之忧的问题。商业健康保险创新不足和发展不足并存。

三是住房保障方面。职工住房公积金制度的定位模糊、费率过高(12%×2),拥有首住房者占有大部分公积金,至今出现"首住房互济能力不足、余额资金运营效率低、违规提取增多"的局面。房价过快增长,住房投资比重过大搞乱了多数家庭的财务生命周期,不利于生育和养老。

四是最低保障方面。一方面,中国对具有劳动能力的公民提供低保和廉租房,抑制了青年就业积极性,助长了"贫困啃老"现象;另一方面,由于缺乏居民信息平台和家庭资产评估制度,真正贫困的家庭没能得到应有的帮助,也有具有就业能力和一定资产的家庭长期领取低保待遇。

五是养老服务方面。"三无"老人和长期护理需要纳入社会保障,要避免养老福利化,以政府责任替代家庭责任和社会服务功能。目前,养老服务基础设施简单、服务质量低下,特别是在农村,失能老人康复护理服务供给和支付能力严重不足,亟待建立长期护理保险制度,发展公办民营的医养服务体系,以满足人民群众居家养老需求。

综上所述,导致上述问题的主要原因有:①国有企业成了扭曲的参保人。一方面承担了高达工资总额20%的养老保险费率;另一方面,用工资总额的10%作企业年金和补偿医疗保险,几千万国企早退休职工的视同缴费工龄的负债不还,拖延至今对接了人口老龄化带来的资金缺口,社会养老保险制度的持续性问题日益凸显。②服务型政府建设滞后。由于部门利益、条块分割、多龙治水、信息孤岛,全国统一的社会保障公共服务建设遇到体制机制障碍,社会保障体系建设的顶层设计缺乏数据支持。2017年以后,按照党的十九大报告提出的"全面建成覆盖全民、城乡统筹、权责清晰、保障适度、可持续的多层次社会保障体系"的目标和任务,中国需要借鉴国际经验,利用存量、调整结构、建立机制,实现资源、信息和体制机制的大整合。

第二节 典型案例

医疗定价与医保支付方式改革:以金华方案为例[*]

改革开放以来,中国医疗保障制度的改革成果得到了国际公认并形成高度共识:中国已经建立了覆盖13亿人口、以社会医疗保险体制为核心的基本医疗保障的全民覆盖体制[①],基本医疗保障整体能力和保障水平正在稳步提升。随着经济的发展和人民生活水平的提高,"医药卫生事业发展水平与人民群众健康需求及经济社会协调发展要求不适应的矛盾依然存在,深化医药卫生体制改革,是实现人民共享改革发展成果的重要途径"[②]。医保支付是调节医疗服务行为、引导医疗资源配置的重要杠杆,是推进医保管理精细化和深化医改的重要环节。当前,中国基本医疗保险管理进入体系建设阶段,继续深化医疗体制要充分发挥医保在医改中的基础性作用。

为了进一步解决医疗保障中的问题,2017年6月底,首个国家层面的医保支付制度改革文件印发,医保支付方式改革成为医改的重要工作之一。国办印发了《关于进一步深化基本医疗保险支付方式改革的指导意见》(国办发〔2017〕55号),要求各地进一步加强医保基金预算管理,全面推行以按病种付费为主的多元复合式医保支付方式,并明确"到2020年医保支付方式改革覆盖所有医疗机构及医疗

---

[*] 本案例由清华大学公共管理学院杨燕绥教授及其团队撰写,作者对部分人名、地名进行了掩饰处理。本案例主要参考清华大学医院管理研究院医疗服务治理研究中心《金华医保"病组点数法"支付方式改革评估报告》改写而成。案例的写作得到了清华大学公共管理学院案例中心慕玲主任及张允老师的指导。本案例仅供课堂讨论,不对组织绩效与个人得失作评价。

① 目前,中国已基本建立全民医疗保险体系,且保障水平在不断提升。参加城镇职工医疗保险、城镇居民医疗保险和新型农村合作医疗的人数超过13亿,参保率达到90%以上。参见《2013年中国人权事业的进展》白皮书(全文)。

② 《中共中央国务院关于深化医药卫生体制改革的意见》于2009年3月17日提出,"按照党的十七大精神,为建立中国特色医药卫生体制,逐步实现人人享有基本医疗卫生服务的目标,提高全民健康水平。"

服务"。在55号文件的指引下,各地政府探索引入多元复合式医保支付方式来规范医疗行为的地方方案,浙江省金华市以 DRGs[①] 与点数法[②]相结合的病组点数法方式建立医疗服务综合治理机制的组合拳,引导医疗资源的合理配置,率先在推进多元复合式医保支付方式改革上取得进展。

上篇:项目背景与目标任务

1. 医疗卫生体制改革对医保支付方式提出了新要求

2016年,国务院办公厅印发《深化医药卫生体制改革2016年重点工作任务》,要求加快推进现代医院管理、医保支付方式改革,控制医疗费用不合理增长,力争到2017年年底,全国医疗费用增长幅度降到10%以下。人社部《关于积极推动医疗、医保、医药联动改革的指导意见》、浙江省人民政府《关于深化医药卫生体制改革综合试点方案》等文件指出,要深化医保支付制度改革,积极推动按病种分组付费(DRGs)的应用,探索总额控制与点数法的结合应用。2017年6月20日,国务院办公厅印发《关于进一步深化基本医疗保险支付方式改革的指导意见》(以下简称《指导意见》),要求加快提升医保精细化管理水平,逐步将疾病诊断相关分组用于实际付费并扩大应用范围,同时医保支付要引入点数法,在确定的区域医保预算下,不再过度控制单家医院的医保额度,而是通过医院接诊量的变化计算点数来调控。另外,国家卫计委、财政部、发展改革委等多部门均出台相关文件,要求各地加强医保支付方式改革,积极探索符合地方实际的付费方式。

2. 群众日益增长的医疗需求对医保支付方式提出了新挑战

2012年,金华市整合了城乡居民医疗保险政策和建立职工居民一体化的管理服务体系,一直致力于医保付费方式的探索和创新,及时发现以服务单元平均定额支付为核心的数量付费法的负面效应。一是部分医院出现推诿病人、分解住院等问题;部分医疗机构以定额为杠杆选择病人,出现推诿重病病人(怕超定额)、分解住院(可获得多个定额)、

---

① DRGs 的英文全称是 Diagnosis Related Groups,中文翻译为疾病诊断相关分组,是专门用于医疗预付款制度的疾病分类方法。它根据病人的年龄、性别、住院天数、临床诊断、手术、疾病严重程度、合并症与并发症及转归等因素把病人分入数百个诊断相关组,然后决定应该给医院多少补偿,把医院对病人的治疗和所发生的费用联系起来,从而为付费标准的制定尤其是预付费的实施提供了基础。国内外的研究和应用经验表明,与其他付费方式相比,DRGs 是一种相对合理的医疗费用管理方法和质量评价方法,既兼顾了政府、医院、患者等多方利益,又达到了医疗质量与费用的合理平衡。

② 点数法与预算控制相辅相成,是基于总额预算控制的前提下,按照点数法进行预算。

体检住院(至少可以获得一个定额)、病人被频繁转院(使用到定额后推出病人)等问题;医疗机构不断要求提高单元定额、提高均次费用和住院人次,直接或间接损害了参保人利益。二是医疗机构担忧超定额有损失,引进新技术、新项目,扶持重点学科发展的积极性下降。① 三是医保基金支出增长率明显提高,控住医院服务单元定额,不能控制全年基金支付总量。2012年以来,金华市医保基金支出年均增长率在14%左右。2014年,市区职工医保基金出现当期资金缺口。

3. 智能监控和现代医院管理为支付方式改革奠定了基础

医保对于医疗过程处于信息不对称状态。2014年,人社部《关于进一步加强基本医疗保险医疗服务监管的意见》要求,强化医疗保险智能审核与监控,将监管对象延伸到医务人员。2017年7月,国务院办公厅印发《建立现代医院管理制度的指导意见》,要求医院根据国家卫生规划定位和制定发展规划、医院章程,实现专业化管理。总之,医院、患者、医保三方均有较强烈的改革愿望,金华市人力社保、财政、卫计等职能部门对支持医院管理的综合改革形成共识,加之金华市与第三方服务商及专家团队合作已建成统一的智能监管平台,医保监督从事后转向事前指导、事中监督、事后总结,为实施改革奠定了坚实的基础。

中篇:项目概况

2014年实现智能监控以后,中国医疗保险从"管基金"转入"建机制"的深入发展阶段,其目标是发挥医保支付的引擎作用,在医疗服务利益相关人之间建立长期合作与实现共赢的综合治理机制。

在国家深化基本医疗保险支付方式改革的背景下,2016年7月,浙江省金华市开启了"总额预算下按疾病诊断分组结合点数法医保付费"改革,当年共7家医疗机构作为试点,其中有4家三级医院(占全市三级医院的80%),2家二级医院,1家一级医院,7家医院提供的住院服务总量占到了城区四区总量的80%以上,近似于全市全覆盖。从2017年7月开始,全市正式实行病组点数法。

截至2018年5月,金华市以医保为引擎,融合总额预算、DRGs、点数法付费及全数据全周期智能审核的多维复合式变革,医院主动控费能力、精准控费能力进一步增强,医保基金扭亏为盈,群众就医负担得到减轻,就医群众获得感明显提升,患者医保外个人自付比例为34.07%,同比下降0.80%,在浙江省内最低。同时,医院质控管理绩效全面提升,医保精

---

① 杨燕绥,赵欣彤.议我国一法两规下的医疗保险社会治理架构[J].中国医疗保险,2017(12):15-17.

准治理能力大幅提升,初步实现参保人员、医疗机构、医保管理机构三方共赢。浙江金华医保支付方式的改革,发挥了医保支付方式的激励约束机制,激发医疗机构"控成本、提质量"的内生动力,已成为浙江全省推广的样板,为全国推行新型付费方式改革提供了经验。

金华方案通过建立医疗服务综合治理机制,选择了多元复合式医保支付方式改革路径。在管理机制方面,市政府高度重视医保支付方式改革,由一位副市长主管卫生和医保工作,市人社局和医保部门敢于作为,财政、发改和卫计等相关部门通力协作,为推进改革提供了管理机制体制基础。

1. 区域预算、合理增长,掌好"总开关"

一是根据上年度市区住院人数增长情况、GDP 发展水平、物价指数确定当年医保基金支出增长率。当年基金支出增长率高于省下达的该市医疗费用增长率控制目标时,按其控制目标确定基金支出增长率,2016 年目标增长率为 7.5%。二是建立年度预算基数形成机制。以参保人员上年度住院实际基金报销额为基数,按基金支出增长率预算当年医保基金总额。如当年度预算医保基金总额 8 亿元,参保人员住院基金报销额 7.5 亿元,医院享受 0.5 亿元的结余留用奖励,医保下一年以 7.5 亿元为基数乘以增长率预算医保基金总额,医保分享医院控费成果,医院通过增长率保障合理控费效益;当年度预算医保基金总额 8 亿元,参保人员住院基金报销额 8.5 亿元,医院承担 0.5 亿元的超支费用,医保下一年以 8.5 亿元为基数乘以增长率预算医保基金总额,满足参保人员医疗费用合理增长需求,医院减轻合理需求增长的控费压力。

2. 病组定价、点数预付,用好"指挥棒"

一是按疾病诊断确定付费病组。金华市按照国际通行标准,在考虑疾病诊断、并发症、合并症、发生费用、病人年龄等因素的基础上,通过大数据,分析论证市区所有定点医疗机构前 18 个月、21 万余住院患者的病例数据,完成 595 例疾病分组。在战略上基本做到覆盖全部病种,打造一致行动的改革氛围,抑制道德风险;在战术上,对尚不能入组的服务项目进行特病特议,逐渐增加病组。第一年疾病分组 595 个,第二年增加 30 个,目前共计 625 个。二是用点数法分组付费。每一病组的计价点数由病组成本水平和各个医院的成本水平以及当年医保支出基金预算动态形成,即"病组点数法"。以每个疾病分组的历史(前 18 个月)平均服务成本确定病组基准点数(所有医院某病组平均费用÷所有病组病例平均费用×100,即相对权重 RW×100);某医院病组病例点数以基准点数为基础,按某医院实际运行成本,通过成本系数(某医院某病组平均费用÷所有医院某病组平均费用)确定。如所有医院某病组平均费用为12000元,某医院该病组平均费用为13000元,所有病组病例平均费用为10000元,则该病组基准点数为120(12000÷10000×100),成本系数为1.08(13000÷12000),某医院该病组病例点数为130(基准点数120×1.08)。医院每收治一位病人,就可获得对应病组的点数,点数之和反映医疗机构服务总量,总预算除以总点数即反映每点可获得的基金价值,医院的基金收入等于服务总点数乘以每点的基金价值,从而建立医保基金以收定支、略有结余的长效平衡机制。

3. 智能监管、科学评价,树好"奖惩榜"

第一年选择的7家医疗机构涵盖各种类型(见表7-2),包括公立三甲医院、中医医院、民营专科医院、二级医院和社康中心。目前,已在全市对住院服务全面推开病组点数法支付制度。首先全面推进医保智能监管平台应用。实现事前(信息)提示、诊间审核、事后(全数据)追溯三大功能,对医疗服务全过程刚性监管;同时将提醒、警示服务实时送达医生,敦促医师自觉参与"规范医疗、控费控药"。其次建设完善医疗服务质量辅助评价分析系统。从综合指标评价、DRGs评价、审核结果评价、医疗服务效果评价、患者满意度评价和医疗过程评价六个维度(共纳入50个指标,评价使用37个),系统全面地评价各医院的医疗质量,对医疗质量较低的医院进行罚分处理,防止医院出现服务不足、推诿病人的情况;同时开展手机微信住院服务满意度便捷评价;最后探索建立点数调整机制。在综合智能监管评分、控制成本实效、群众满意度情况等因素的基础上,形成协议医疗机构的年度考评分值。

表7-2 金华市参评7家试点医院的基本情况

医院名称	医院等级	医院性质	床位数/张			备注
			2015年7月至2016年6月	2016年7月至2017年6月	增量变化	
金华市医院 A	三级甲等	综合医院	2532	2634	102	公立
金华市医院 B	三级甲等	中医医院	—	600	—	公立
金华市医院 C	三级乙等	综合医院	880	938	58	公立
金华市医院 D	三级乙等	肿瘤专科	1000	1100	100	民营
金华市医院 E	二级乙等	综合医院	190	260	70	公立
区医院 F	二级甲等	综合医院	100	300	200	公立
镇卫生院 G	乡镇卫生院	基层医疗机构	30	30	0	公立

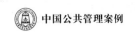

下篇：成效和展望

"一样的病,一样的治疗,在金华住院至少比杭州便宜不少。"正在帮父亲办理出院的义乌市民薛先生说,虽然他不懂什么叫医保支付方式改革,但老百姓看病便宜了就说明改革有成效。

——《市中心医院医保支付改革成全省样板:同样的病同等治疗比去省城就医少花钱》,记者楼盼,《金华日报》

金华市人力资源和社会保障局负责人向记者介绍,改革实施一年,金华市医疗机构质控管理绩效全面提升,医院主动控费能力、精准控费能力进一步增强。

——《金华医保支付改革初见成效 计划全市、多地推广》,记者朱萍,《21世纪经济报道》

在国家深化基本医疗保险支付方式改革的背景下,浙江金华市率先在推进多元复合式医保支付方式改革上取得进展。第三方评估机构清华大学医院管理研究院医疗服务治理研究中心,根据金华市2016年7月1日至2017年6月30日医保年的医保基金收支数据和参与改革的医疗机构运行数据(占本市医保基金支出总额的80%以上),进行评估①。从宏观、中观和微观三个维度②对金华试点进行评估和总结,发现:从宏观上看,金华初步建立区域医疗费用增长调控机制,市医保基金支出增长目标设定基本合理、执行有效,但市医疗总费用合理增长机制尚待继续建立。从中观上看,医疗保险基金的支出绩效和财政绩效初显成效,统筹地区医保基金收支平衡的长效治理机制已经生成。金华医保支付方式改革撬动了医疗机构控制成本和提高质量的内生机制,医疗机构绩效达到优良,符合国务院55号文《指导意见》的要求和改革方向。此次医保支付方式改革"可以在金华市全面推开,值得其他

---

① 主要评估方法如下:(1)定性描述医疗服务治理机制建设的进展情况,对标《指导意见》的目标。(2)运用发展指数评估医保基金的整体运行情况,对标清华大学医疗保障发展指数,与全国平均值进行比较。(3)用 DRGs 指标观察医保支付导向和医疗机构运行绩效。(4)通过统计分析观察本市医保基金和医疗机构改革前后的变化,总结经验和发现问题。

② 根据《指导意见》的原则、目标和任务,在宏观上评估地方政府的医疗费用增长调控机制;在中观上评估统筹地区医保基金的平衡机制;在微观上评估医疗机构的引导机制,包括医疗保险基金支出绩效和财政预算支出绩效;围绕三个维度设计21个指标,评估金华医保"病组点数法"支付方式改革方案的导向作用、运行机制及其运行效果。

假设一:在宏观上是否建立了区域性医保基金预算与合理增长的调控机制;

假设二:在中观上是否建立了统筹地区医保基金收支平衡的长效治理机制;

假设三:在微观上是否建立了医疗机构控制成本、提高质量、良性竞争的引导机制。

城市和地区借鉴",在医疗支付方式改革中金华模式已经形成。

金华模式初见成效

1. 初步建立了区域性医保基金预算与合理增长的调控机制

金华市医保支付方式改革的第一步,即建立区域医疗保险基金支出的总额预算与合理增长的宏观调控机制,这是本次医保支付方式改革的主要目标。金华方案宏观改革的主要成效如下:

(1) 建立了医保基金支付预算制。2016 年医保年度金华市区住院医保基金支出预算总额=上年度住院医保基金实际报销额×(1+市区住院医保基金支出增长率 7.5%)。总额预算住院医保基金支出包含异地就医住院医疗费用,促使医疗机构提升医疗服务水平,提升患者本地就医率。

(2) 实现区域医保基金支出合理增长。2016—2017 年实际医保基金支出增长率为 7.11%,比上年降低 1.59 个百分点。市医保基金进入收支平衡、略有结余的良性状态,本医保年度的结余额为 311 万元。2016 年,金华市医疗机构的毛收入增长率≥9%。医保基金合理增长宏观调控机制的建立,使医疗机构意识到发展环境的变化。市中心医院负责人在座谈时说:"基于服务数量和获取毛收入增长的粗放发展阶段结束了,按照现代医院管理的原则制定发展规划、合理控制成本、调整费用结构和减少流程浪费,是医疗机构进入现代医院管理体系的必由之路。"

(3) 医保基金流向趋于合理。数据显示,二级医疗机构服务量增速和收入增速均快于三级医疗机构,出现合理接诊的趋势。例如,婺城区第一人民医院(二级),住院医疗服务业务得到大幅增长,住院人次从 4548 人次增加到 6545 人次,增幅达 43.9%(中心医院同比增长为 9.7%),病组从 288 组扩大到 350 组,服务广度增幅 21.5%,极大地方便了当地群众就医。同时,该院医疗总收入从 2404 万元增长到 3407 万元,增幅高达 41.72%,同原付费制度相比增收 133 万元。当然,这一趋势需要持续观察。

(4) 参保人从改革中获益。一是均次住院费用下降 170 元,降幅 1.73%,减轻群众负担 2370 万元。2016 医保年度金华市区就医人员均次住院费用为 9571 元,处于近 4 年最低水平。二是例均自负费用增长率由 2015 年增长 2% 转为负增长 0.7%,直接减少群众现金支付 362 万元,按 2015 年度增长率计算相对减少群众负担 1000 余万元。三是分解住院、频繁转院等现象降低。如脑中风、肾衰竭等 16 个容易发生分解住院及频繁转院的病组病例,住院人头人次比从 2015 医保年度的 1.29 下降到 1.12,降幅达 13%,同病组 10 天内再住院比例从 0.87% 下降到 0.72%,降幅 17%。住院居民微信评估满意度 100%。

2. 初步建立了统筹地区医保基金收支平衡的长效治理机制

在中观上,建立医保基金收支平衡的长效机制,也是本次医保支付方式改革的重要目标。金华方案中观改革的主要成效如下:

(1) 按疾病诊断相关分组(DRGs)确定支付标准。一是按照国际通行标准,搭建利益相关人和主管部门对话平台,通过协商谈判确定595个疾病分组,实现住院病种全覆盖,病组质量指标均达到或优于国际实践可应用标准。其中,病组入组率达到100%;99.9%分组CV值小于1(CV值为病组内医保结算费用的变异系数,反映组内差异度,CV越小说明组内病例一致性越高,CV值国际实践可应用标准为小于1);总体方差减小系数RIV指标达到76.79%,高于国际上70%的通用标准(RIV反映组间差异度,RIV越大说明分组系统区分度越高)。二是合理确定疾病分组支付标准。利用大数据,将该改革前18个月该病组的平均历史成本确定为每一病组的平均支付标准(病组支付标准包括医保基金和个人付费在内的全部医疗费用),由此形成医保、医院、医生、患者四方认同的成本"标尺",率先形成金华版疾病诊断分组器系统,待国家版相对成熟时再实施对接。

(2) 以点数法调控各医院的医保基金额度。自2016年7月开始,医保预算总额不再细化到各医疗机构,而是将病组、床日、项目等各种医疗服务的支付标准按相对比价关系用点数形式体现,通过点数法调控各医院的医保基金支付额度,将当年支出预算内医保基金进行合理分配。某医院服务总点数为该院所有病组病例点数之和;市区所有医院服务总点数为各医院服务总点数之和;医院基金收入 = 医院服务总点数 × 点数价值 - 患者自负费用。市区具体病组基准点数作为"指导价"对社会公布,以全市同病种的平均成本为基础,暂时考虑医院病组成本系数,支持医疗机构进行规划与预算,鼓励使用医保目录内药品和医疗服务项目,减少个人实际负担。以市中医医院为例,当发现本院的绩效曲线波动较大时则主动要求医保局给予指导。

(3) 医疗服务行为全程智能监控促医保精细管理。2015年,金华市建设了全市统一的医保智能监管和诊间审核系统,并启用了事前(信息)提示、诊间审核、事后(全数据)智能审核三大功能,实现了对医疗服务行为全过程的刚性监管,将提醒、警示服务实时推送到医生,敦促医生自觉参与"规范医疗、控费控药",部分医疗机构和医生的违规行为被处罚,该系统还在不断改进中。

(4) 医保基金进入良性循环轨道。金华医保病组点数法的支付方式改革运行平稳,医保基金支出增长合理,财政支出、社会互济和个人负担结构合理,医保经办机构在智能监控、与第三方合作、与医疗机构和相关部门对话、医疗医保大数据处理等方面的能力显著提高,建立了医保基金收支平衡的长效运行机制,支持医院发展和惠及参保人,多方共赢的机制初步建立。

运用清华大学医疗保障发展指数,围绕指标 1-7 进行评估(见表 7-3),与全国平均值和现有案例库的城市(16 个)进行比较,金华市医疗保障发展指数为 0.8807,高于全国平均指数 0.6366(2015 年),金华市属于较高值城市之一。

表 7-3 宏观调控机制评价指标和结果

指　　标	目　　标	结　　果
1. 医保基金支出增长率	合理增长指数 7.5%	实际增长 7.11%
2. 医保基金运行情况	收支平衡、略有结余	扭亏为盈、略有结余
3. 政府、社会和个人负担比例	30%∶45%∶25%	基本吻合
4. 均次医疗费用水平(元)	上年 9741 元,本年 9571 元	降幅 170 元。例均自负费用增长率由 2015 年增长 2% 转为负增长 0.7%。
5. 智能监控进展	进入医生工作站和具有事前指导功能	运行良好
6. 支付方式改革进展	病组为主的复合付费	运行良好
7. 清华医疗保障指数	全国 0.6366	金华 0.8807

3. 初步建立控成本、提质量的医疗机构良性竞争的引导机制

在微观上,发挥医保的引擎作用,激发医疗机构"控成本、提质量"的内生动力,建立良性竞争机制,是本次医保支付方式改革的重要目标之一。金华方案在微观改革方面的主要成效如下:

(1) 建立了医院规范和医保预付的合作机制。改革一年来,医保和医院经过多轮合作完成疾病分组工作,并开展多次培训工作,让试点医疗机构知晓政策和方法。在病组点数支付方式上线后,根据医院的服务点数按月预付费用,医保支付从后付制转向预付制以后,为医院开展事业规划、预算管理和资金流管理提供了宽松的环境,由此调动了医院与医保合作以加强管理的积极性。以中心医院为例,成立了院长任组长和多部门参与的"病组点数法"医保支付改革管理应用领导小组,组织全院参与改革,对病历首页填写提出"明确诊断(手术)名称的选择规范、明确人员职责、明确质控指标和评分标准"的要求,多次开展培训,增加编码人员和医保办人员,与临床医生沟通反馈 6800 多次,完成高度集成电子病历,通过单机双频编码提升效率,推动医院管理朝着与病组点数法相适应的同质化、标准化、规范化服务质量和运行效率发展，在合理费用消耗和时间消耗、改善质量与安全的条件下，让患者获得可及的、合理的服务。试点医院整体做到手术编码和病案完整（包括民营医院、中医院和社康中心）、临床路径入径率达标、服务广度增加、难度系数提升、医疗费用结构趋于合理。

（2）建立了结余留用、超支自负的激励约束机制。若市区医保基金支出预算总额大于当年参保人员实际基金支出额（报销额），则各医院按照本院服务总点数占市区所有医院服务总点数的比例分享结余留用带来的超额收益；反之，则各医院同比承担超出预算带来的损失。同时，将当年参保人员实际基金支出额（报销额）作为下一年度医保基金支出预算总额的基数。一方面，有效促进医院相互监督、遏制浪费，实现医疗机构良性竞争和制约机制；另一方面，兼顾医院合理增长的控费压力。2017年的数据显示，医院主动控费意识效果明显。医院利用病组作为成本比较工具，实现病组精准控费。统计分析数据显示，445个DRGs分组费用下降或持平，占总费用的82.68%，占总病组的80%，159个DRGs分组费用合理上升，占总费用的17.32%，占总病组的20%。管理绩效突出的市中心医院可实现节支收益1000万元（其中病组控费节支占90%以上），同原制度相比增收近2000万元。其他试点医院也均实现同比增收。参加评估座谈会的医院一致认为，金华支付方式改革在推进医院提升质量管理方面的作用是巨大的，对于医院良性发展、资源配置优化的影响也是明显的。

（3）基于智能监控和大数据建立了协议医疗机构质量评价机制。为有效防止改革出现"过山车"（短期约束、继后反弹）效应和"鼹鼠"（药费下降、材料上升）效应，金华市基于智能监控平台和医疗医保大数据，建立了协议医疗机构服务质量辅助评价分析系统（共设计50个指标，一期使用37个指标），开展手机微信住院服务满意度便捷评价；探索完善结余留用、超支自负的配套措施，建立点数调整机制，在综合评价的基础上，对年度医保考核结果低于85分的，每低1分从总点数中扣除0.5%，作为罚劣点数；考核结果高于90分的前3个医疗机构，按服务点数权重比例分配激励点数。

基于DRGs系统对金华7家试点医院（占本市医保基金支出的80%）的运行绩效进行评估（指标8-21，见表7-4）的情况显示：医院行为规范性、技术全面性、技术难度、时耗指标、费耗指标、危重病人救治能力、低风险死亡率、住院费用结构、分级诊疗等指标均达到优级；服务广度（含社康中心）的入组率为良；诊疗人次出现由三甲综合医院向二甲综合医院流转倾向,转诊频率符合医疗机构的层级配置。

表 7-4 微观引导机制与试点医院绩效的评价指标和评估结果

维度	指标	目标值	结果评价值
能力指标	医院行为规范性	手术编码率	100 (96%～100%)
		诊断病例完整率	99 (96%～100%)
		临床路径入经率	较高 57%～92.82%(三甲)
		非医嘱出院率	较低 0.65
	技术全面性	科室设置以中心医院为标杆	优 缺失均值 3(2-9)社康
	服务广度(含社康中心)	DRG 组数多	良 595 组
		入组率>85%	较优 83.57%
	医技难度	CMI 值 >1	均值 1.1
效率指标	费用结构	住院药品占比	30%
		住院检查费占比	<20%
		住院手术费占比	略有提升
	费耗指标	平均水平为指数 1	0.94(0.75～1.08) >100
	时耗指标	平均水平为指数 1	1.02(0.73～1.39) >100
	分级诊疗	中心医院门诊诊疗人次/出院人次均降	实现分级诊疗 5.67/8.99
	转诊频率	暂无参考值	符合机构设置层级 0.18%(0.38%～0.08%)
	医保支付率	成本系数/CMI	0.75 103.14%
安全评估	服务质量	低风险死亡率	<0.05
		中低风险死亡率	>1.00
		两周在住院率	偏高 2.02%
	急症重病救治能力	急症重病救治能力 以心肌梗死、脑梗死伴合并症等 35 例的救治数量	较大提升 改革前 291 例;改革后 681 例
	医患信任	非医嘱出院率	相对低 0.65%
	患者满意度	微信评估	100

目前,在金华基本医疗服务领域出现良性发展趋势:①医疗费用

增长进入合理区间。住院费用增速放慢,医疗总费用在第 2 个月即开始发生变化,到第 5 个月即回到本地预算基线以下;有 2226 个病组费用下降,占总费用的 24.08%,总体降幅 13.99%,降幅 20% 以上的病组有 69 个,降幅 10%～20% 的病组有 79 个,降幅最大的病组如尿路结石、阻塞及尿道狭窄(伴合并症和伴随病),费用从 4999 元/人次下降至 3446 元/人次,同比下降 31.07%。费用下降的病组医院间费用差异较大,原费用较高的医院下降幅度明显。改革成果直接惠及参保人。②医疗费用结构趋于合理,药费占住院均次费用的比重降至 30% 以下,检查费用没有替代性升高,手术费略有提升。③医疗服务广度难度有所提升,包括社康中心在内的 DRGs 入组率较高。④医疗服务质量得到改善,试点医疗机构的 CMI 均值超过 1.1,市中心医院等医疗机构部分病种下沉,CMI 值增速超过病组费用和均次费用(1.71%)的增速。

最后,基于服务广度、成本系数/CMI、费用结构三个指标看医保支付率(见表 7-5):在两个三级甲等医院中,医院 A 有 4 项指标均高于医院 B,医院 A 结余留用金额为 1044.3 万元,医院 B 结余留用金额为 41.5 万元,医院 A 比医院 B 的医保基金支付率高 2.66%;在两个三级乙等医院中,医院 D 是肿瘤专科医疗机构,医疗服务难度系数相对高、成本系数相对低,尽管服务广度低于医院 C,但医保基金支付率高于医院 C;在两个二级医院中,医院 F 医疗服务难度系数相对高、成本系数相对低,尽管服务广度低于医院 E,但医保基金支付率远远高于医院 E,结余留用金额为 74.6 万元。总之,控制成本和提高质量上表现好的医疗机构的医保基金支付率高。

表 7-5　金华市 7 家试点医院绩效评估情况表

试点机构	运行绩效				成本系数/CMI	支付率/%	人工占比/%	药品耗材占比/%
	服务广度		加权成本系数 359 组	CMI				
	病组数	入组率/%						
医院 A 三级甲等综合	566	95.13	1.02	1.36	0.75	103.14	增 2.59	降 3.78
医院 B 三甲中医	430	72.27	1.06	1.08	0.98	100.48	增 5.05	降 4.71
医院 C 三乙综合	511	85.88	1.03	1.09	0.89	97.26	增 2.11	降 2.68
医院 D 三乙肿瘤	433	76.27	0.97	1.25	0.82	97.36	—	—
医院 E 二乙综合	334	56.13	0.81	0.87	1.05	97.28	增 6.52	增 1.3+
医院 F 二甲综合	214	35.97	0.71	0.9	0.9	104.98	增 0.22	降 5.10
医院 G 镇卫生院	84	14.29	0.91	0.82	0.89	—	增 2.72	降 4.59

挑战与前景：医保支付方式改革进行时

1. 金华创新实践中的挑战和展望

在各地开展的医保支付方式改革探索中，一般采用以 DRGs 为基础的按病种付费（DRGs-PPS）或者依靠按病种分值付费的点数法。但 DRGs-PPS 没办法控制总额，医保基金的运行仍然存在风险，而单纯的点数法又不够科学精细，分值的设计存在不合理情况。浙江省金华市将 DRGs 与点数法结合的支付方式改革做法，能够有效地对医保经费进行管理，同时对医保总支出费用有所限制。金华在总额预算下，主要住院医疗服务按疾病诊断相关分组（DRGs）付费，长期慢性病住院服务按床日付费，复杂住院病例通过特病单议按项目付费。而其在住院费用管理方面探索实行的"病组点数法"，在 DRGs 进行疾病分组的基础上引入了点数法，将病组、床日、项目等各种医疗服务的价值以点数体现，年底根据基金预算总额和医疗服务总点数确定每个点的实际价值，各医疗机构按实际总点数价值进行费用拨付清算的做法取得了显著成效。但随着业务的持续扩大和成绩的不断积累，金华模式在创新实践中仍然存在有待解决的挑战和难点。

（1）关于医保基金支出预算基数和地方医疗总费用增长率。目前将以上年参保人员住院基金实际报销额为基数乘以增长率，作为下年度的医保支出基金预算总额，可能存在鼓励医疗机构"花钱买基数"的道德风险，有待进行持续性数据分析以观察其发展趋势。2016 年，金华市卫生总费用支出为 428326 万元，其中，市医疗保险基金支出总额为 144913 万元，占卫生总费用的 33.83％。以当年价格计算，市卫生总费用在 2012—2016 年间的平均增长率为 15.69％，远远高于当地经济发展水平，还需要进一步整合相关数据，建立总卫生费用的合理增长机制，并将其列为市政府民生政绩的考核指标之一。

（2）关于病组支付的公允值。为了平稳推进支付改革，尽量做到前后两种支付制度的平稳衔接，在"病组点数法"住院支付方式制度设计中引入了成本系数，这是对历史医疗服务成本差异的承认，对往期成本控制较好的医院不公平，需要在改革中逐步实现全市病组费用标准的基本一致。部分疑难重症的分组还需要进一步完善。此外，医保基于公益目标，可以就儿科、精神病科、老年康复科等需要重点发展的科室进行倾斜性支付，支持医疗服务体系的健康发展。同时，医保预付制的信息披露报告亟待建立，有必要设立专业团队定期发布医保病组点数法支付报告，包括协议医疗机构运行绩效评估报告，以促进基本医疗服务利益相关人的对话与合作,为协议医疗机构加强管理提供依据,营造有序竞争的氛围。

2. 转向质量付费：医保支付方式改革的未来

金华市支付方式改革,实现了医疗服务从数量付费向质量付费的跨越,医保支付方式转变的实质是医保管理制度的精细化、专业化和科学化。清华大学杨燕绥教授指出,医保方式改革中配套机制应该尽快跟上才是破解改革难题的关键。具体而言,亟待进一步健全医生的医疗服务激励约束机制,积极推进临床路径管理,促进医、患、保三方平衡和医保改革成果的制度化。金华市在推进"总额预算下按疾病诊断分组结合点数法医保付费"模式中,也同样面临改革进程中在医保与医院关系中积累已久的问题,通过实践,金华市正在探索向质量付费转型的改革之道。

首先,金华市在改革中面临医生主动自行调整医疗服务行为的动力仍显不足的问题。总额预算下超支自负、结余留用机制,对医生的激励与约束作用仍需通过医院传导并受到绩效分配总额控制机制制约。从医改系统性、整体性推进出发,应加大薪酬体制改革力度。金华在未来改革中,需要将结余留用部分直接用于医生绩效分配,构建适宜的激励和约束机制,促使医院或医生自行调整医疗服务行为,从而达到医疗成本控制的目的。

其次,金华改革中发现需要加快推进实施临床路径管理。临床路径管理是疾病治疗精细化、标准化、程序化的过程,构成 DRGs 病组付费的良好运行机制。以金华市中心医院为例,伴随支付方式改革的深入,医院对病案问题的重视程度不断提高,对病案管理的投入不断加大,医生的病案反馈申诉率和调整率也不断上升。实践经验表明,需要加快建立适合中国国情的临床路径管理制度、工作模式、运行机制以及质量评估,推进持续改进体系的顶层设计。

最后,亟须建立第三方服务引入、评价与服务补偿机制。金华实践表明,病组分组技术应用、医疗大数据分析、智能审核知识体系、医疗过程合理性审核、病组点数支付后的绩效评估及其信息披露报告等工作,涉及医疗、大数据信息处理、统计精算等高端专业性工作,与目前医保经办机构的人才资源配置不相适应。目前,金华市与清华大学、中公网通过合作共建方式,无偿取得部分人才服务,从长远看是不可持续、不可复制和不足的。因此,亟须建立和完善政府购买第三方人才服务机制,推动医保改革成果制度化发展。

第七章 社会保障

教学研讨的参考性问题

1. 金华市在医疗支付改革方面的创新实践得以推行的决定性因素有哪些？这种创新实践在全国大多数地区推广的动力和阻力有哪些？

2. 医保支付方式改革为何会成为当前深化医疗体制改革的关键？你觉得在推进改革中，哪些方面应该成为政策关涉的主要内容？

第三节　案例分析*

一、金华市顺利推行医保支付方式改革的主要经验

（1）理顺管理体制有利于三医联动。市政府高度重视医保支付方式改革，由一位副市长主管卫生和医保工作，从而形成市人社局和医保部门敢于作为，财政、发改和卫计等相关部门通力协作的良好局面。

（2）走社会治理之路。医保医院合作是改革顺利的必要条件，特别是中心医院和专家组的合作。自2015年开始准备，积极收集医院对病组分组的反馈意见，经临床专家讨论和统计专家测算，对复发性难治性白血病、连续性血液净化、多部位子宫内膜异位症手术等临床过程复杂、资源消耗较多的病例进行病组细分和完善，改革方案在与医院沟通中逐渐达成共识。医疗服务的利益相关人都是改革的参与者，也是受益者。

（3）与第三方专业团队联合共建是基础。金华在与第三方合作中始终坚持主体地位，在精心做好总体规划设计的基础上，与第三方专业机构建立合作关系。在具体工作中，医保经办机构依托组织、协调、沟通的管理优势，充分发挥第三方专业机构在知识库建设、医疗服务、统计分析、DRGs技术等领域的专业优势，并将其转化为符合当地实际的成果，实现补齐短板、借力发展的目的，践行了服务型政府的合作风格与绩效管理。

（4）战略战术有利于全面推动改革。一是实行全市各类疾病全覆

---

* 本节由清华大学公共管理学院2015级博士研究生秦晨撰写，指导教师为清华大学公共管理学院杨燕绥教授。

盖和各类医疗机构全覆盖的战略，以营造公平竞争的氛围和环境，减少发生道德风险的概率；二是针对在重症、血液、感染等科室发生的非常规现象，以最具有权威的专家团队的数据为基础，实行专家组特病特议、成熟入组的战术；三是试点医疗机构具有广泛的代表性，包括中医院和社康中心。

（5）分组方法适当且实用。目前，全国尚未使用统一的DRGs版本，金华医保与国内具有权威性的医疗机构和专业团队合作，借鉴国际国内疾病分组的科学方法，经过5轮测算和对话，首期分组595个，特病单议3981例；二期分组达到625个。运行数据显示，595例病组质量指标均已达到或优于国际实践应用标准；99.9%分组CV值小于1（CV值为病组内医保结算费用的变异系数，反映组内差异度，CV越小说明组内病例一致性越高，CV值国际实践可应用标准为小于1）；总体方差减小系数总RIV指标达到78.88%，远高于国际上70%的通用标准（总RIV反映组间差异度，RIV越大说明分组系统区分度越高）。在一年试运行中，7家试点医疗机构的平均病组数为380组，入组率为64%；中心医院567组，入组率为95%。

二、医疗支付方式改革为何会成为当前深化医疗体制改革的关键？

中国的医保主要付费方式经历了从服务项目付费到质量付费（DRGs-PPS）的改革，自2011年起，人力资源和社会保障部鼓励地方探索总额预付的支付方式，来遏制医保基金支出过快增长势头，并稳定医保保障水平。但在现实中，大部分地区医保实施按服务项目付费和总额预付相结合的数量付费方式，在实践中缺乏科学合理的测算和奖惩机制，总量控制"降级"为管理部门的"切豆腐"。医院追求服务数量，为从项目付费中获得节余甚至推诿重病人。

为进一步推进医疗支付方式改革，更好地保障参保人员权益、规范医疗服务行为、控制医疗费用不合理增长，充分发挥医保在医改中的基础性作用，支付方式改革被放在医改的突出位置。2016年，人社部下发《关于积极推动医疗、医保、医药联动改革的指导意见》（人社〔2016〕56号），明确提出三医联动，"要发挥支付方式在规范医疗服务行为、控制医疗费用不合理增长方面的积极作用，加强与公立医院改革、价格改革等各方联动，同步推进医疗、医药领域的供给侧改革，为深化支付方式改革提供必要的条件。"

总额控制与疾病分组点数法相结合的复合型支付方式改革是当前医保支付制度改革的核心内容,标志着医保管理部门从"管基金"转向"建机制"的重要举措。金华模式的成功经验表明,医保支付方式改革需要以质量付费为抓手,激励医疗机构加强自我管理,发挥医保支付对医疗机构和医务人员的激励约束作用,切实撬动医疗机构控制成本和提高质量的积极性,营造合理竞争的氛围。同时,在打开支付方式改革的局面之后,医保、医院、物价、财政、卫计等方面均可以在深入改革中发现新的问题,并形成通力合作解决问题的动力。

在支付方式改革中,医保的责任是在区域总额预算的基础上,建立协商机构,将医保基金支付与医疗服务公允价对接,引导定价机制改革、打造合理控制成本和提高服务质量的竞争机制,支持医疗机构健康发展,提高医疗保险基金的使用效率,做好医疗保险基金的法定代理人和医疗服务协议的甲方。2017年6月国务院办公厅印发的《国务院办公厅关于进一步深化基本医疗保险支付方式改革的指导意见》也提到进一步加强医保基金预算管理,全面推行以按病种付费为主的多元复合式医保支付方式,按疾病诊断相关分组(DRGs)付费用于实际付费并扩大应用范围,医保支付要引入"点数法"。在一年实验的基础上,金华医保探索出了一套医保基金支付和协议医疗机构绩效评价的指标体系,包括医保收入占医院总收入的比重、费用结构、医保基金支付率等指标,打出综合治理的组合拳并初见成效。金华案例标志我国医疗服务进入"政府引导、市场定价、社会治理"的发展阶段。

参考文献

[1] 恩格斯.法德农民问题.马克思恩格斯选集.第四卷[M].北京:人民出版社,1972.

[2] 杨燕绥.中国银色经济与健康财富发展指数报告(2015—2016)[M].北京:清华大学出版社,2017.

[3] 戈斯塔·埃斯平—安德森.转型中的福利国家:全球经济中的国家调整[M].北京:商务印书馆,2010.

[4] 诺曼·费尔克拉夫著.话语与社会变迁[M].殷晓蓉,译.北京:华夏出版社,2003.

[5] [澳]欧文·E.休斯著.公共管理导论(第三版).张成福等,译.北京:中国人民大学出版社,2007.

[6] [日]俞炳匡.医疗改革的经济学[M].赵银华,译.北京:中信出版社,2008.

[7] [美]奥斯本等.改革政府——企业精神如何改革着公营部门[M].周敦仁等,译.

上海：上海译文出版社，1996.

[8] [加]米什拉.社会政策与福利政策——全球化的视角[M].郑秉文，译.北京：中国劳动社会保障出版社，2007.

[9] 埃斯平-安诺生.福利资本主义的三个世界[M].郑秉文，译.北京：商务印书馆，2010.

[10] 贝弗里奇报告：社会保险和相关服务[M].劳动和社会保障部社会保险研究所译.北京：中国劳动出版社，2004.

[11] 人力资源社会保障部，国家统计局.2008年度人力资源和社会保障事业发展统计公报[J].2010(7)：8-11.

[12] 联合国世界人口老龄化报告(1950—2050).

[13] 中华人民共和国国务院新闻办公室.中国的社会保障状况和政策(英文)[M].北京：新星出版社，2004.

[14] 郑功成.社会保障与国家治理的历史逻辑及未来选择[J].社会保障评论，2017(1).

[15] 熊烨.政策工具视角下的医疗卫生体制改革：回顾与前瞻——基于1978—2015年医疗卫生政策的文本分析[J].社会保障研究，2016(3).

[16] 鲁全.中国共产党对社会保障认识的变迁与发展(1997—2017)[J].国家行政学院报，2017(6).

[17] 徐巍巍，刘国恩.中国城镇职工医疗保险个人账户对公平性的影响：基于镇江试点改革的研究[J].世界经济文汇，2006(1).

[18] 徐伟.制度框架构建视角下的统筹城乡基本医疗保障制度研究——以江苏为例[D].南京农业大学，2011.

[19] 刘洪清.镇江医改足迹——访镇江市人民政府副秘书长林枫[J].中国社会保障，2008(12)：63-65.

[20] 蔡文俊.镇江医改的三年回顾与展望[J].卫生软科学，1998(3).

[21] 牛思聪.镇江医改十年[J].当代医学，2005(12)：55-57.

[22] 徐机玲，袁建平.镇江医改初试成功[J].瞭望，2000(13)：24-25.

[23] 包雅钧，王星.镇江医改的破冰之旅[J].决策，2016(11)：65-67.

[24] 肖金.近看镇江医改十年[J].医院管理论坛，2005，22(7)：24-27.

[25] 马明.镇江医改10年,看病难成"过去时"[J].财经界，2005(4)：48-50.

[26] 邱汉生.甘当铺路石 敢为天下先——来自镇江医改试点的报告[J].中国药业，1999(2)：11-11.

[27] 李海阳.让集团医院信息化成为镇江医改的有力支撑——专访镇江市卫生局副局长、镇江市第一人民医院常务副院长蒋鹏程[J].中国数字医学，2014，9(7)：116-117.

[28] 李玲，李迎生.公平视野下的中国社会保障制度60年[J].黄河科技大学学报，2009(06)：98-103.

[29] 王永其.镇江医改风雨十四年[J].镇江社会科学，2008(3)：18-20.

[30] 牛思聪.纪实篇——镇江医改十年[J].当代医学,2005(12):55-57.

[31] 刘洪清.镇江医改足迹——访镇江市人民政府副秘书长林枫[J].中国社会保障,2008(12):63-65.

[32] 范国富.江苏镇江:"三张卡"记载的医改历史[J].中国人力资源社会保障,2004(11):16-18.

[33] 朱夫.镇江公立医院改革的实践与思考[J].中国医疗保险,2014(6):33-36.

[34] 文清.越走越畅的"镇江医改"之路 16年披荆斩棘[J].医院领导决策参考,2010(16):5-10.

[35] 曹庆,蒋鹏程.浅谈缓解病人"看病难、看病贵"的做法与体会[J].中国保健,2008:614-615.

[36] 邹富良.职工医疗保险制度改革试点回顾——镇江市七年职工医疗保险制度改革卫生经济学评估[J].江苏卫生事业管理,2002,13(6):66-67.

[37] 罗桂连.受益人利益最大化:个人账户养老金公共治理问题研究[D].清华大学,2012.

[38] 蔡宏政.社会保险作为一种风险治理的政治技艺:以台湾的健保为例[J].健康与社会,2014(2):95-118.

[39] 郑秉文.中国社会保障制度60年:成就与教训[J].中国人口科学,2009(5):2-18.

[40] 邓大松,薛惠元.完善社会保障体系 全面建成小康社会——评"十七大"以来社会保障发展的成就与"十八大"报告对社会保障的新要求[J].财政监督,2013(14):63-67.

[41] 彭易芬,彭易衡,彭正明.对中共十五大以来关于效率与公平问题认识的研究[J].西华师范大学学报(哲学社会科学版),2006(6):105-107.

[42] 佚名."医保卡全家共用"不过是家庭经济权利回归[J].社区,2009(36):5-5.

[43] 杨燕绥,赵欣彤.议我国一法两规下的医疗保险社会治理架构[J].中国医疗保险,2017(12):15-17.

[44] 杨燕绥,廖藏宜.医保助推三医联动重在建立机制——以金华医保为例[J].中国医疗保险,2017(9):11-13.

[45] 杨思斌.中国社会保险立法述评[C]//北京市劳动和社会保障法学会二〇一〇年年会,2011.

[46] 郭晋晖.医保总额预付争议:医院从病人收入受限出现推诿[J].现代养生(下半月版),2016(12):7-8.

[47] 周幼平.中国社会政策变迁研究:一个演化的视角(1978—2008)[D].上海交通大学,2012.

第八章 贫困治理

第一节 改革开放 40 多年来中国的扶贫工作 *

改革开放 40 多年来，我国经济实现了快速发展，农村改革也取得了重大成果，家庭联产承包责任体制确立，农村生产要素流通的市场化程度提高，城乡统筹发展进程加快，乡村振兴方兴未艾。中国改革最早在农村领域展开，到 1984 年改革重点从农村转向城市，2002 年中央开始强调城乡统筹协调发展，2004 年以来中央一号文件主题始终聚焦在"三农"领域。农村扶贫工作在中国 40 多年的改革历程中，由于成就卓著，引起国际社会的广泛关注。本章对中国的扶贫治理做专题论述和分析。

一、当代中国扶贫成就

2017 年，我国的国内生产总值从改革开放之初的 0.37 万亿元增加至 82.7 万亿元，按名义价格计算，40 年的时间我国经济总量增长超过 200 倍。目前中国经济占世界经济的比重为 15% 左右，对世界经济增长贡献率超过 30%。改革开放初期，我国工业化处在起步阶段，农业支持工业、为工业提供积累是普遍性趋向，"剪刀差"现象明显，农村为城市发展做出了重大贡献。进入 21 世纪以来，尤其是十六大提出统筹城乡经济社会发展的新目标之后，以工促农、以城带乡的长效机制建立，"工业反哺农业、城市支持农村"成为全党全国全社会的共识，建设社会主义新农村加速推进。1985 年，农业占 GDP 的比重低于 30%，贫困发生率低于 15%，中国从"绝对贫困型"进入"温饱型"。2000 年，农村居

---

* 本节由清华大学公共管理学院王亚华教授及 2016 级硕士研究生刘贤春共同撰写。

民家庭恩格尔系数降低至50%以下,标志着中国整体进入小康社会。①2011年,人口城镇化率首次超过50%,标志着中国结束了以乡村型社会为主体的时代,跨入"城市化国家"行列。2017年10月,在十九大报告中习近平总书记首次提出"乡村振兴"战略。2017年12月,召开了由中央政治局常委悉数出席的中央农村工作会议,表明了国家领导人对于农村改革的高度重视,会议强调"三农"问题是关系国计民生的根本问题,"没有农业农村的现代化,就没有国家的现代化"。

尽管城乡统筹工作取得了重要进展,但是我国仍然是一个二元经济结构国家,城镇相对发达、农村相对落后,农村地区存在基数庞大的贫困人口。我国的城乡收入差距在2002年以来超过国际公认的3倍警戒线,但是2014年后下降到"3"以下。在社会主义市场经济发展进程中,我国城乡居民收入差距和基尼系数经历了逐步扩大到逐步缩小的阶段,这得益于中央统筹城乡和支农惠农等三农利好政策的提出。2017年,在党的十九大上习近平总书记提出乡村振兴战略,进一步加速和推动农村经济社会发展,农村居民生产生活水平逐步提升。2021年在中国共产党成立100周年之际,我国要全面建成小康社会,中国共产党势必要打响脱贫攻坚战,带领包括贫困人口在内的全国人民走向共同富裕。在党中央高度重视农村问题的大背景下,中国实现了世界上最大规模的人口减贫。中国的减贫事业和减贫成就得到了全世界的共同认可。2017年联合国秘书长这样评价中国的减贫贡献,"我们不应忘记,过去十年,中国是为全球减贫做出最大贡献的国家"。"中国式减贫"在全世界已经成为重要标杆,中国成为减贫人口最多的国家,也成为世界上率先完成联合国千年发展目标的国家。联合国开发计划署前署长海伦·克拉克说:"中国最贫困人口的脱贫规模举世瞩目,速度之快也是绝无仅有!"在减贫领域,中国为全世界贡献了中国智慧,提供了中国方案。

经过40多年党和政府的努力,我国的贫困分布由整体性、区域性过渡到个体性贫困,贫困瞄准机制历经了区域、县、村和贫困户的阶段性变化;单一的救济式扶贫转变成救济式扶贫和开发式扶贫的两轮驱动,同时坚持扶贫开发与生态保护并重。在党的领导下,扶贫开发纳入国家总体发展战略,政府、市场、社会协同发展的大扶贫格局形成,跨地区、跨部门、跨单位的多元主体联动机制成立。

---

① 恩格尔系数指食品支出总额占个人消费支出总额的比重,恩格尔系数越低,意味着居民生活水平和生活质量越高。

改革开放以来,我国农村贫困人口减少7.4亿人。1978年年末,农村贫困发生率为97.5%,2018年下降到了1.7%,2020年全面完成脱贫攻坚。① 改革开放之初,生活在绝对贫困线之下的农村贫困人口有2.5亿之多,2014年精准脱贫工作开展至2021年2月25日,现行标准下9899万农村贫困人口全部脱贫,完成了消除绝对贫困的艰巨任务,创造了人类减贫史上的一大奇迹(见表8-1)。

表8-1 中国的贫困变化

年份	绝对贫困线	贫困人口数量/百万	贫困发生率/%	低收入贫困线	贫困人口数量/百万	贫困发生率/%
1978年以前	100	250	30.7			
1985	200	125	15.0			
1990	300	85	9.5			
1991	304	94.00	10.4			
1992	317	80.00	8.8			
1993	350	75.00	8.2			
1994	440	70.00	7.6			
1995	530	65.00	7.1			
1996	580	58.00	6.3			
1997	640	50.00	5.4			
1998	635	42.00	4.6			
1999	625	34.00	3.7			
2000	625	32.09	3.4	865	62.13	6.7
2001	630	29.70	3.2	872	61.02	6.6
2002	627	28.20	3.0	869	58.25	6.2
2003	637	29.00	3.1	882	56.17	6.0
2004	664	26.10	2.8	924	49.77	5.3
2005	683	23.65	2.6	944	40.67	4.3
2006	693	21.48	2.3	958	33.50	3.7
2007	785	14.79	1.6	1067	28.41	3.0
2008	—	—	—	1196	40.07	4.2
2009	—	—	—	1196	35.97	3.8
2010	—	—	—	1274/2300*	26.88/165.67	2.8/17.2

---

① 扶贫开发成就举世瞩目 脱贫攻坚取得决定性进展——改革开放40年经济社会发展成就系列报告之五[EB/OL]. http://www.stats.gov.cn/ztjc/ztfx/ggkf40n/201809/t20180903_1620407.html.

续表

年份	绝对贫困线	贫困人口数量/百万	贫困发生率/%	低收入贫困线	贫困人口数量/百万	贫困发生率/%
2011	—	—	—	2536	122.38	12.7
2012	—	—	—	2625	99.00	10.2
2013	—	—	—	2736	82.50	8.5
2014	—	—	—	2800	70.17	7.2
2015	—	—	—	2855	55.75	5.7
2016	—	—	—	2952	43.35	4.5
2017	—	—	—	2952	30.46	3.1
2018				2995	16.60	1.7
2019				3218	5.51	0.6
2020				4000	0	0

注：根据国家统计局历年的贫困监测报告整理，以及引自李小云，马洁文，唐丽霞等．关于中国减贫经验国际化的讨论[J]．中国农业大学学报（社会科学版），2016，33(5)：18-29．自1978年以来，我国采用过三条贫困标准，1978年标准、2008年标准和2010年标准。按照1978年标准，1978—1999年为农村贫困标准，2000—2007年为农村绝对贫困标准；按照2008年标准，2000—2007年为农村低收入标准，2008—2010年为农村贫困标准。2010年在2300元新的贫困标准下，贫困人口规模为1.66亿，贫困发生率为17.2%。

* 在2010年的低收入贫困线中，1274元是按照2008年制定的标准进行规定的，年收入低于1274元的农村人口都被划定为贫困人口；2300元则是在2010年新的标准下规定的，年收入低于2300元的农村人口被划定为贫困人口。因而，按照2008年的贫困线标准，2010年贫困发生率为2.8%；但是按照2010年的贫困线标准，2010年贫困发生率为17.2%。

二、扶贫治理的阶段

政府出台各种扶贫政策和利用各种政策工具推动我国扶贫工作的发展，在党和政府的主导作用下，我国的扶贫工作取得了举世瞩目的成就。在国家治理变革、政治体制革新、经济体制改革等综合因素的影响下，我国的扶贫与发展道路经历了不同的发展阶段，扶贫理念与政策手段随着时代的发展不断创新。根据政策目标设置和政策瞄准目标的不同，改革开放以来的我国扶贫工作经历了区域性瞄准、贫困县瞄准、贫困村瞄准和贫困户瞄准等多个发展阶段：第一阶段为救济式扶贫（1978—1985年），第二阶段为开发式扶贫初级阶段（1986—1994年），第三阶段为"八七"扶贫攻坚阶段（1994—2000年），第四阶段为开发式扶贫发展阶段（2001—2013年），第五阶段为精准脱贫阶段（2014年至今）。

20世纪我国区域性的扶贫治理取得了很好的政策效果，并且区域扶贫开发战略对于政府部门的财政、人力、信息等资源提高的要求较少,中央政府和地方政府能够较好开展扶贫工作。然而,当前贫困人口都是扶贫开发中的"硬骨头",脱贫难度大,区域性发展政策存在扶贫资源遗漏、渗透等现象,对于脱贫难度大的贫困户而言,该政策所发挥的"涓滴效应"不显著、政策执行效果不理想,单纯依靠区域性的经济增长和发展很难触及自然资源贫瘠、生存环境恶劣的贫困地区。以贫困户瞄准为基础的精准扶贫政策恰恰能够解决上述问题,我国的精准识别政策最早于2000年在新疆实施,要求对贫困户建档立卡,在全国推广是在2014年4月,国务院要求在年底前在全国范围内建立精准识别建档立卡工作。当前精准扶贫成为扶贫工作的核心模式,政府的精准扶贫、精准脱贫工作围绕着"精准识别""精准帮扶""精准管理""精准考核"展开,包含了数据采集、资源分配和过程管理诸多方面①。2015年,中央提出"扶贫对象精准、项目安排精准、资金使用精准、措施到户精准、因村派人精准、脱贫成效精准"的"六个精准"举措,将扶贫资源集中到真正的贫困户上,有助于解决以往扶贫工作中存在的"瞄准偏差"问题,完善扶贫的瞄准机制。界定贫困人口的总原则是"县为单位、规模控制、分级负责、精准识别",具体就是以2013年农民人均纯收入2736元为标准线,基于国家统计局预测的8249万人,各省在这一基本标准上逐级下达指标,最终将贫困户指标下放到村级单位。② 实际上,中国的扶贫工作是一个不断加压加码的过程,根据经济发展水平中国政府不断上调贫困线标准。2015年,中共中央和国务院在《关于打赢脱贫攻坚战的决定》中指出:"扶贫开发贵在精准、重在精准,必须解决好扶持谁、谁来扶、怎么扶的问题,做到扶真贫、真扶贫、真脱贫、切实提高扶贫成果可持续性,让贫困人口有更多的获得感。"

(一) 救济式扶贫(1978—1985年)

1978年底,按照当时的贫困标准,我国的贫困人口超过2.5亿人,占农村总人口的将近31%。③ 改革开放初期,我国经济发展落后、贫困程度深,是一个典型的贫困大国。对于这一阶段中国所取得的减贫成就,世界银行的经济学家认为,主要归功于始自1978年的农业改革。1978年召开十一届三中全会后,我国开展了政治和经济制度改革,废除

---

① 李棉管. 技术难题、政治过程与文化结果——"瞄准偏差"的三种研究视角及其对中国"精准扶贫"的启示[J]. 社会学研究, 2017(1): 217-241.

② 万江红, 苏运勋. 精准扶贫基层实践困境及其解释——村民自治的视角[J]. 贵州社会科学, 2016(8): 19-20.

③ 刘竖. 中国农村减贫研究[M]. 北京: 中国财政经济出版社, 2009.

了人民公社制度,在农村地区推行以家庭承包经营为基础的双层经营体制,同时开展计划经济制度改革,一定程度上放开农产品价格和市场,解放了农村生产力,为农村脱贫打下了良好的经济基础。通过宏观上的政治经济制度改革,市场力量得以注入农村,一部分农村人口脱离贫困状态,自发性的经济增长促使农村贫困人口急剧下降。相对城市地区,农村地区经济社会发展水平相对落后,为了弥补城乡发展不平衡的差距,中央政府加大对农村发展的财政投资力度。

自1980年起,国家财政设立专项资金支援经济不发达地区,较为典型的事件是1982年中央支援"三西"(甘肃定西、河西地区和宁夏西海固地区)农业建设,连续十年总共划拨20亿元中央财政,该项目实施五年后,"三西"地区的农业生产总值以每年10%的速度递增。① 此外,中央在1984年印发《关于帮助贫困地区尽快改变面貌的通知》,划定了18个集中连片贫困区,科技部、农业部和商务部等部委开展了定点扶贫的创新机制。

此阶段农民人均纯收入由1978年的160.7元增加到1985年的397.6元,绝对贫困人口平均每年减少1786万人,尚未解决温饱问题的贫困人口占农村总人口的比重下降到1985年的15%。② 这一阶段主要是以区域瞄准为重点,采取直接转移资金的"输血式"扶贫方式,中央政府直接通过各地方政府把粮食、衣物或现金等分配给贫困农户,帮助贫困人口渡过难关,主要用于生活救济和财政补贴。此外,扶贫工作领域中尚未成立专门的扶贫机构,并且扶贫政策较少,目标定位不清晰。

(二) 开发式扶贫初级阶段(1986—1994年)

从1986年到1994年,我国的经济体制改革逐渐从计划经济过渡到社会主义市场经济。1986年,中国政府确定以开发式扶贫作为农村扶贫政策的核心和基础,要求以经济建设为中心,支持、鼓励贫困地区农户改善生产条件,开发当地资源,发展商品生产,增强自我积累和自我发展能力。③ 1992年10月,党的十四大首次提出建立社会主义市场经济体制,破除姓"资"姓"社"的争论。同一时期,家庭联产承包责任制在全国农村范围内推广,乡镇企业异军突起,成为农村经济发展的重要推动力。1992年,江泽民同志首次提出中国的"三农"问题概念,即农村、农业和农民问题,他指出农业是国民经济的基础,农村稳定是整个

---

① 陆汉文,黄承伟.中国精准扶贫发展报告(2016)[M].北京:中国社会科学出版社,2016:59.
② 闫坤,刘轶芳.中国特色的反贫困理论与实践研究[M].北京:中国社会科学出版社,2016:36.
③ 林闽钢,陶鹏.中国贫困治理三十年回顾与前瞻[J].甘肃行政学院学报,2008(6):51-56.

社会稳定的基础,农民问题始终是我国革命、建设、改革的根本问题。1992年以来的区域性经济增长解决了诸多"三农"的问题,带动了贫困人口脱贫,降低了贫困发生率。然而,区域性经济增长并不能彻底解决贫困问题,老少边山等地区的贫困人口对政府扶贫存在刚性需求。此外,救济式扶贫的弊端越来越明显,"输血"的中断导致许多贫困户再次陷入贫困。为进一步降低贫困发生率和提高扶贫效果,中央政府开始实施有组织、有计划、大规模的开发式扶贫战略。

相较于第一阶段,我国从1986年起,设立了专门的扶贫机构——国务院贫困地区经济开发领导小组(1993年更名为国务院扶贫开发领导小组),中央到地方各层级政府农村扶贫机构相继成立。中央政府首次划定国定贫困县标准,正式确定592个国家扶贫工作重点县(又称国家级贫困县),占全国县级行政区划的1/5。中央政府针对老少边山等贫困地区安排财政发展资金、以工代赈资金和贴息贷款资金等在内的专项资金以及制定各类优惠政策。[1] 按照当时的贫困标准线,到1993年底全国农村没有解决温饱问题的贫困人口由1986年底的1.25亿人减少到8000万人,全国范围内的贫困发生率由14.8%下降到8.7%,国定贫困县的农民人均纯收入由206元增加到484元。[2]

这一阶段实现了从单纯的救济式扶贫到开发式扶贫的转变,充分发挥国家扶贫专项资金的"造血"功能,打破了"输血"方式的思维局限。同时,此阶段提高了扶贫资金的集约利用程度,实行资金与项目挂钩,引入市场调节机制。此外,单纯输入资金、物资的救济方式得以改变,人才、技术、信息等综合输入方式取代单项输入方式,注重资源的整合利用。

(三)"八七"扶贫攻坚阶段(1994—2000年)

从1994年到2000年,尽管我国遭遇了亚洲金融危机,经济存在波动性,但是总体上经济增长活力明显,积极的财政制度推动了基础设施的发展,财政体制改革强化了中央财权,全国经济的整体发展形势有助于扶贫工作的开展。然而在这一阶段我国城乡差距、地区差距进一步扩大。20世纪90年代下半期以来,农业占经济总量的比重逐年下降,到2000年所占比重下降到15.1%。贫困人口分布日益集中,向中西部农村地区倾斜,集中到西南大石山区、西北黄土高原区、秦巴贫困山区

---

[1] 向德平,黄承伟.减贫与发展[M].北京:社会科学文献出版社,2016,156.
[2] 都阳,蔡昉.中国农村贫困性质的变化与扶贫战略调整[J].中国农村观察,2005(5):2-9.

以及青藏高寒山区等地区,1994 年,在 592 个国定贫困县中,中西部地区贫困县数占贫困县总量的 82%。①

1994 年国家出台《"八七"扶贫攻坚计划》,这是中华人民共和国历史上第一个有明确目标、对象、措施和期限的扶贫行动计划。该计划提出,力争用 7 年左右的时间,基本解决目前全国农村 8000 万贫困人口的温饱问题。1995 年 9 月,党的十四届五中全会通过的"九五"计划纲要,把加大扶贫力度作为促进中西部地区经济发展的一项重大政策提出来。1996 年 9 月,党中央、国务院在北京召开了中华人民共和国成立以来规格最高的中央扶贫开发工作会议,江泽民等中央领导作重要讲话,会议形成了《中共中央、国务院关于尽快解决农村贫困人口温饱问题的决定》。1996 年 9 月和 1999 年 6 月,党中央和国务院两度召开扶贫开发工作会议,分别印发《关于尽快解决农村贫困人口温饱问题的决定》和《关于进一步加强扶贫开发工作的决定》,加速推进"八七扶贫攻坚计划"。在进入 21 世纪的前夕,在总结各地扶贫经验的基础上,我国已经形成了信贷扶贫、异地搬迁、定点帮扶、东西协作、整村推进等具有中国特色的扶贫模式。

从 1994 年到 2000 年,中央累计投入扶贫资金 1127 亿元,相当于 1986 年到 1993 年总和的 3 倍。② 到 2000 年年底,农村贫困人口由 8000 万人减少到 3000 万人,贫困发生率下降到 3%。"八七"扶贫攻坚计划执行期间,国家重点扶持贫困县农业增加值增长 54%;工业增加值增长 99.3%;农民人均纯收入从 648 元增加到 1337 元,年均增长 12.8%。③

(四) 开发式扶贫发展阶段(2001—2013 年)

进入 21 世纪以来,中国与世界的发展节奏逐渐同步。2001 年中国加入世界贸易组织,进一步融入世界经济体系和经济全球化,与国际逐步接轨,同时也面临着更多挑战。在国内,市场在资源配置中逐步发挥主导作用,随之而来的是公平和效率的孰先孰后问题。伴随着区域、城乡之间发展差距的扩大,为了缩小发展差距,中国开始实施区域协调和城乡统筹发展战略,积极推进西部大开发、振兴东北地区等老工业基地、促进中部地区崛起、鼓励东部地区率先发展,完善农村土地制度、深化农村税费改革、改善农村富余劳动力转移就业的环境。

---

① 闫坤,刘轶芳.中国特色的反贫困理论与实践研究[M].北京:中国社会科学出版社,2016:38.
② 同上。
③ 扶贫开发的历程与成就[EB/OL].人民网,http://www.people.com.cn/GB/shizheng/16/20011015/581680.html.

自"八七扶贫攻坚计划"实施以来,我国基本解决了农村贫困人口的温饱问题。为加快农村贫困地区的脱贫进程,我国在2001年颁布了首个中国农村扶贫开发纲要——《中国农村扶贫开发纲要(2001—2010年)》,要求我国农村贫困人口要从2000年年底的4.62亿减少到2010年底的1.66亿,年均减少近3000万人。纲要重新确定国家扶贫开发工作重点县,调整后工作重点县仍为592个,但涉及的省区从27个减少为21个,扶贫的区域范围更为集中,将财政资金集中投入到老少边山穷地区。与此同时,为缩小东西部发展差距,2000年中央开始实施西部大开发战略,为西部地区优先安排基础设施、生态环境、资源开发等建设项目,加大对西部地区的财政转移支付力度。2001年到2010年,扶贫开发重点发生转移,整村推进、劳动力转移培训和产业化扶贫成为工作重点。2007年,党中央、国务院决定在全国农村建立最低生活保障制度,对农村贫困人口的基本生活开展兜底保障。2009年,国家实施新贫困标准,将贫困户的人均纯收入提高到1196元。2011年,国家又开始实行新的扶贫标准,以2010年的2300元为基准,此后每年按照相应的参考指标提高贫困线。2011年,党中央和国务院出台了第二个扶贫开发纲要——《中国农村扶贫开发纲要(2011—2020年)》,提出了"两不愁,三保障",即到2020年实现农村贫困人口不愁吃、不愁穿,保障义务教育、基本医疗和住房,同时在此文件中,首次提及"产业扶贫"概念,将产业扶贫作为开发式扶贫的主要手段。同时,这一阶段扶贫的瞄准范围由贫困县向贫困村转移,全国范围内确定了14.8万个重点贫困村,覆盖全国76%的贫困人口。

(五)精准脱贫阶段(2014年至今)

2014年以来,我国经济发展已经进入了新常态,从原先的高速发展转变为现在的中高速发展,已经进入全面决胜小康社会的决定性阶段。经济学家认为促进经济增长的因素包括土地、资本、科技、制度等,在新时代下以习近平总书记为核心的中国共产党致力于实施创新驱动发展战略,例如,2014年中国政府提出"大众创业、万众创新"的"双创"政策,致力于提高就业率、推动经济发展,成为中国经济提质增效升级的新引擎。十九大报告中,首次强调"提高全要素生产率",注重高质量的经济增长。中央对农村改革的工作部署主要集中在推进农业现代化、培育农业农村发展新动能、实施乡村振兴战略等领域。国家通过增强农产品安全保障能力、构建现代农业经营体系、提高农业技术装备和信息化水平、完善农业支持保护制度等途径推动农业发展现代化。推动城乡协调发展和城乡发展一体化是当前农村改革工作的一贯思路,目前农民工已经成为产业工人的主体,但是2.8亿农民工难以融入城市社会,市民化进程滞后,新型城镇化发展是保证工业化同城镇化双轮驱动的重要途径。2014年中央提出《国家新型城镇化发展规划》,推进"3个1亿人"的城镇化。

该阶段我国的扶贫工作发生了重大转变,政策目标瞄准对象从之前的贫困村向贫困人口转移,开始实行"精准扶贫""精准脱贫"政策,综合运用专项扶贫、行业扶贫和社会扶贫等方式扶贫攻坚。易地扶贫搬迁、整村推进、以工代赈、产业扶贫、就业促进、扶贫试点和革命老区建设等专项扶贫,发展特色产业、开展科技扶贫、完善基础设施、发展教育文化事业、改善公共卫生和人口服务管理、完善社会保障制度、重视能源和生态环境建设等行业扶贫,加强定点扶贫、推进东西部扶贫协作、发挥军队和武警部队的作用、动员企业和社会各界参与扶贫等社会扶贫,上述三种扶贫治理手段都迈向了实质性的发展阶段。

"精准扶贫"是2013年11月习近平总书记在湘西考察时首次提出的,标志着精准脱贫战略的初步萌芽。"精准脱贫"思想的落地是在2014年1月,中央政府印发《关于创新机制扎实推进农村扶贫开发工作的意见》,将建立精准扶贫工作机制作为六项扶贫机制创新之一。精准脱贫的基本要求是"六个精准",即"扶持对象精准、项目安排精准、资金使用精准、措施到户精准、因村派人精准、脱贫成效精准"。精准脱贫阶段初期,我国有832个贫困县,其中包括592个国家级贫困县,绝对贫困人口大约占全国总人口的5%。此后,党和国家整合各方力量,推进脱贫攻坚工作走实走深,将脱贫攻坚作为三大攻坚战之一。2021年2月,我国脱贫攻坚取得全面胜利。通过8年的接续奋斗,近1亿人脱贫,832个贫困县全部摘帽,提前10年完成联合国2030年可持续发展议程的减贫目标。脱贫攻坚目标任务完成后,"三农"工作重心将转向全面推进乡村振兴。

三、扶贫政策工具

世界银行指出,农户脱贫的途径有三种,农业耕作、通过农村劳务市场就业或在农村非农经济中就业、向城镇或其他国家移民。第一种途径强调贫困户农业收入的增加,后两种途径则是更为强调非农收入的增加。在扶贫工作中,我国出台了各种创新政策,围绕着农业耕作、市场劳动和移民三种途径,提高扶贫的效率,主要的政策工具包括产业扶贫、易地扶贫搬迁、就业扶贫、教育扶贫、社会保障兜底等。事实上,除了上述三种途径之外,中国在扶贫治理过程中还相当重视贫困户财产性收入的增加,充分激活农村土地资源的市场禀赋。在特定的扶贫场域中,扶贫成效往往会面临政府失灵、市场失灵和社会失灵等单个或者多个共同交织的困境。因而,随着对扶贫工作认识的不断加深,中国更加注重与市场和社会的共同合作,将财政资金、人力资源、信息技术等资源更为科学合理地通过上述政策工具进行分配。

(一)产业扶贫

国家是否应当实施产业政策是经济学的重要争论之一。改革开放以来中国实施的产业政策实践证明,政府出台政策扶持战略产业和支柱产业发展,有助于避免市场资源配置下的短视,有利于在国家长远战略发展的眼光下推动产业结构的优化升级。中国农村发展和脱贫攻坚离不开产业发展,产业的规模化和现代化是乡村振兴的重要抓手。在改革开放初期,家庭联产承包责任制的实施将农民从人民公社体制中解放出来,农户拥有了自己的承包地,这是农业经济制度改革的重大飞跃,重点表现为"分"的特征;随着改革的深入,土地的规模化、产业化经营成为农业创收的必要条件,由于农村劳动力外流、社会资本下乡、政策的鼓励支持等因素,土地流转成为当前农村的普遍现象,这可以称得上农业经济制度改革的第二次飞跃,重点表现为"统"的特征。农业产业化发展是未来的必然态势,新型农业经营主体蔚然成风。农业产业化是农村产业化发展的重要路径,同时,工业和服务业的产业化成为部分地区农民创收的主要渠道。农村一二三产业融合发展是未来的方向指引,加快农村非农经济领域的改革成为重要思路。

"产业扶贫"这一概念在2010年国务院颁布实施的《中国农村扶贫开发纲要(2011—2020年)》中首次提出。尽管概念出现的比较晚,但是实质性的政策早已进入实施阶段。改革开放初期,尚未有全国性的产业扶贫政策,但是区域性和地方性的产业扶贫政策已经开始实施。1983年"三西"农业专项建设正式的开展便是典型,该建设计划明确了"有水走水路,无水走旱路,水旱路都不通另找出路"的方针和"大力种草、种树,兴牧促农,因地制宜,农林牧副全面发展"的扶贫思路。在国家"八七扶贫攻坚"期间,针对产业领域的扶贫,中央政府将政策措施上升到国家层面,攻坚计划提出,重点发展投资少、见效快、覆盖广、效益高、有助于直接解决群众温饱问题的种植业、养殖业和相关的加工业、运销业;积极发展能够充分发挥贫困地区资源优势又能大量安排贫困户劳动力就业的资源开发型和劳动密集型的乡镇企业。进入21世纪,

《中央农村扶贫开发纲要(2001—2010年)》继续将发展种养业作为扶贫开发的重点工作,积极推进农业产业化经营,强调产业扶贫同科技扶贫相结合,将先进适用的科学技术作为种植业、养殖业、加工业的支持和保证。我国第二个扶贫开发纲要(2011—2020年)则强调将产业扶贫作为开发式扶贫的主要手段,提出要促进贫困村特色优势产业发展。产业扶贫是开发式扶贫中发挥"造血"功能的主要手段之一,但是传统的产业扶贫长期将大量的资金以区域进行瞄准,贫困户缺乏产业扶贫资金,扶贫效果差。在精准脱贫政策实施前,产业扶贫资金的下发往往产生扶"富"不扶"穷",流入非贫困村而不是贫困村,流入企业而不是农户。精准瞄准贫困户后这种现象有所缓解,贫困户能够得到更多的政策实惠。在中央推行的精准扶贫"五个一批"工程中,产业扶贫涉及对象最多、涵盖面最大,是实现精准帮扶的主要途径。

(二) 易地扶贫搬迁

易地扶贫搬迁是指将生活在缺乏生产生活条件地区的贫困人口搬迁安置到其他自然环境、生产生活条件和经济发展水平相对较好的地区,通过地域转移帮助贫困户脱贫致富。中国政府组织的农村自愿移民在20世纪70年代已有成功的案例,但把它作为大规模缓解贫困的手段,始自1982年。我国最早实施这项政策的省份是甘肃和宁夏,1982年的"三西"农业建设计划提出易地扶贫搬迁办法,具体途径包括:一是鼓励当地农民向河西、河套自行流动、迁移,或投亲靠友,同那里的农民联合办家庭农场,进行多种经营;二是招民工承包水利工程,以工代赈。[①] 除了"三西"模式,还有粤北喀斯特地区模式和广西的"公司+农户"模式。前者主要是通过资金扶持和移民优惠政策,将生存环境恶劣的农户搬迁到自然环境良好或者交通便利的地区,方便农户从事农业或者是进城务工经商;后者是依托市场机制,政府将易地扶贫搬迁资金交付专业的扶贫开发公司支配,公司与农户签订合同,实施统一规划的搬迁工程。[②]

经过20世纪80年代的初步探索,易地扶贫搬迁被正式列为我国农村扶贫开发的基本途径之一。在"八七"扶贫攻坚期间,在我国的17个省区,政府有组织地移民搬迁300万人,耗费财政资金60亿元。1999年,中国政府召开了扶贫开发工作会议,指出中国存在两类特殊的贫困人口,一

---

① 白南生,卢迈.中国农村扶贫开发移民:方法和经验[J].管理世界,2000(3):161-169.
② 吕书奇.中国农村扶贫政策及成效研究[D].中国农业科学院,2008.

类是不适合参加生产劳动的残疾人和社会保障对象,另一类是生活在老少边穷且基本生产生活没有保障的贫困对象,这两部分人将近2000多万人。《中国农村扶贫开发纲要(2001—2010)》提出,对极少数居住在生存条件恶劣、自然资源贫乏地区的特困人口,要结合退耕还林还草实行搬迁扶贫,县内的移民搬迁由县政府组织,跨县的由省级政府统一组织。"十一五"以来,国家发展和改革委员会相继出台了《关于易地扶贫搬迁试点工程的实施意见》《关于印发易地扶贫搬迁"十一五"规划的通知》《易地扶贫搬迁"十一五"规划》《易地扶贫搬迁"十二五"规划》《全国"十三五"易地扶贫搬迁规划》等文件。《中国农村扶贫开发纲要(2011—2020年)》确定将连片特困地区作为扶贫攻坚的主战场,在专项扶贫中特别提及易地扶贫搬迁,加快项目在贫困地区的开展。在国家提出的"五个一批"脱贫措施中,专门强调"易地搬迁脱贫一批"。

(三) 就业扶贫

政府的重要经济职能包括实现充分就业、物价稳定、经济增长和国际收支平衡。当前党和国家正在推动农村新型工业化、信息化、城镇化、农业现代化同步发展,"四化"建设在农村创造了一定的就业岗位,但外出务工仍然是农村剩余劳动力的主要就业渠道。2016年国家统计局《农民工调查监测报告》显示,我国农民工总量达到2.8亿,而同时期的农村户籍人口为5.9亿,意味着农民工数量达到农村户籍人口的将近半数。其中,外出农民工接近1.7亿人,本地农民工超过1.1亿人。进城务工和在当地或异地从事非农产业劳动是当前农村劳动力的主要流动趋向,中国依旧处于"走出乡村"的大环境中。如何让具有劳动能力的贫困户获得就业机会,实现收入来源的可持续性?是当前国家制度安排中需要思考的重大问题。

我国农村贫困地区人口的生产效率较低,就业能力不强、就业渠道不畅通,对贫困人口开展就业扶贫能够提高贫困人口的就业率,降低贫困发生率。推动就业扶贫包括两个方面,劳务输出和当地工作,其中,劳务输出是就业扶贫的主要途径。农户收入来源于四个方面,工资性收入、财产性收入、家庭经营性收入和转移性收入。目前工资性收入占农户可支配收入的比重超过40%,工资性收入的增加是提高贫困户家庭收入的主要渠道。劳务输出不仅仅增加了贫困户的就业机会,同时也提高了他们的市场意识和技术水平,在提高贫困地区收入水平的同时,提高了贫困户的文化教育、劳动技能等综合素质。《中国农村扶贫开发纲要(2001—2010年)》提出,积极稳妥地扩大贫困地区劳务输出。

《中国农村扶贫开发纲要（2011—2020年）》强调，要以促进扶贫对象稳定就业为核心，同时加大对于农村贫困残疾人就业的扶持力度。两份纲要的共同之处在于突出就业对于扶贫工作的重要性。

贫困地区大多数劳动力文化教育水平较低、劳动技能缺乏，农民群体劳动技能低下是造成就业能力低下的主要原因，我国政府开展劳动力转移培训旨在破解该难题，为此，2003年农业部牵头出台了《2003—2010年全国农民工培训规划》，2004年中央六部委共同组织实施"农村劳动力转移培训阳光工程"，截至2006年8月底，中央安排了12.5亿元的财政专项资金，重点用于农村劳动力输出大省、产粮大省、贫困地区、革命老区，共培训农村劳动力720万，转移农村劳动力630万。[①] 此外，2004年到2010年，中央政府累计安排财政扶贫资金30亿元，实施以劳动力转移为主要内容的"雨露计划"。贫困地区的青壮年劳动力往往在沿海发达地区或者是大中城市就业，中央政策强调贫困地区和发达地区间的劳务结对帮扶，对于贫困地区而言，资源稀缺、自然环境差等因素导致就业机会少、就业空间小，劳务输出能够满足贫困地区劳动力的就业需求。同时，地方政府创造良好的政策环境和投资条件，营商环境的优化吸引农产品加工企业、资源开发型企业和劳动力密集型企业参与贫困地区的经济开发。改革开放的很长一段时间内，中西部地区的农民多数跨省到东部沿海发达地区寻找就业就会，2009年在东部地区务工的外出农民工占外出农民工总数的62.5%。近些年，中西部地区本省就业的农民工比例有所增长，这得益于产业结构转型，东部沿海地区的劳动密集型产业向中西部开展转移。由于人力、用地等经营成本的不断上升，广东、福建等东部省份的劳动密集型产业生存环境日益严峻，越南、印度尼西亚等周边国家纷纷出台优惠政策吸引这些企业，同时我国中西部地区也在强化营商环境、强化虹吸效应、承接产业转移、新建就业生产车间，从而为当地的贫困群众就近提供就业岗位。

（四）教育扶贫

教育作为一项公共产品和公共政策，在经济学家看来具有非常强的正外部性，不仅仅惠及受教育者本人，同时还让家庭和整个社会受益，社会收益大于个人收益。教育是农村经济社会发展不可或缺的一个子系统，中国的农村教育系统工程通过在农村普及义务教育、劳动力

---

① 实施农村劳动力转移培训"阳光工程"[EB/OL]. 国务院办公厅，http://www.gov.cn/ztzl/nmg/content_404978.htm.

转移培训等途径，成为推动社会阶层流动和公正平等的有力政策工具。1995年，中共中央和国务院印发了《关于加速科学技术进步的决定》，首次在全国提出"科教兴国"战略，强调坚持教育为本。我国农村教育主要包括基础教育、职业教育和成人教育三大板块。在基础教育领域，2011年国务院制定了十年期的《中国儿童发展纲要》，促进基本公共教育服务均等化，2014年我国九年义务教育人口覆盖率已达100%，初中阶段毛入学率超过100%。在农村职业教育、成人教育领域，我国政府实施了"燎原计划""跨培工程""绿色证书工程""阳光工程"等各种大型教育工程。

利用教育和技能能够促进农村发展，发展中国家在教育机会和技能培训上的投入能够让农村青年一代获得更好的就业机会，更好融入城市生活，遏制贫困的代际传递。"治贫先治愚，扶贫先扶智"，提高贫困人口教育水平是遏制贫困代际传递的重要途径，加快贫困地区教育发展和人力资源的投入有助于提高贫困群众的文化知识水平和脱贫致富能力。由于生产生活收入低，贫困户在进行教育投资决策时，往往面临着边际回报小于边际成本的问题，他们认为接受教育的收益低且成本高，从而放弃了对自身和家庭的人力资本投入。教育扶贫能够为贫困地区带来更多的教育资源，推动当地受教育水平的提升。教育扶贫最早体现在民族教育中，政府部门颁布政策帮助和推动少数民族贫困县发展教育事业。1994年颁布的"八七"扶贫攻坚计划要求在2000年之前基本普及初等教育，积极扫除青壮年文盲，同时开展成人职业技术教育和技术培训。在该计划期间，国家教委和财政部联合组织实施《国家贫困地区义务教育工程》，总投资超过百亿元，除此之外，还继续加强教育对口帮扶工作。新世纪开始的前十年中，教育扶贫工作主要体现在两个方面，一是继续加强民族教育扶贫，二是开始并扩大"两免一补"教育扶贫政策。

国家教育经费向贫困地区、基础教育倾斜，这是当前我国财政教育资金支出的一个趋势。2012年我国财政性教育经费占GDP的比重首次超过4%，公共财政预算安排的教育经费、政府性基金预算安排的教育经费、企业办学中的企业拨款、校办产业和社会服务收入用于教育的经费等国家财政性教育经费子项都处于增长状态。随着精准扶贫和精准脱贫工作的深入开展，财政性教育经费对于贫困地区的投入不断增加。制定五年规划是推动我国经济社会发展的重要手段，五年规划涉及的领域众多，既包括政策全局的，也包括政策子系统的。聚焦到教育扶贫领域，"十三五"规划纲要中强调"推进教育现代化"，提及"建立城乡统一、重在农村的义务教育经费保障机制,加大公共教育投入向中西部和民族边远贫困地区的倾斜力度";而同年印发的《教育脱贫攻坚"十三五"规划》则是落实"十三五"规划纲要教育目标的更为具体的全国性政策文件,强调发展学前教育、巩固提高九年义务教育水平、加强乡村教师队伍建设、加大特殊群体支持力度等夯实教育脱贫根基,加快发展中等职业教育、广泛开展公益性职业技能培训等提升教育脱贫能力,积极发展普通高中教育、继续实施高校招生倾斜政策、完善就学就业资助服务体系等拓宽教育脱贫渠道。到 2020 年离打赢脱贫攻坚战还有三年的时间,我国的贫困治理工作进入了深水区中的深水区,在啃硬骨头中的硬骨头,扶贫资源的投入聚焦在"三区三州"深度贫困地区,即西藏、新疆南疆、四省(四川、云南、甘肃、青海)藏区以及四川凉山、云南怒江、甘肃临夏。2018 年,教育部和国务院扶贫办共同印发了《深度贫困地区教育脱贫攻坚实施方案(2018—2020 年)》,通过教育扶贫的途径补齐教育短板、显著提升"三区三州"等深度贫困地区教育总体发展水平。

(五)社会保障兜底

市场经济是配置资源的有效手段,能够实现帕累托最优或者帕累托次优,但是市场经济的效率往往与人们期待的社会公平具有内在冲突。以市场经济最为发达的美国为例,占人口 0.1% 的最富有家庭财富占社会总体财富的比重增加到近几年的 22%,社会分化和阶层固化现象比较严重。我国在建设社会主义市场经济进程中,注重通过国家宏观调控手段,在推动经济发展的同时,完善我国社会保障体系,实现效率和公平这对关系之间的平衡。我国的社会保障体系涉及的范围相当广泛,社会保险、社会福利、社会救助、医疗卫生事业、优抚安置工作等都属于其中的具体项目,在 1986 年全国人大通过的"七五计划"中,首次正式使用这一概念。中国农村社会保障体系包括农村社会保险、农村社会救助、农村社会福利和农村社会优抚等几大领域,本章主要是针对农村社会救助开展论述,文中使用的"社会保障兜底"主要指农村社会救助。相对于产业扶贫、易地扶贫搬迁、就业扶贫和教育扶贫等开发式扶贫政策工具而言,社会保障兜底则是一项救济式扶贫,包括五保供养、农村最低生活保障、特困户基本生活救助、农村医疗救助和农村灾害救助,对无法依靠产业扶持和就业帮助脱贫的家庭实施政策性保障兜底。

在 1992 年之前的改革开放初期,我国农村社会保障兜底的主要措施是定期定量救济和五保供养救助。① 1994年,中央政府出台国务院令《农村五保供养工作条例》,对无法定抚养义务人、抚养义务人无抚养能力、无劳动能力、无生活来源的老年人、残疾人和未成年人提供吃穿住医葬等五个方面的保障。2003年,卫生部、财政部和农业部三部门联合出台《关于建立新型农村合作医疗制度的意见》,从此中国农村开始实施医疗救助制度,救助对象包括农村五保户、贫困家庭、特困户等。2009年,民政部出台《关于进一步完善城乡医疗救助制度的意见》,农村医疗救助制度与新型农村合作医疗制度相衔接;2015年,民政部等部门出台《关于进一步完善医疗救助制度全面开展重特大疾病医疗救助工作的意见》,将符合条件的农村贫困人口纳入医疗救助政策范围内。

中国农村最低生活保障政策实施则起始于1996年民政部颁布的《关于加快农村社会保障体系建设的意见》和《农村社会保障体系建设指导方案》,有条件的地区开始逐步建立农村居民最低生活保障制度。2004年我国有超过40%的县级行政区划已经建立了农村最低生活保障制度,而其余的县级行政区划则是通过定量救助和临时救济的方式救助农村贫困户。② 2007年,党中央、国务院决定在全国农村建立最低生活保障制度,对农村贫困人口的基本生活开展兜底保障,这标志着我国农村地区形成了统一的低保制度安排。农村最低生活保障制度和扶贫开发政策是政府帮助农村贫困人口脱贫的两种政策途径,但是两者的救助对象、帮扶方式等存在差异,不能够有效兼容。为此,2013年,中共中央办公厅和国务院办公厅印发了《关于创新机制扎实推进农村扶贫开发工作的意见》,提出要"在已有工作基础上,坚持扶贫开发和农村最低生活保障制度有效衔接";2016年,政府出台了《关于做好农村最低生活保障制度与扶贫开发政策有效衔接指导意见》,加强政策衔接、对象衔接、标准衔接和管理衔接。

四、中国扶贫经验

减贫是全球面临的共同难题。与全球其他贫困地区相比,之所以中国能够在贫困治理中取得巨大成就,得益于中国在改革开放以来

---

① 刘喜堂.建国60年来我国社会救助发展历程与制度变迁[J].华中师范大学学报(人文社会科学版),2010,49(4):19-26.

② 李小云,董强,刘启明等.农村最低生活保障政策实施过程及瞄准分析[J].农业经济问题,2006(11):29-33.

始终坚持的特有扶贫理念和中国方案。坚持党的领导、政府主导、社会参与是我国打赢脱贫攻坚战的重要经验。在坚持党的领导下,强调政府主导并注重社会参与,从而将全社会的扶贫资源集中到打赢脱贫攻坚战中。强化党、政府、市场和社会协同发力,同时在党的领导下,发挥政府主导作用和吸纳社会广泛参与是我国扶贫治理的重要经验。

(一) 党的领导

坚持中国共产党的领导是中国脱贫攻坚战能够取得胜利的重要保证。发挥政治优势和制度优势是打赢脱贫攻坚战的根本保障,党的领导是脱贫攻坚最大的政治优势。党的历次代表大会和重要会议以及涉及农村工作的主要文件中,扶贫工作都是重要内容,1986年扶贫工作就已经被列入国民经济"七五"计划。党的十八大以来,中国特色的扶贫开发道路和治理体系已经形成,坚持政府主导与社会参与相结合、扶贫开发与经济社会发展相促进、精准帮扶与区域开发相结合、片区扶贫与定点扶贫相连接、普惠性政策与特惠性政策相配套、扶贫开发与社会保障相衔接。中央扶贫开发工作会议是针对扶贫工作的国内最高规格会议,改革开放以来,党中央先后多次召开中央扶贫开发工作会议,动员全党全社会力量,强化对扶贫工作重要性的认识。精准脱贫攻坚战期间,扶贫工作得到党中央的空前重视,2015年11月中央召开扶贫开发工作会议,是一场中央全会级别、被称为史上最高规格的扶贫开发工作会议。十九大报告中,更是将"精准脱贫"列入未来三年内的三大攻坚战之一。通过中央文件、重要会议和领导人讲话等等形式,中国共产党不断强化扶贫领域的政治宣传工作,形成"精准扶贫""精准脱贫"工作的举国聚焦。

中国特色的政党制度为扶贫工作的开展提供了重要的政治制度保障,能够集中力量办大事。我国贫困人口从1978年的2.5亿人,经过短短40年,已经缩小到2018年的3000万人,可谓是世界经济发展史上的一个奇迹。集中力量办大事的制度运行是能够取得如此成就的重要原因,制度运行背后则凸显了中国特色政党制度的优越性。不同于西方的盎格鲁—撒克逊或莱茵河模式,中国共产党领导的多党合作和政治协商制度是"三权分立"或"一党执政"政治体制的突破,避免了多元权力部门之间的相互推诿扯皮或单一政党的权力垄断和独裁,能够在党的集中统一领导下,在科学化、民主化、法制化的范畴框架下,集中全国优势资源打赢脱贫攻坚战。

针对扶贫工作,党的组织领导主要表现在强化扶贫开发责任、加强基层组织建设和加强扶贫机构队伍建设等三个方面。

首先,强化扶贫开发责任。为了强化党政领导干部对于扶贫工作的责任意识,中共中央和国务院以党建为抓手,出台了多项政策规定。从1997年起,我国确立了扶贫开发工作省(区、市)级负责制,并明确了责任、任务、资金和权力"四到省"原则。2016年2月,中共中央办公厅和国务院办公厅印发《省级党委和政府扶贫开发工作成效考核办法》,从2016年到2020年每年开展一次考核,通过奖励、约谈和责任追究等多种方式促使省级党委和政府切实履职尽责。自从"十一五"规划提出"约束性指标"概念以来,在"十三五"规划里中共中央对扶贫工作设置了各种约束性指标见表8-2,包括建档立卡贫困人口、贫困村、贫困县数量等,旨在强化党政领导干部的扶贫工作责任意识。在中国的政治情境下,扶贫政策的有效落实,不仅仅归功于各部门、各层级政府,更归功于各级党委组织部门。当前我国实行"五级书记抓扶贫"的工作责任制,不同层级党委和政府的扶贫工作各有侧重见表8-3,省市县乡村五级书记一起抓扶贫,全面落实在扶贫工作中党政一把手的政治责任。中国的扶贫政策工作充分体现了压力型政治体制的特点,五级书记层层签订脱贫攻坚责任书,层层落实责任制。

表8-2 "十三五"期间贫困地区发展和贫困人口脱贫主要指标

指标	2015年	2020年	属性
建档立卡贫困人口/万人	5630	实现脱贫	约束性
建档立卡贫困村/万个	12.8	0	约束性
贫困县/个	832	0	约束性
实施易地扶贫搬迁贫困人口/万人	—	981	约束性
贫困地区农民人均可支配收入增速/%	11.7	年均增速高于全国平均水平	预期性
贫困地区农村集中供水率/%	75	>83	预期性
建档立卡贫困户存量危房改造率/%	—	近100	约束性
贫困县义务教育巩固率/%	90	93	预期性
建档立卡贫困户因病致(返)贫户数/万户	838.5	基本解决	预期性
建档立卡贫困村村集体经济年收入/万元	2	>5	预期性

资料来源:国务院关于印发"十三五"脱贫攻坚规划的通知。

表 8-3　各层级党委和政府的扶贫职责划分

各层级党委和政府	主要扶贫职责
党中央、国务院	主要负责统筹制定扶贫开发大政方针,出台重大政策举措,规划重大工程项目
省党委和政府	对扶贫开发工作负总责,抓好目标确定、项目下达、资金投放、组织动员、监督考核等工作
市党委和政府	做好上下衔接、域内协调、督促检查工作,工作重心在贫困县如期摘帽上
县级党委和政府	承担主体责任,书记和县长是第一责任人,做好进度安排、项目落地、资金使用、人力调配、推进实施等工作

资料来源:中共中央、国务院关于打赢脱贫攻坚战的决定。

其次,加强基层组织建设。"一分部署,九分落实"。政策执行过程中天然会产生"最后一公里"的难题,导致政策传递过程中信息失真、执行异化等等问题,为了保证脱真贫、真脱贫,在强调乡镇政府最低行政层级执行扶贫脱贫政策的同时,在扶贫大格局中中央还格外注重基层党组织的战斗堡垒作用。针对软弱涣散的基层党组织建设,2015年中央组织部门联合中农办和国务院扶贫办联合印发《关于做好选派机关优秀干部到村任第一书记工作的通知》,向贫困村派出第一书记和驻村工作队,通过第一书记制度强化党组织对扶贫工作的领导核心作用。这一政策趋势正在加强,2017年中共中央办公厅和国务院办公厅印发《关于加强贫困村驻村工作队选派管理工作的指导意见》,优化驻村帮扶工作队员的素质作风。

第三,加强扶贫机构队伍建设。在中国的公共政策实践中,为了集中攻克某一政策领域难题,往往会成立领导协调小组,这种形式比部级联席会议更有成效和针对性。领导小组机制有长效性和临时性的区别,扶贫开发领域的领导小组则是长效性的,至今已经运行了30多年。自1986年起,国务院设立了贫困地区经济开发领导小组(1993年更名为国务院扶贫开发领导小组),建立了从中央到地方的扶贫工作领导机构和工作机构,对扶贫开发工作开展指导、研究制定政策措施、协调落实各项工作。现任国务院扶贫开发领导小组组长为国务院副总理,成员包括中组部、农业农村部、国家发改委、民政部等部门,发挥了多部门联动治理、密切合作的成效。同时,在地方政府层级,扶贫开发任务重的省市县扶贫开发领导小组组长由党政一把手担任,从而依托党政主要负责同志的政治权威强化决策部署、统筹协调、督促落实和检查考核职能。

(二) 政府主导

不管政府是小还是大,有效政府是国家长治久安的必然要求。中国的历次党代会不断加深对政府和市场关系的理解，1997年，十五大强调"使市场在国家宏观调控下对资源配置起基础性作用"；2002年，十六大强调"在更大程度上发挥市场在资源配置中的基础性作用"；2007年，十七大强调"从制度上更好发挥市场在资源配置中的基础性作用"；2012年，十八大强调"更大程度更广范围发挥市场在资源配置中的基础性作用"；2013年，十八届三中全会报告指出，"使市场在资源配置中起决定性作用"，"基础性作用"跃升成"决定性作用"，但同时，也强调"更好发挥政府作用"。在扶贫领域，"更好发挥政府作用"具体表现为坚持政府的主导作用，扶贫是一个重中之重的民生领域，发挥政府的主导作用能够最大限度地保证社会公平公正。21世纪以来的两份扶贫开发纲要中，都强调"政府主导"的基本原则，2001—2010年的扶贫开发纲要指出，坚持"政府主导、全社会共同参与"的基本原则；2011—2020年的扶贫开发纲要指出，坚持"政府主导，分级负责"的基本原则，"各级政府对本行政区域内扶贫开发工作负总责"。扶贫开发工作已经成为地方经济社会发展战略和总体规划的重要子系统，尤其是进入精准扶贫和精准脱贫阶段以来，扶贫开发目标责任制和考核评价制度得到建立和完善。

坚持政府主导是中国扶贫工作能够取得重大成就的重要原因，政府主导集中表现在制定实施扶贫政策和加大扶贫投入力度两方面。

第一，制定实施扶贫政策。公共政策是政府治理社会的基本手段，随着党和国家对于扶贫问题的高度重视，扶贫治理成为政府部门的重要政策议题，各级政府官员对扶贫治理的政策注意力显著上升，从而制定更多的公共政策提高扶贫治理效力，形成公共政策与政府官员之间的良性互动。改革开放以来，最早关于"扶贫"政策议题的文件是1982年国家经委等部门出台的《关于认真做好扶助农村贫困户工作的通知》，"关心群众疾苦，扶贫助难，是政府各部门和各级干部义不容辞的责任"。通过制定《国家"八七"扶贫攻坚计划》《中国农村扶贫开发纲要（2001—2010年）》《中国农村扶贫开发纲要（2011—2020年）》等规划，中央政府将农村扶贫开发作为国民经济和社会发展中长期规划的重要内容。随着中国扶贫标准的不断提高和扶贫攻坚难度的不断加大，针对扶贫涉及的众多领域，单一部门在提高政策出台数量的同时，多部门联动机制强化，各部门围绕着扶贫工作以联席会议、高层会晤等方式提高联合出台政策的频率。例如，仅2014年中央部委联合出台了将近30项有关扶贫的政策文件。

第二，加大扶贫投入力度。20世纪80年代以来，中国政府直接针对贫困地区开展实施有计划、有组织、大规模扶贫开发战略。扶贫投入力度的加大表现为扶贫资金的投入增加、物质条件的有效保障、工作队伍力量的强化等三个方面。扶贫资金包括财政扶贫资金、扶贫贷款和以工代赈资金等三项,始于1980年的支援经济不发达地区的发展资金、始于1983年的"三西"农业建设资金、始于1987年的用于边境地区的支柱产业、道路、通讯和教育等基础设施建设的财政补贴以及始于1987年的支持不发达地区的财政周转金是财政扶贫资金的重要组成结构,在1978年至2017年的将近四十年间,中央政府投入了专项财政扶贫资金5500亿元。同时,在物质条件保障领域,中央政府和地方政府通过"整村推进"等扶贫方式完善贫困地区的基础设施建设,在贫困地区推进土地整治、完善水利建设、加快公路建设、普及信息服务。此外,为了使各项扶贫政策能够顺利开展实施,提高扶贫成效,在政府的主导下,我国的扶贫工作充分发挥"四支队伍"的建设,通过有效整合驻村工作队、第一书记、镇包村干部和村两委班子等"四支队伍",形成在基层脱贫实践中扶贫工作人员合力扶贫的综合成效。

(三) 社会参与

在我国改革开放初期,主要是强调政府在扶贫中发挥主导作用,并没有提及社会参与这一理念。随着扶贫的深入,党和政府意识到社会力量对于扶贫成效的重要性。对于贫困地区而言,无论是在基础设施建设、种养殖业发展,还是科技推广、公共服务设施建设,或者易地扶贫搬迁、劳务输出,社会参与能够缓解政府专项扶贫资金投入压力,并通过企业、社会组织、个人、定点帮扶或对口支援的机关单位或干部等途径提高脱贫成效。

定点帮扶和对口帮扶是中国政治制度的特色之一,与中国共产党中央的政治制度休戚相关。党和政府通过政治动员、宣传鼓励的方式,组织和动员社会力量参与扶贫开发。1986年我国开展第一批定点扶贫工作,包括农业部在内的10个中央国家机关部委参与其中。此后,定点帮扶机制逐渐完善,目前国家确定的定点帮扶单位主要包括中央和国家机关各部门各单位、人民团体、参照公务员法管理的事业单位、国有大型骨干企业、国有控股金融机构、各民主党派中央及全国工商联、国家重点科研院校等见表8-4、表8-5,592个国家扶贫开发工作重点县是主要的定点帮扶对象。据国务院新闻办公室印发的《中国农村扶贫开发的新进展》统计,截至2010年,参与定点帮扶的单位达到272个,受到帮扶的国家级贫困县为481个,占全部国家级贫困县数量的81.25%。同时,我国还创新出东西部扶贫协作和对口帮扶支援的制度性安排,东部发达省份与西部贫困地区开展结对帮扶,从 1996 年起,中央安排 15 个经济较发达的省、市与西部 11 个省、区、市开展东西部扶贫协作工作。2016 年 12 月,中共中央办公厅和国务院办公厅印发《关于进一步加强东西部扶贫协作工作的指导意见》,作为国家扶贫督查巡查的重要内容,东西部扶贫协作工作被纳入国家扶贫攻坚考核范围表 8-6。

表 8-4　民主党派中央、全国工商联定点扶贫地区

民革中央——贵州纳雍
民盟中央——河北广宗
民建中央——河北丰宁
民进中央——贵州安龙
农工党中央——贵州大方
致公党中央——重庆酉阳
九三学社中央——四川旺苍
台盟中央——贵州赫章
全国工商联——贵州织金

资料来源:国务院新闻办公室.中国农村扶贫开发的新进展,2011-11.

表 8-5　部分人民团体、社会组织实施的扶贫工程

共青团中央——大学生志愿服务西部计划暨中国青年志愿者研究生支教团
全国妇联——母亲水窖、春蕾计划
中国残联——农村贫困残疾人危房改造项目
中国青少年发展基金会——希望工程
中国人口福利基金会——幸福工程
中国扶贫基金会——小额信贷、新长城自强项目、爱心包裹
中国扶贫开发协会——山西长治治水项目
中国光彩事业促进会——光彩扶贫工程

资料来源:国务院新闻办公室.中国农村扶贫开发的新进展,2011-11.

表 8-6　2016 年东西部扶贫协作结对关系

北京市——内蒙古自治区、河北省张家口市和保定市
天津市——甘肃省、河北省承德市
辽宁省大连市——贵州省六盘水市
上海市——云南省、贵州省遵义市
江苏省——陕西省、青海省西宁市和海东市

续表

江苏省苏州市——贵州省铜仁市	
浙江省——四川省	
浙江省杭州市——湖北省恩施土家族苗族自治州、贵州省黔东南苗族侗族自治州	
浙江省宁波市——吉林省延边朝鲜族自治州、贵州省黔西南布依族苗族自治州	
福建省——宁夏回族自治区	
福建省福州市——甘肃省定西市	
福建省厦门市——甘肃省临夏回族自治州	
山东省——重庆市	
山东省济南市——湖南省湘西土家族苗族自治州	
山东省青岛市——贵州省安顺市、陕西省陇南市	
广东省——广西壮族自治区、四川省甘孜藏族自治州	
广东省广州市——贵州省黔南布依族苗族自治州和毕节市	
广东省佛山市——四川省凉山彝族自治州	
广东省中山市和东莞市——云南省昭通市	
广东省珠海市——云南省怒江傈僳族自治州	

资料来源：中共中央办公厅、国务院办公厅印发关于进一步加强东西部扶贫协作工作的指导意见.

  在当前精准扶贫、精准脱贫工程中，政府也越来越重视动员市场力量参与到扶贫工作中。政府鼓励企业通过两类途径参与扶贫开发：一是鼓励企业依托自身的资金、技术、市场、管理等优势，通过投资兴业、培训技能、吸纳就业等方式参与扶贫开发；二是鼓励企业通过捐资助贫或设立扶贫公益基金等慈善公益方式参与扶贫开发。①

  总的来说，中国反贫困治理的首要经验是坚持党的领导。在扶贫工作开展过程中，政府、市场企业和社会组织等多方主体参与扶贫治理，这是一场规模宏大的"集体行动"，中国共产党则是集体行动的领导者。中国贫困人口数量庞大，需要大量资源的投入，中国共产党作为领导者不仅要保证扶贫资源的存量，还要提高扶贫资源的增量。在党的领导下，五级书记抓扶贫，综合统筹政府资源、市场资源和社会资源，优化配置上述资源进入扶贫领域，防止资源的无序使用和虚耗，强化多方资源的叠加效果，从而保证扶贫资源的存量。在党的领导下，政府、市场企业和社会组织的资源更多投入到贫困地区中，依托东西部协作、定

---

① 陆汉文,黄承伟.中国精准扶贫发展报告(2016)[M].北京：中国社会科学出版社，2016：273.

点帮扶、百企千村等途径,强化政府的为民服务意识、市场企业的社会责任感和社会组织的社会帮扶作用,从而加大扶贫工作力度,提高脱贫成效质量。

需要注意的是,尽管当前我国扶贫成绩斐然,但是还面临一些问题。扶贫政策并不尽善尽美,在政策设计过程中,政策冲突现象较为常见,比如精准扶贫政策与低保政策之间的冲突。在基层政府执行扶贫政策中,形式主义、政策一刀切和考核过于频繁是三个突出问题,基层政府与上级政府在政策谈判过程中处于弱势,这些问题制约了脱贫工作的深入开展。此外,在扶贫政策执行中,也存在扶贫不精准、扶贫资金滥用、监管不力等现象,基层政府的扶贫作风意识尚待提升,需要在脱贫攻坚战实践中着力解决。

第二节 典型案例

在案例章节,首先介绍湖北省和宁夏回族自治区的两个扶贫案例。以个案为分析单元,借助解剖麻雀的方式,展现中国的扶贫实践成就、经验和问题。第一个案例立足于湖北省巴东县的扶贫开发实况,介绍巴东县的扶贫途径,深入探讨该县的扶贫成功经验,了解各层级政府、各行为主体的协商合作;第二个案例立足于宁夏回族自治区村民的脱贫故事,介绍贫困户精准脱贫和享受低保的政策历程,深入探讨精准脱贫过程中的精准识别问题。通过案例展示,能够从微观层面入手更加全面整体看待我国的扶贫工作开展情况。

案例一:巴东闯出的扶贫道路[*]

在党和政府重点关注和大力支持下,巴东县东壤口镇(以下简称东

---

[*] 本案例由华中师范大学本科生李悦箫、王玉、董宝琪、孟婧、詹娇娇撰写,指导老师为华中师范大学公共管理学院行政管理系讲师蔡长昆,作者对部分资料进行了必要的掩饰处理。2017年7月10—17日,作者对巴东县东壤口镇三个村的精准扶贫运行机制进行了调研,包括以茶叶为代表的羊村、以柑橘为代表的雷村以及以大米为代表的牛村。实地调研得到了巴东县扶贫办、东镇扶贫办、各村村委会以及村民的大力支持,在此仅表谢忱。案例的修改同时得到了清华大学公共管理学院王亚华教授的指导,并由清华大学公共管理学院案例中心张允老师及兼职助理刘贤春修改完成。本案例参加清华大学2017年中国公共政策案例分析大赛决赛,荣获本科组二等奖,并入选中国公共管理案例库。本案例仅供课堂讨论,不对组织绩效与个人得失作评价。

镇)自 2013 年起开始实施精准扶贫政策。在精准识别工作中,县政府根据贫困分布情况,将贫困人口规模逐级分解至行政村,再通过农户申请、民主评议、公示公告和逐级审核的方式,最终确定贫困户名单。但贫困户规模指标经过层层分解、落实到基层后,并未达到预期的精准识别效果,反而出现了瞄准偏差问题,导致政策负面作用爆发。

一、巴东扶贫工作透视

巴东县位于湖北省恩施土家族苗族自治州东北部。全县总人口49.27万人[1],其中少数民族占总人口的43%,是个老、少、边、穷的山区县,是国家重点扶持的贫困县(市)之一[2],2011年被划分入连片特困地区——武陵山区[3]。在国开办的指导下,2013年湖北省级扶贫开发部门联合发改委为巴东县等 33 个县市区量身定制了区域发展与扶贫攻坚规划,统筹资源给予重点扶持,目标是在 2020 年全面脱贫[4]。

同时,湖北在全国率先提出精准扶贫"挂图作战",绘制湖北省精准扶贫作战图,划定精准脱贫时间表,全省各地建立脱贫攻坚指挥部。巴东县指挥部由县委书记任县脱贫攻坚指挥部指挥长、县委副书记任县脱贫攻坚指挥部第一副指挥长。指挥部下设办公室和综合协调督办组、产业发展组、易地搬迁组、生态补偿组、教育脱贫组、社会保障组 6 个工作组。指挥部办公室负责脱贫攻坚日常工作,由县政府副县长任办公室主任,副主任两名,下设综合股、扶贫开发股、老区建设股、培训股和计划财务股等五个内设机构,负责统筹、指挥并督促各职能局完成工作任务[5]。镇级同样设有脱贫攻坚指挥部,下设扶贫办公室负责易地搬迁、小额信贷及建档立卡等具体日常工作。2015 年巴东县共有贫困村 118 个,贫困户 46251 户 147416 人,巴东县计划于 2018 年全面脱贫,并制定了县精准扶贫"路线图"(见表8-7)。

---

[1] 2016 年巴东县国民经济和社会发展统计公报[N].2017-04-25.
[2] 长江巴东网-巴东概况[OL]. 2011-11-7.
[3] 中国农村扶贫开发纲要(2011—2020 年).国务院公报 2011 年第 35 号[EB/OL]. http://www.gov.cn/gongbao/content/2011/content_2020905.htm.
[4] 湖北 33 县市 2020 年摘"贫困帽"四大片区发展规划发布[EB/OL].2013-3-29,http://news.cnhubei.com/xw/zw/201303/t2520561.shtml.
[5] 2016 年度湖北脱贫攻坚发展报告[OL].2017-3-20.http://www.hbfp.gov.cn/zwdt/fpyw/31749.htm;县委办公室、县政府办公室关于进一步完善脱贫攻坚领导责任机制的通知(巴办文〔2015〕75 号),2015-12-28.http://www.cjbd.com.cn/index.php? a=show&catid=2671&id=219&m=content.

表 8-7 巴东县精准扶贫"路线图"

时间	减贫人口指标/人	脱贫村指标/个
2015 年	25937	
2016 年	45256	39
2017 年	39168	39
2018 年	37055	40
合计	147416	118

资料来源：巴东扶贫手册。

根据 2015 年《中共中央、国务院关于打赢脱贫攻坚战的决定》，每个贫困村都要精准选配第一书记，精准选派驻村工作队，提高县以上机关派出干部比例。巴东县共有 322 个行政村，其中重点贫困村 118 个，分两批进行整村推进。目前有 3 个省级部门在巴东县派驻工作队，州级有 6 个，县级有 96 个，确保 118 个贫困村有县级以上的帮扶。每个重点贫困村安排一名驻村书记，2015—2016 年为第一批，包括 39 个村；2017—2018 年为第二批，包括 79 个村。在具体的执行过程中，推行"13121"模式，即 1 名州、县级领导带领 3 家州、县、乡镇直单位和 1 家共建企业，用 2 年时间，对口帮扶 1 个重点村完成整村推进扶贫开发任务。另外 204 个非重点贫困村则由乡镇工作队帮扶，确保全覆盖。

二、精准扶贫机制

巴东县东镇总面积 108 平方公里，辖 16 个村（原 22 个村）174 个组，总人口 2.6 万人，其中贫困人口 3186 户 10107 人。[1] 东镇包括重点贫困村 5 个，非重点贫困村 11 个。[2] 贫困村指挥部成员包括驻村联系领导、脱贫工作队长、脱贫联络员、脱贫帮扶单位（见表 8-8），其中，脱贫联络员由驻村干部担任，脱贫帮扶单位组成驻村扶贫工作队，也称帮扶工作队。

---

[1] 长江巴东网东镇概况[OL]. 2015-9-5，http://www.cjbd.com.cn/html/2011/bdgk_1107/498557.html.

[2] 谭平. 巴东县 39 个村纳入"整村推进"名单 300 万"起步"[OL]. 2015-3-10. http://hb.ifeng.com/enshi/detail_2015_03/10/3639842_0.shtml.

表 8-8　精准扶贫作战指挥部成员表（以重点贫困村羊村为例）

成员/单位	姓名	职　　务
驻村联系领导	张刚	东镇党委委员 人武部部长
脱贫工作队队长	胡山	东镇农业服务中心
脱贫联络员	宋尧	东镇政府驻村干部
脱贫帮扶单位		县人武部　县水保局　县档案局 县某矿业公司

资料来源：调研图片（表中姓名均为化名）

驻村扶贫工作队由队长、脱贫帮扶单位成员及驻村第一书记构成，主要是帮助贫困户分析致贫原因、了解政策并制定脱贫方案，最终实现脱贫。具体包括，一方面完成扶贫手册的规定内容（贫困户留存一份），包括家庭情况、帮扶责任人信息、帮扶措施三个部分。另一方面，完成纸质档案，交由镇扶贫办录入电子系统。一份档案通常包括对贫困户致贫因素的分析、收入情况调查、脱贫方案等 6 份以上文件。驻村扶贫工作队分为常驻部分和一般帮扶人员，两者的工作要求不同，其中常驻成员包括工作队长、队员以及驻村第一书记。对于驻村工作队的具体要求，巴东县扶贫办李主任介绍说："驻村工作队（常驻）一般一至三人，要求同吃同住同劳动，每天至少一个工作队员在村里上班，每个月一共在村里工作不得少于 20 天。（常驻）工作队员必须与原单位脱钩，贫困村不脱贫，工作队员不得离开。每个工作队队长为代表，单位是后盾，单位里所有人都要为贫困村进行帮扶。帮扶要求每个月电话联系一次帮扶对象，每三个月进村入户一次，每一年都要帮贫困户把所有享受的政策落实。"

东镇雷村计划于 2018 年脱贫，本应该设置驻村工作队常驻，但由于该村是集镇村，所以对驻村工作队成员只要求每个月与贫困户保持联系，及时在扶贫手册上做登记。为了监督帮扶队员的行为，县扶贫办今年 5 月还开发了巴东扶贫 APP，运用电子签到的方式，并将要求提高为一个月至少入户一次。东镇扶贫办王主任介绍了驻村干部的政策规定及大致工作情况："驻村干部由各级帮扶单位选派，要求每名驻村干部驻村时间不得少于一年，在此期间不得更换；每年在村工作时间不少于六个月，每月驻村工作不少于 15 天；驻村工作期间实行属地管理，因特殊情况确需请假，应向所在乡镇履行请假报备手续，且当月所缺勤天数应在下月补齐[①]。除了为贫困村脱贫出谋划策，有的驻村干部还充分

---

① 关于在全县开展干部驻村帮扶贫困村和贫困户工作的实施方案[OL]. 2015-8-26，http://www.cjbd.com.cn/index.php? m=content&c=index&a=show&catid=2680&id=224.

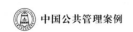

利用自身的社会资源,积极为贫困村'找资金、找资源、谋发展'。这些干部有的负责,有的相当不负责。单位有钱、强势的就能想办法帮村庄找资金,找相关部门商议协调。"

三、精准识别过程

精准扶贫虽然包括"六个精准",但正如东镇扶贫办王主任所言,"精准扶贫的核心主要包括两个:精准识别和精准帮扶。"因此,深入理解巴东县东镇的精准扶贫实践,首先需要了解东镇的精准识别过程——这是精准扶贫可以精准的前提条件。

巴东县首次进行精准识别工作是在2013年。当年通过贫困户自己申请,由村委会组织、村民代表评选,上报了7万贫困户名额,只占巴东县总人口的16.5%,远低于统计局抽样调查估计的贫困县贫困发生率。东镇雷村支部书记感慨道,刚开始并不清楚这项工作的重要性,当时"没有任何条件,没有任何理由,上面就是问你们这个村有没有贫困户,并且给你个数,这个村'应该'要报多少人"。羊村的村干部则对村民在申报过程中主动性不足这一点印象深刻。羊村位于长江之北,劳动力人口只占总人口的1/2,平日村里只有1/3的常住人口,2013年人均年收入甚至低于2300元,是一个老、少、边、库、穷的大山村,名副其实的"贫困村"。但是,当村两委策划申请贫困村的时候,不少村民仍极力反对。羊村张主任回忆道,"他们认为戴上这个帽子丢人……我们当时做了不少工作,才征得了他们的同意。"

之后,巴东县各个乡镇重新进行了精准识别工作,最后上报的贫困人口为17.5万,占总人口的40.2%。在雷村村委看来,当时的贫困户名额都是"按每个村40%的标准分配"。而正是因为这个原因,雷村书记认为精准识别所带来的指标和政治任务给他们这类非贫困村带来了困扰,也削弱了村干部的威信。雷村以柑橘闻名,2013年人均纯收入为4980元,是众所周知的非贫困村。但是分解到雷村的指标为512人,占该村总人口的37%。在村民眼中,最后评出来的512人只有1/5是真贫,精准识别成为一个"幌子"。这时候不少村民开始怀疑村干部,推测存在一些非贫困户为了得到贫困户名额给村干部送礼跑关系的现象,还有部分村民直接跑来质问村干部:"凭什么他有我没有?"针对这一现象,东镇派出所所长补充说:"如果没办法精准,不仅会降低政府威信,而且会激发社会矛盾,以后贫困的问题就是治安问题。"

对于精准偏差带来的负面效应,基层上下都有共识,在县扶贫办李主任看来,随着2015年后扶贫力度的加大,政府对扶贫资金的大量投入使得人们更加关注扶贫资金的分配问题:"习近平总书记在2015年的新年致辞中提出要加大扶贫开发的力度,全国各地扶贫工作开始风起云涌。精准扶贫成了全党全军全国的政治任务,全力以赴要搞好这个脱贫攻坚工作。然后出台了一系列的发展政策,比较著名的就是'五个一批'政策,人民群众感觉到扶贫是有资金的。所以到2015年下半年,全国各地出现了大面积上访,纷纷对贫困人口的精准识别提出质疑,'为什么有他?为什么没有我?'人们开始争贫困户名额。很多村民并不信服当初评出来的贫困户,尤其在非贫困村,基层矛盾被进一步激化。"

在这一背景下,巴东县政府于2015年开展了"回头看"工作。同年12月,湖北省委借鉴贵州经验,倡导"识真贫才能精准扶贫",用"四看识真贫"方法重新进行精准识别。这些方法在巴东县演变成朗朗上口的"五看识别法",即一看房,二看粮,三看有没有读书郎,四看劳动力强不强,五看家里有没有重病患者躺在床。此外,巴东县不仅自发提出"八个率先脱贫",将非贫困户从建档立卡中"请"出来,而且自发开展了扶贫攻坚屋场院子会"八步走"议程,谁最穷、谁真穷、谁不穷,只有身边的人才最清楚,所以就由地方干部,采取分村、分组,分20组左右的自然村落,进行民主评选、民主推荐。全县共召开屋场院子会3811场次,参与农户89631户、129454人,为解决瞄准偏差问题提供良策。以羊村为例,通过13次屋场会,该村根据"五出三进"政策摸排确定"硬伤"和"漏网"对象,"硬伤户"的排查标准包括:①在城镇购置商品房;②家庭拥有价值在5万元以上的家用小汽车;③家里有在党政机关、企事业单位或国企有固定工作和稳定收入的;④私营业主和股东;⑤对群众质疑不能做出合理解释的。凡满足其中一条者将被确定为"硬伤户",剔出扶贫名单。羊村原在册281户、911人,剔除了"五类"硬伤户95户、335人①。村民对屋场院子会评价较高,觉得基本可以反映真实情况。

之后,湖北省人民政府提出了对精准识别回头看的要求。李主任回忆,根据省政府提出的"进出相宜,总量平衡"的政策,"进"需要扶贫工作队员与贫困户填表申请,然后纸质档案逐级上交,国务院扶贫办请了一批大学生,只有他们才能进行修改;"出"需达到"一有两不愁三保障"的标准,必须要"自己申请、村里验收、乡里复查、县里核查、州里抽查、省里复核",还要本人签字,才能宣布脱贫,然后在建档立卡库里面

---

① 羊村内部资料.羊村精准扶贫工作总结,2015-12.

标注他为脱贫。而且更重要的是"总量平衡",要尽量保持与2013年分解的贫困户指标基数相一致。

有些非贫困村重新陷入尴尬的境地。雷村经过屋场院子会评议,只评选出了120人,但为了落实省厅"总量平衡"的指导政策,又折回到需要填报512人的情况。省审计厅也对建档立卡信息人口的真实性产生了质疑,在审查中发现在"总量平衡"的要求下,一些县为了确保贫困人口总体规模不变,将本来不存在,或者虚构出的一部分人员信息作为贫困人员录入到建档立卡贫困人口信息系统。之后,审计厅在审查过程中证实了在建档立卡系统中存在着庞大的错误信息。李主任解释道,错误既可能是由于村干部虚构人员信息,也可能是由于在填写或录入过程中存在失误,身份中的错误就尤为严重。而数量庞大则是因为"在建档立卡系统里面,每一个贫困人口有45个信息点,所以某个县域可出现错误的信息达上亿条,以致审计厅都没有办法列出清单一一追责"。

在这样严峻的挑战下,湖北省扶贫攻坚领导小组联合下文,开展大数据回头看工作。在全省范围内,由省纪委牵头,开展大数据比对核查,即科技防腐。从之前粗糙的定性识别,转变为定量加定性:定性指参照贫困人口负面识别清单"九不纳入",定量则是通过大数据的海量比对,"比如通过现有贫困户的数据对比,如果发现你家里有在城镇或县城买了住房的,就会被作为硬伤踢出来。"李主任说,"巴东县也在开展这项工作,预期7月底完成初查,11月底全部完成。也就是说,2017年年底才能真正意义上完成全省的精准识别工作。"

四、产业扶贫

精准识别工作仅仅是扶贫治理的第一步,针对贫困群体政府如何精准施策,如何摆脱"输血式"扶贫的老路呢? 长期以来,恩施州都是湖北省经济社会发展的落后生,在此轮精准扶贫、精准脱贫课业完成过程中,恩施州将产业发展放在了地方发展战略高度,努力由落后生转变为先进生。在这一思路的引导下,巴东县委县政府相关领导开始倡导并开展"一村一品"帮扶模式。"一村一品"即在每个村确定其优势产业的基础上,依靠政府、企业(合作社)以及农户,构建完整的产业链和区域产业治理体系。巴东县以村为基本单元,围绕烟草、茶叶、畜牧、清洁能源、生态文化旅游、信息和大健康产业等七大产业链,遵循与市场需求相适应、与资源禀赋相匹配,产业发展精准到村,实现贫困村、贫困户产业全覆盖。巴东的产业主要是农业、林业、畜牧业。具体的帮扶政策有两类:一是"粮食直补"政策,到户到人,不单独针对贫困户;二是"奖补"政策,为鼓励贫困户发展特色产业和养殖业,对种植茶叶的贫困户免费提供种苗;对种植柑橘的贫困户提供 300 元/亩的农资补助;对种植核桃、蔬菜、药材的贫困户提供 100 元/亩的农资补助等,对家畜养殖也有相应奖补政策。

东镇根据"发展生产脱贫"的要求,选取了大米、柑橘、茶叶等产业项目,打造了三个典型的"一村一品"村庄。三个村庄的扶贫进程如表 8-9 所示:

表 8-9 东镇三个典型"一村一品"村庄扶贫进程

	羊村	雷村	牛村
基本情况	全村辖 18 个生产小组,共 720 户、2250 人	全村辖 5 个组,480 户,1445 人	全村辖 17 个村民小组、738 户、2684 人
扶贫轨迹	巴东县重点贫困村之一,参与县第一批整村推进 100 万元,2016 年年底宣布脱贫	一般贫困村,有精准扶贫项目 1000 万元,计划 2018 年脱贫	2012 年列为贫困村,参与省"十二五"规划整村推进 100 万元。2015 年脱贫。2016 年申请到农业发展项目 700 万元

(一) 羊村:种植茶叶

羊村的茶叶种植在"精准扶贫"落地前就已经开始发展,只是没有大规模种植经历,2011 年前仅有老茶园 680 亩。但由于茶叶价格高,羊村前任村支书认为这是一条发家致富的道路,毅然选择继续扩大规模。2011 至 2014 年,新发展富硒茶园 500 多亩,并引进了"福建大白茶"茶种。

开展精准扶贫后,国家大力支持产业发展。据村支书介绍,"羊村作为重点贫困村,向县农业局申请免费茶苗,发放给全村村民,有地且有意愿种植的贫困户和非贫困户均可领取。发放标准为每亩 2500 株,对于贫困户的特殊优待就是每亩地奖励 100 元。"但由于茶苗需要种植五六年后才能有第一批收成,遭到不少村民质疑。譬如,某村民的丈母娘就吵着要在茶田里套种油菜。但是这样不利于茶苗生长,村支书只得不厌其烦地劝说。村委会也通过召开现场会、屋场会及微信、QQ 等形式,给大家算收入账,鼓励村民多发展茶叶,相信未来的前景。

另外,在茶园建设方面,羊村争取到了水利局的等水位线项目建设,防止在种植茶苗的时候出现水土流失的问题。从 2009 年至 2016 年底,全村茶叶总面积扩大到 3200 多亩,80% 以上的土地栽上了茶苗,户平 4.5 亩、人平近 1.5 亩,并争取国家扶贫配套资金 3000 万元。目前,羊村已建成为全县茶叶专业村。另外,村里已经计划每 300 亩发展一个茶厂,依"春茶—夏茶—秋茶"三个季节来采摘,春茶的价格最贵,一般都是些芽苗,采摘一天可收入五六百元。

在生产组织方面,羊村成立了一家名为兴盛的茶叶专业合作社。该合作社最初以私人名义成立,成立之初并没有享受到任何政策优惠,目前正在申请优惠政策中。在运营过程中,按照私人分配方式进行。合作社的运转模式就是自己购进机械,请合同工对周边村民的茶叶进行收购、炒制、包装等,再以较高价格卖出。老板娘坦言,他们并没有能力为贫困户提供价格优惠,更没有考虑过给予贫困户利润分配。

(二)雷村:种植柑橘

雷村的柑橘产业已经发展了近 30 年,刚开始时村民普遍对种植柑橘存在误区,"以为海拔高,种橘子不行",据村支书介绍,"以前是零星种植,到了 20 世纪 80 年代就成片连块了。到 90 年代因为品种问题大家丧失兴趣,通过品种改良,收入又提高了。"90 代后期雷村通过种柑橘出现了年收入能达 1 万元的家庭,村民重拾种植柑橘的信心。

因此,早在 2003 年雷村村主任和村支书就决定发展柑橘带领村民致富,"向政府申请了 8 万元买树苗,硬性要求,把村里所有的空白田整体种成柑橘,免费发树苗,一次性新增 500 亩,共 1800 亩种上柑橘,基本形成成片连块的柑橘园"。村支书发现,"老百姓种植柑橘后,万元户越来越多了。大家发现这是一条致富路后,就自发全种柑橘了"。

2014 年县长和镇党委书记到雷村考察时,共同制定出整村规划"生态橘园观光项目"。该项目于同年被批准,并争取到资金 975 万元。据村支书介绍,该项目最主要是基础设施建设,村内的公路全部硬化,采摘园里面的人行道硬化,农户的庭院发展成庭院经济,通过其他的品种树做到四季有果。全村家家户户通上自来水、宽带。目前该项目正处于实施过程中。

据雷村村委会黄委员介绍,2016 年雷村申请一般贫困村,针对贫困户的帮扶政策于 2017 年推行,种植方面的具体政策是在贫困户自愿的原则下,按每亩 16 株的标准发放柑橘苗,这些橘子苗长大需要 6 年的时间,按每亩 200 元的标准发放补贴,补贴以现金或者肥料的形式发放。在观光方面,旅游局会提供固定的客源,保证一定的收入。农林部、人社部会给一定的补贴以及技术扶持。现在,雷村的柑橘已小有名气,黄委员自豪地说:"会在全国进行销售、甚至走向海外,譬如俄罗斯;另外,我们也会在网上销售柑橘,并进行采摘、观光旅游。"

(三) 牛村：生产大米

牛村的大米产业已发展几十年，据村里能人介绍："40年前大家就摸索出了一条道路：将稻谷种植时间推迟一个月，变成一年一熟（一般的稻谷都是一年两熟），大米的口感会非常好。"

在2009年时全村大米种植户仅有315户，共1800亩。后来，村里发现种植大米收入高，开始用合作社的方式鼓励大家种植大米。与羊村的合作社不同，牛村合作社数量较多，其中，牛村大米专业合作社还形成了一定规模。该合作社不仅发展了一家粮油公司，还有一间水稻加工合作社、菜油加工合作社。加入合作社的社员需要签订合同：社员可以不缴纳入社费，并以较低的加工费得到成品、较丰厚的利润卖出稻米，但是要求全部稻米必须交由合作社加工、售卖。

在精准扶贫战略下，合作社开始纳入贫困户，在粮食收购以及加工费用上给予贫困户更多优惠，如稻谷收购价高于市场价0.2元/斤，并为他们提供免费的种子和肥料。谈到合作社吸收贫困户的原因时，负责人解释说，"我们与村委会签订了协议，承诺会吸纳贫困户，另外，在争取粮油合作社以及粮油公司的土地事宜以及相关的经营权时，村里面的干部给予了一定的优惠和支持。"

精准扶贫工作开始以后，2013年至2015年，牛村获得整村推进项目资金100万元，其中，43万用于拓宽主基公路，以便于发展乡村旅游；7万发展核桃，镇政府农业中心免费发苗子，帮助牛村连块发展核桃；10万购买维耕机，提高水稻的收割效率；同时，牛村为建设观光旅游项目大力发展农家乐，贫困户可享受1万元的补贴；针对贫困户还有免费的肥料和种苗。

五、反思脱贫攻坚战

回顾巴东县的精准识别工作，县扶贫办李主任表示，贫困户识别标准由定性走向定性与定量结合，这是一个不断精准的过程。其中，大数据平台为"精准到户"提供了海量的数据信息保障，但问题在于文件数据与实际情况之间存在着不融合。比如按照"五出三进"的标准，公职人员不能参评贫困户，然而在实际生活中，有些公职人员家庭的确处于贫困线以下，不应该被排除在外。因此，基层不得不耗费大量人力物力进行"回头看"工作，以确保精准。对于精准帮扶工作，李主任表示各部门之间的信息沟通尚不成熟，民政部与扶贫办之间的对接工作仍在进行中;其次由于信息更新不及时,基层出现了许多扶贫资金挪用的问题,比如一些原本不应该被评为贫困户的农户使用了扶贫资金,现在基层还需要花精力将这部分资金收回来;此外,县政府始终强调产业扶贫的重要性,并且产业扶贫资金只能由贫困户享受。但是在各村具体实施时,却存在扶贫资金被平均化的现象;而合作社作为产业扶贫的主要参与者,目前在脱贫方面的贡献似乎并不理想,这些都需要相关部门认真研究,进一步探索,然后妥善加以解决……

教学研讨的参考性问题

1. 在巴东扶贫过程中,政策资源发挥了什么样的作用?在扶贫开发中,政府开展了哪些卓有成效的改革?

2. 在公共管理领域,制度和人才对于公共治理相当重要,是达到"善治"的两个关键要素,它们在脱贫攻坚战中发挥了什么作用?

3. 产业扶贫是巴东贫困群众致富的重要途径,从输血式扶贫到造血式扶贫,产业发挥了引领作用,党和政府如何依托产业实现扶贫目标?

案例二:精准识别的政策困惑[*]

2016年7月20日,习近平总书记在宁夏银川市主持召开东西部扶贫协作座谈会并发表重要讲话。习近平强调,西部地区特别是民族地区、边疆地区、革命老区、连片特困地区贫困程度深、扶贫成本高、脱贫难度大,是脱贫攻坚的短板。宁夏作为我国西部民族地区,既是进行全国第一个大规模农业区域性扶贫开发建设重点项目"三西"扶贫开发的首要地区,也是《中国农村扶贫开发纲要(2011—2020年)》中国家确定的14个集中连片特困地区之一的六盘山集中连片特困地区扶贫开发

---

[*] 本案例由北方民族大学管理学院赵宁、石娇、海金龙、马瑞、李渊撰写,北方民族大学管理学院李静老师、海云志副教授对案例分析进行指导,作者对部分资料作了必要的掩饰处理。2017年6月27日—7月15日,作者前往宁夏银川市某社区家园、吴忠市两个村、中卫市某乡打麦水社区进行调研。实地调研得到了相关单位及居民/村民的大力支持,在此谨表谢忱。案例的修改同时得到了清华大学公共管理学院王亚华教授的指导,并由清华大学公共管理学院案例中心张允老师及兼职助理刘贤春修改完成。本案例参加清华大学2017年中国公共政策案例分析大赛,并入选中国公共管理案例库。本案例仅做课堂讨论,不对组织绩效及个人得失作评价。

的主战场。中央如此高规格的会议在宁夏召开,可见中央对扶贫工作尤其对宁夏区精准扶贫工作的重视。时至今日,距离习总书记来银川主持召开扶贫工作会议已经一年多时间,宁夏基层地区执行国家精准扶贫政策取得了怎样的效果呢?

一、难以承受教育之重

来到田晓某家,是7月15日中午,接近吃饭的点,田晓某在外打工不在家,田晓某的妻子由于身体不舒服在炕上躺着,田晓某的女儿正在厨房做饭。厨房传来的饭香和整洁的客厅显示着这是一个勤劳、质朴的家庭。

田晓某,2007年通过异地搬迁来到这里定居。一家有五口人,大儿子在银川阿语学校读阿语课程,小儿子今年在县城读高一,女儿今年刚参加完高考,三个孩子都在上学。但让人意外的是,在知识改变命运的年代,三个上学的孩子就是一家人的希望,但说起孩子的上学情况时,田家媳妇略带骄傲的脸上却泛出明显的愁容。

"供三个孩子上学压力特别大,我们没有文化,出去打工也挣不到几个钱,今年我身体不好,在家养病没有出去打工,孩子的学费都比较贵,还有生活费,每次去县城上学路费也很高。我们通过电视上知道国家在搞精准扶贫,但是村上不给我们家。2014年的时候,我小叔子(老公的兄弟)家盖房子,当时村干部找到我老公和我小叔子,告诉他们说我们这个门户只有一个名额,于是我老公就把名额让给了我小叔子,但是后来我们发现别的门户父子几个都是建档立卡户呢。据说,刚开始定建档立卡户的时候不给低保户建档立卡,可后来公布的建档立卡贫困户名单上也有低保户。我们前面那家低保户就挺可怜,户主老婆是个哑巴,家里好几个孩子,但也没给建档立卡。由于家里学生太多,我们压力比较大,大儿子马上毕业,如果想当翻译还需要很多钱能出国才行。自打知道了建档立卡的名单,我曾让我家掌柜的去向村干部再争取下,但我家掌柜的老实,不肯去要,我就自己去找村干部,村干部告诉我说名单已经定了,如果以后再有名额会优先考虑我们家。现在的社会就这样,闹得厉害的人村上有优惠政策都会给,我们老实人什么也得不到。"

二、低保户的困惑

第一眼见到低保户田彦某,他眼中充满了警惕与迷茫。

田彦某,妻子是哑巴,夫妻两人生育六个女儿,其中一个上初中,三个上小学,还有两个未到学龄。正值宁夏枸杞采摘的季节,每当这个时候村里都有人组织大家到距离村子有一段距离的小洪沟摘枸杞,田彦某的妻子与四个上学的女儿一起跟随采摘大军,准备利用暑期挣点钱补贴家用。

当谈到相关扶贫政策时,田彦某表示,他不知道国家在搞对贫困户的建档立卡工作,村上选贫困户的时候也没向他说过,当时村干部可能组织开过会,但他出去打工了,没有参加过会议。而且由于他们家是低保户,听说当时的政策是有低保的不给建档立卡,所以他们家不是建档立卡贫困户。对于门户中兄弟其他五户都是建档立卡户而他们家不是,他认为:"对于国家的这个政策有的人说好,有的人说不好,如果闹上了,公家的钱贷上了,也要给人家还呢,我们又没有能力还。"原来在田彦某的潜意识里,被建档立卡唯一的好处就是可以贷款,但是贷款终究是要偿还的,所以没被纳入建档立卡贫困户,他觉得无所谓。

但其他低保户不这样认为,35岁的马某说:"因为家里的户口和老人在一起,老人是低保户,所以我们没有被纳入建档立卡贫困户,我觉得这样做并不公平。我们家有人吃低保,说明我们本身就是贫困户,那为什么不给我们建档立卡?我找村上问过,但村干部说这是上边的规定,低保户不给建档立卡,已经享受低保政策了,不能重复享受政策。"51岁的马某军也满腹怨言:"我是低保户,我还有病,每个月光吃药就花费将近1000元,家里两个儿子在外打工,这里移民过来又没有地种,日子真的不好过。我这么困难也不给我建档立卡,找村上的干部问也不管用,人家直接一句话,低保户不给建档立卡,这是上边的规定,就没下文了。但是名单公布后,我发现也有低保户同时被评为建档立卡户的情况。所有评选这些都是村干部们说了算,我们不了解政策,这没办法说。"

三、为还贷发愁

田维某,愁苦的田家媳妇的小叔子,四十多岁,夫妻二人生育了四个女儿之后终于有了一个儿子,木讷的他居然说不出几个孩子的年龄。

关于被评为贫困户的过程,田维某描述说:"之前我们也没有申请过,在定建档立卡户的时候,村上组织我们开了一个会,会上没有投票,只是社员在会上讨论哪个能吃(建档立卡),哪个不能吃(建档立卡)。由于我们家穷,所以被评上了。自从搬迁到这个地方后,我们家什么也没被评上过。"对于开会的时候是不是全体人都去了,他说不清楚。关于低保户不能建档立卡,田维某说:"开会的时候,村民说不能让他们(低保户)回回吃(享受政策),其他人也要享受呢。不过结果公布后,有的吃低保的还是建档立卡了,这个事情我也搞不懂,我猜测实际操作中可能是这样的,比如我们村有四十个名额,公开选出来三十个,剩下的十个名额哪个跟村干部关系好,或者哪个人比较难缠就分给谁,不过我不关心这个,反正给我评上就是了。"对于本家嫂子提到的当时村干部以门户为单位分配名额,他哥哥将名额让给了他,他表示不同意,并提出有的门户就兄弟两人全都建档立卡了。

关于建档立卡后所享受的政策,田维某介绍说,去年差不多这个时候,他们家贷了 4 万元款,贷款下来后盖了羊圈,养了几十只羊,但去年羊的行情不好,所以就赔钱卖掉了,今年又养了六十几只,由于还没有到长膘的季节所以现在还不能卖。由于贷款的期限要到了,他发愁怎么偿还贷款,当时贷款后听说新建牛羊圈棚国家会有 2 万元补助,但这笔补助款一直没有兑付,如果到期了还不上钱的话他可能会把现在养的羊卖了还贷款。

四、不知政策为何物

金某,虽然才三十出头,但已经是三个孩子的父亲了,三女儿得了不长牙的怪病,一直查不出来病因,为了给女儿看病,使得这个并不富裕的家庭更加贫困。见到金某的时候,他正在村支部广场的硬化工地上打零工。

对于被评为建档立卡户的经过,金某表示,他不知道是怎么被选上的,乡镇、村干部也没有到他们家走访过,只是县上安排的帮扶干部到他家填表的时候,他才知道自己是建档立卡贫困户,而且,自从他们家搬到这个社区后就没有享受过什么政策。

当谈到建档立卡后享受到的政策时,金某说他今年办下了 4 万元的贷款,但具体用贷款做什么,他还没有思路,但他同时表示,等贷款下来后就一定有出路,没有出路的话他也不会贷款。

据大部分建档立卡户反映,在建档立卡之初,他们并不清楚相关的政策,也没有提出过申请。村干部通过喇叭通知,或者队长入户通知,他们将户口本拿到村干部家里,村干部登记后就给建档立卡了。另有几户人家表示,村干部到他们家后得知他们不是建档立卡贫困户,第二次来就给了个建档立卡牌子。建档立卡登记表提交上级后,镇政府相关部门并没有挨家挨户下来调研、摸底,区民政局下来核实过,但也不是挨家挨户核实,只是象征性地走了几户。在建档立卡的这几年,贫困户除了享受过贷款政策及帮扶单位逢年过节时送来的米、面、油外,没有享受过其他政策。

五、政策理解,不尽相同

田保某,家中四口人,儿子在银川上技校,女儿初三,今年参加中考,暑期女儿和妻子跟随采摘大军去小洪沟采摘枸杞了。他们这一个门户有三户人,田保某父亲、田保某哥哥、田保某,在以门户为单位建档立卡的时候,他们这个门户分到了两个名额,所以田保某和田保某的哥哥都被评为建档立卡贫困户。

"由于家里两个孩子都上学,所以我们比较穷,加上是回族,社会上有些人有偏见,所以好多时候我们出去打工没有人要我们,我们这个地方没有水没有地,只能是在硒砂瓜种植的时候给别人种瓜、枸杞采摘的时候给人家采摘枸杞挣点钱,没有其他的收入来源。被建档立卡后,大儿子上技校享受了'雨露计划',第一年给发了700元钱,第二年给发了1500元,除此之外就给我们发了660元钱,再没有发过其他的。"田保某介绍说。

对于建档立卡户的扶贫贷款,田保某说:"去年我通过宁夏银行贷了四万元钱,盖羊棚花了两万,又买了些羊,但由于去年羊的行情不太好,所以卖的时候亏了钱,现在马上要还贷款了,我愁得不行。盖棚的时候听说有两万元的补助,但到现在还没有兑现,贷款的时候只给我们一年的期限,这个周期太短了,我们来不及周转开就要还钱,有点不太合理。另外,相对于周围的村子而言,我们村最需要吃这个(确定贫困户并建档立卡的政策),我们村子里一没有水、二没有地,其他村子还有硒砂瓜收入,我们村什么也没有,但是乡上的干部也没有办法,如果名额都给了我们,他们的工作做不下去。我们村在定建档立卡户的时候是以门户定的,相对富裕的门户也要给名额。建档立卡的时候确实存在一些家里条件好的给建档立卡的,那种人极少,一般都是无赖,不给的话就躺在村委会或乡政府不走,谁对那种人也没办法。村干部为了把工作做下去,没办法也要给他们名额,现在的社会对这种人太宽容了。"

对于低保户不能建档立卡的问题,田保某介绍说:"一方面,现在我们村的低保户都是前一任支书评出来的,之前评低保户的时候存在不公正的情况;另一方面,现在低保户享受每年两千元的'双到资金',当时'双到资金'下来的时候乡、村干部发不下去,最后就全部给了村上的低保户,所以如果继续让他们建档立卡享受政策的话,村民们也不同意。当时开会村民们说如果低保户想被纳入建档立卡里面,就把低保让出来。"

田三,回族,家中四口人,一儿一女都在读小学。和其他的建档立卡户一样,在建档立卡前他们不知道有这件事,也没写过申请,在村里开大会的时候,村民将其评选为建档立卡贫困户。建档立卡后,他通过宁夏银行贷了4万元扶贫款,加上自己的一部分积蓄,盖了牛棚,养了两头牛,又开了一个小卖铺,据他自己讲收入还可以。

但是对于贷款的政策,田三也颇有微词。他向银行申请了5万元贷款,一开始银行的人以他家条件不行还不起贷款为由不给贷款,后来经过他多次争取,银行才贷给他4万元。在他看来,正是因为他们家穷他才需要向银行贷款,而且如果贷款多1万元,他就能多用1万元产生利润。事实证明,田三通过4万元贷款确实产生了不错的收益,实现了输血后的自造血。对于贷款的期限,田三表示,"按照政策,金融机构提供贷款的期限是三年以下,但是实际上银行给我们贷款的期限都是一年,这一年的周期太短了,我们根本来不及周转,比如现在为了还贷款我可能需要提前把牛给卖掉,这种情况下我会少赚很多钱。"

对于本村的建档立卡流程,较为清楚的56岁的村队长王某介绍说:"刚开始精准扶贫的时候,村上商量着有低保的就不给建档立卡了,剩下的人,捡着贫困户上报就行,因为都在一个队上,对每个人家庭情况也比较了解,而且村上的名额也比较多,基本上能覆盖所有的非低保村民户。前期也没怎么宣传政策,也没有召开村民大会,我们把人一定就上报给镇上了。镇干部没有下来核实过,但是民政局的下来挑着看了几户。"

46岁的队长马某某也表示:"开始确定建档立卡后,很多人都不知道自己是建档立卡户,等今年牌子一贴好多人才都知道,而且宣传的时候说低保户不给建档立卡,结果有些建档立卡户的确困难,中途就给吃了低保,很多以前因为是低保户没有建档立卡的农户就不同意了,都找来问,但是我们没有管,最后也就没有啥事了。精准扶贫这个政策具体是啥我也说不清楚,反正我们也没有发过宣传材料,就在喇叭上说过要精准扶贫。"

对于建档立卡后享受到的政策,他们均表示建档立卡对家中有学生的有好政策,其他针对老百姓的也没有什么比较好的政策。

六、回头看

吴家沟村建档立卡的30户贫困户要追溯到2010年。2010年吴家沟村评选贫困户,由各村队队长提名,经村两委班子会议研究决定,吴家沟村评选出30户贫困户。2015年精准扶贫建档立卡的时候,这30户贫困户直接被上报为建档立卡贫困户,且一开始这30户贫困户均不知道自己是建档立卡户,直到建档立卡户的相关补贴资金以及帮扶单位过年过节的慰问品发到他们手里的时候,他们才逐渐了解自己是国家精准扶贫的建档立卡户。

2014年,国家实行精准扶贫战略,精准扶贫地区为了争取上级的政策和资金支持,在给国家上报建档立卡贫困户数量时,自治区就报得相对多一些,吴忠市在给自治区上报建档立卡贫困户数量时也上报得多。在建档立卡贫困户指标下来后,吴忠市扶贫办在给吴忠各县市区分配名额之后,给吴忠市本级留下建档立卡名额371户,吴忠市扶贫办将这371户建档立卡名额分配到吴忠国家农业科技园区,其中,吴家沟村分配到30户名额。

2015年10月,吴忠市各级精准扶贫地区开始采集建档立卡贫困户信息,由于上级单位没有给出建档立卡贫困户具体的识别标准,识别界限也不清楚,各级部门也没有吃透精准扶贫政策,吴家沟村直接采集了2010年以来的30户贫困户信息,作为准备建档立卡的贫困户进行了上报。吴忠国家农业科技园区管委会以及吴忠市扶贫办按照吴家沟村上报的人员进行了审批。

2016年3月,各个地方都发现了建档立卡贫困户精准识别的问题,吴忠国家农业科技园区开始做建档立卡精准识别回头看,提出了精准识别的"五看九步法",具体做法是:户申请:农户对照贫困识别标准进行书面申请,说明其贫困状况和致贫原因。组提名:召开村民小组民主评议会,对提出申请的农户进行分析评议提名,表决确定本组内的贫困户名单。入户查:对小组提名的贫困户,驻村工作队、包村领导、包村干部、村组干部入户,对照"五看"指标评价体系,逐项评价打分,根据得分情况确定是否为贫困户,留存档案资料,谁入户、谁签字、谁负责。村评定:召开村民代表大会,表决确定贫困户名单,村委会对贫困户初选名单汇总公示,报吴忠国家农业科技园区管委会复核;帮扶单位和管委会对各村上报的贫困户逐户走访,逐一审核,将结果公示,并上报市扶贫办。市审批:扶贫办将管委会上报的贫困户进行核查。三公示：实行组、村、管委会三级公示，分别对组、村、管委会确定的贫困户名单进行公示。系统管：对识别出来的贫困户，由市扶贫办牵头组织录信息、统一建档立卡，做到户有卡、村有册、管委会有簿、市有电子档案，并录入全国扶贫信息网络系统，实行动态监管。动态调：每年对贫困家庭成员变化情况及时更新。另外，有"八种人"不能建档立卡：一是举家外出一年以上的；二是家族承包耕地全部流转并签订土地流转合同一年以上的；三是家庭成员中有财政供养人员的；四是家庭成员是村组干部的；五是家庭成员购置非生产经营性车辆的；六是家庭成员中有注册经营企业的（包括超市、运输、工程队、各类合作社、家庭农场）；七是在乡镇及以上城市买楼房、营业房或者有经营实体店的；八是农转非的农户。

按照国家扶贫人均可支配收入 3150 元的标准，吴家沟村 30 户建档立卡贫困户人均可支配收入为 4800 元，其中达到脱贫标准的有 27 户 104 人，人均可支配收入均达到 3150 元以上，最高人均可支配收入的一户达到 32000 元。未达到脱贫标准的有 1 户 4 人，其人均可支配收入为 2000 元。根据以上情况，吴家沟村按照组提名、村评议的办法为达到脱贫标准的 27 户 104 人履行了脱贫验收程序，由扶贫工作队全体成员、园区管委会干部、村干部、党员、部分村民对组提名脱贫且人均可支配收入达到脱贫标准的进行了评议。对 2 户农转非的建档立卡贫困户，经向园区管委会协调并请示市扶贫办同意，按照八类人的有关规定予以调出。仅剩 1 户在 2016 年未脱贫。2015 年 10 月至 2016 年 10 月，吴家沟村 30 户建档立卡贫困户仅仅"待了"一年时间，要是从 2016 年 3 月的精准识别回头看算起，更是只"待了"半年时间。

此外，2017 年，按照宁夏回族自治区扶贫办要求，对在本地区居住一年以上、有房有地的非利通区籍户口且在原户籍地没有建档立卡的贫困户进行建档立卡，吴家沟村 2017 年新增建档立卡贫困户 5 户 21 人。在按照"五看九步法"精准识别过程中，直接由组进行提名，然后驻村干部入户核查，采集建档立卡贫困户信息，随后村委会召开会议研究决定建档立卡贫困户人选（按照"五看九步法"要求，需要邀请群众代表参加，但在召开会议时，没有邀请群众代表，参加人员为驻村干部、村两委班子成员、村各组组长），村评定之后没有按照要求进行公示，之后找各贫困户在申请表上签字确认，最后将新增建档立卡贫困户名单上报管委会进行审批。管委会直接按照吴家沟村上报的名单，开会研究批复，没有再次进行入户核查。市扶贫办也是按照管委会上报新增建档立卡贫困户名单进行批复，没有人员入户核查。

虽然有"五看九步法"精准识别方法,但是在执行过程中却存在一些不按照规定程序进行识别的现象,主要原因在于队长对各队家庭十分了解,提名的人员都是各队最贫困的,驻村干部入户核查,基本上能够按照"五看"的标准以及家庭基本情况等判断该户能否建档立卡。园区管委会、市扶贫办由于人员少、工作任务多等原因,没有多余的工作人员再次进行入户核查。这一环节主要是有驻村干部的介入,保证了精准识别的全部是最贫困的人员。

对于低保户是否建档立卡,吴家沟村干部解释说,低保没有统一的标准,而且是按名额进行分配,各个村低保户的水平不一样,所以不适宜把低保户全部纳入建档立卡贫困户里面。

教学研讨的参考性问题

1. 精准识别是当前我国精准扶贫、精准脱贫工作能否取得成效的重要保证,但该政策在具体执行中面临着诸多问题,如何在政策决策和政策实施环节保证政策成效呢?

2. 贫困地区群众如何参与村庄政治,保证扶贫资源的公平分配,避免分配不公问题产生?

3. 扶贫中有诸多政策加持,如何避免政策多门,从而提高政府运作效率?

第三节 案例分析

"案例一:巴东闯出扶贫道路"分析

一、政府作用的发挥

巴东县的扶贫攻坚难度大,322个行政村中,就有118个重点贫困村。在扶贫工程中,政府依托政策优势、资源优势和人力优势等在数年之内实现了贫困人口的稳定脱贫,扶贫资金和支农政策是重要路径支撑。扶贫资金是反贫困的重要资源。从资金来源来看,政府是我国扶贫投资的主要来源,主要由三部分构成:(1)财政扶贫资金,主要包括为资源经济不发达的地区提供的发展资金、"三西"建设专项资金和新增财政扶贫资金;(2)信贷扶贫资金,包括国家贴息贷款、省贴息贷款、老少边穷县贷款和一般贷款;(3)以工代赈资金。① 自1980年以来,中央财政就为贫困地区安排专项发展资金,最早是为"三西"地区下拨农业建设专项补助资金。按照中央要求,地方政府也划拨相应的配套资金,中央财政和省级财政将扶贫开发投入列入财政年度预算,对于贫困地区强化以工代赈和财政转移支付力度。在地方政府为贫困地区增加财政投入之外,扶贫资金的来源也逐步走向多元化。无论是精准扶贫"五个一批"中的"发展生产""易地扶贫""生态补偿""发展教育"还是"社会保障",都需要国家扶贫资金的投入。"发展生产""易地扶贫"强调财政扶贫资金和信贷扶贫资金的综合使用;"发展教育"和"社会保障"更多强调财政扶贫资金的单项投入,"生态补偿"强调使用以工代赈资金。1986年专项扶贫开启,在长时间内政府主要运用财政专项扶贫资金开展专项扶贫。随着2002年统筹城乡区域发展战略的开展和中央强农惠农富农政策的实施,近年来,国家采取了一系列支农惠农强农政策,农业领域投入逐步加大,农业生产条件不断改善。对于农村发展而言,我国从"汲取型国家"转变成"给予型国家",尤其是2004年以来,中央层面连续出台与农业相关的中央一号文件。除了财政支农资金总量稳步加大之外,我国还不断优化农村投资结构,2007年调整了财政支出统计口径,分为支援农村生产支出和各项农业事业费、四项补贴、农村社会事业发展支出与农产品储备费用和利息等支出四方面。② 中央、省、市、县多层级政府和财政部、发改委、农业农村部、水利部等多部门政府共同参与到涉农资金管理中,形成了规范有序的资金项目管理制度。国家政府对于巴东县的农业发展扶持集中在两个方面,一是"粮食直补"政策,到户到人,不单独针对贫困户;二是"奖补"政策,鼓励贫困户发展特色产业和养殖业。21世纪前,中国农业税费较为沉重,乡村用这些税费负担当地的基础设施建设和村庄的日常管理。③ 进入21世纪以来,我国进行农村税费体制改革,旨在降低农民的税费负担,在2006年1月1日正式取消农业税,同时加强对于农业的补贴,包括粮食直补、农资综合补贴、良种补贴和农业机械购置补贴等四项,农业补贴投入不断增加,补贴体系不断完善,为中国粮食安全和农业现代化发展奠定了良好基础。

---

① 陈杰. 我国农村扶贫资金效率的理论与实证研究[D]. 中南大学, 2007.
② 罗东, 矫健. 国家财政支农资金对农民收入影响实证研究[J]. 农业经济问题, 2014, 35(12): 48-53.
③ 黄季焜, 王晓兵, 智华勇等. 粮食直补和农资综合补贴对农业生产的影响[J]. 农业技术经济, 2011(1): 4-12.

扶贫资金投入涉及财政制度的革新，中央政府和地方政府在扶贫中财权和事权的合理划分是题中之义。为了改变财政分权的机构性矛盾，推进中央和地方财政关系的规范化，我国在1994年开展了财政分税体制改革，中央政府的财政掌控能力大大提升，这成为我国"项目治国"的重要基础。通过国家财政的专项转移支付等项目手段，项目制突破了以单位为代表的原有科层体制的束缚，加大了民生工程和公共服务的公共财政投入。[1] 国家涉农资金作为各级政府安排的涉及农口的专项资金，也呈现项目制的趋势，我国的涉农资金和涉农项目庞杂，中央财政安排的涉农资金项目约有上百项，涉及财政部、农业农村部、水利部、发改委、扶贫开发办等20多个相关中央职能部门，地方政府向上争取涉农项目，加大农村建设的财政资金投入。从1997年起，我国的扶贫工作明确了责任、任务、资金和权力"四到省"原则，但县级政府对于专项扶贫资金的使用缺乏自主性和灵活性，县级政府在扶贫开发领域逐步探索"县为单位、整合资金"的做法。2007—2010年，国开办连续4年下发《关于开展"县为单位、整合资金、整村推进、连片开发"试点的通知》。2016年，国务院办公厅印发《关于支持贫困县开展统筹整合使用财政涉农资金试点的意见》，形成"多个渠道引水、一个龙头放水"的扶贫投入新格局，赋予贫困县统筹整合使用财政涉农资金的自主权。2010年，财政部开始积极推进中央农口部门预算专项资金的整合，建立了部内涉农资金整合和统筹联席会议制度，对中央财政支农专项进行了适当整合与归并。[2] 2017年12月，国务院印发《关于探索建立涉农资金统筹整合长效机制的意见》，部署推进涉农资金统筹整合工作，该文件成为当前和今后指导涉农资金统筹整合的纲领性文件。

二、制度与人才的双重发力

制度是保证我国扶贫开发能行稳致远的重要支撑，无论是区域性扶贫开发阶段，还是精准扶贫、精准脱贫阶段，制度设计的科学性推动了中国扶贫工作的高速发展。在社会科学中，制度主义是学界经久不衰的研究范式，从旧制度主义过渡到新制度主义，尽管研究宽度和广度发生了变化，但以制度为核心的研究路径始终不变。扶贫开发工程实施了40多年，在此过程中我国制度体系建设经历了从无到有、从有到

---

[1] 渠敬东. 项目制：一种新的国家治理体制[J]. 中国社会科学, 2012(05): 113-130, 207.
[2] 从静. 财政涉农资金整合的现状与相关政策建议[J]. 经济研究参考, 2015(39): 61-65.

优、从量变到质变的阶段,随着公共治理的转型发展、经济社会的历史变迁和群众诉求的日益多元,救济式扶贫向开发式扶贫迈进。开发式扶贫制度建设中,产业扶贫、教育扶贫、生态扶贫和定点帮扶、对口帮扶等创新性政策不断涌现,摆脱了贫困地区始终处于输血式扶贫的尴尬境地。

　　制度的创新性、多元性和可持续性为贫困群众脱贫致富、迈入小康社会提供了制度空间。从制度创新性来看,扶贫制度并非是一成不变的,扶贫对象、扶贫目标和扶贫大环境的变化,要求党和政府在制度安排中与时俱进、锐意创新。例如生态扶贫,从其历程便可对制度创新性窥一斑而知全豹。十八大前党和政府提倡"经济建设、政治建设、文化建设与社会建设"的总体布局,随着生态环境重要性的强化,十八大后,生态文明建设成为五位一体总体布局的重要一环。基于社会转型发展的需要,中央到地方开始大力倡导生态扶贫,坚持扶贫开发与生态保护并重,在贫困地区实施重大生态工程建设和加大生态补偿力度。从制度多元性来看,党和政府助力贫困群众脱贫致富并非依托单一方式,而是形成了制度合力和打政策组合拳,注重"十个手指弹钢琴"。制度多元性的形成体现在方方面面,包括致贫原因的多元性、脱贫诉求的多元性、帮扶群体的多元性和发展环境的多元性等。以多元主体参与为例,党和政府广泛动员各方力量,构建起政府、社会和市场协同推进的大扶贫格局。近年来,无论是机关事业单位,工商市场企业,还是社会组织机构,都矢志不渝参加到扶贫工作中、发挥各自资源优势,第一书记制度、东西部扶贫协作、万企帮万村和社会组织扶贫等成为扶贫制度史上浓墨重彩的一笔。从制度可持续性来看,实际上,扶贫本身便具有可持续性。2015 年,联合国可持续发展峰会召开,成员国通过 17 个可持续发展目标,消除贫困是其中之一,强调在世界各地消除一切形式的贫困。具体到中国扶贫实践,地方扶贫制度设计立足于当地实践,经得起实践推敲,而中央层面的扶贫制度更是经过多方考量协商和科学论证。改革开放初期实施的产业扶贫、教育扶贫和易地扶贫搬迁,在新时代依旧发挥重要制度保障作用,时至今日,这些制度衍生出多种内容和形式,诸如一村一品和雨露计划等。而十八大以来实施的精准扶贫制度更具可持续性,将资源分配精细至贫困户,在此前贫困地区、贫困县和贫困村的基础上深化发展,而与精准扶贫相配套的第一书记制度、东西部扶贫协作制度等充分发挥了社会多元主体的积极性和创造性。

　　制度是我国扶贫开发工程中的重要保障因素,但制度福利如何落实到贫困群众身上? 这需要人才,即精英力量的参与和贡献。无论是改革开放之初的"三西"扶贫实践,还是十九大报告中重点强调的精准脱贫攻坚战,都有人才力量的高程度参与。尤其是十八大以来的精准扶贫、精准脱贫,对人才队伍建设的重视程度不言而喻。在2015年中共中央和国务院印发的《关于打赢脱贫攻坚战的决定》中,就明确提出要发挥人才支撑作用,"鼓励各类人才扎根贫困地区基层建功立业",而第一书记制度就是这一政策精神的最好注脚。中央政策强调,对贫困村庄要加大驻村帮扶力度,提高县以上机关派出干部比例,不仅仅地方部门参与其中,中央部委优秀干部也被选派成第一书记参与村庄扶贫工作,从而确保每个村庄都有驻村工作队和帮扶责任人。人才力量不仅表现为党政机关优秀人员,还表现为优秀的社会力量。正如《关于打赢脱贫攻坚战的决定》所强调的,需要健全社会力量共同参与,"充分发挥各民主党派、无党派人士在人才和智力扶贫上的优势和作用"。在农村地区,产业发展是保证造血式扶贫的重要支撑。人才团队是农村一二三产业优化发展的坚定支持力量,无论是特色农业发展壮大中依靠的新型经营主体,在农村工业建设发展中提供资金技术支撑的工商企业家,还是为农村第三产业开拓市场的新时代人才,作为精英人才他们为贫困村庄脱贫致富提供了资金、技术和创造力等各方面支持。学界在探讨人才对扶贫成效作用的问题中,不乏消极观点,基于理性行为人的假设,这些学者认为人才群体会产生精英俘获的负面效果,降低群众对扶贫红利的可获得感。需要强调的是,所谓的精英俘获仅仅是局部性的小问题,随着国家监管力量的强化,这个问题能迎刃而解。在新时代,人才的作用不可忽视,脱贫攻坚唯有充分发挥人才的作用才能保证在2020年顺利赢取胜利。

三、如何依托产业实现乡村振兴

产业扶贫是扶贫工作的重中之重,是开发式扶贫的重要手段,国家扶贫资金到了地方要求将半数以上用于产业扶贫。2015年中共中央、国务院印发的《关于打赢脱贫攻坚战的决定》明确指出,要实施"五个一批"工程,包括发展生产、易地搬迁、生态补偿、发展教育和社会保障,其中产业扶贫涉及对象最广、涵盖面最广。改革开放后实施的家庭联产承包责任制极大地调动了农户的生产积极性,然而随着市场经济的发展,小规模农户生产经营的边际生产效率不断降低,难以运用现代农业技术,解决规模效益差和投入能力弱的问题。自20世纪80年代中后期以来,在历经"双层经营""社会化服务体系""适度规模经营"等制度探索之后,农业产业化经营成为又一次重大的农村制度探索创新,这一模式最早起源于山东等沿海地区,经过多年的发展,已经催生了"企业+农户""合作组织+农户""专业批发市场+农户"等多种形式,中西部广大地区已经全面推广农业产业化经营模式。农业产业化经营基于市场导向,以家庭承包经营为基础,依靠龙头企业和其他各类组织带动,将农产品生产、加工、销售等各个环节有机结合起来,成为我国现代化农业建设的重要生产经营方式,是我国农村经济制度改革的又一次重大突破。[①]

党的十九大报告中,习近平总书记提出要实施乡村振兴战略,强调坚持农业农村优先发展,总要求是产业兴旺、生态宜居、乡风文明、治理有效、生活富裕。没有农村脱贫的实现,就没有真正意义上的乡村振兴。如何推动产业规模化经营,实现贫困地区顺利脱贫呢?具体而言,产业扶贫存在两种模式,政府主导和企业主导的产业扶贫模式,对前者而言,政府运用产业扶贫资金的投入扶持贫困地区、贫困人口发展产业,通过项目制形式实现产业发展促进贫困地区贫困人口脱贫。[②] 在政府产业扶持方面,国家落实西部大开发各项产业政策,同时,大型项目、重点工程和新兴产业优先向符合条件的贫困地区安排,强化特色优势产业的政府扶持力度。

除了政府的主导作用之外,企业和合作社的力量对于产业扶贫而言,能够辅助政府行政支配式的扶贫开发方式,强化市场机制的作用。对产业扶贫而言,需要资金、土地资源、人力资源、信息资源的投入。截至 2018 年,中国仍有 3000 多万农村贫困人口分布在广大的贫困地区,成为扶贫攻坚工作最难啃的硬骨头。如何提升扶贫效益?社会各界的普遍共识是,引入市场要素并通过市场机制实现有限扶贫资源的优化配置。农业产业化经营中,构建了政府扶持、龙头企业带动、农民参与、中介组织服务的多方推进的新机制。2014 年 1 月,中共中央办公厅、国务院办公厅印发《关于创新机制扎实推进农村扶贫工作的意见》,明确指出"使市场在资源配置中起决定作用和更好发挥政府作用","构建政府、市场、社会协同推进的大扶贫开发格局"。截至 2015 年年底,全国农业产业化组织总数达 38.6 万个,辐射带动农户 1.26 亿,农户从事产业化经营户均增收达 3380 元。[③] 目前,贫困地区产业扶贫的载体主要

---

① 宋鸿远.中国农村改革三十年[M].北京:中国农业出版社,2008:88.
② 蒋永甫,龚丽华,疏春晓.产业扶贫:在政府行为与市场逻辑之间[J].贵州社会科学,2018(2).
③ 新华网.全国农业产业化组织总数达 38.6 万个[EB/OL].http://www.xinhuanet.com/politics/2016-07-26/c_129177445.htm.

包括农业龙头企业、农民专业合作社和种养大户。农业龙头企业的扶贫方式包括发展优势产业、产业植入和产业转型升级;农民专业合作社通过吸纳贫困户自有资源和资本,开展社会扶贫,通过发展特色产业帮助贫困农户脱贫;种养大户以大户资产作抵押,为有劳动能力的贫困户家庭成员提供就业机会。①

龙头企业作为外来市场性组织能够为村庄发展带来更多就业机会,加快推动农村贫困地区产业脱贫。地方政府在农村贫困地区建立主导产业,通过优惠贷款利率、税收优惠等对企业提供政策,这些企业利用当地的优势资源,吸纳当地贫困人口就业,以此提高贫困户的收入。② 龙头企业为农户提供种养技术、贷款担保等服务,同时利用资金、设备和技术推动农村一二三产业融合发展,扩大农户参与产业融合的机会。目前,近40%的龙头企业为农户提供仓储和物流服务,72%的龙头企业通过为农民提供农产品价格、市场供求和疫病疫情等信息,帮助农户有效规避市场风险。③ 但是,在案例中巴东县产业扶贫过程中,还少有大型龙头企业进驻村庄,县级政府在招商引资领域的工作还有待强化。

村庄内生的农民专业合作社,是帮助贫困户实施产业扶贫和产业脱贫的重要载体。单个农户面对较大规模的市场时,天然处于弱势地位,尤其是对于贫困地区而言,自然条件恶劣,农产品缺乏市场竞争优势,从而催生了农民合作社组织。④ 农民专业合作社是在家庭承包经营基础上,农产品的生产经营者或者农业生产经营服务的提供者、利用者,自愿联合、民主管理的互助性经济组织。20世纪80年代,为适应市场经济发展的需要,中国真正意义上的农民合作社应运而生;2007年《农民专业合作社法》实施,在国家政策层面上承认农民专业合作社的合法性并给予诸多政策优惠。十七届三中全会后,农民专业合作社的地位和作用越来越受到重视,三中全会《决定》着重提到要"按照服务农民、进退自由、权利平等、管理民主的要求,扶持农民专业合作社加快发展,使之成为引领农民参与国内外市场竞争的现代农业经营组织"。多样化、混合型的农业现代化发展模式和经营形态在中国农村将长期存在,作为其重要载体的农民专业合作社也呈现多样性的特点⑤,通过多种发展模式

---

① 刘俊文. 农民专业合作社对贫困农户收入及其稳定性的影响——以山东、贵州两省为例[J]. 中国农村经济,2017(2):44-55.
② 闫东东,付华. 龙头企业参与产业扶贫的进化博弈分析[J]. 农村经济,2015(2):82-85.
③ 全国农业产业化组织总数达38.6万个[EB/OL]. 新华网,http://www.xinhuanet.com/politics/2016-07/26/c_129177445.htm.
④ 马彦丽,林坚. 集体行动的逻辑与农民专业合作社的发展[J]. 经济学家,2006(2):40-45.
⑤ 张晓山. 农民专业合作社的发展趋势探析[J]. 管理世界,2009(5):89-96.

推动中国贫困地区的产业发展。案例中的巴东县东镇牛村,已经发展起多家专业合作社,包括大米专业合作社、水稻加工合作社、菜油加工合作社等等,同时在精准扶贫战略的开展之下,这些专业合作社开始将贫困户纳入进来,形成了"农民专业合作社+贫困户"的发展模式。

"案例二:精准识别的政策困惑"分析

一、何种原因导致精准识别偏差,如何实现精准识别

在精准扶贫工作中,精准识别是基础,案例凸显了识别不精准的问题。习近平总书记2015年在贵州考察时,提出扶贫开发工作"六个精准"的基本要求,即扶贫对象精准、项目安排精准、资金使用精准、措施到户精准、因村派人精准、脱贫成效精准。其中,扶贫对象精准,即精准识别,是排在首位的,对扶贫开发工作具有夯基垒台作用。自20世纪80年代以来,根据政策目标设置和政府资源配置现状,我国扶贫开发工作经历了区域性瞄准、贫困县瞄准、贫困村瞄准和贫困户瞄准等几个阶段。精准识别的目的在于保证扶贫资源能更好作用于贫困户,弱化"涓滴效应"带来的不良影响。从数十年的扶贫实践来看,由于扶贫工作瞄准贫困地区而非贫困户,大部分扶贫资源被投入到贫困地区从而推动地区经济社会发展,进而减少本区域贫困人口,扶贫资源的作用途径并非直接乃是间接。但"涓滴"方式是推动区域脱贫的最好方式吗?实践证明,贫困资源还需直接作用于贫困户,精准扶贫工作具有现实必要性。

尽管国家和地方层面出台了精准识别工作方案,但扶贫工作并未完全依照政策路线实施,瞄准偏差问题依旧存在。之所以会产生精准识别偏差问题,存在诸多原因。比如,一部分学者认为精准识别存在技术困境,体制机制不健全;一部分学者认为"精英俘获"导致扶贫资源被村庄内部精英攫取,贫困户享受扶贫资源的门槛提高;还有学者认为当前村庄内部治理能力弱化,村民参与程度不高,精准识别的民主程度大打折扣。

着眼于政策端,为解决瞄准问题偏差,党和政府部门应从以下方向入手。首先,结合地方实践制定更加科学的精准识别政策。精准识别工作具有一定的技术性,贫困户识别工作并非是单维度问题,应该考虑到多元性和综合性。在当前精准识别工作中,更多是依据经济指标对贫困户开展认定,但实际上贫困户致贫原因千差万别。在未来扶贫治

理中,党和政府需要结合地方性知识,根据具体情况合理认定贫困户身份。其次,党和政府在政策实施环节需要强化监督管理,强化基层干部责任意识,将真正的贫困群体纳入到建档立卡贫困户范畴。尽管当前很多乡镇基层干部抱怨形式主义和一刀切问题,但尚有不少地方面对精准识别工作没有开展深入调研,将工作任务转交给村干部,对过程不管不问。最后,在政策评估环节党和政府应当引入第三方机构,对地方政府的精准识别工作开展科学客观的评估,第三方机构提供调研报告,供上级党和政府了解真实情况,降低政策执行环节的信息不对称程度。

二、贫困群体如何实现有效治理

案例中不同群体因为信息对称性与否受到不同政策待遇,存在扶贫资源分配不公问题,此类问题的产生从深层次解析,则会发现是由于村民的村庄公共事务参政能力不同导致的,进一步来讲,则是由于村庄自治制度的实施过程中存在诸多缺陷,贫困户的知情权、参与权受到严重制约。贫困户如何更好参与村庄自治,能够保证这类群体更好获得贫困政策支持,依托国家力量顺利脱贫。20世纪70年代末80年代初,"新公共管理"运动在全世界范围内掀起,政治家开始思考政府与公众、国家与社会的互动关系。"治理"逐渐替换"统治",政治场域通过"治理"一词更为强调政治参与的民主化。随着改革开放的进程加快,我国政治体制改革进程中也愈发强调民主化,"民主是个好东西"之类的言论进入公众视野。村民自治正是全球政治浪潮下的产物,同时也是中国政治改革的智慧结晶。人民公社时期,我国农村实施"三级所有,队为基础"的管理模式,但是该模式限制了村民的劳动积极性,政治参与能力受到制度限制。1978年之后,人民公社体制逐渐解体,中央—省—市—县—乡镇成为政府层级管理模式,乡镇成为最基层的政府机构。在此趋势下,村民自治则成为国家与农村社会的重要接点,1987年《村民委员会组织法》试行,1998年《村民委员会组织法》正式在全国范围内实施。

经济发展水平是影响公民政治参与度的重要因素,公众政治参与度的提高则可以影响上级政策决策,"上书模式""外压模式"则补充"关门模式""动员模式"[①],政治参与过程中民间的政治诉求能够得到决策者和智囊团的关注,从而保障公众的政治福利。处于经济落后地区、教

---

① 王绍光. 中国公共政策议程设置的模式[J]. 开放时代,2008(2):86-99.

育水平较低的贫困户如何能够保障自身的政治利益？如何在扶贫中实现自上而下和自下而上的政策实践相结合、如何实现国家权力与基层社会在村庄组织界面上的"接点治理"和实现国家与社会的良性互动是当前扶贫治理领域中应当重点思考的问题。[①] 参与式扶贫是对传统自上而下扶贫模式的"扬弃"，贫困人口是核心主体，赋权于民、相信群众、依靠群众。[②] 实际上，参与式扶贫可以充分调动贫困地区群体的自主性和积极性，经济学研究表明，通过赋予贫困群体更多的权利，可以增强可持续发展动力。但是，在宁夏市的精准扶贫政策执行过程中，多数村民并未主动参与到该过程中，只是一种被动式的参与，从而导致建档立卡贫困户被"客体化"和边缘化。驻村干部和村干部包办建档立卡工作，村民的知情权遭到挑战。

对于上级政府摊派的精准扶贫工作，村民并未充分参与其中。贫困不仅仅是收入层面上的经济问题，还是公共治理问题，贫困问题的根源在于制度的贫穷和落后。[③] 扶贫涉及诸多领域，在政治管理和政策领域中，如何让村民参与政治、在政治参与中提高自身的能力、学会通过政治途径和渠道争取合理权益是农村基层民主政治发展路径中需要考量的重要方面。农村治理由于"乡政村治"的政治背景、"差序格局"的社会背景、"政府主导型扶贫"的政策背景呈现内卷化特征[④]，扶贫工作作为一项重要的村庄公共事务，村民的参与程度有限，参与程度的高低在很大程度上取决于村干部是否有意愿召开村民会议、是否让普通村民参与其中。实际上，中央政府已经出台了关于精准识别的操作流程，农户申请、民主评议、公示公告、逐级审核，只是在农村基层实践中容易出现偏差。发展村民自治制度，是党和政府提高农村基层民主的政策途径。

三、如何整合扶贫资源，避免政出多门

中国特色社会主义的重大优势在于制度优势，在制度优势引领下，实现举国一盘棋的可能性大大增加，集中力量办大事可行域的范围得

---

① 谢小芹."接点治理"：贫困研究中的一个新视野——基于广西圆村"第一书记"扶贫制度的基层实践[J]. 公共管理学报，2016(3)：12-22.
② 楚永生.参与式扶贫开发模式的运行机制及绩效分析——以甘肃省麻安村为例[J]. 中国行政管理，2008(11)：48-51.
③ 张成福，王耀武.反贫困与公共治理[J]. 中国行政管理，2008(5)：47-49.
④ 周常春，刘剑锋，石振杰.贫困县农村治理"内卷化"与参与式扶贫关系研究——来自云南扶贫调查的实证[J]. 公共管理学报，2016(1)：81-91.

以扩大。但20世纪,西方学者李侃如在研究中国政治运行时,用"碎片化"来描述有关中国的决策体制,强调不同部门为了各自利益容易各自为政,导致政府运行效率的低下。时至今日,这种情况更多体现为政出多门,导致资源分散,集中力量办大事的难度系数增加。实际上,扶贫工作是一项系统性和复杂性工程,在工作开展过程中,有可能会与其他政策产生冲突。在政策制定和政策执行之间存在断层现象,两者往往不是充分衔接的,政策与政策间的冲突是导致地方政府产生共谋行为、违背中央政策初衷的重要原因。[①] 本案例中,低保制度和扶贫开发在精准识别中产生了诸多冲突,便是政策与政策矛盾丛生的生动体现。当前,政府识别农村家庭中的贫困家庭主要包括2007年和2014年在全国推广实施的低保和建档立卡两项制度。我国早期的农村社会福利内容主要包括社会救灾、救济、五保户供养和扶贫;20世纪80年代后期又增加了农村社会保险;90年代中期起,农村最低保障制度开始建立,成为目前农村社会福利事业中的一项重要内容。2007年,我国已初步建立了农村居民最低生活保障制度,当前全国农村低保对象将近4000万人,农村低保标准为 4301 元/人/年。[②]《中国农村扶贫开发纲要(2011—2020年)》强调,"坚持开发式扶贫方针,实行扶贫开发和农村最低生活保障制度有效衔接"。在本案例中,在中卫市由搬迁组成的纯回族移民村里,全村建档立卡贫困户151户,农村低保130户,说明两项制度侧重于不同的政策目标群体。建档立卡的对象包括农村低保对象和扶贫对象,而低保制度的对象则是无法依靠产业扶持和就业帮助脱贫的家庭,两种制度采取不同的识别程序和识别标准,识别出来的群体既存在重合也有差别。[③] 有研究表明,低保户和建档立卡户的重合度不超过50%。[④] 2015年,习近平总书记在中央扶贫工作会上指出,"目前,贫困人口中完全或部分丧失劳动能力的有两千万至两千五百万人。到2020年难免还有这样的贫困人口,要由社会保障来兜底。这就涉及农村扶贫标准和农村低保标准相衔接的问题。目前,农村扶贫标准由国家统一确定,而农村低保标准则由地方确定,相当多地方两个标准有一定差距。要统筹协调农村扶贫标准和农村低保标准,按照国家扶贫标

---

① 周雪光. 基层政府间的"共谋现象"——一个政府行为的制度逻辑[J]. 社会学研究,2008(6):1-21.
② 农村低保标准确保不低于国家扶贫标准 集中治理"人情保""关系保"[EB/OL].人民网,http://paper.people.com.cn/rmrb/html/2018-04/26/nw.D110000renmrb_20180426_3-13.htm.
③ 朱梦冰. 精准扶贫重在精准识别贫困人口——农村低保政策的瞄准效果分析[J]. 中国社会科学,2017(9):90-112.
④ 北京师范大学中国收入分配研究院.关注农村低保和建档立卡的瞄准性(内部).

准综合确定各地农村低保的最低指导标准,低保标准低的地区要逐步提高到国家扶贫标准,实现'两线合一',发挥低保线兜底作用。"

对我国扶贫而言,如何整合不同资源、提高政府运行效率是巨大挑战。现行行政体制中,针对扶贫工作,我国专门成立了国务院扶贫开发领导小组,作为各部门的议事协调机构,起到了行政资源整合的一定作用。在出台相应扶贫政策前,不同中央部委会举行联席会议制度,共同协商从而达成一致共识。而且,地方政府也在积极整合扶贫资源,发改委、组织部、宣传部、财政部等中央部委每年会借助各种扶贫政策向地方政府下发专项扶贫资金,省市两级也会向县级地方政府提供大量政策支持,资源整合势在必行。从总的形势来看,资源整合成为中央部委和地方政府的共识,通过联席会议和领导小组等制度推动资源整合成为常态化操作手段。

参考文献

[1] 李小云,马洁文,唐丽霞等.关于中国减贫经验国际化的讨论[J].中国农业大学学报(社会科学版),2016,33(5):18-29.

[2] 李棉管.技术难题、政治过程与文化结果——"瞄准偏差"的三种研究视角及其对中国"精准扶贫"的启示[J].社会学研究,2017(1):217-241.

[3] 刘坚.中国农村减贫研究[M].北京:中国财政经济出版社,2009.

[4] 陆汉文,黄承伟.中国精准扶贫发展报告(2016)[M].北京:2016.

[5] 闫坤,刘轶芳.中国特色的反贫困理论与实践研究[M].北京:中国社会科学出版社,2016.

[6] 林闽钢,陶鹏.中国贫困治理三十年回顾与前瞻[J].甘肃行政学院学报,2008(6):51-56.

[7] 向德平,黄承伟.减贫与发展[M].北京:社会科学文献出版社,2016:156.

[8] 都阳,蔡昉.中国农村贫困性质的变化与扶贫战略调整[J].中国农村观察,2005(5):2-9.

[9] 白南生,卢迈.中国农村扶贫开发移民:方法和经验[J].管理世界,2000(3):161-169.

[10] 吕书奇.中国农村扶贫政策及成效研究[D].中国农业科学院,2008.

[11] 刘喜堂.建国60年来我国社会救助发展历程与制度变迁[J].华中师范大学学报(人文社会科学版),2010,49(4):19-26.

[12] 李小云,董强,刘启明等.农村最低生活保障政策实施过程及瞄准分析[J].农业经济问题,2006(11):29-33.

[13] 王绍光.中国公共政策议程设置的模式[J].开放时代,2008(2):86-99.

[14] 谢小芹."接点治理":贫困研究中的一个新视野——基于广西圆村"第一书记"扶贫制度的基层实践[J].公共管理学报,2016(3):12-22.

[15] 楚永生.参与式扶贫开发模式的运行机制及绩效分析——以甘肃省麻安村为例[J].中国行政管理,2008(11):48-51.

[16] 张成福,王耀武.反贫困与公共治理[J].中国行政管理,2008(5):47-49.

[17] 周常春,刘剑锋,石振杰.贫困县农村治理"内卷化"与参与式扶贫关系研究——来自云南扶贫调查的实证[J].公共管理学报,2016(1):81-91.

[18] 毛寿龙.西方公共政策的理论发展之路及其对本土化研究的启示[J].江苏社会科学,2004,2004(1):143-148.

[19] 周雪光.基层政府间的"共谋现象"——一个政府行为的制度逻辑[J].社会学研究,2008(6):1-21.

[20] 朱梦冰.精准扶贫重在精准识别贫困人口——农村低保政策的瞄准效果分析[J].中国社会科学,2017(9):90-112.

[21] 王辉.运动式治理转向长效治理的制度变迁机制研究——以川东T区"活禽禁宰"运动为个例[J].公共管理学报,2018(1).

[22] 贺东航,孔繁斌.公共政策执行的中国经验[J].中国社会科学,2011(5):61-79.

[23] 蔡昉.中国农村改革三十年——制度经济学的分析[J].中国社会科学,2008(6):99-110.

[24] 陈杰.我国农村扶贫资金效率的理论与实证研究[D].中南大学,2007.

[25] 罗东,矫健.国家财政支农资金对农民收入影响实证研究[J].农业经济问题,2014,35(12):48-53.

[26] 黄季焜,王晓兵,智华勇等.粮食直补和农资综合补贴对农业生产的影响[J].农业技术经济,2011(1):4-12.

[27] 渠敬东.项目制:一种新的国家治理体制[J].中国社会科学,2012(05):113-130,207.

[28] 从静.财政涉农资金整合的现状与相关政策建议[J].经济研究参考,2015(39):61-65.

[29] 宋鸿远.中国农村改革三十年[M].北京:中国农业出版社,2008:88.

[30] 蒋永甫,龚丽华,疏春晓.产业扶贫:在政府行为与市场逻辑之间[J].贵州社会科学,2018(2).

[31] 刘俊文.农民专业合作社对贫困农户收入及其稳定性的影响——以山东、贵州两省为例[J].中国农村经济,2017(2):44-55.

[32] 闫东东,付华.龙头企业参与产业扶贫的进化博弈分析[J].农村经济,2015(2):82-85.

[33] 宁家骏."互联网+"行动计划的实施背景、内涵及主要内容[J].电子政务,2015(6):32-38.

[34] 马彦丽,林坚.集体行动的逻辑与农民专业合作社的发展[J].经济学家,2006(2):40-45.

[35] 张晓山.农民专业合作社的发展趋势探析[J].管理世界,2009(5):89-96.
[36] 刘义臣,史冉,孙文博.供给侧改革背景下农村人才的管理创新研究[J].经济问题,2016(8):98-102.
[37] 刘秀梅,田维明.我国农村劳动力转移对经济增长的贡献分析[J].管理世界,2005(1):91-95.
[38] 盛来运.农村劳动力流动的经济影响和效果[J].统计研究,2007(10):15-19.
[39] 崔建平.农村社区党建:农村基层党建的新路径[J].科学社会主义,2012(2):65-67.

第五部分

文 教

教育发展

第一节 改革开放以来中国教育发展综述*

一、改革开放以来我国教育制度的政策发展

教育改革作为中国改革开放的重要组成部分,在 40 多年的发展进程中取得了突出成就。世界银行于 2018 年首次以教育为主题展开讨论:教育是唯一我们可以用来改变世界的武器。[①]不论时代如何变化,中国始终将教育发展放在第一位,实施了以"经济社会发展规划优先安排教育发展""财政资金优先保障教育投入""公共资源优先满足教育和人力资源需求"的教育优先发展战略,以绘制好教育发展的蓝图。尽管教育政策在各个阶段发生变化,但是其追求教育公平和质量这一主旨却未曾发生改变。无论是"努力办好人民满意的教育",还是"促进教育公平,提高教育质量",还是从"上到学"到"上好学"的转变,都体现出了对公平和质量的追求。由于各个阶段具体情况不同,公平与质量谁是第一位、到底是以公平促质量还是以质量促公平等问题成了每个阶段政策变迁的核心特征。其中,义务教育的普及发展以及因高考制度的重新恢复而引发的高等教育变革尤为突出。

(一)义务教育普及的政策发展

1. 义务教育的发展阶段

基础教育是学前教育、小学教育、中学教育的总称。在现阶段,基础

---

* 本节由清华大学公共管理学院曹峰助理教授及清华大学公共管理学院 2018 级博士研究生张阳阳共同撰写。

① World Bank. Learning to Realize Education's Promise.

教育的主体是小学六年、初中三年合计的九年义务教育。① 基础教育是整个教育体系的根本,而义务教育在整个基础教育体系中具有基础性、先导性和全局性作用。邓小平说:"高等院校学生来源于中学,中学生来源于小学,因此要重视中小学教育。"② 阮成武按照发展目标、内涵和方式的不同,将义务教育的发展阶段分为非均衡发展阶段、非均衡发展向均衡发展过渡和均衡发展三个阶段③。经历了40多年的教育改革发展,中国的义务教育实现全面普及,并在迈向均衡发展中实现了巨大飞跃。

(1) 非均衡发展阶段

九年义务教育的普及源于1985年《中共中央关于教育体制改革的决定》,从1978年国务院批准教育部《关于办好一批重点中小学的试行方案》开始到1985年,我国基础教育改革逐步推进。

以1986年的《义务教育法》为开端,普及九年制义务教育的政策在基础教育领域的改革中全面铺开。义务教育从本质上来说是一种免费教育,其到2000年年末才基本在全国范围内普及。在这一阶段中,发展基础教育的责任由中央转移至地方,各地区根据实际情况分批进行,鼓励一部分地区先发展起来,最终实现共同提高。这奠定了该阶段非均衡发展的教育战略。

在推进义务教育普及的政策目标、进度要求与具体措施中都体现出非均衡性。④ 由于义务教育的财政支出全部交由地方政府负责,使得义务教育的普及与地区的经济发展和财政收入直接挂钩,因此,经济发展水平相对较低的地区,其义务教育普及水平也较低,从而形成了经济水平不高—教育经费投入低—人才缺乏—经济发展难以提高的循环路径。

(2) 非均衡发展向均衡发展过渡

虽然教育改革取得了巨大成就,于2000年全国基本实现九年义务教育普及,但是地区之间、城乡之间的教育差距却越发凸显。而2001年《国务院关于基础教育改革与发展的决定》中所制定的"新三片"政策也并未真正解决教育不均衡的根源性问题。这一阶段,农村税费改革的开展使得以县乡为主的义务教育投入难以维系,进城务工人员子女入学问题也逐渐成为教育乃至社会的重要矛盾,对义务教育均衡发展的要求日益紧迫。

---

① 王炳照主编. 中国教育改革30年——基础教育卷[M]. 北京:北京师范大学出版社,2009.
② 邓小平. 关于科技与教育工作的谈话//邓小平文选:第二卷[M]. 北京:人民出版社,1994.
③ 阮成武. 我国义务教育均衡发展政策的演进逻辑与未来走向[J]. 教育研究,2013(7).
④ 同上。

从 2002 年出台《教育部关于加强基础教育办学管理若干问题的通知》开始,党和国家相继出台了 2005 年的《教育部关于进一步推进义务教育均衡发展的若干意见》、2006 年的《义务教育法》、2010 年的《教育部关于贯彻落实科学发展观进一步推动义务教育均衡发展的意见》等,并在这一过程中形成了一系列初步推进义务教育均衡发展的政策。义务教育均衡发展也因此成了基本战略。但由于政策具有较大局限性,该阶段由非均衡发展向均衡发展仅是一个阶段。

(3) 均衡发展阶段

2010 年 7 月,党和国家正式发布的《国家中长期教育改革和发展规划纲要(2010—2020 年)》是中国教育改革的新起点,其提出了"均衡发展是义务教育的战略性任务"。在党的十八大报告中习近平提出要"办好人民满意的教育",实现义务教育的均衡发展。首先,《纲要》从根本上改变了以政府为主导来提供旨在保障全体公民生存和发展基本需求的公共服务,由国务院和地方政府根据职责共同负担,并全面纳入财政保障范围。其次,实现了从"鼓励一部分地区先发展起来"到"达到共同的提高"根本转变,打破城乡二元、区域分化的体制障碍,彰显义务教育的均等性与普惠性。最后,将以资源均衡配置为核心的政府行为,深入学校布局、建设、管理以及具体教育过程中,涵盖各类特殊群体,力求为每位学生提供平等和适合的教育,并落实到公众对义务教育的满意度上。

2. 基础教育发展过程中的政策

(1) 就近入学政策

1980 年 12 月《关于普及小学教育若干问题的决定》中,第一次出现"就近入学"。就近入学政策的直接目的是减轻学生过重的课业负担,而通过减负来提高普及小学的教育质量则是最终目标。[1] 1986 年,就近入学在《义务教育法》中以法律条文的形式出现,标志着这一政策已被上升到法律高度。就近入学政策的实施更多的是为了所有适龄儿童都能够享受平等的受教育机会。

但是,就近入学政策并没有想象中的一帆风顺。由于各地区的教育资源配置不均,教学质量参差不齐,从 20 世纪 80 年代以来,"择校热"就在一些大中城市出现了。择校就是受教育者根据自己的需要选择就读学校接受教育,是与就近入学相对的另一种入学方式。[2] 到了 20 世纪 90 年代,为解决"择校热"的问题,就近入学政策的执行力度继

---

[1] 吴遵民. 基础教育公平论.中国基础教育公平与均衡发展的政策研究[M].上海:上海教育出版社,2014.

[2] 同上。

续加大,甚至出台了"不准招收'择校生',严禁把捐资助学同录取学生挂钩"的规定。进入21世纪后,为解决"择校"问题、乱收费现象等情况,每年教育部都会颁布有关"免试就近入学"的文件。此后,就近入学政策的适用范围逐渐扩大,由21世纪初"小学就近入学、初中相对集中"到2007年"九年义务教育阶段全部实行就近免试入学"。2014年,在《教育部2014年工作要点》公布后,国家开始试行学区制和九年一贯对口招生。在《教育部办公厅关于做好全国青少年校园足球特色学校及试点县(区)遴选工作的通知》中提出要充分考虑单校划片、多校划片的现状,以就近入学为基础。以就近入学为基础的划片入学在本质上是促进教育公平的一种政策,但与之相伴的是"学区房""学区热"的现象,其中在北京、上海等大城市这一现象尤为严重。2016年,中关村二小附近的学区房标价10万元/平方米,北京实验二小周边的胡同小区单价超过30万元/平方米。为遏制"学区房"的现象,各地方政府采取多变的划片政策,例如北京2018年多校划片政策再升级,即以租房地可以直接入学来破解在划片入学政策推进的过程中所出现的"学区房"难题。

就近入学政策与划片入学政策的目的是促进教育公平,为每个人提供公平入学和公平受教育的机会,但是这一对公平的追求却受到了教育质量的限制。由于地区之间的甚至是校际间资源分配的不均衡,师资力量、设施设备、升学率的差异与父母希望孩子接受最优质教育的矛盾,促使了"择校"的大热,从而导致教育资源的更不公平。

(2) 改善薄弱学校政策

改善薄弱学校的政策背景是层层重点学校的建设,由于教学资源向重点学校倾斜,导致出现了一些"薄弱"学校。[①] 改善学校政策是从1986年改善薄弱初中起步的。1992年《国家教育委员会关于搞好城市教育综合改革试点工作的意见》中要求"面向全体学生,全面提高教育质量","对新城区的新建学校或老城区基础条件薄弱的中小学,要在经费投入、师资调配和设备建设等方面给以扶持"。

进入21世纪之后,虽然经历了10多年的改善,但薄弱学校仍然大量存在。为此,党和国家采取了诸多措施,如2004年出台的《教育部、国家发展和改革委员会、财政部关于布置编制"两基"攻坚(2004—2007年)实施规划的通知》中要求中部省份中央专款必须重点投向基础教育薄弱、人均财力低于全省平均财力水平的部分县(含老、少、边、穷等),

---

① 吴遵民.基础教育公平论.中国基础教育公平与均衡发展的政策研究[M].上海:上海教育出版社,2014.

用于改善农村初中和部分小学阶段学校的基本办学条件。2005年《教育部关于进一步推进义务教育均衡发展的若干意见》中,采用资金支持、经费调整、统筹教师资源、全面推进素质教育、落实贫困子女补助政策、完善监测制度等政策,推动薄弱学校改善。随着中国的城市化进程不断加快,城乡差距逐渐加大。2010年以后,改善薄弱学校的政策更倾向于农村学校的建设,包括农村义务教育营养改善、校舍改造等计划。在2013年出台的《教育部、国家发展和改革委员会、财政部关于全面改善贫困地区义务教育薄弱学校基本办学条件的意见》中提出六个方面:保障基本教学条件,改善学校生活设施,办好必要的教学点,妥善解决县镇学校大班额问题,推进农村学校教育信息化,提高教师队伍素质,促进教育质量的提高。在此基础上,2014年为进一步缩小校际差距,建设规范化的教育模式,出台了义务教育学校校长交流轮岗制度。

(3) 进城务工人员随迁子女义务教育政策

中华人民共和国成立以后,为迅速提高工业化的发展水平,以农业反哺工业的方式,获得价格剪刀差,从而将农民"钉"在了土地上。改革开放以后,随着贸易、产量的不断提高,对劳动力的需求也大幅增加。1984年《国务院关于农民进入集镇落户问题的通知》成为"允许农民劳动力流动"的标志。伴随着农民劳动力的大量流入城市,城市化的进程不断加快,农村劳动力向城市转移的速度也在不断加速。20世纪90年代以后,随迁子女的数量越发庞大,随迁子女的入学教育问题成为当时社会的讨论热点,《中国教育报》《光明日报》《科技日报》等多家媒体都相继报道关于随迁子女失学问题。

1996年以前,关于进城务工人员随迁子女义务教育问题一直处于政策空白的阶段,到1996年出台了《城镇流动人口中适龄儿童少年就学办法(试行)》文件后,进城务工人员随迁子女的教育问题才有了正式说法,但政策以"限制"为主,包括需要提供"借读费"等一系列措施。

进入21世纪以后,对随迁子女的教育问题,政策以更平等化的视角开始出台。2004年,《教育部、国家发展和改革委员会、财政部关于在全国义务教育阶段学校推行"一费制"收费办法的意见》明确提出对进城务工就业农民子女接受义务教育的收费与当地学生一视同仁。在此之后,政策逐渐向进城务工人员随迁子女倾斜。保障他们受义务教育权利,对可能存在的失学辍学情况监管,免除学杂费,保证随迁子女可在当地升学等。

(二) 高考制度

自1977年高考制度恢复以来,每一年的高考都牵动着无数人的心。1977年恢复之后的第一年高考参考人数就达570多万。从传统走来的中国人民,始终坚持着知识改变命运的信念,并不断为之艰苦奋斗。高考,全名为普通高等学校招生全国统一考试,是选拔优秀的高中生进入大学学习的门槛性考试,也被认为是中国最公平的全国性考试。40多年来,高考改革在不断地进行,并表现在招生对象、考试时间、考试内容、考试标准化、考场标准化、招生计划、志愿与录取以及考试监督和违规处理①等高考制度的各个方面。在招生对象上,2001年取消了原有对年龄和婚姻状况的限制,为每一个人提供公平的报考机会;为改变由高考制度产生的"应试教育"问题,从1999年开始,三年时间推动"3+X"考试内容的改革,注重考查学生的能力和素质,高考的题目逐渐偏向于应用型和能力型题目,与此同时,考试命题也经历了分散—统一—分散—再统一的变化过程。在考试标准化的过程中,从1989年开始实行主观题和客观题的分卷考试,并逐渐采用网上评卷的方式,以增强评分效果和效率。招生计划由原有的三种招考方式,即国家计划招生、用人单位委托招生和招收少量自费生逐渐转变为招生并轨考试。为了保证高考的公平公正,2005年教育部开始进行"阳光工程"建设,并提出"六公开"(招生政策公开、高校招生资格及有关考生资格公开、招生计划公开、录取信息公开、考生咨询及申诉渠道公开、重大违规事件及处理结果公开)和"六不准"(不准违反国家有关招生规定,不准徇私舞弊、弄虚作假,不准采取任何方式影响、干扰招生工作正常秩序,不准协助、参与任何中介机构或个人组织的非法招生活动,不准索取或接受考生及家长的现金、有价证券,不准以任何理由向考生及家长收取与招生录取挂钩的任何费用)。

但是,尽管高考制度恢复以来一直在不断地改革,仍难以避免被诟病为"应试教育"的直接推动者,增加了学生负担,遏制天性等。由于学生的成绩、升学率等指标与学校的考评有联系,不少高中为了可以获得更高的升学率和学生成绩,在高一学年便开始文理分科,使得学生很早就放弃了文科或理科部分的学习。素质教育演变成为应试教育,一批以培养学生高分的高中由此应运而生,在一些省份,素质教育渐行渐远。

1. 重点高校招生专项计划

高校招生规模不断扩大以后,城乡之间的入学率,尤其是进入优质

---

① 王火生.高考制度改革的道与术——新中国高校招生考试制度改革历程的回顾与思考[J].教育学术月刊,2018(2).

高校的差距逐渐拉大。为了保证高考招生的公平与公正,2012年《关于实施面向贫困地区定向招生专项计划的通知》中决定"十二五"期间,专门安排1万名左右招生计划面向连片困难地区生源招生,当年,连片贫困地区的一本入学率便提高了10%。2013年专项计划招生增加至3万名,2014年增至5万人,2016年在中央和地方的统一调配下,增至6万人。

2. 自主招生制度

为解决高考招生中的"唯分是取"和高考分数"绝对化"的问题,教育部从2003年开始实行自主招生制度,在试点阶段,仅有包括清华、北大在内的22所学校具有5%的自主招生权,至2012年,全国共有90多所高校具有自主招生权。

2014年9月3日,国务院正式印发《关于深化考试招生制度改革的实施意见》,明确改革的总体定位是促进公平、科学选才;改革目标是到2020年基本建立中国特色现代教育考试招生制度,包括改进招生计划分配方式、改革考试形式和内容、改革招生录取机制、改革监督管理机制和启动高考综合改革试点的五大改革任务。改革措施聚焦于公平和科学选才两个方面。在促进公平方面:一是改进招生计划分配方式。针对目前区域间高等教育入学机会差距较大和农村学生上重点高校人数偏少的问题,通过宏观调控和专项计划,进一步提高中西部地区和人口大省高考录取率,增加农村学生上重点高校人数,缩小中西部地区与全国平均录取率的差距,形成保障农村学生上重点高校的长效机制。二是改革招生录取机制。通过大幅减少、严格控制考试加分项目,强化考生资格审查,严格认定程序,确保公开透明和程序公正;进一步规范自主招生,申请的学生必须在参加全国统一高考后,达到相应要求,以接受报考高校的考核;改进录取方式,全面推行高考成绩发布后填报志愿的方式,创造条件逐步取消学校招生录取批次,减少考生填报志愿的盲目性,增加学生和学校的双向选择。三是改革监督管理机制,保障招生考试公平公正。在科学选才方面:一是改革考试形式和内容。完善高中学业水平考试,建立学生综合素质档案,为学生毕业和升学做重要参考;加快推进高职院校分类考试,更加有利于学生选择适合自己的教育;依据高校人才选拔要求和国家课程标准,科学设计命题内容,增强基础性、综合性,着重考查学生独立思考和运用所学知识分析问题、解决问题的能力;改进评分方式,加强评卷管理,完善成绩报告;加强国家教育考试机构、国家题库和外语能力测评体系建设;从2015年起增加使用全国统一命题试卷的省份(截至2016年,已有26个省份使用教育部考试中心命制的全国高考试卷)。这是恢复高考后第一次对考试改革提出全面系统的要求。二是启动高考综合改革试点。积极探索招生录取与高中学习相关联的办法,以增加学生的选择性,分散学生的考试压力,促进学生全面而有个性的发展。按照统筹规划、试点先行、分步实施、有序推进的原则,选择少数条件比较成熟的省(市)开展高考的综合改革试点。①

(三) 高等教育

高等教育的大众化和普及体现出了一个国家的教育发展水平。中华人民共和国成立以后的三次大扩招是在 1958 年、1978 年以及 1999 年。1958 年的高校扩招受到当时"大跃进"的影响,扩招使得高校不堪重负,在 1960 年经济困难时期,扩招难以为继。1978 年的扩招是由于恢复高考后第一年报名人数过多,招生名额远超预计,但在第二年以后很快终止。1999 年,教育部颁布的《面向 21 世纪教育振兴行动计划》中提出到 2010 年,高等教育入学率接近 15%,由此开始了改革开放以来持续时间最长、覆盖范围最大、影响程度最深的高考扩招。

中国的高等教育在追求升学率的同时,教育质量的提高也是重中之重。1998 年 5 月,江泽民在北京大学百年校庆大会上发表建设世界一流大学的讲话,由此开始了"985"工程建设,最初入选"985"工程的学校共 9 所,截至 2013 年末,985 学校共 39 所。在此基础上,面向 21 世纪,国家提出了重点建设 100 所左右的高等学校和一批重点学科、专业使其达到世界一流大学的水平的建设工程,也就是"211"工程。入选 985/211 工程的大学将会获得国家专项经费补助,以帮助大学建设。中国入选 985/211 工程的大学在改革开放以来,获得了突飞猛进的发展,国际排名也大幅提前。在党的十九大报告中,把"建设教育强国"作为"中华民族伟大复兴的基础工程",并将双一流建设作为"优先发展教育事业"的重要内容。"双一流"工程是指"加快一流大学和一流学科建设"。

在 40 多年的发展变革中,高等教育的招生规模不断扩大,从 1990 年高等教育毛入学率为 3.4% 上升为 2016 年的 42.7%。高等教育逐渐向机会均等和公平公正迈进,"一省一校"高水平大学建设、中西部高校基础能力建设工程、面向中西部高校教师学历提升的优惠政策、对口支援西部高校工作、国家农村和贫困地区定向招生专项计划和少数民族

---

① 姜钢.实施意见:我国新一轮高考改革的纲领性文件[J].中国考试,2017(2).

骨干计划,缩小了高等教育在地区、城乡、民族和性别上的差异。①

二、中国教育发展的总体成效

改革开放40多年来,中国在各个方面都取得了惊人的成就。教育改革作为改革开放的一个重要组成部分,在教育质量和公平两个层次都迈开了重要的一步。

1977年,中国社会经历了"文化大革命"的思想禁锢,产业倒退,人才凋敝。在邓小平主持工作之初,就深刻地体会到了这一点。在邓小平的推动下,1977年12月,正式举行了恢复高考制度后的第一届高考。

从1978年到1985年,中国的教育改革始终处于"拨乱反正"的阶段②,力图为之后的改革肃清思想上的障碍。1985年,以《中共中央关于教育体制改革的决定》(简称《决定》)为标志,拉开了教育事业的全面改革。《决定》深刻分析了当时中国的教育事业存在的问题、建设方针和对策措施,为教育改革指明了方向。

(一) 全面普及九年义务教育

1986年4月12日,《中华人民共和国义务教育法》的颁布标志着中国的基础教育走上依法治教的道路。③ 到1998年,全国九年义务教育普及率达到73%,普九验收的县(市、区)达到2242个,9个省市实现全面普及,小学适龄儿童入学率(按各地相应学龄、学制计算)达到98.93%,其中男女童入学率分别是99%和98.86%。到2008年年底,全国实现"两基"验收的县(市、区)累计达到3038个,"两基"人口覆盖率达到99.3%,小学学龄儿童净入学率达到99.54%,其中男女童净入学率分别为99.50%和99.58%。截至2010年年底,全国2856个县(市、区)全部实现"两基",全国"两基"人口覆盖率达到100%。自2010年起,九年义务教育巩固率④代替"两基"普及率成为新的衡量指标。2016年,九年义务教育巩固率为93.4%。在小学教职工、校舍面积等各方面均有很大程度的提高。

---

① 吴愈晓.改革开放四十年来的中国高等教育发展[J].社会发展研究,2018(2).
② 吴德刚.中国教育改革发展研究[M].北京:教育科学出版社,2011.
③ 同上。
④ 九年义务教育巩固率,是指初中毕业班学生数占该年级入小学一年级时学生数的百分比。

(二) 文化水平大幅提高

从中华人民共和国成立开始,中国的扫盲工作就在开展。改革开放以后,扫盲工作取得了更大的突破和进展。1998 年全国扫盲学校结业 320.89 万人,2008 年全国扫盲人口 115.02 万,到 2016 年这一指标降为 33.12 万。在扫盲工作取得巨大进展的同时,整体的文化水平也在不断提高。

1977 年,全国的教育制度因"文化大革命"已经荒废多年,学生不上课,老师不教书,高中生、初中生和小学生无法获得继续接受教育的机会。高等教育也不再发挥其应有职能,而成为普及小学知识的教育。改革开放以后,教育发展虽始终处在基础位置,但随着恢复高考制度、普及九年义务教育、扩大高等教育招生、促进职业教育和成人教育发展等制度的逐步建立,使得我国整体的文化水平大幅提高(见表 9-1)。

表 9-1　2000 年和 2010 年全国人口学历状况　　　　　　单位:人

年份	小学	初中	高中	中专	大专	本科	研究生
2000	441613351	422386607	99073845	39209614	28985486	14150726	883933
2010	357211733	518176222	186646865	—	68610519	45625793	4138585

资料来源:第五次和第六次全国人口普查数据。

(三) 教育公平和教育质量突破巨大

促进教育公平、提高教育质量是中国改革开放以来教育改革和发展过程中始终不变的追求。2003 年全国教育发展统计公报中明确"以努力办好人民满意的教育"为宗旨。2004—2005 年,全国教育的发展方针是"巩固成果,深化改革,提高质量,持续发展"。2008 年 8 月,《国家中长期教育改革和发展规划纲要(2010—2020 年)》(简称《中长期发展规划纲要》)颁布。2009—2015 年,在《中长期发展规划纲要》的指引下,中国的教育改革以促进教育公平为着力点,优化教育结构和提高教育质量。2016 年,在全国教育发展统计公报中,提高教育质量成为新的发力点。无论是在基础教育、高考制度还是高等教育的各个领域,保证每一个人都有参与学习的权利和机会,尤其是阳光下高考始终被认为是全国最公平的考试。在教育质量上,提高校舍质量和健全学校设备设施、教师培训等措施也保证了教学质量和教育素质。

三、未来的教育改革发展方向

对教育公平与质量的追求是教育改革始终不变的主线。教育改革既不能以公平牺牲质量,也不能以质量牺牲公平,要注意到公平与质量是相辅相成的,优质均衡的教育质量是公平的载体,而公平也是追求质量的保证。由于我国在学前教育、基础教育、高等教育发展的程度不一,在每一个层面的教育改革都是具有差异化的,但是其不变的考量是对公共价值的追求,也就是人民都满意的教育。

第二节 典型案例

案例一:如何办人民满意的教育?*

——山西省晋中市义务教育实现均衡发展实践

教育是民族振兴的基石,涉及千家万户,事关人民群众切身利益。2011 年,我国全面实现了"两基"①目标任务,教育事业发展取得了巨大进步,但义务教育发展不均衡也是不争的事实,"上学难""上学贵"等问题仍然存在,老百姓抱怨最多的是教育资源分配不均,呼唤最多的是教育公平。

由"择校"引发的教育不公平问题,逐步成为全社会关注的焦点。2009 年,中国青年报社会调查中心对全国 30 个省、市、区的 2952 名公众进行的问卷调查显示:56.5%的受访者认为当下教育"越来越不公平"。对于如何推进教育改革,促进教育公平,76.6%的受访者将"取消一切可能滋生腐败的政策"列为首选;其次是"取消任何形式的择校费",获得 76.1%的受访者支持;71.5%的受访者也选择了"推行公立中小学跨校轮岗,平衡学校间的师资差距"。②

"择校热""择班热"愈演愈烈。河南大学附中和开封市第十四中学,都是开封市的热门初中,原来每届 8 个班,后来发展到每届 10 个班,2008 年开始每届招到 14 个班,仍然"一坑难求"。与此形成鲜明对比的是,作为相对薄弱学校之一的开封市第十二中学,2009 年开学伊始就非常冷清,一半教室长期空置。再以 2007 年为例,全国初中每班 56

---

* 本案例由清华大学公共管理学院案例中心助理田仲他撰写,案例的写作得到了案例中心主任慕玲、曹峰助理教授的指导。2012 年 9 月 24—25 日,案例中心主任慕玲、曹峰助理教授以及助理田仲他一行三人赴山西省晋中市进行调研,得到了教育部人事司、基础教育一司、晋中市教育局的大力支持,在此谨表谢忱。案例仅用于课堂讨论,不对组织绩效与个人得失作评价。

① 基本普及九年制义务教育和基本扫除青壮年文盲。

② 肖舒楠.公众感受 2009:仅 11.2%的人认为教育公平[OL]. 中国青年报,2009-12-15,http://zqb.cyol.com/content/2009-12/15/content_2982361.htm.

人以上的大班额比例为44.8%,每班66人以上的超大班额比例为19.6%。中部县镇初中学校的问题尤为突出,大班额比例达到61.2%,超大班额比例为32.9%。湖北、海南、河南、安徽、陕西等地县镇初中超大班额比例分别为52.2%、48.3%、42.6%、42.3%和42.1%。①

择校成本让家长不堪重负。2011年5月,广州网友"广州妈妈"一篇题为"小学择校赞助费爆料"的帖子被疯狂跟帖,家长们纷纷晒出自己缴纳的捐资助学费:华侨小学7万元、东川路小学8万元、东风东路小学8万元、番禺市桥中心小学12万元,而华师附小更传出16万元的天价。②

面对"涨声四起"的择校费,不少家长开始在名校周边置业。北京的陈某某夫妇为了让6岁儿子进入海淀区中关村一小,几年前就开始准备,到处求人借钱,东挪西凑,终于趁着房价还没完全涨到高点的时候,在该校招生范围内的小区买了一套小房子。说起买学区房,陈某某丝毫不后悔当初的决定。③

在北京,上"坑班"是突破计算机派位,送孩子进入名校的另一种选择。据21世纪教育研究院估算,多数"坑班"培训费用为每年3万至5万元。但巨额花销并不意味着一定能进入目标学校。2010年,海淀区七大名校对应的"坑班"有106个,按每班50人计算,总人数达5000多,但七大名校从"坑班"点招人数仅560人,成功率仅10%。④

择校成了滋生腐败的温床。国家规定义务教育阶段严禁收取择校费,但一些名校以各种名义收取"择校费",私设"账外账""小金库"逃离监管,不少工作能力很强的模范校长不自觉地卷入了腐败旋涡。2008年,原北京市中关村三小校长王某涉嫌贪污被起诉。庭审中王某承认该校账外资金超过1亿元,而这部分账外资金,几乎全部来自"片外"学生入学缴纳的"赞助费"。⑤

2012年9月,在全国教师工作暨"两基"工作总结表彰大会上,时任国务院总理温家宝深刻指出:"教育公平是社会公平的基石。完成了'两基'攻坚这一历史性任务,我国教育发展站在了新的历史起点上。我们基本解决了'有学上'问题,但更大的挑战是'上好学'。今后要适

---

① 引自国家教育督导报告2008.
② 广东推进义务教育均衡化已5年,家长:"择校费比房价涨得还快"[OL]. http://society.people.com.cn/GB/15511983.html.
③ 拼爹、拼钱、拼重点 择校之战何时休?[OL]. http://news.xinhuanet.com/edu/2011-09/22/c_122074094.htm.
④ 21世纪教育研究院.北京市小升初择校热的治理:路在何方.
⑤ 北京小升初:择校费每年创收15亿 校长自由支配[OL]. http://news.ifeng.com/mainland/detail_2011_09/05/8936110_0.shtml.

应人民群众接受更好教育的新期盼,把教育发展的重点放到提高质量、促进均衡发展上来,加快实现基本教育公共服务均等化,努力办好每一所学校,培养好每一个孩子。这是教育事业发展的需要,也是一个重大的民生问题。"

一、改革迫在眉睫

20世纪90年代以来,全国各地纷纷尝试推进基础教育特别是义务教育均衡发展。辽宁大连、山东威海等地在实现"两基"目标后,率先对本地学校办学条件不均衡的问题进行了有益的探索。21世纪初,四川成都、安徽铜陵、河北邯郸等地加大了义务教育均衡发展的力度,积累了一些经验,其中山西晋中的探索最为典型。

晋中市地处山西省中部,总面积1.64万平方千米,83.3%属于丘陵山区,辖1市、1区、9县及晋中经济开发区,118个乡镇,2749个行政村,总人口327万,农村人均纯收入6912元。① 晋中是晋商文化、大寨精神的发源地,文化底蕴深厚,素有尊师重教、助教兴学的优良传统。中华人民共和国成立以来,晋中的教育发展在山西一直为人所称道,有很多创新的做法和尝试。

近年来,与全国大多数城市一样,晋中市也面临教育发展不均衡这一深层次问题。县城学生涌向示范学校,农村学生涌向城里学校。择校费年年看涨,班额越来越大。一些办学条件较差、师资力量薄弱的初中,学生流失严重,不少甚至濒临倒闭。位于晋中市榆次区的榆次五中是山西省示范初中,占地仅40亩,但学生最多时却达到2600人,每班普遍70人以上,高峰时班容量一度达到120人。而与五中仅1000米远的榆次八中,本应划片就近上学的学生都择校走了,在校学生只有180多名,班容量不足30人。同在榆次区的张庆乡中学,在校生仅300人,校舍是20世纪50年代的瓦房,2009年被鉴定为危房。类似的情况在晋中每个区和县城都有,人们对择校风普遍怨声载道。2003年以来,晋中市每年行风评议,市教育局都排在倒数几名,是老百姓提问最多、指责最多和不满最多的部门。

"不能再这样继续下去了,必须着力调整城乡教育的天平。"2007年上任伊始,晋中市教育局局长鹿建平就决定全面推动当地教育改革。鹿建平1985年毕业后就到晋中市教育局工作,一干就是20多年。从

---

① 晋中市2011年统计数据。

干事做起,在科长、副局长等多个岗位上历练多年,对全市教育工作可谓如数家珍。2007年,晋中市首次拿出20多个政府组成部门的正职领导公开选拔教育局局长。鹿建平凭借扎实的工作积累、务实的作风从多位竞聘选手中脱颖而出,成为晋中市有史以来第一位竞争上岗的教育局局长。

上任第一周,鹿建平就着手设计全市教育发展的规划。教育局领导班子经过多次专题讨论,提出了"一个保证、两个调整、三项改革、四个重点、五个发展"①的全市教育发展总体思路。正当大家为全市教育发展的蓝图日渐清晰而备受鼓舞之时,鹿建平却接二连三地遇到家长上访、校长哭诉,这让他感到改革迫在眉睫,不能只停留在纸面上。

"喂,是鹿局长吗?你这教育局长是怎么当的!"接通电话后,家长就劈头盖脸把鹿建平骂了一通,边骂边哭,"我的孩子在××学校上学,学校把学生分成三六九等,我们孩子的成绩也还不错,但却被分到慢班。我们是下岗职工,没门路,把全部希望都寄托在孩子身上。孩子进慢班后每天放学回家就哭,一家人更是抱头痛哭。我们可以承受社会不公平的待遇,但不能让孩子受这种待遇呀,这太不公平了。我真想拿炸药包把学校给炸了……"听到这番话,鹿建平很受震动,痛心地说:"我们教育上的一个小动作'分快慢班',却给学生和家长带来如此巨大的影响。"

新学期即将开始,一位重点学校校长找到了鹿建平,满脸愁苦地说:"有个强势部门的科长,每年都要给学校递择班条子,可今年一下子送来七十个学生名单,都要求择师。这个'二招办'我们真是得罪不起。除了这张条子我现在手里还握着100多张。现在我每天都在想怎么平衡这些关系,都快把全县的熟人得罪完了。我现在家也不能回,整天躲在宾馆。"

推动义务教育均衡发展是《义务教育法》的要求,也是群众的强烈期盼,可面对这些林林总总的问题,义务教育改革该如何破题?全市教育发展总体思路又该如何推进?鹿建平再次陷入了沉思。

为了解决这些疑问,鹿建平先后多次召开专题会议,邀请方方面面的同志集思广益。在研讨中,大家集中分析了择校热、大班额、强弱校差距大等诸多问题。这些问题从表面上看似乎分散在教育领域不同层面,可实际上彼此之间又存在某种联系。可以说是牵一发而动全身。

---

① "一个保证":保证晋中市教育在全省排前列;"两个调整":调整教育结构、调整学校布局结构。"三项改革":经费保障机制改革、教育人事改革、课程改革。"四个重点":标准化建设、教师队伍建设、城镇学校、寄宿制学校、职业教育的实训基地。"五个发展":均衡发展、协调发展、内涵发展、规范发展、创新发展。

如果逐一解决,某些难点可能还是长期得不到解决,甚至拖成难题。如果采用强制的办法,又会引发新的矛盾和问题。还有左权县、和顺县、榆社县这些贫困县与城区情况不同,是放在全市范围内来统筹,还是以县为主,让它们慢慢发展？如果选择前者,就意味着市里要掏更多的钱,而选择后者,这些贫困县就可能永远落伍。

"要想整体提高教育水平,就必须把每一所高中都办好。晋中市高考质量在全省名列前茅,就是依靠这样一个做法,县区之间绝对不允许争一个教师、一个学生,这么做下来整体效果非常好。延伸到义务均衡教育阶段,也是这样一个思想,就是坚持办好每一所学校。在市委、市政府的支持下,我们从一开始就把教育均衡圈定在全市范围内,强化市级统筹,并且紧紧抓住办学条件、投入、师资、生源、管理这五个因素。只有这样,义务教育均衡发展才能真正迈开步子。"市教育局领导班子经过讨论后确定了整体思路,起草了以"四化、两改、三保证"为核心的推进义务教育均衡发展改革方案。"四化"即学校建设标准化、教师交流制度化、教育管理规范化、教学手段信息化；"两改"即改造薄弱学校、改革高中招生制度；"三保证"即保证贫困生不失学、保证学困生不流失、保证农民工子女和城市学生享受同等待遇。

改革无小事,教育改革更是涉及千家万户。改革方案一出,各方面的压力向教育局袭来。教育系统内部普遍担忧：这样改革会不会影响高中升学率？干部交流面这么大,教师上访怎么办？学校布局调整不好,群众上访怎么办？"教育系统内部的担忧具有很强的传导效应,一旦形成就会反映到社会层面,进而反映到市领导层面,极有可能使整个改革昙花一现。"鹿建平分析说。

为了减少改革推行的阻力,争取领导层面更大的支持,鹿建平分别在晋中市政府常务会议和市委常委会议上,就全市推进义务教育均衡发展的思路,特别是干部教师交流方案进行了专题汇报。"一是法律有规定,2006年9月,新修订的《中华人民共和国义务教育法》强调了义务教育均衡发展的政府责任,明确各级政府要合理配置教育资源,加强对薄弱学校的改造,缩小学校之间的办学差距；二是政策有要求,十七大报告中明确提出'促进义务教育均衡发展',同时教育部也有政策规定；三是百姓有诉求,百姓希望有公平待遇,我们不回应百姓诉求,群众不会满意；四是发达国家有相关经验,比利时等欧洲国家有先进经验可借鉴；五是晋中市也有好的做法,太谷县坚持把每一所学校都办好,县内小学、初中、高中学校实现'三足鼎立',当地百姓基本都不择校。"鹿建平深入浅出的汇报使在场所有人加深了对教育改革的理解,市领导班

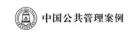

子统一了思想认识,积极支持市教育局即将推动的各项改革。

二、优化整合中小学教育资源

由于丘陵山区的特殊地形,晋中市中小学过去存在布点分散、办学规模偏小等问题。根据2001年《国务院关于基础教育改革与发展的决定》,晋中市在20世纪和21世纪初进行了两轮布局调整。针对布局调整这一敏感问题,市、县教育部门在科学规划的前提下,按照因地制宜、循序渐进、积极稳妥的原则,对教育资源进行了优化整合。在实施过程中,做到了"五个坚持":一是坚持适应城镇化发展趋势,科学规划市城区和县城学校布点,新、改扩建市城区和县城义务教育学校67所;二是坚持办好每一所农村乡镇初中,大力实施初中校舍改造工程,全市118个乡镇都有1~2所标准化初中学校;三是坚持办好寄宿制学校和九年一贯制学校,全市创办了343所标准化寄宿制学校,在人口较少的乡镇建有28所九年一贯制学校;四是坚持保留必要的教学点,在交通不便且群众有就学需求的偏远山区保留了88个教学点;五是坚持把布局结构的优化调整与校安工程结合起来,2009年以来,晋中市把中小学校舍安全工程作为重大的民生工程、造福未来工程和教育重点工程,统筹规划,科学布局,高质量建设,大力度推进,全市三年投资31亿元,新、改扩建学校784所,涉及工程项目1270项,实现了校安工程全覆盖,城乡校舍全部达到标准化要求。目前,包括教学点在内,全市形成了近1000所义务教育学校的合理布局。通过整合教育资源,解决了就近入学和规模办学的矛盾,既满足了群众需求,又提高了办学效益。

"在学校布局结构调整中,有些地方把农村小学全部撤并到乡镇所在地,把初中全部办在县城,形成了'小学办在乡镇,初中办在县城'的格局,这是不科学、不合情、不合理的。中小学布局调整必须把握好度,应该充分听取和尊重群众意见,统筹考虑城乡人口流动和学龄人口变化,全面考虑学生的年龄特点和成长规律,合理确定学校服务半径,尽量缩短学生上下学路途时间,真正处理好提高教育质量和方便学生就近上学的关系,努力满足农村适龄儿童少年就近接受良好义务教育的需求。不能因为布局调整导致学生上学路途变远、交通安全隐患增加,学生家庭经济负担加重等问题。"对于中小学布局调整,鹿建平以及他的团队坚持科学审慎的态度。

晋中市学校布局结构的优化调整,集中了教育资源,改善了办学条件,也为中小学校舍安全工程和学校标准化建设奠定了基础。通过优化中小学教育资源,晋中市的学校布局更加合理,规模更加适当,设施更加标准,功能更加完善,管理更加规范,效益更加明显,校园更加安全,人民更加满意。

三、加强薄弱学校建设

2006年,晋中市提出建设1000所义务教育标准化学校的"千校达标"工程,在市域内开展了"标准化建设系列配套年"活动,由市县政府配套建设资金,市财政每年拨付专项经费2000万元,通过"以奖代补"方式,调动县级财政配套资金,每年搞1~2个重点项目,实施了标准化运动场建设年、图书仪器配备年、寄宿制学校暖气安装年、课桌凳更新年、食堂厕所改造年、音体美器材补充年、农村远程教育工程装备年、教育信息化攻坚年、多媒体班班通建设年等系列活动。市县联手,年年有项目,年年有重点,采取大招标,统一采购,统一配备的办法,既节省了资金,保证了配备标准,又加速了义务教育学校标准化建设的进程。所有县(区、市)都通过了山西省政府"义务教育标准化建设"合格县评估验收。

2008年以来,按照《关于全市中小学校舍安全工程的实施意见》(市政办发〔2008〕96号)要求,晋中市累计投入31亿元用于校舍标准化建设,近五年投入6亿元用于标准化和信息化建设,是晋中有史以来学校建设力度最大、标准最高、质量最好的一个时期。"把学校建成最坚固、最安全、最漂亮、让家长最放心的地方"在晋中变成现实。晋中市"校安工程建设"受到了山西省人民政府的表彰。改革前,左权县麻田中学每年只有几万元改善办学设施经费,受益于城乡学校标准化建设投资,他们得到了一笔2400万元的"巨款"。这些钱将一所破烂不堪的农村中学装备成"到处彰显着现代气息。"的新中学。教学楼、实验楼、综合楼、塑胶操场全是新建的,班班配备了多媒体,图书、仪器等配套设施比城市学校还好。校长柳旭耀乐呵呵地说:"标准化建设一下子把我们学校的建设速度提前了10年!"

四、合理配置师资,创新交流方式

与教育设施均衡相比,师资如何均衡配置,始终是教育改革者最头疼的一个问题。1999年初,晋中市开启第一轮教育人事改革,当时全国还没有省市开展类似改革。在时任市委书记申维辰的大力支持下,晋中教育局主持设计了一系列改革方案。政府出台的《晋中地区中小学人事制度改革方案》等十余个文件,解决了城市教师超编、农村教师缺编、大量使用代课教师的问题。县城、城市1690名教师按照超编分配到了农村,农村4500名代课教师全部裁减,第一轮改革实现了"消肿"。

2004年晋中市推动了第二轮人事改革,根据规定,男55岁、女50岁应提前离岗。这些年来晋中市共离岗5000人,空出编制全部用来补充新教师,解决了20世纪七八十年代遗留的大量雇用民办教师,教师年龄偏大、学历偏低、教学水平偏低等问题。晋中的做法在全国引起了广泛关注,被教育部树为"全国教育人事改革的一面旗帜",2006年教育部在晋中召开了全国中小学人事制度改革现场会。

"择校的实质是择师,教师资源配置不均,势必造成教育发展的失衡。"在鹿建平看来,在办学条件逐渐均衡的情况下,要破解择校难题,关键就在于让教师流动起来。2008年,为推动新一轮教育人事改革,晋中市做了大量前期准备工作,市政府组织教育、财政、人事、编办就教师交流的政策规定进行了多次"会诊",市教育局先后组织召开了30多个调研座谈会,在摸清底数、了解思想动态的前提下,制定了《晋中市中小学教师队伍管理暂行办法》(市政发〔2008〕44号)和《关于推进中小学干部教师交流工作的意见》(市教人字〔2008〕17号),规定义务教育阶段男50周岁、女45周岁以下的教师在同一学校任教满6年以上,应实行定期交流;中小学校长在同一学校任职满6年必须交流;教师交流由县(区、市)教育局组织,每年交流的比例为专任教师数的10%。为了不给教师生活带来太大的困难,还实行城市"一刻钟",农村"半小时"交流圈等交流制度,确保交流教师骑车一刻钟或半小时可以到家。

2008年8月起,晋中市在全市一体化推动校长教师交流。交流刚启动时,来自教育系统内部和社会各界的压力很大。由于长期形成的工作惯性,很多校长习惯于在一个学校待10年、20年,并担心优质教师交流后,学校招生会面临困境,不愿意让教师交流;教师习惯在一个学校教一辈子书,担心交流后会给生活带来不便,有抵触情绪;家长们最担心的则是好老师交流走了,谁对自己孩子的升学负责任。太谷县就出现两次家长围堵县政府大门,要求推迟教师交流工作。社会上,百姓茶余饭后都在讨论教育上要动老师的"铁饭碗"了……

教师、校长能不能进行实质性交流,能不能交流出效果,这些都关系着改革成败。经过市教育局集体讨论,发现教师交流的阻力主要来自校长,要想推进教师交流,必须首先推进校长交流。2008年7月底,各县区教育局根据市教育局的要求,提前一天确定校长交流方案,第二天公布实施,并规定校长逾期不到岗,就地免职。在当时氛围下,所有校长全部按时到岗。2008年全市一次性交流870余名校长。榆次区张庆乡张庆中学校长王玉虎说:"我是第一批交流校长,之前在张庆二中、永康中学当校长,交流是市里的政策,不去也得去。每个学校情况是有差别的,人也恋旧。我原来所在的永康中学是乡里最好的中学,工作特别有成就感,学生整体成绩在全乡名列前茅,教师非常敬业,临近中考的时候,早上6点就争着进教室等学生。到了张庆中学我还是比较快地融入这个团体,2012年我校考到优质高中的学生达到了120人。"

校长交流之后开始推进教师交流。针对改革可能给教师和学校带来的影响,市教育局及时做出了一些调整,在2009年出台了《关于推进全市中小学干部教师交流工作的意见》(市教人字〔2009〕2号),引导教师自主交流。规定凡是教师晋升专业技术职务、评选学科带头人和特级教师,必须有异校交流经历,否则不得参评。同时从2009年开始取消择校费,在全市统一实行绩效工资,教师在不同学校享受相同待遇。2009年起,教师交流不再是一个难题,各个区县、学校积极跟进。

榆次区在具体执行中坚持多元捆绑。一是以5所示范小学为中心,把城区20所小学划分成5个大学区,实行学区内"强弱学校之间对口交流";把城区11所中学分成了5对,实行"校对校捆绑交流"。二是以城区学校为主导者,联合农村学校结对捆绑,定点送教;以示范学校为组织者,推进校本教研联片捆绑,定时开放;以特色学校为领航者,与相关学校专题捆绑,定向示范。四年共交流教育干部和教师1749人,其中市区级骨干教师300多人,占到骨干教师总数的近50%。

榆次五中选派"师德高、荣誉高、教学水平高"的教师进行交流,2008年交流出去的6名教师均为市首席教师、省级学科带头人、省优秀班主任。名师到了薄弱学校,被委以教学改革和传帮带的重任,他们通过做讲座、做示范课、师徒结对、主持教研活动等,将原学校的教育理念、教学方法传授给了交流校的教师。李富变等交流教师被评为晋中市首批首席教师。对交流进来的教师,榆次五中实行"名师共同体"工程,给这些教师铺路子、压担子、找位子,消除他们因学校薄弱而产生的自卑,多位交流教师被评为"学生最喜爱的教师""课堂教学最具魅力的教师"等。

太谷县根据学校办学水平、教育教学质量、教师队伍、教学研究、地理位置等情况,把全县学校划分为一、二、三类,组建了三大初中盟区、三大小学盟区。在盟区内实现城乡教师交流。2011年,太谷县实验小学全国优秀教师智美焰副校长带领4名教师交流到离县城10千米外的水秀乡郭村小学。郭村小学是一所新成立的学校,交流教师的到来破解了当时僵持不下的两村并校风波。通过师徒结队、学课标、通教材、做示范等教研活动,帮助郭村小学的青年教师走上了专业化成长道路。除做好本校工作,交流教师还多次为乡中心校①作示范课、观摩课;给中心校全体人员、乡小学校长做理论报告;建起村民学校,引导村民相夫教子,和睦邻里,孝敬长辈。北郭村被评为全国社会主义新农村建设的典范,在2012年2月接受了国务委员刘延东的视察。交流教师的工作还激发了村干部、村民关心支持教育的热情,村集体投资1000多万元新建了现代化学校;秋季开学,乡亲们主动到校铲草;冬天下雪,到校扫雪、运雪;教师节当天,村长带领村干部列队在郭乡小学门口为教师献花……

从2008年到2010年,晋中市共交流校长、教师8900人,占教师总数的10.8%,中层以上领导840多人,骨干教师1000多人,占交流人数的22.3%。

五、优质高中招生指标到校,薄弱校学生回流

择校问题导致学生向优质学校集中,薄弱校学生不断流失。原教育部部长袁贵仁在上任之初就指出,择校问题是由于学校发展不均衡造成的。虽然晋中市已经通过教师交流、加强硬件投入等方法缩小了学校间差距,但如果高中招生制度不进行调整,"择校热"仍难以从根上解决。从2000年开始,晋中市就尝试改革高中招生办法,先将高中招生名额的5%分配到初中学校,2006年提高到20%,之后以每年10%的递增幅度提高到校比例,2011年保持在80%,到2013年中考时,将把优质高中招生名额的100%合理分配到初中学校。以2012年80%的到校指标②为例,计算方法是,示范普通高中学校招生计划的总名额数,减去20%的择校生计划名额数,再乘以80%,得出的数字即为当年用于初中学校的到校指标。

享受到校指标的学生必须同时具备以下条件:一是在户口服务区内入学建籍;二是初中三年始终在所属学校就读;三是不存在留级休学现象。这就意味着,三年后凡是当初上初一时"择校"的学生,即使中考成绩达到了规定分数线,也不能享受优质高中到校指标,而只能到普通

---

① 水秀乡中心校管辖1乡2镇,共24所小学。
② 晋中市关于2012年示范普通高中招生名额分配到初中学校的指导意见.

高中、职中就读。为了引导学生回流,2010年晋中市还出台了一条特殊政策:已经"择校"的初二、初三学生,如果10月底前返回划片范围内学校,仍可享受到校指标。

"改革是一个对既得利益进行重新分配的过程,包括政府、教育部门、校长。对于权力的分配,我们实行了'一收一放',收了校长的招生权,将之放权于公开、阳光下。"鹿建平总结说。

政策出台后,晋中全市仅13所示范初中就有2308名学生回流到片区内学校,县城学校的平均班容量从70多人降到56人以下。当年9月张庆中学接收回流学生90名,占该校在外借读学生总数的85%;平遥岳壁三中在校学生由170人增加到504人;修文中学回流学生42名;北田镇中学回流学生117名;榆社县河峪中学回流229人,在校学生数回升至384人。① 2010年和2011年秋季招生,大多数农村初中开创了无一名学生外流的历史。

指标的分配并不意味着放松教学质量。为了调动学校的办学积极性,晋中市实行了"绩效分配"办法。80%的指标按照学生实际参加中考人数分配,属于"基础性指标",20%的指标依据对初中学校的综合评估结果进行分配,属于"激励性指标"。综合评估的主要指标是"五率、两看、一倾斜"②,引导整个初中教育从单纯的升学竞争转向办学水平的竞争,由关注少数学生转变为关注每一个学生。

对农村学校的考核,晋中市将"五率"中的"学生保留率"作为关键性考核指标。鹿建平强调说:"农村学校初中生流失率是影响农村社会、整个社会和谐稳定的大事。如果学生流失都管理不好,更谈不到均衡发展。在考核中如果学生流失率超过5%,立即免去校长职务。"2011年因为学生流失严重,晋中市共免去初中校长13人。一位被免职的校长觉得自己特别委屈,打电话向鹿建平求情,鹿局长很严肃地对他说:"减少学生流失是教育发展的底线要求,你让学生流失首先就是违反《义务教育法》规定,作为教育工作者我们有责任、有义务采取措施防止学生辍学;其次你对不起孩子,孩子失学可能毁掉他的一生;再次对不起这个家庭;最后对不起社会。社会不和谐、不稳定就是因为人口素质

---

① 张庆中学位于榆次区张庆乡,是2009年政府投资3300万元新建的一所农村寄宿制初级中学。平遥岳壁三中地处平遥县最南端的丘陵山区,是农村寄宿制初级中学,服务6个行政村1.2万人口。北田镇中学位于榆次区北田村。榆社县河峪中学是全乡唯一的初中校,服务范围覆盖24个行政村,1.3万人。

② 五率:学生初中三年保留率、学生学业成绩合格率、学生综合素质测评合格率、学生实验技能和音体美合格率、学生学业成绩优秀率。两看:学校争先创优情况、学校特色发展情况。一倾斜:指标到校分配向农村薄弱学校适度倾斜。

太低,很大原因就是这些孩子没有接受完义务教育。"听完鹿建平的这番话,校长无话可说。现在晋中市各农村学校都高度重视学生辍学问题,哪怕有一个学生可能流失,教师、校长都要赶到学生家里去做工作,此外还对学习困难的学生进行单独补习。

六、实现阳光编班,从源头避免腐败

优质高中招生指标分配到校,使控制择校不再成为难题,但择班、择师问题却还困扰着教育部门。2009年暑假,即将升入初中的学生家长都收到一封信,信中说,根据晋中市教育局的规定,从今年秋季起,实行"阳光编班"。在太谷、寿阳等5个县试点的基础上,晋中市全面推开这一做法。寿阳县教育局副局长郭七棉说:"'阳光编班'是市里定的'铁'规矩,上面一开始就强调,教育系统的干部和校长谁都不能触犯,谁犯规就动谁的位子!"这样一来,谁也不敢去说情了。

为把均衡编班工作做得更细致,从2012年开始,晋中市设立了统一的阳光编班日,全市统一时间、统一程序进行公开编班。2012年8月28日上午9时,晋中市所属12个县(区、市)在同一时间,运用同样的程序,公开为118所城区学校近4万名学生统一计算机派位。

上午8时30分在晋中市2012年义务教育中小学编班榆次区现场,参会人员陆续入场,其中有各学校校长、教师、学生代表、家长代表、新闻媒体、人大代表、政协委员与纪检监察部门工作人员。9时整,榆次一中编班工作正式开始。计算机软件根据性别、考试成绩、招生人数、所设班数对350名初一新生随机配位,7个初一班级的花名表很快便显示在主席台的屏幕上。工作人员打印出各班花名表,张贴在主席台另一端的公示栏内。7个班主任老师依序走上主席台,在"均衡编班抽签箱"内摸取一颗彩球,彩球上印着的数字就是这位班主任的班级数。编班结果现场打印,分别留纪检部门、学校、榆次区教育局、晋中市教育局和社会公示。整个过程仅持续15分钟。这样的编班程序周而复始、有条不紊地进行着。11时30分,仅用2小时30分,榆次城区内9个中学3880名初一新生编班工作全部完成。

不少家长到现场观看阳光编班后,深有感触地说:"不用找关系,也不用花黑钱,顺顺利利就上了学、编了班,划片就近、阳光招生、均衡编班就是好啊!谁也做不了手脚,真正让我们老百姓得了实惠。"榆次五中一位带过非重点班的班主任,在阳光编班后变得阳光十足,曾给鹿建平打电话:"我非常赞同这样的政策,现在我带的班级也非常优秀,不比某某老师差,是教育均衡阳光编班让我实现了自身价值,树立了为人师的自信。"

七、均衡发展成效明显

改革后晋中市"择校热"大大消退,城市中小学班容量"消肿"到50人,农村中小学起死回生,快慢班、尖子班、重点班销声匿迹……对于市教育局推动的这一系列改革,晋中市各级各部门领导、校长、教师,特别是普通百姓由不理解到逐渐认可,市教育局社会满意度逐年提高。2008年,晋中市教育局在市直80多个部门行评中排名第三,2009年上升为第二,2010年成为第一,2011年度免评。家长们对全市中小学投下了90%以上的满意票。老百姓说,教育均衡带来了教育公平,他们才投信任票的。

1999年及2009年,《中国教育报》用两个整版报道了晋中模式。十余年间,新华社、《人民日报》等全国及山西省内媒体都曾不间断地聚焦晋中教育,中国网还专访晋中市教育局局长鹿建平。教育部、各兄弟省份、全省各市县莅临考察、参观、学习者络绎不绝。

2009年11月,晋中市被教育部授予"全国推进义务教育均衡发展工作先进地区"。2011年,晋中市被国务院确定为"统筹推进义务教育均衡发展"试点地区。2012年9月,晋中市的"两基"工作再次受到国务院的表彰通报。原教育部部长袁贵仁批示:在全国推广山西晋中经验。时任教育部基础教育一司司长的高洪说:"山西省在全国推进义务教育均衡发展中,起了示范作用,特别是形成了晋中模式……我们看到,晋中这个地方没有择校现象,没有义务教育阶段的乱收费,这是一件了不起的事情,是一个很大的政绩。"山西省教育厅厅长李东福表示:"晋中为全省提供了具有推广价值的典型经验。"

面对这些成绩,鹿建平总结说:"推进义务教育均衡发展,虽然遇到不少困难,但最让我们感觉放心的是,这项工作符合科学发展观的要求,符合人才成长的规律、教育发展的规律,更符合社会发展的规律。"

八、义务教育均衡发展在全国实施

义务教育均衡发展已经成为关系到国家发展的重大战略问题。然而,在我国这样幅员辽阔、地区发展不均衡的大国推进教育公平,没有先例可循,是一项十分艰巨的任务,各级政府在国家推进义务教育均衡发展的总体部署下进行着不断的探索与实践。

2005年,教育部印发《关于进一步推进义务教育均衡发展的若干意见》,第一次将"均衡"作为义务教育发展的指导思想和发展方向。2005年,国家教育督导团就把义务教育公共资源均衡配置作为督导评估政府教育工作的主要内容,发布了《国家教育督导报告》。该报告结合国家教育督导团多年专项督导检查情况,以2000年到2004年全国多个县区的年度教育统计资料为基础,通过生均预算内教育事业费、生均预算内公用经费、生均校舍建筑面积等6项指标,对当时全国及省域内城乡间、县际义务教育公共资源配置状况进行了全面分析。结果表明,我国省域内义务教育生均预算内公用经费、生均教学仪器设备值、中级及以上职务教师比例的城乡、县际间差距依然较大,部分省还在扩大。

2006年,新修订的《义务教育法》第一次以国家法律的形式提出义务教育均衡发展的思想。2007年,胡锦涛总书记在党的十七大报告中郑重提出,"促进社会公平正义,努力使全体人民学有所教","促进义务教育均衡发展",这是党的政治报告中第一次提出"义务教育均衡发展"思想。

2010年1月,教育部下发《关于贯彻落实科学发展观进一步推进义务教育均衡发展的意见》,对全国推进义务教育均衡工作进行全面部署,提出到2012年实现义务教育区域内初步均衡,2020年实现区域内基本均衡目标。同年7月《国家中长期教育改革和发展规划纲要(2010—2020)》出台,明确把推动义务教育均衡发展列为教育发展的重要内容,并提出缩小教育发展校际、城乡和区域差距的具体思路和办法。

2011年,根据教育发展规划纲要的要求,教育部制定了义务教育分规划、教师队伍建设分规划,并与有关部门共同启动了义务教育学校标准化建设工程,加大对各地义务教育均衡发展的支持力度。2011年9月,教育部召开义务教育均衡发展改革试点项目推进会,印发了《国家教育体制改革试点项目义务教育均衡发展专家指导方案》。截至2012年9月,按照因地制宜、一省一案的工作方针,教育部分别与各省、市、区及新疆生产建设兵团签署义务教育均衡发展备忘录,构建了中央部门和地方政府协同推进义务教育均衡发展机制。根据教育部与各地签署的备忘录,到2015年,我国实现基本均衡的县(市、区)比例达到65%;到2020年,实现基本均衡的县(市、区)比例达到95%。

2012年,国务院印发《国务院关于深入推进义务教育均衡发展的意见》,全面部署义务教育均衡发展工作,要求坚持落实各级政府责任,加强省级政府统筹,强化以县为主管理;坚持把均衡配置教育资源作为重点,多措并举,统筹兼顾,办好每一所学校。同年,教育部印发《县域义务教育均衡发展督导评估暂行办法》(教督〔2012〕3号),开始准备义务教育发展基本均衡县(市、区)的评估认定工作,确定以生均教学及辅助用房面积、生均体育运动场馆面积、生均教学仪器设备值等8项指标,对县域内义务教育校际均衡状况进行评估;从入学机会、保障机制、教师队伍、质量与管理四个方面对县级人民政府推进义务教育均衡发展工作进行评估,同时将公众对本县义务教育均衡发展的满意度作为评估认定的重要参考。

近年来各地都把推进义务教育均衡发展工作提上重要议事日程,因地制宜地对本地推进义务教育均衡发展进行部署。河北确定了全省推进义务教育均衡发展的阶段性目标和长远规划,到2012年年底,全省所有县实现县域内义务教育阶段学校在办学条件、师资配备等方面初步均衡。湖北启动义务教育均衡发展行动计划,以县域为单位实施学校标准化建设、教师队伍建设等工程。天津市建立全市统一的义务教育学校现代化的办学标准,2010年已有一半学校通过达标验收,到2012年年底每一所学校都达到市政府确定的现代化办学标准。上海对郊区农村相对薄弱学校委托中心城区的品牌中小学进行管理。辽宁建设了1000所农村九年一贯制标准化寄宿制学校,覆盖了每个乡镇。各地将区域内教师支教、教师交流等政策制度化,引导教师向农村学校、薄弱学校流动。福建组织县域内教师在城镇学校和农村学校之间合理流动。浙江、江苏、河南、四川、重庆、贵州、宁夏、新疆、内蒙古等地以减轻学生过重课业负担为突破口,科学安排作息时间,努力确保学生睡眠时间和体育锻炼时间。山东省构建起"政府主导、规范管理、课程带动、评价引领、督导保障"的素质教育运行模式。

许多地方还把义务教育均衡发展作为对县级人民政府教育工作督导评估的重要内容。重庆将义务教育标准化完成率作为考核区县党政班子实绩的重要指标。北京、辽宁、陕西、河南、江苏、四川、广西等地建立了义务教育均衡发展表彰奖励制度……

教学研讨的参考性问题

1. 分析义务教育阶段"不均衡"的突出表现、原因及其影响。
2. 晋中义务教育均衡发展改革的主要阻力、应对举措有哪些?

3. 晋中市解决义务教育均衡发展难题最关键的因素是什么?

4. 义务教育均衡发展的评估指标体系应如何设计和实施?

案例二:中国高考制度*

新中国成立后的高考存废

1949年,中华人民共和国成立,华夏大地上的诸多领域都发生了翻天覆地的变化。高等院校的招生制度也一直在进行变革:1949年高等学校沿袭过去单独招生的方式;1950年同一地区高校联合招生;1951年在全国大行政区范围内统一招生。①

新中国的高考制度始于1952年。1952年6月12日,教育部发布关于全国高等学校暑期招收新生的规定,首次明确规定高等学校招生实行全国统一招生考试。至此,废除科举制度后一直实行的高校自主招生政策彻底宣告结束。②

从1952年到1966年,高校招生实行全国统一命题、一次考试、分批录取的办法。招生工作的原则是阶级路线和政治与学业兼顾,生源主要是应届高中毕业生和其他具有高中文化程度的人。③

1966—1976年的高考和高等教育

1966年之后,通过高考选拔人才的教育模式被定性为"培养了资产阶级的接班人"。由此,废止高考,将大学转变为"培养社会主义的接班人"的政治运动就开始了。从1966年6月开始,高等教育部连续发通

---

* 本案例由清华大学公共管理学院案例中心兼职助理范芳超编写,案例中心张允老师作部分补充和修改,案例的写作得到了清华大学公共管理学院于安教授、案例中心慕玲主任的指导。案例仅用于课堂讨论,不对政府绩效得失作评价。

① 高考年轮:回顾中国高考制度走过的风雨百年[EB/OL].新华网,2007-06-11,http://www.edu.cn/edu/cooperate/huo_dong/dxhd/gaokao30/huigu/200706/t20070611_237346.shtml.

② 同上。

③ 1977年邓小平拍板调用印《毛选》的纸张印试卷[N].扬州晚报,2016-06-07,https://3g.china.com/act/news/11025807/20160607/22825593.html.

知,高等院校停止招生,暂停研究生招生工作和选拔派遣留学生工作。①中国高考制度即被取消。

1968年7月21日,《人民日报》发表了一篇题为"从上海机床厂看培养工程技术人员的道路"的调查报告和毛泽东主席的批示,其中提到:"大学还是要办的,我这里主要说的是理工科大学还要办,但学制要缩短。教育要革命,要无产阶级政治挂帅,走上海机床厂从工人中培养技术人员的道路,要从有实践经验的工人、农民中间选拔学生到学校学几年之后,又回到生产实践中去。"②

由此,1971年高等学校逐步举办试办班,恢复招生。招收的新生初中毕业即可,只"选拔具有二年以上实践经验的优秀工农兵入学",不招收应届毕业生,取消文化考试,实行"自愿报名、群众推荐、领导批准、学校复审"的办法。③

"工农兵大学生"就是该非常时期的产物。著名的"白卷英雄"张铁生就是一位明星式的"工农兵大学生"。④ 工农兵当中,只有少数人获得推荐成为大学生。工农兵被推荐到大学,最主要的目的并不是学习,而是"上大学、管大学、用毛泽东思想改造大学",简称"上、管、改"。而在"不让一个阶级兄弟掉队"的指导思想下,所有教学都得照顾班上最差的同学,而推荐学员的最低文化要求仅仅是初小文化,也就是刚刚达到脱盲水平,许多大学为此不得不"大学变小学"。⑤

高中毕业生不能通过高考进入大学学习又应该到什么地方去呢?1968年12月22日,《人民日报》发表的毛主席指示,指出知识青年到农村去接受贫下中农的再教育很有必要⑥,要说服城里干部和其他人把自己初中、高中、大学毕业的子女送到乡下去。至此,长达10年之久的城市知识青年"上山下乡"运动在全国展开了,数以千万计的城市初中高中毕业生到农村去成为农民,失去了接受高等教育的权利。

---

① 高考恢复始末[J/OL]. 新世纪周刊,2007-12-10,http://finance.cctv.com/special/C20209/20071210/107722.shtml.
② 1968年7月21日 毛泽东对《从上海机床厂看培养工程技术人员的道路》的调查报告作批示[EB/OL].人民网,2011-07-21,http://www.scio.gov.cn/wszt/wz/Document/961772/961772.htm.
③ 高考年轮:回顾中国高考制度走过的风雨百年[EB/OL].新华网,2007-06-11,http://www.edu.cn/edu/cooperate/huo_dong/dxhd/gaokao30/huigu/200706/t20070611_237346.shtml.
④ 同上。
⑤ 高考恢复始末[J/OL]. 新世纪周刊,2007-12-10. http://finance.cctv.com/special/C20209/20071210/107722.shtml.
⑥ 1968年12月22日 毛泽东号召知识青年上山下乡[N].中华网新闻,https://news.china.com/history/today/1222/index.html.

取消高考制度产生的社会影响

在1970年,只有不到1%的中国人受过高等教育,而大学的录取名额在中国许多地方不到适龄青年千分之一。同时,本科学制从四年缩短到三年。① 世界人口最多、急需各种人才的中国十年间没有对人才的培养和高等教育,给日后中国的现代化建设带来了无法挽回的巨大损失。

这一阶段中高等教育的"十六字"方针,即"自愿报名,基层推荐,领导批准,学校复审",在执行中实质就变成了四个字"领导批准"。② 由于上大学不用通过考试,造成了大规模的弄虚作假情况。

一些数据表明,1977年中国在世界领域的竞争中,比历史上的许多时刻大大退步了。在明朝鼎盛时期,有学者估计中国的国民生产总值占据了世界的1/5。在辛亥革命的时候,中国的国民生产总值为世界的4%,而1977年,拥有世界1/5人口的中国,国民生产总值仅为世界的2%。③ 中国在很多领域的研究远远落后于世界,直接显示的是多年人才断档的后果。

恢复高考制度的决策困境和决策过程

1976年10月,百业待兴。人才匮乏已成为实现四个现代化的最大制约因素。粉碎"四人帮"以后,高等教育面临的问题成堆,旧有的规章制度被打破,新的制度又没建立起来,人们都感到一切无所适从。

1977年6月29日至7月15日,教育部在太原召开高校招生工作座谈会,但由于教育部当时的主要领导人受"两个凡是"("凡是毛主席作出的决策,我们都坚决维护,凡是毛主席的指示,我们都始终不渝地遵循")的束缚,并没有突破"四人帮"定下的条条框框,继续维持推荐上大学的办法,到会多数同志非常灰心,甚至严重不满。④

1977年8月4日,刚刚复出的邓小平在北京亲自主持召开了科学

---

① 1970年6月27日 中国各高校首次招收工农兵学员[N].新浪历史,2011-06-16,http://history.sina.com.cn/today/2011-06-16/1449287668.shtml.

② 推到"十六字"方针 77年高考是怎样恢复的[N]. 南方周末,2007-02-04.https://gaokao.chsi.com.cn/gkxx/ss/200702/20070204/771571.html.

③ 高考恢复始末[J/OL]. 新世纪周刊,2007-12-10, http://finance.cctv.com/special/C20209/20071210/107722.shtml.

④ 1977年,再开高考大门[N]. 中国网,2007-05-29,http://edu.china.com.cn/txt/2007-05/29/content_8316748_2.htm.

和教育工作座谈会,邀请30多位著名科学家和教育工作者参加。这是他恢复工作后主持召开的第一个会议。

这次会议从科学院系统和教育部所属大学各挑选15名科学家参加。参加会议的科学院系统的科学家有钱三强、张文裕、王大珩、柳大纲、林兰英、彭恒武、邹承鲁等;教育系统有周培源、张光斗、杨石先、苏步青、唐敖庆、史绍熙等。此外,方毅副总理,科学院负责人李昌等,教育部部长刘西尧、副部长雍文涛等也参加了座谈会。①

会议开始时,大家发言都很谨慎,但随后气氛的热烈也使讨论越来越激烈。清华大学一位老师谈到教育质量时说:"清华现在招收的新生文化素质太差,许多人只有小学水平,补习了8个月就学大学的课程,读了3年就毕业了,根本没有什么真才实学。"邓小平听了此发言,当即不满意地说:"那就应当叫清华中学、清华小学,还叫什么大学!"②

武汉大学副教授查全性力陈已持续7年的"推荐录取"招生方式的四大弊端,请求改变当时的大学招生办法,建议尽快恢复高考。查全性教授强烈呼吁,招生是保证大学质量的第一关。当前新生质量没有保证,其原因之一是中小学的质量不高,二是招生制度有问题。不是没有合格人才可以招收,而是现行招生制度招不到合格的人才。③ 闻此,与会科学家抑制不住心头的激动,都情绪激昂地讲出自己心里憋了多年的话。大家一致建议国务院下大决心,对现行招生制度立刻进行改革。

当时,教育部以"来不及改变"为由,维持推荐上大学的办法,并将方案上报了中央。各地也正按照会议精神,准备当年的招生工作。邓小平问道:"今年是不是来不及改了?"大家回答,今年改还来得及,最多晚一点。邓小平说:"既然大家要求,那就改过来。"④

邓小平当即下令要求教育部把上报中央的报告"追回来",并一锤定音地说:"今年就要下决心恢复从高中毕业生中直接招考学生,不要再搞群众推荐。从高中直接招生,我看可能是早出人才、早出成果的一个好办法。"话音未落,掌声雷动,经久不息。

1977年8月13日,根据邓小平的指示,教育部召开了第二次全国高等学校招生工作会议。一年之内开两次招生工作会,是前所未有的;

---

① 1977年,再开高考大门[N].中国网,2007-05-29,http://edu.china.com.cn/txt/2007-05/29/content_8316748_2.htm.
② 同上.
③ 副教授痛陈招生四大弊 邓小平拍板恢复高考[EB/OL].搜狐网,2017-06-08,https://www.sohu.com/a/147011986_557768.
④ 高考恢复始末[J/OL].新世纪周刊,2007-12-10,http://finance.cctv.com/special/C20209/20071210/107722.shtml.

它是中华人民共和国成立以来时间最长的一次马拉松式会议：从 8 月 13 日开到 9 月 25 日，历时 45 天。① 由于"左"的思想还束缚着许多人的头脑，因此，会议争论十分激烈，高考招生制度改革也陷入徘徊状态。

当时争论的主要问题有：②

1. 毛主席在"七二一指示"中说"要从有实践经验的工人农民中间选拔学生"，现在是否可以像以前一样招收应届高中毕业生？

2. 考试被说成"刘少奇修正主义路线、智育第一、分数挂帅、对贫下中农专政"，现在是否可以恢复考试？

3. 政治审查中如何克服唯成分论的影响，贯彻主要看本人政治表现的政策？

4. 招生中贯彻阶级路线与择优录取的关系是什么？

5. "推荐上大学"的招生办法，是写入 1971 年在全国第一次教育工作会上通过的《纪要》，毛主席圈阅"同意"，并以"中共中央文件"下发全国的，所以，尽管大部分与会代表都不支持《纪要》，但没人敢站出来打破这块坚冰。

对于上述问题，主持会议的原教育部主要领导人总也不表态，致使会期一延再延，无法继续进展。

终于，邓小平发了脾气，他警告教育部"要争取主动""不要成为阻力"。③ 9 月 19 日，邓小平同教育部主要负责人进行了关于"教育战线拨乱反正问题"的重要谈话，解除了此前一直禁锢着教育战线的"两个估计"（17 年教育战线基本上是黑线专政，教师基本上是资产阶级知识分子）桎梏，使招生工作会议得以深入下去。④

9 月 19 日邓小平在同教育部负责同志谈话时说："1971 年全教会时，周恩来同志处境困难。1972 年，他和一位美籍中国物理学家谈话时，讲要从应届高中毕业生中直接招收大学生。在当时的情况下，提出这个问题是很勇敢的。""为什么要直接招生呢？道理很简单，就是不能

---

① 揭 1977 年恢复高考：20 分钟邓小平一言拍板，重开关闭 11 年的高考大门［EB/OL］.搜狐教育，2014-08-18，https://learning.sohu.com/20140818/n403551882.shtml.

② 邓公复出力倡高考［EB/OL］. 大众网，2007-05-25，http://www.dzwww.com/xinwen/xinwenzhuanti/gkjy/xw/200705/t20070527_2187226.htm.

③ 邓公复出力倡高考［EB/OL］. 大众网，2007-05-25，http://www.dzwww.com/xinwen/xinwenzhuanti/gkjy/xw/200705/t20070527_2187226.htm.

④ 恢复高考：1977 年冬，一个国家和时代的拐点［EB/OL］.新华网，http://m.123.com.cn/baidu/522-10274315.html.

中断学习的连续性。十八岁到二十岁正是学习的最好时期。"①

对于决定"推荐上大学"的文件《纪要》，邓小平说："《纪要》是姚文元、张春桥定稿的。""九一九谈话"给了参加招生工作会议的同志以极大鼓舞，一扫代表们心头的阴霾，许多人连夜打电话、拍电报或写信，把邓小平的谈话精神传到四面八方。邓小平在关键时刻的谈话成为重要分水岭。此后，招生工作会议的整个氛围为之一变。②

"九一九谈话"后不久，9月25日，历时45天的1977年全国第二次高校招生会议结束，高考招生办法也由此得以确定。具体包括：（1）劳动知识青年和应届高中毕业生都可以报名；（2）具有高中毕业的文化程度才可以报名，而且必须通过大学入学考试；（3）政治审查主要看本人表现，破除唯"成分论"；（4）德、智、体全面考核，择优录取。③

随后，邓小平对教育部起草的招生文件亲自进行修改和审定。他认为文件中的政治审查条件太烦琐，其中一段全部被他划掉，又重新起草了一段。邓小平说："政审，主要看本人的政治表现。政治历史清楚，热爱社会主义，热爱劳动，遵守纪律，决心为革命学习，有这几条，就可以了。总之，招生主要抓两条：第一是本人表现好，第二是择优录取。"④

经邓小平亲自修改的政审条件，几乎使所有人都获得了平等参与高考的权利。1977年10月12日，国务院批转了教育部制定的《关于1977年高等学校招生工作的意见》和《关于高等学校招收研究生的意见》两个文件，宣布当年立即恢复高考。文件规定，废除推荐制度，恢复文化考试，采用"自愿报名，地市初选，统一考试，省、市、自治区批准"的方式，择优选拔人才上大学。

按照这两个《意见》文件，招生对象为：凡是工人、农民、上山下乡和回乡知识青年、复员军人、干部和应届高中毕业生，年龄20岁左右，不超过25周岁，未婚。对实践经验比较丰富，并钻研出成绩或确有专长

---

① 1977年邓小平关于恢复高考的讲话和批示选载（3）[EB/OL].中国共产党新闻，http://cpc.people.com.cn/GB/64162/64172/85037/85039/6155883.html.

② 邓小平主持恢复高考改变了我的人生轨迹[N].中国青年报，2004-08-12，http://zqb.cyol.com/content/2004-08/12/content_927580.htm? from=groupmessage.

③ 中国高考变迁历史：1949—2020年，考生录取人数翻了800倍[EB/OL].新浪网，2020-06-03，http://k.sina.com.cn/article_3186800297_bdf2b6a900100rpxd.html? cre=tianyi&mod=pcpager_news&loc=9&r=9&rfunc=100&tj=none&tr=9.

④ 邓公复出力倡高考[EB/OL].大众网，2007-05-25，http://www.dzwww.com/xinwen/xinwenzhuanti/gkjy/xw/200705/t20070527_2187226.htm.

的,年龄可放宽到30周岁,婚否不限。① 由此,中国关闭了10年的高考大门终于打开。

1977年恢复高考

喜讯传来,举国振奋。历经岁月蹉跎的有志青年像是黑夜里突然看见了火光,他们热血沸腾,希望再起,不少人一时泪流满面,痛哭失声!

"报名!我要报名!"恢复高考的消息激起了石破天惊的反响,也给在逆境中跌跌撞撞的知识青年们带来了新的希望。一时间,教育部、各省市的招生办公室里堆满了成麻袋的信件。全国人民尤其是1966年以来被严重耽误了前程的几代青年,得到了高度鼓舞,他们要找回他们失落在运动、农场、田野、工厂和军营的青春与梦想,踊跃到所在地区或单位报名,要求参加在这十年中早应参加的高考。②

1977年12月,570万考生走进了期盼多年的考场。1978年夏天,又有590万考生参加考试,两季考生共有1160万人,这恐怕是迄今为止世界考试史上人数最多、规模最大的一次考试。参考人员有工人、农民、战士,有上山下乡和回乡的知识青年、应届高中毕业生,也有机关、学校青年工作人员等。由于当时报名参加考试的人数大大超过预想,一时竟然拿不出足够的纸来印刷试卷。最后,中共中央决定,紧急调用印刷《毛泽东选集》第五卷的纸张,才使这一问题得以解决。③

据统计,1978年冬夏两季,共录取了40.1万多名大学生,这只是参考人数的1/29,④录取率仅3.45%。

1977年,中国科技大学成立少年班,招收了21名少年大学生。

作为恢复高考后的第一批大学生,1977届、1978届的学生异常用功,倍加珍惜时光。他们如饥似渴地读书,从早到晚,从课内到课外,从图书馆到书店。他们的刻苦精神、民族情结以及忧国忧民的情怀,成为了那个时代大学生特有的气质。

林世良老教授说,1977届、1978届的学生是他一生见过的最刻苦

---

① 恢复高考:1977年冬,一个国家和时代的拐点[EB/OL].新华网,http://m.123.com.cn/baidu/522-10274315.html.

② 同上。

③ 同上。

④ 冬天里的一把火[EB/OL].参考网,2018-05-14,http://www.fx361.com/page/2018/0514/5117024.shtml.

最努力的学生,多年来求学无门的他们,是怀着振兴中华的决心来奋斗的。①

恢复高考制度的影响和意义

当年邓小平做出的决策,其意义早已超出高考本身。他让一代代中国人明白:教育不仅能够改变一个人的命运,还能改变一个国家的命运、一个民族的命运。教育是一个民族最根本的事业。教育是未来,是希望。②

1977年恢复高考意味着制度理性的回归,是1966年以后中国高等教育、整个教育系统走向新秩序的开始,同时也是国家日后一系列重大变革和历史转向的开端,国家开始恢复正常的秩序,一切纳入规范化。

高考制度通过公平公正公开的选拔,按照才能和学习能力给予个人以接受高等教育的机会,为国家选拔了真正的人才,使中国的人才培养重新走上健康的轨道。

恢复高考更在全社会重新树立起了尊重知识、尊重人才的观念,顺应了社会公众对人才观念的认同,重建了价值体系和观念,恢复了知识的价值、知识分子的地位。从此,广大青少年一扫"知识无用"的阴霾,转变了中国自1949年以来对人才不重视的局面,努力学习,奋发向上。1977年的高考被誉为"向文化科学进军的壮举",带来了良好的读书风气。高考成为实践"科技是第一生产力"的重大措施,成为落实中央"科教兴国"战略的重大举措。

恢复高考,不只是简单恢复了一个入学考试,更是社会公平与公正的重建,高考为广大青年享受高等教育提供了公平竞争的机会,实现了考试分数基础上大学入学权利分配的公平,为社会公平、公正树立了一种风气,树立了一个榜样。中国人又迎来了通过公平竞争改变个人命运的时代。

高考制度开辟了一个合理的人才流动通道,为社会各阶层向上流动建立了最公平公正的秩序。恢复高考,同时恢复了社会流动的渠道,这是社会稳定发展的基石。农民的孩子,通过大学,可以进城;工人的孩子,通过大学,可以成为知识分子……根据恩格斯的观点,一种社会制度,受血族关系支配越浓重,就越落后,相反,社会各阶层之间相互流

---

① 中国恢复高考今年满三十年 大中专录取3600万人[EB/OL].搜狐新闻,2007-06-05,http://news.sohu.com/20070605/n250410159.shtml.
② 1977年邓小平拍板调用印《毛选》的纸张印试卷[N].扬州晚报,2016-06-07.

动,才能促使社会进步。

1977年冬,那是千万人命运的转折点,也是一个国家和时代的拐点。

恢复高考后的成果

40多年来,通过高考,高等学校培养了1.2亿多毕业生①,他们成了我国知识分子队伍的主力。特别是1977年、1978年考入大学的学生,他们中的许多人已经成为社会的中流砥柱。他们不仅迅速填补了"文化大革命"给中国带来的人才断层,成为各领域的领军人物,在共和国建设、在改革开放推进中发挥巨大作用,而且刻苦学习、顽强拼搏、奋发向上,成为了一个时代的精神楷模,中国改革开放后的稳定快速发展,高考制度的恢复可说是居功至伟。②

恢复高考,为新中国培养了最具拼搏奋斗精神的人才。如果没有这群人,很难想象,中国改革开放及各项事业该如何展开,如何演进。③

高考制度现存的问题

如今,关于高考留下了一串串变革的足迹:1978年夏,高考改为夏季进行。1983年,教育部正式提出"定向招生,定向分配",规定在中央部门或国防科工委系统所属的某些院校,按一定比例实行面向农村或农场、油田等艰苦行业定向招生。1985年,教育部规定:可以从参加统一高考的考生中招收少数国家计划外的自费生。一向由国家"统包"的招生制度,变成了不收费的国家计划招生和收费的国家调节招生同时并存的"双轨制"。1997年,全国所有高校基本完成招生并轨和学生缴费上学改革。1999年,高校开始扩招,全国高校招生人数从上一年度的108万人变为153.7万人。目前,全国高校在校人数达2000多万,规模居世界第一。2000年,上海率先打破了高考全国统一命题的传统。2001年,高考考生年龄和婚姻限制被取消。2003年,实施了20多年的

---

① 数据来源:2012—2019年全国教育事业发展情况[EB/OL]. 中华人民共和国教育部官网, http://www.moe.gov.cn/jyb_sjzl/s5990/;中国统计摘要委员会.《中国统计摘要2020》——中国历年毕业生数(1978—2019)874万!2020届高校毕业生人数再创历史新高[N]. 人民日报,2020-05-12, https://baijiahao.baidu.com/s?id=1666473062535125426&wfr=spider&for=pc.

② 1977年:恢复的不仅仅是高考[EB/OL]. 搜狐新闻,2007-06-05, http://news.sohu.com/20070605/n250409449.shtml.

③ 同上。

7月高考时间提前一个月,高考从此告别酷暑。至2012年,自主命题的省市增加到16个……①

不可否认,作为一种考试形式,高考制度必然会有种种弊病,如片面追求升学率、应试教育、中小学生学习负担过重、压抑学生的个性和创新精神、区域招生比例不同、高考加分等。但高考制度作为一种相对公平的考试选拔制度,其也在变革中逐步完善,并一步步走向更加科学、合理、多元的发展轨道。

第三节 案例分析

"案例一:如何办人民满意的教育②"分析

(一)政策制定与"元"问题

1986年公布实施的义务教育法提出我国实行九年义务教育制度。国发〔2012〕48号文件《国务院关于深入推进义务教育均衡发展的意见》指出,2011年所有省(区、市)通过了国家"普九"验收,我国用25年全面普及了城乡免费义务教育,从根本上解决了适龄儿童少年"有学上"问题,为提高全体国民素质奠定了坚实基础。但是,在区域之间、城乡之间、学校之间办学水平和教育质量还存在明显差距,人民群众不断增长的高质量教育需求与供给不足的矛盾依然突出。在案例的北京材料中,指出了这种矛盾的具体表现,包括"择校热愈演愈烈""择校成本让家长不堪重负""择校成本成为滋生腐败的温床"等。理解任何政策,必须首先理解政策要解决的"问题"是什么。

在政策分析环节中,第一个环节就是对问题的分析。在问题分析中,最关键的是分析"元"问题(Meta-problem)。"元"问题就是引起问题的问题,通俗地讲就是根本问题。比如一个地区犯罪现象严重,这是社会百姓能够感受到的问题,但是经过分析发现导致犯罪的实际是贫困,这样贫困就是"元"问题。在本案例中,"择校热""择校成本高"等社会问题的根源,其实是班与班之间、学校之间、城乡之间和地区之间的教育资源的不均衡。这种不均衡就是"元"问题。

---

① 中国高考变迁历史:1949—2020年,考生录取人数翻了800倍[EB/OL].新浪网,2020-06-03,http://k.sina.com.cn/article_3186800297_bdf2b6a900100rpxd.html?cre=tianyi&mod=pcpager_news&loc=9&r=9&rfunc=100&tj=none&tr=9.

② 本部分由清华大学公共管理学院曹峰助理教授撰写。

(二) 公共政策的议程制定

公共政策中的一个重要问题即哪个政策问题可以登上政府的议事日程，也就是议程设定的问题（Agenda Setting）。美国学者金登的三源流模型（Three Stream Model）是讨论议程设定的一个很好的模型。金登认为，只有当问题（Problem）、政策（Policy）、政治压力（Political Pressure）三个源流结合的时候，某个问题获得决策者关注的可能性才大大提高。我们通常所讲的凡事要成功必须具备"天时""地利""人和"三个条件，只不过这三个条件在金登的三源流模型中变成了"问题""政策"和"政治压力"。在该模型中，当三个源流汇聚的时候就打开了"政策窗口"（Policy Window）。

什么样的问题会引起决策者的注意呢？通常来说，通过统计指标、评估反馈和一些焦点事件或者危机事件，一些问题会引起决策者的关注。在本案例中，好的学校和较薄弱的学校之间在硬件、学生、教师等方面的差距，晋中教育局在行风评议中的排名，以及家长打给教育局长的电话，都是引起决策者对该问题注意的原因。

在确定了问题源流以后，第二个源流就是政策，也就是解决问题的方案和主张。这些主张的来源有很多，比如官员、学者，或者上级政府的政策指导等等。在本案例中，决策者本身也提出了自己的方案，即"我们就是采取这样一个做法，县区之间绝对不允许拉一个教师、一个学生，这么做下来效果非常好。延伸到义务教育均衡阶段也是这样一个思想——办好每一所学校。可以进一步研究该政策主要来源"。

第三个源流就是政治压力，也就是来自不同利益集团的压力，比如说国民情绪或者社会舆论。前面提到了问题流，也反映了一定的政治压力。当然政治压力往往是比较复杂的，不同的人有不同的立场和观点，这使得政治压力的局面变得很复杂。在案例中，有的人支持，有的人反对。组织案例讨论时可以进一步分析在政策的执行过程中有哪些利益集团。

(三) 领导者与政策

在政策实施的过程中，领导者往往扮演着关键角色。肯尼迪政府学院著名的"三圈理论"为分析在政策实施中领导者的角色提供了很好的工具。也就是政策是否能够得到有效的贯彻和执行与"领导者的梦想""组织的能力""组织所能获得内部和外部支持"有关。缺乏其中的任何一个方面，政策的实施都不能够得到有效的执行。关于以上模型，有兴趣的读者可以参考有关的文章和著作。

在这里我们想强调的一点是,在政策执行环境中,基层领导者扮演着很重要的决策者角色,一个有抱负、负责任的领导,会使他怀有梦想,领导者的梦想和抱负是政策创新和政策执行的重要原动力之一。而且有了梦想,领导者就有可能去强化组织的能力,并且巧妙地赢得组织内外的支持。所以好的领导者是梦想的勾画者、能力的建设者和支持的争取者。

进一步,我们要强调的是,在中国政策环境中,一把手(最高领导者)的作用,也就是一把手的梦想很重要。如果一个组织中,一把手没有梦想和价值导向,一个政策很难推动和实施。所以本案例当中,读者可以重点关注市教育局局长的作用。

(四) 政策实施

对于政策实施和评估关键是看政策是否能够解决"元"问题。本案例中,"择校"问题的"元"问题实际上是班级之间、学校之间、城乡之间的不平衡,所以均衡班级、学校之间的差距就很重要。本案例中的主要问题可以用表9-2来进行归纳。读者可以自己进行分析,看案例中哪些政策,分别解决了哪些问题。

表9-2 义务教育不均衡的主要表现

	校 内	校 际	城 乡	区 域
办学条件		重点学校的设施较好	城里学校的设施较好	区域布局不均衡
学校管理		城区内不同学校的管理团队能力不均衡,特别是校长的水平不均衡	城乡之间不同学校的管理团队能力不均衡,特别是校长的水平不均衡	
教师队伍	同一个学校内,不同班级的班主任和任课教师水平不同	城区内不同学校之间师资力量分布不均衡,好的教师也愿意留在好的学校	城乡之间不同学校的师资力量分布不均衡,城里的学校师资水平较好	
生源素质	成绩好的学生,或者社会关系资源丰富的家长的子女在同一学校内部挑选班级、挑选班主任和任课教师	成绩好的学生,或者社会关系资源丰富的家长的子女倾向于有能力选择好的学校	农村的学生为了获得更好的教育,更愿意到城里的学校就读	

（五）政策评估

政策在执行以后，必须考虑如何评估的问题。在进行政策评估时，最关键的是如下环节，即"投入→过程→产出→效果→影响"。在很多评估中，往往非常关注投入、过程和产出，但更重要的是效果和影响。比如我们对公安局的绩效进行评估，我们关注的不是投入（比如买了多少装备、有多少人员等），也不是过程（比如每天巡逻了多少趟），甚至也不是产出（比如抓获了多少犯罪嫌疑人），更注重其效果和影响（比如当地治安的情况、民众对于安全感的评价等）。在本案例中，读者可以思考如何从以上的框架中评估教育均衡发展政策。

在政策绩效评估过程中，有三个对比维度，即第一是与政策目标对比，第二是与自身先前的状态对比，第三是与其他地区相比较。因此，凡是政策评估必须要有一定的对比。在本案例中，读者可以思考选取什么比较框架。

最后，当前的绩效评估不仅要重视客观指标的收集，也要重视主观指标的收集，比如满意度、幸福感、公平感等。对于一项政策是不是执行得好，与政策有关对象有很大的关系。在本政策当中，学生对教师的评价、家长对学校的评价、教师对校长的评价、社会对政府的评价都是关键的政策主观评价维度。读者可以进一步思考如何运用主观评价来评估政策的绩效。

（六）相关理论知识

1. 公平理论

随着经济的发展和社会的进步，教育公平已经成为社会公平的重要组成部分，罗尔斯对教育公平的三种理解是机会公平、过程公平、结果公平。教育公平的深层意义在于它能够为实现其他方面的社会公平创造条件，它能够促使处于弱势状态的人群向上层流动，从而增进社会的平等，促进社会的稳定。

2. 公共产品理论

美国经济学家萨缪尔森在1954年发表的论文《公共支出的纯粹理论》中，提出了公共产品的经典定义。他认为，公共产品是指这样一种物品，即某一消费者对该物品的消费不会降低其他消费者对该物品的消费水平，它具有消费上的非竞争性和非排他性两个本质特征。非竞争性是指一个人的使用并不会减少其他人对该物品的使用，非排他性是指被社会公众共同享有，无论付费与否都不能阻止他人使用这些产品。义务教育具有非排他性、非竞争性和不可分割性,其公共产品属性决定了政府是提供义务教育产品的主体。政府在义务教育均衡发展中的责任在于:一是财政责任,对义务教育提供财政支持并进行相关管理;二是管理责任,对义务教育阶段的办学标准、师资建设等问题承担起管理责任,以保证义务教育的质量底线。

3. 均衡理论

"均衡发展"和"非均衡发展"最初出现在经济学家对经济发展模式的争论上。早在19世纪70年代,瓦尔拉斯首创了"一般均衡理论",即当市场上一切商品的价格恰好同这些商品的供给和需求相等时,市场就呈现"均衡状态"。后来,以英国经济学家马歇尔为代表的新古典经济学派把瓦尔拉斯的"一般均衡理论"扩展到整个经济系统,并提出了"局部均衡理论"。

"案例二:中国高考制度"分析[*]

由中国高考制度的案例,引出了中国教育改革进程中的若干热点问题。以下试从公共管理的视角对此进行分析。

(一) 中国高考制度在教育体系中的重要性

考试制度在中国由来已久,从科举制度开始,以考试的方式来选取人才一直是中国推动国家发展、社会流动和进步的主要渠道。从1952年开始,中国采用统一招考的高考制度。

从个体层面来讲,考试制度是从古至今寒门学子、有志之士进入国家体制中,为国效力、为民服务的主要上升渠道。郑若玲以厦门大学为个案,发现高考制度对普通家庭子女来说,是实现阶层向上流动的重要途径。[①]

从国家层面来讲,考试制度是国家选拔人才的重要渠道,即通过考试制度来选择合适的人才进入到需要的领域中。而公平的考试制度有利于和谐社会的建设。最后,人才是国家发展的核心竞争力,优秀的人才需要扎实的基础教育的支撑,高考是对基础教育阶段的总结,又是高等教育的开端,作为承上启下的关键所在,高考在人才培养中起到了重要作用。

---

[*] 本部分由清华大学公共管理学院2018级博士研究生张阳阳撰写,指导教师为清华大学公共管理学院曹峰助理教授。

[①] 郑若玲.高考对社会流动的影响——以厦门大学为个案[J].教育研究,2007(3):46.

(二) 推动高考改革的影响因素分析

案例中推动高考改革的力量有领导人的破冰、专家学者（大学教授、科学家）的参与和民众的号召。

在1977年恢复高考制度的过程中，邓小平的力量是不容忽视的。在当时全国上下思想禁锢，邓小平深刻地意识到恢复高考的重要性，多次召开专家会议，商讨恢复高考制度，在条件艰难的情况下，于当年的12月恢复高考，成功招收了中国改革开放以来的第一批大学生。由此可见，领导人自身的魄力，对时代的把握，以及做事的风格在很大程度上可以决定事物的进程。

专家学者的参与也在恢复高考制度中发挥了功不可没的作用。在邓小平的推动下，专家学者们畅所欲言，表达自己的意见和思考，直指当时社会最深刻的问题，并合力完成了改革方案，推动高考改革，具有非常重要的意义。当然，广大民众对于恢复高考制度的渴望，希望能够重新学习的理想是1977年的时代背景，它影响了邓小平在恢复高考中的决策，而专家学者代表的高校群体也渴望着新鲜血液、高质量生源的加入。因此，这三者形成一个闭环，共同推动了高考制度的恢复。

(三) 高考制度的未来改革方向

公平和质量始终是高考制度不变的主题。在解决了"上不了学"的问题后，我国面临的最紧迫问题就是要"上好学"，这就要求高质量的教育水平和高质量的高考制度。高考制度在1977年以后，经历了几次重大变革，其中"3＋X"的标准化考试模式，改变了以往死记硬背的学习方法，内容和方式上更为灵活，考查学生的应用、理解能力。但是高考制度逐渐演变成"考分"制度，学校开始从高一进行文理分科，缩减其他课程的时间，如此僵化的学习方式限制了学生的创新能力和思维能力，再加上高校招生的不断扩招，产生了"高分低能、毕业即失业"等社会现象。因此，如何令高考制度更有效地选拔人才，更有益地实现其价值，一直是各界不断讨论的话题。

参考文献

[1] 李林霞. 教师交流晋中试水 择校难题或望破解[N]. 山西日报, 2009-03-12.
[2] 央视《焦点访谈》. 失衡的校园择校乱象调查[N]. 2009-12-21.

[3] 李凌.义务教育均衡发展的晋中样本[N].中国教育报,2010-01-25.

[4] 教育改革:如何超越自相矛盾的主张[N].中国青年报,2010-02-03.

[5] 张云.让每个孩子都站在公平的起点上——教育均衡发展中的"晋中样本"[N].山西经济日报,2010-05-06.

[6] 李凌.山西晋中改善教育生态让择校阳光下无处遁形[N].中国教育报,2011-04-03.

[7] 中国网.中国论坛——义务教育均衡发展[OL].中国网,2011-07-22.

[8] 郭志兴.晋中城乡义务教育均衡发展采访纪行[N].中国教育报,2012-03-05.

[9] 李曜明.山西晋中靠什么把教育均衡落到实处[N].中国教育报,2012-03-10.

[10] 田国垒:山西晋中"零择校"调查[N].中国青年报,2012-06-15.

[11] 全面促进义务教育均衡发展——访教育部党组书记、部长袁贵仁[EB/OL].中国教育网,2012-11-01.

[12] 教育部基础教育一司,中国教育科学研究院,国家教育咨询委员会义务教育均衡发展工作组.2010—2012义务教育均衡发展——高端视点[M].北京:教育科学出版社,2012.

[13] 教育部基础教育一司,中国教育科学研究院,国家教育咨询委员会义务教育均衡发展工作组编.2010—2012义务教育均衡发展——省域统筹[M].北京:教育科学出版社,2012.

[14] 教育部基础教育一司,中国教育科学研究院,国家教育咨询委员会义务教育均衡发展工作组.2010—2012义务教育均衡发展——市域推进[M].北京:教育科学出版社,2012.

[15] 教育部基础教育一司,中国教育科学研究院,国家教育咨询委员会义务教育均衡发展工作组.2010—2012义务教育均衡发展——县域实施[M].北京,教育科学出版社,2012.

第六部分

生态文明

生态文明建设

第一节　中国改革开放以来的生态文明建设历程概述 *

一、中国生态文明建设发展阶段

（一）1978—1991年：环保理念初步明确，环保建设取得初步成果但仍面临持续挑战

改革开放初期，中国政府开始意识到环境保护的重要性，初步提出了环境保护理念。1978年通过的《中华人民共和国宪法》中，首次明确了保护环境的规定。随后，中共中央又先后明确了"不能走先建设、后治理的弯路"的原则，并提出环境保护是国家的一项基本国策，为中国环境保护事业开展奠定了基础。这一时期中，在制度层面上，国家开始将保护环境的要求纳入国家法律体系的建设中去：1989年第七届全国人大通过的《中华人民共和国环境保护法》和1991年的《中华人民共和国国民经济和社会发展十年规划和第八个五年计划纲要》，开启了中国的环保法制建设，将环境保护的内容首次纳入国家发展规划。在政策执行层面，中国开启了不断探索适合中国的环保道路的历程，提出了符合国情的"预防为主、防治结合、综合治理""谁污染谁治理""强化环境管理"三大环境政策。另外，随着环保理念的地位提升，国家从机构设置方面入手，于1982年成立了城乡建设环境保护部，并在1988年将国家环境保护局独立出来设置为国务院直属的环保部门，推动了环保工作走向正轨。在此期间，国家GDP能耗在"第六个五年计划"和"第七个五年计划"中分别下降了23.5%和11.9%，环境恶化的趋势得到遏制。

---

* 本节由清华大学公共管理学院副教授唐啸撰写。

截至1991年,工业废水排放中重金属和有毒物质含量基本得到控制或有所下降,森林面积开始增长,全国森林覆盖率上升达到13.4%(见图10-1),环保事业的开展取得了初步成果。但与此同时,中国的自然资产损失占GNI①的比重仍处于10%左右的高水平状态,环境保护相关技术的发展滞后,经济规模迅速扩大也对改善生态环境造成显著负担,环境保护工作的开展力度还有待加强。

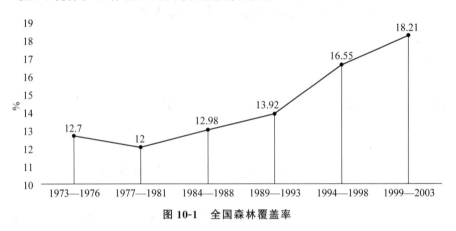

图10-1　全国森林覆盖率

(二) 1992—2002年:可持续发展战略提出,环保工作的稳步开展助推绿色经济

这一时期,可持续发展战略的提出标志着中国生态文明建设首次提出了系统性战略。1992年8月,国务院在《中国环境与发展十大对策》中提出了转变发展战略,走可持续发展道路的新理念,并在1994年通过了《中国21世纪议程——中国21世纪人口、环境与发展白皮书》,加强了可持续发展的战略部署工作,"保护环境就是保护生产力"的观念逐渐深入人心。同时,为深化社会各界对可持续发展战略的认识,在1995年的《中共中央关于制定国民经济和社会发展"九五"计划和2010年远景目标的建议》中正式提出了可持续发展战略的目标,并在1997年将破坏环境资源保护罪写入宪法,从制度层面上深化了社会各界对环保事业的认识。在政策的执行层面,一方面在机构设置上进一步提高国家环保局的行政级别,设立国家环保总局(正部级);另一方面,国家对环保事业的投资力度加大,2002年,国家环境污染治理投资占GDP的比重达到1.14%。另外,在1998年长江大洪水造成巨大国民经济损失后,中央政府更加关注水利、林业等环保事业的投入,2002年国

---

① GNI指Gross National Income(国民总收入)。

家林业建设投资达253.8亿元,国家环境污染治理投资达1367.2亿元(见图10-2),环境污染治理投资占GDP比重增长到1.33%。这一时期环保工作的开展使国内环境质量显著好转:自然资产损失占GNI的比重明显下降,保持在5%左右;由于防灾减灾能力提高,自然灾害直接损失占GDP比重显著提高;森林覆盖率、森林面积和森林蓄积量增长趋势明显,森林覆盖率达到18%以上,森林面积达到183.5万公顷。生态环境质量转好也使得国民经济发展初步呈现出"高增长、低排放的"绿色发展模式。

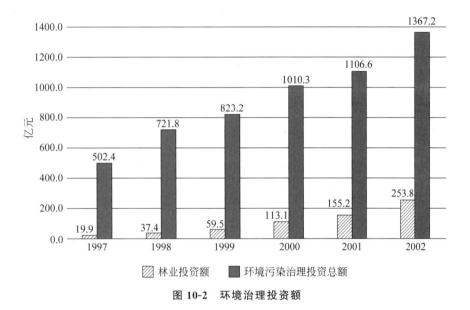

图 10-2　环境治理投资额

(三) 2003—2006年:可持续发展战略内涵深化,国内国际生态工作两手抓

在这一时期中,可持续发展战略的内涵得到深化。在2003年党的十六届三中全会上,中共中央首次提出了"以人为本、全面、协调、可持续的发展观";可持续发展战略的战略地位也进一步得到提升,在2006年第十届全国人大四次会议上被确定为"统领经济社会发展全局的重要指导方针"。而伴随着"可持续发展"理念的持续推广与深入人心,第九届人大常委会通过了《中华人民共和国环境影响评价法》,对推动经济、社会和环境在制度层面达到协调发展有重要的意义。2006年"十一五"规划中,关于资源环境的量化指标占比增长到27.2%;中央在"十一五"规划中首次设立了"资源友好型、环境友好型社会"的战略目标,并在"十一五"规划中针对GDP能耗和污染物排放总量提出了明确的约

束性指标,使得环保工作的发展目标逐渐清晰,也促进了相关政策的全面推进与深化。另外,为与国际生态文明建设的事业接轨,2007年中国积极履行《联合国气候变化框架公约》,制定了《中国应对气候变化国家方案》,这是中国第一部应对气候变化的政策性文件。通过这一时期的努力,国内环境污染防治力度加大,"三废"治理成果初步显现,主要污染物排放达标率稳步提升(见表10-1),体现了污染减排约束性指标的导向作用;生态保护方面,林业生态、土地荒漠化与沙化、水土流失等问题的治理都取得了新进展。① 但是与此同时,经济建设与环保建设的发展矛盾重新凸显,自然资产损失率再次连续几年增长,体现了国家生态文明建设事业发展的曲折性和挑战性。

表 10-1　工业污染治理效率

	2002 年	2003 年	2004 年	2005 年	2006 年
工业废水排放达标率/%	88.3	89.2	90.7	91.2	90.7
工业二氧化硫排放达标率/%	70.2	69.1	75.6	79.4	81.8
工业烟尘排放达标率/%	75.0	78.5	80.2	82.9	87.0
工业粉尘排放达标率/%	61.7	54.5	71.1	75.1	82.9
工业固体废物综合利用率/%	51.9	54.8	55.7	56.1	60.2
工业固体废物处置率/%	17.1	17.5	22.1	23.2	27.4
"三废"综合利用产品产值/亿元	385.6	441	573.3	755.5	1026.8

(四) 2007—2012 年:首倡"生态文明",环保实践落实到基层,环境质量显著提升

这一时期中,党的十七大首次提出了"生态文明"的新概念。此后,党和国家高度重视"生态文明"建设,在2009年的中共十七届中央委员会第四次全体会议上,生态文明建设被提升到与经济建设、政治建设、文化建设、社会建设同等的战略高度,并进行了全面部署和整体推进。随着节能减排事业从行为实践推向了文明建设的高度,在制度层面上,环保法制建设进一步推进:国家制定了一系列具体领域的环保法律法规,如2008年的《中华人民共和国循环经济促进法》、2010年的《消耗臭氧层物质管理条例》、2011年的《中共中央、国务院关于加快水利改革发展的决定》等文件的颁布,彰显了全面推进生态文明事业建设的决心。

---

① 中华人民共和国中央人民政府.发展回顾系列报告十三:环境保护事业取得新进展[EB/OL]. http://www.gov.cn/gzdt/2007-10/09/content_771081.htm.

在这一阶段中,生态文明实践落实到市民生活中,"塑料袋有偿使用""机动车单双号限行政策"成为焦点,坚持低碳环保成为人们生活日常中贯彻的理念。同时,国家持续加大投资进行环境治理,并在机构建设上深化改革,于 2008 年组建了中华人民共和国环境保护部。在社会各界的共同努力下,中国在保持经济快速增长的同时,开始转向发展的高质量低消耗模式,环境污染治理成效显著,Ⅲ类水质以上优良水质水体比重呈上升趋势,地级市及以上城市空气质量达标率持续上升(见图 10-3);生态赤字初步得到弥补并开始从生态赤字走向生态盈余,环境质量得到显著提升。

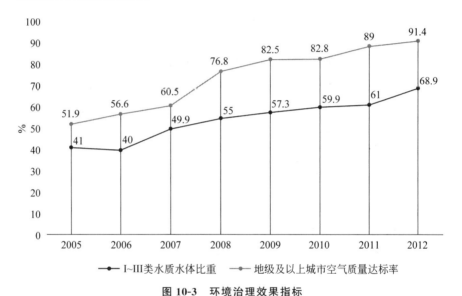

图 10-3　环境治理效果指标

(五) 2013 年至今:布局"五位一体","生态文明"写入宪法,环境经济政策框架体系基本建立

党的十八大以来,党和国家高度重视生态文明建设,将生态文明建设放在突出地位,"美丽中国"的目标愈发清晰。在党的十八大报告中,中共中央深化全面建设小康社会的目标,提出了经济建设、政治建设、文化建设、社会建设、生态文明建设"五位一体"的总体布局。在制度建设层面中,2013 年的《全国生态保护与建设规划(2013—2020 年)》以及 2014 年新修订的《环保法》为中国生态文明建设事业在新时期的发展提出了更具体的规划,明确用更严格的环保执法手段来保证环保政策的落实。2018 年 3 月"生态文明"被写进宪法,顺应了党和人民事业发展要求,为生态文明建设事业提供根本法依据。而这一时期国家在生态文明建设过程中谋划开展了一系列根本性、开创性、长远性的工作:针

对实施大气、水、土壤污染防治三大行动,打响"三大战役",污染治理力度之大前所未有;环境基础设施建设加速推进,成为全世界污水处理、垃圾处理能力最大的国家;开征环保税后,中国基本建立起环境经济政策框架体系。2017年全国性开展的中央环保督查,成为有史以来环保方面最大规模的环保行动。在这些举措下,生态环境质量大幅提升:有"青山"——森林覆盖率达到21.66%,中国成为同期全球森林资源增长最多的国家;有"绿水"——截至2015年年底,城镇污水处理能力达到1.82亿吨,中国成为全世界污水处理能力最大的国家;有"蓝天"——在这期间全国338个地级及以上城市可吸入颗粒物(PM10)平均浓度下降了22.7%,京津冀地区PM2.5平均浓度下降了39.6%,主要污染物,包括化学需氧量(COD)、氮氧化物、二氧化硫、氨氮的排放量持续下降(见图10-4);在"十二五"期间,关于资源生态的指标完成率平均值达到171.1%,完成指标占比达到80%以上,"十三五"规划中关于资源环境的量化指标比例达到了40%(见表10-2),展现了国家大力发展生态文明的决心。

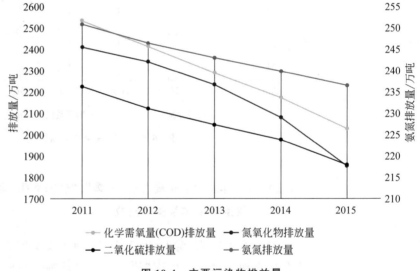

图 10-4　主要污染物排放量

表 10-2　五年计划中资源环境类指标占比与完成情况

%

	"十五"计划	"十一五"规划	"十二五"规划	"十三五"规划
指标占比	20.0	27.2	33.3	40
完成率平均值	−342.2	92.6	171.1	—
未完成指标占比	66.5	41.7	19.5	—

二、中国生态文明建设改革模式

中国生态文明建设改革过程中形成了全球独有的、极具中国特色的生态文明改革模式。

(一) 模式主体

过去,中国的环境保护事业处于无主体模式。改革开放初期,应经济建设的目标要求,政府忽视生态建设的重要性,企业重视利润而不计环境成本,民众的环境意识淡薄。环境保护得不到足够的关注,存在严重的主体缺位现象,生态建设事业发展一度搁置。

现在,中国的生态文明建设处于由政府主导的单一治理模式。生态文明建设的政府主导模式,是指生态文明建设要在政府强制力的主导下进行组织和实施。伴随着改革开放的逐步深化,中国的经济社会得到了良好的发展,生态环境方面的问题浮现。自党的十八大以来,政府把生态文明建设放在突出地位,努力建设美丽中国。与此同时,人民群众的环境意识得到了空前提高,对环境质量的要求大幅提升。目前,中国的生态文明建设模式呈现出由政府主导,单一部门牵头、其他部门协作,企业与公众间接性参与其中的特点。在此模式中,政府是生态文明建设的主要倡导者和决策者,是环保政策制定的主体,掌握着生态文明建设的决策权与标准制定权。企业是生态文明建设相关政策的约束对象,受到税收、罚款、专项资金等各类政策引导,调整企业内部决策,以达到政府提出的政策要求。大众主要受到政府方面的媒体宣传影响,处于环保意识逐渐养成的过程中,间接参与到生态文明建设中。

将来,中国的生态文明建设模式趋向于多元治理模式,即超越单一主体,实现政府、市场与社会共同参与、协同治理的良好局面。在此模式中,政府提供政策指引和制度保障,企业实施清洁生产、发展循环经济、有效节能减排,公众积极参与、从自身做起,形成多元合一的整体合力。多元治理模式的生态文明建设要求政府发挥政策导向作用,引导生态文明建设的发展方向;企业贯彻落实绿色理念,发挥市场主体的积极性和自我约束作用;公众与非政府社会组织积极参与其中,并发挥有效的监督作用,实现从生产到生活方式的全面革新。

(二) 基本制度

过去,中国的生态文明建设处于指令模糊模式。为响应改革开放初期的大政方针,经济发展成为国家建设的重点,生态文明建设被普遍忽视。在生态环境为经济发展让路的当时,对环境问题的重视仅停留在中央层面、口号层面,未能形成系统完整的政策下达到地方政府并得到良好的执行。环境政策的要求相对模糊,环境政策执行的监管相对滞后,导致生态文明建设难以落到实处。

现在,中国的生态文明建设处于行政性治理模式,即行政指令为主导的生态环境治理模式。在该模式中,环境问题日益突出,政府随之进一步提高了环境保护在社会主义建设中的地位,并在党的十八大报告中提出"五位一体"的总体布局。中央政府提出了有关环境的约束性指标,管控企业的生产行为,并且出台相关考核办法和环境监测系统,有效监督地方政府将环境保护行为落到实处。同时,各级政府相继出台有关环境保护的行政条例与法规,规范引导企业和公民的环保行为,推进生态文明建设。

将来,中国的生态文明建设模式趋向于合力性治理模式,即行政管理与市场工具相结合的生态环境建设模式。此模式兼具行政管理体系的监管有效性与市场运行的自动灵活,在不同条件下明确行政手段与市场工具的适用性,发挥其各自优势。目前,中国的生态文明建设模式已有向该模式过渡的趋势,应用产权和税收等市场工具激励企业绿色生产,达到资源的合理配置,弥补行政管理中资源错位等弊端。今后,行政管理重点将由监管向监督转变,推动市场工具的运用,健全排污权有偿使用和交易制度,健全温室气体排放交易市场,建立绿色税收体系等。最终实现行政管理发挥导向与监督作用,市场拥有更大的自主权、以小成本博得大收益的良好局面,构建完善的合力性生态文明建设模式。

(三)目标对象

1. 过去,中国的生态文明建设处于无激励模式,即生态环境的质量没有完善的考核机制与激励措施。为提高经济发展速度,当地的经济发展指标成为中央政府衡量地方政府官员政绩的重要指标,而环境指标则无人问津。环境质量不仅在行政体制内部没有明确的考核机制,在企业生产上也得不到应有的重视。政府并没有出台相关的政策来规范企业的生产行为,也没有合理的激励措施来引导企业与公民个人调整自身的环保意识与环保行动。

2. 现在,中国的生态文明建设处于绩效核算模式。在环境问题显现的过程中,为了保障环保政策的有效执行,中央政府将生态环境作为地方政府绩效核算的一个重要部分,将绿色发展指标作为生态文明建设考核指标,实行年度评价、五年考核。并且,逐步建立起符合美丽中国建设的评价体系、监督制度、考核办法、奖惩机制,以及一系列生态建设工作评价机制和干部激励与责任追究制度。这让资源消耗、环境损害、生态效益等指标都能被纳入社会经济发展的评价系统中,有效地调动了基层干部对生态文明建设的关注和参与积极性。基层政府重视环境问题,加强对企业与公民行为的监管与约束,从而达到生态文明建设进程稳步推进的效果。

3. 将来,中国的生态文明建设模式将趋于考核与激励约束相结合的发展模式,即绩效考核与激励约束、反向约束与正向激励的有机结合模式。 此模式的关键在于,在明细正确的绩效考核基础上,实现有效的激励约束管理机制。因此,要求政府进一步推进绿色核算体系和编制自然资源资产负债表,健全生态建设工作方面的干部激励与追责制度,形成对基层干部的良性考核与监督。同时,建立行之有效的法律手段约束市场主体和社会主体,从体制机制上激励主体,将生态环境要素纳入发展全局考量。不同于反向约束主要通过行政权力达到划定底线的目的,正向激励则采用经济、政治以及文化等多种手段调动行政主体、市场主体和社会主体的积极性,增加美丽中国建设的绿色要素,在美丽中国长期建设中发挥持续性作用。未来,生态文明建设将会朝着行政绩效考核与法律法规的反向约束和经济、文化各要素作用的正向激励并存与互补的模式发展,让生态文明建设既有坚实的制度保障,又不乏广泛的思想与行为认同。

(四)执行机制

1. 过去,中国的生态文明建设处于下达失效模式。 在当时,环境政策内容较为模糊,在从中央到地方的下达过程中存在严重的政策失效现象。经济发展优先的观念让很多地方政府选择性执行中央的环境政策,只执行不损害经济发展的环境政策,决不让环境因素阻碍经济增速。加之,政府各部门的职能分化不够完善,环境保护常常被作为一个各部门之间互相推诿的职能,因而得不到有效的履行。

2. 现在,中国的生态文明建设正处于自上而下模式,即上级政府制定环境政策、层层下达任务并落实的管理模式。 近年来,中央政府制定了一系列有关生态文明建设的大政方针,这些政策在绩效考核等良性激励和媒体与大众监督下实现了很好的向下传达。地方政府在贯彻落实中央的政策要求的同时,还针对本地区生态环境形势出台了相应的特色化政策,促进当地的生态文明建设事业蓬勃发展。地方政府对环境问题的高度重视以及各项行之有效的举措,对企业的生产行为起到了有效的制约作用,有助于形成人与自然和谐发展的绿色现代化新格局。

3. 将来,中国的生态文明建设模式将趋于自上而下与自下而上相结合的发展模式,即自上而下的管理与自下而上的反馈相融合,有力地弥补了自上而下管理的易僵化、少活力等弊端。生态文明建设是一个互动过程。在此模式中,上级政府负有主导作用和监督作用,保持基层的执行自主权与积极性,同时发挥市场主体的自我调节与约束作用。自上而下有利于思想导向的统一与执行力度的保障,而自下而上则有助于协调央地两级政府之间的矛盾,实现基层政府、企业与民众之间的协同发展,实现上下联动、协同推进的良性互动局面。对于政府,贯彻落实上级要求,保证政策不打折扣地执行;丰富公众参与的方式和渠道,增强公众参与,强调公众对生态文明建设过程的参与、决策和管理,为"自下而上"提供良好的制度保障。对于企业,发展绿色生产方式,制定绿色品牌标准,实现经济与产业、行业与技术、技术与产品绿色转型。于公众,培育全民环保意识,形成绿色生活方式,并主动监督政府与企业的生态文明建设行为,使之成为人们的生活习惯,自觉为美丽中国建设做出贡献。

(五) 理念目标变化

1. 过去,中国的生态文明建设处于无目标模式。以经济建设为中心的基本路线要求,让地方政府将工作重心放在经济建设上,生态环境亦为经济发展让路。因此,政府层面并没有给予环境问题足够的重视,生态文明建设也仅仅停留在文字上,没有形成系统化、理论化的目标体系。

2. 现在,中国的生态文明建设正处于单一目标模式(即生态质量的改善)。在此模式中,面对日益突出的环境问题,各级政府对生态文明建设的重视空前提高,逐步树立起保护生态环境就是保护生产力,就是发展生产力的新的发展观。针对全国总体的环境形势,中央政府对碳排放量等提出了严格的限制标准,也勒令关停、整改了一大批高污染、高耗能企业,将生态环境质量的改善作为生态文明建设的主要目标。同时,地方政府也给予了积极的响应,企业遵循相关规定发展清洁生产,公民因受到社会宣传影响,环保意识得到了很大程度的提升。

3. 将来,中国的生态文明建设模式将趋于全面系统模式。此模式要求在全面建成美丽中国的进程中,兼具环境问题的急迫性和重要性,兼顾重点问题与系统建设,不仅关注现有的突出问题,更关注整个生态系统的和谐运转,促进环保建设和经济建设共同发展。在环保建设方面,以系统性、长期性的战略视角,推动环境制度建设,设立中长期规划,形成全面、系统和可持续的生态治理体系。同时,在经济建设方面,推进产业绿色转型,建设新型绿色产业,通过具有正外部性的经济活动建设生态系统,也可以将生态系统的需求转化为经济系统活动动力,从而实现生态系统和经济系统全面发展的双赢局面。

三、中国生态文明建设改革的经验

中国生态文明建设改革具有以下经验。

其一,将生态文明建设纳入整个国家治理全局之中。生态文明建设是一个高度复杂的系统性工程,所提供的生态产品也具有多样性、综合性的特征。因此生态文明建设,可以说是一个涉及经济系统、社会系统和生态系统的全面过程。从这个角度说,生态文明建设改革面对的是人与自然关系的变革,但归根到底调整的是人与人之间的关系。而中国生态文明建设改革的成功经验就在于,将生态文明建设融入经济、政治、社会乃至文化建设的全过程中,并没有东施效颦、盲目仿照他国经验,而是内嵌于中国的国家治理结构,发展出一套独具中国特色的生态文明建设模式。这一模式具有高度集中性、目标导向性和自上而下性等特征,尽管也存在一定的问题和弊端,但从整个生态文明建设的推进过程和环境结果上来看,这一模式仍然具有相当的有效性。而这一有效性恰恰来源于中国没有孤立地就生态治理做生态治理,而是成功将生态文明建设纳入国家治理全局之中。

其二,决策和理念的前瞻性。中国的生态文明建设的重要成就是实现了"隧穿库兹涅茨曲线",即在相对较低的发展水平下,提前实现了污染排放总量、生态赤字的达峰。而这一成就达成的核心原因在于中国作为一个后发国家,成功借鉴了发达国家的经验。尽管中国仍然走了一条"先污染,后治理"的道路,但是中国国家领导人在相当早的时间里意识到了环境保护和生态文明建设的重要性,并且能够在发展水平相对较低的情况下提出系统性的发展战略,这就推动了中国在其后的生态文明建设中具备一定的决策和理念先行的优势。

第二节　典型案例

合作共治的流域生态补偿如何推动绿色发展？
——以汀江(龙湖)水污染综合治理为例*

"天下水流皆向东,唯有汀水独往南。"在闽西山地丘陵间,有一条河流发源于武夷山南麓,流经福建省龙岩市的长汀、武平、上杭和永定及广东省大埔县,全长328千米,在福建省境内长达285千米,这就是"客家母亲河"——汀江。汀江自北向南经永定区棉花滩水库出境进入广东省,最后在大埔县三河坝与梅江汇合成韩江注入南海。棉花滩水库作为汀江—韩江流域闽粤交界处大型水库,在上下游流域的航运、养殖、灌溉、发电、防洪等方面发挥着重大作用。

这里本是山清水秀,正如《汀江之歌》中描绘的:"先是一片深蓝,紧接着,是幽绿,是赤色的春秋,承载着一清二白的疆土。"然而昔日那幅碧波微澜、水清如镜的画面,却因养殖排污、生活垃圾及水葫芦泛滥彻底改变了模样……

一、江水黯然不复清

(一) 生猪养殖埋祸根

汀江是贯穿闽西、粤东客家地区的水路大动脉,是福建省西部最大的河流。福建省龙岩市永定区依靠着便利的汀江不断发展,它与广东省大埔县和梅县接壤,是汀江进入广东省的交界地区。棉花滩水库临近闽粤两省交界地带,位于永定区境内的汀江干流棉花滩峡谷河段中部,距永定城区21千米。该水库是由福建省棉花滩水电站拦截汀江、构筑大坝而形成,也叫龙湖库区。② 近年来,"王寿山前白鹭飞,鱼儿相

---

* 本案例由厦门大学硕士生翟文康、侯晓菁、王彬、杨语嫣、霍龙霞撰写,指导老师为厦门大学公共事务学院吕志奎副教授。作者对部分资料和人名作了必要的掩饰处理。2017年7月11日至15日,调研团队在厦门大学公共事务学院吕志奎副教授的联络帮助下,先后走访了永定区水利局、环保局、财政局、住建局、农业局、仙市镇、峰市镇、棉花滩水库及武平县部分单位,实地调研得到了上述单位的大力支持,在此谨表谢忱。案例的修改得到了清华大学公共管理学院副教授唐啸、案例中心张允老师和城玥老师的指导。本案例参加清华大学2017年中国公共政策案例分析大赛,荣获硕士生组优秀奖,并入选中国公共管理案例库。本案例仅供课堂讨论,不对组织绩效与个人得失作评价。

② 龙湖库区即为棉花滩水电站水库。为发展旅游业,2000年,永定区人民政府将其命名为龙湖。

逐尚相欢"的龙湖美景却摇身变成了村民口中戏称的"龙湖大草原"。站在龙湖码头上远眺,曾经波光粼粼、白鹭戏水、游人垂钓的湖面一片死寂,目之所及皆为密密麻麻的水葫芦。永定区水利局局长王明辉介绍:"水葫芦从 2010 年开始零星出现,2012—2013 年疯狂蔓延,2014—2015 年达到巅峰,造成了巨大的生态灾难。"空中航拍显示,龙湖库区水葫芦面积约为 20789 亩,平均每平方米水葫芦重约 423 斤。据测算,水葫芦总重约 293 万吨。汀江每逢洪水季节,上游大量水葫芦漂浮至龙湖库区蓄积,并迅速生长繁殖,人工打捞的速度远不及其生长繁殖速度。

龙湖库区水葫芦泛滥的原因要从永定县①情说起。生猪养殖是永定的支柱产业,是农民主要的收入来源。2014 年永定畜牧业养殖产值 17.45 亿元,同比增长 4.3%;增加值 8.8 亿元,同比增长 3.7%。其中,猪肉产量 74410 万吨,同比增长 0.7%;全区生猪出栏 98.69 万头,同比增长 1.7%;年末能繁母猪存栏 60000 头,永定区连续 8 年被评为全国生猪调出大县。② 永定区几乎形成了家家户户养猪,甚至十米之内就有一个猪圈的盛况,殊不知生猪养殖在带动永定区经济发展的同时,也埋下了破坏生态环境的祸根。

相关研究显示:汀江流域单位流域面积 CODcr（重铬酸盐指数）③污染强度按产生源类别分,养殖业最高,其次依次为农业居民生活和工业。④ 此前,汀江流域大部分养殖场都属于中小型规模,基本上都是未批先建,建设地点随意性大,点多面广,大多无污水处理设施,废水直接排入河道,牲畜、家禽的粪便等排泄物未经无害化处理直排库区,导致各支流及库湾水体富营养化。以永定区灌洋村为例,20 世纪末开始,因猪肉价攀升,村民大建猪圈,高峰时有 26.3 万平方米,养殖量远超最高载畜量。当地人表示:"以前外地人不知道哪边是灌洋,我们告诉他能闻到猪屎味便是了",还有"以前亲戚到家里做客,担心踩到横流的污水,连走路都是一蹦一跳的"⑤。此外,汀江干流的上杭、长汀县城大面积的生活区,污水处理措施滞后,沿河居民习惯于向河道倾倒生活垃圾

---

① 2014 年,福建省龙岩市下辖的永定县撤县改区。
② 龙岩市永定区人民政府办公室关于印发永定区畜牧业发展规划（2016—2020 年）的通知[EB/OL]. 2016-08-31, http://www.lyydrd.gov.cn/show.aspx? id=143074&ctlgid=58612487.
③ 重铬酸盐指数,可用于分析污染严重的工业废水,用以说明废水受有机物污染的情况。
④ 张玉珍,刘怡靖,段勇,马荣欣.汀江流域畜禽粪便污染负荷及其环境影响[J].地域研究与开发,2009,28(03):122-125,134.
⑤ 福建:永定区污水变清水 猪场成果园[EB/OL].2015-07-28,http://info.water.hc360.com/2015/07/281139510265.shtml.

和污水,意识难以转变。大量未经处理的农业、畜牧业和生活污水直接排入河流,使汀江水环境质量下降,成为水葫芦生长的温床。

(二) 整治工作一波三折

2013年水葫芦灾害暴发之初,未能引起上级政府的重视,永定区投入资金对水葫芦进行了突击清理,取得了一定的效果,但因财力物力有限,治理能力远远跟不上水葫芦繁殖的速度。

市人大代表、永定区水利局局长王明辉指出了水葫芦问题的严重性:"到2015年底,水葫芦已覆盖水域面积近1/3,若不采取治理措施,两年后龙湖全水域面积将全部长满水葫芦。"他建议市政府牵头流域内的各县(市、区)政府和相关水电站业主共同出资,同时委托专业机构,采取全流域整治的办法。① 造成龙湖污染的主要原因是汀江上游四个县的养殖业,龙湖库区超过一半的水葫芦是直接从汀江上游漂来的。永定区和棉花滩水电站认为,按照谁污染谁买单的原则,汀江上游几个县必须承担一部分经费,但在上级党委政府态度尚未明朗之前,永定区作为水葫芦泛滥最大的受害方,只能先凭借一己之力试着解决问题。

2014年,区人大常委会责成承办单位龙湖旅游发展有限公司、区水利局、畜牧水产局、环保局等拿出整治计划,并委托福建省建江水利水电设计有限公司制定《福建省棉花滩水库水葫芦灾害整治方案》。2015年6月,永定区政府与福建棉花滩水电开发有限公司(以下简称"省棉电公司")召开政企联席会议,决定由永定区与省棉电公司共同出资打捞水葫芦,然而省棉电公司迟迟未能采取行动,永定方面数次催促均无结果。整治方案就此夭折,整治工作无疾而终。

2015年11月,永定区政府召开常务会议,修改、细化上次制定的整治方案。区人大常委会、区政府多次向上级报告整治方案,汇报整治工作的复杂性和迫切性。市人大常委会主要领导深入龙湖调研后,要求市政府抓紧落实。2015年12月21日,副市长赖永龙率领永定区、上杭县、省棉电公司、紫金集团等分管领导,以及市区两级水利、环保等承办单位负责人到龙湖调研并召开现场办公会。会上决定了整治资金分配方案,53.33%的治理资金由省棉电公司负责,剩余部分由市政府以及各县(区)负责,由龙湖渔业公司作为项目实施主体。然而,紫金集团不同意其控股的龙湖渔业公司承担项目实施主体的职责,原因是财政拨

---

① 永定区龙湖库区水葫芦泛滥 治理刻不容缓[EB/OL].2016-01-20,http://www.mnw.cn/news/ly/1086076.html.

付的补助太少。省棉电公司管理层对方案也提出异议。整治方案再次胎死腹中。①

二、饮水思源待补偿

永定区龙湖位于福建与广东的交界处,闽粤两省政府在认识到汀江水生态环境逐步恶化的现状后,开始加大流域生态建设和水土保持的力度。然而两省各扫门前雪的单打独斗方式效果不佳,单方面的投入使得福建不堪重负,广东也依然饱受污染之苦。难以维持的治理效果让闽粤两省开始认识到,要想破此困局,上下游政府必须通力合作,共护一江清水。

(一) 龃龉不休:上游"乞讨"还是下游"反哺"?

以生态补偿机制促成汀江上下游合作,谁来付费成为横亘在两省面前的关键问题。"现行生态补偿机制不合理、不健全……基本上仍处于经济落后地区投入、经济发达地区受益的状况,甚至存在上游向下游'乞讨'的现象,"福建省全国人大代表韩金贵向记者说道,"河流上游守护着青山绿水,为保护环境而拒绝污染项目入驻;下游享受环境收益,有必要向上游支付一定生态补偿金,只有通过法制建设和机制完善,让下游'反哺'上游,才能形成经济发展和生态保护的良性循环。"②对于此问题,广东省环保厅有关负责人则回应称,应统筹考虑流域上下游应该承担的责、权、利,当上游地区没有实现水质保护目标时,应对下游地区给予补偿。诸如此类上游"乞讨"还是下游"反哺"的争论时有发生,闽粤两省各执一词,站在各自的立场上,陷入难以达成协议的困境。

对于汀江流域的上游为何沦落到"乞讨"治理资金的境地,福建省永定区环保局相关负责人说:"广东省总说我们畜禽养殖有污染。我们也想治理啊,但是水污染治理具有长期性和反复性,2011—2014年仅龙岩市汀江流域累计投入整治资金已达23.4亿元。地方经济确实困难,长汀、武平、上杭都是国家级贫困县,我们这个地方主要依靠矿产业、养殖业等这些对水源有高污染的行业,一旦失去了这些产业的支撑,就难以获得财政收入。上级政府的财政转移支付力度有限,治理资金严重

---

① 永定:万亩水葫芦成灾 推动治理还原貌[EB/OL].2016-07-18,http://lyydrd.gov.cn/html/2016-07-18/142420.html.
② 胡苏,商意盈.上游"乞讨"还是下游"反哺"——代表建议加快生态补偿立法强化正面激励导向[N/OL].宁波日报,2014-03-10,http://daily.cnnb.com.cn/nbrb/html/2014-03/10/content_708606.htm.

不足,所以福建省人大代表屡次向中央提建议,希望建立汀江流域生态补偿机制。"

当被问及作为流域下游的广东省为何不愿"反哺"上游生态保护区时,福建省永定区环保局相关负责人说:"广东省都是外来水,江西、广西、福建、湖南都有入境河流,一旦开始补偿福建的话,担心引来'羊群效应'。'两会'期间,福建省人大代表多次提出建立生态补偿的议案,广东省虽赞同建立相关补偿机制,但仍坚持一个观点,即省际流域生态补偿要以中央财政转移支付为主,而广东省则以上缴了数额巨大的税收为由,不愿意对福建省汀江流域上游进行补偿。"广东省梅州市人大常委会环资委主任刘明义道出了另一原委:"广东一向被认为是发达地区,粤东西北等贫困地区的项目向中央争取资金支持的空间并不大,多数只能靠省内调剂。"而福建一侧的龙岩作为闽西革命老区,能够获得国家特殊政策支持,在一定程度上补足资金缺口。①

(二) 合作协议:千呼万唤始出来

伴随着达成闽粤两省生态补偿协议的关键问题难以解决、核心利益难以协调等问题,汀江流域生态补偿协议的出台经历了一个漫长而曲折的过程。

福建省位于汀江上游,一直扮演着积极推动者的角色。2004 年,福建省在泛珠三角区域环境保护合作联席会第一次会议中,首次提出"推动建立流域生态利益共享机制"的倡议。此后在 2009—2015 年,福建省多次提请国家发改委、环保部、财政部协调广东省开展生态补偿。在 2013 年、2014 年的泛珠大会上,福建、广东两省省长就建立汀江(韩江)流域生态补偿机制进行了两次磋商,但仍然没有实质性进展。2014 年下半年,两省环保厅在环保联席会上签订了汀江流域治理协议,下游地区的广东省出资 3000 万元。但由于协议不具有法律效力、没有强制性约束力,协议资金最终没有兑现。

事件的转机出现在 2014 年 8 月,一份来自广东省梅州市人大代表的提案——《关于请求省人大常委会协调解决跨省河流水质受污染问题的报告》引起广东省领导的高度重视。2014 年 10 月,广东省人大环资委组织专题调研组赶赴汀江流域广东段污染现场,水污染的严重情况令很多代表主动提议,要联名向国家提交建议,尽快促成两省联合治

---

① 盼省内生态补偿尽快迈出第一步[EB/OL].[2016-07-15].http://news.sina.com.cn/o/2016-07-15/doc-ifxuaiwa6929790.shtml.

水。自此,闽粤两省建立汀江生态补偿机制迈出转折性的一步。2015年3月全国"两会"期间,广东、福建两省12名全国人大代表就两省生态补偿机制的建立达成一致意见,正式提交了《关于国家统筹联合防治韩江上游跨界河流污染的建议》。①

闽粤生态补偿机制建立工作自此按下快进键。2015年9月,中共中央国务院印发《生态文明体制改革总体方案》,明确将"福建广东汀江—韩江"纳入国家横向生态补偿试点,以地方补偿为主,中央财政给予支持。2016年3月25日,财政部、环保部在龙岩市联合召开部分省份流域上下游横向生态补偿机制建设工作推进会。会上,福建省与广东省正式签署汀江—韩江流域水环境补偿协议。这是福建省首次与邻省(区)签署跨省生态补偿协议,成为我国推进流域横向生态补偿的一个重要进展。自此汀江—韩江正式成为全国第二个跨省流域生态补偿机制试点。

(三) 机制创新:打造生态合作新样本

闽粤两省签订《关于汀江—韩江流域上下游横向生态补偿的协议》,就合作治理汀江水污染达成一致,共担治理成本、共享治理成果。具体实施方案如表10-3②所示。

表10-3 汀江(韩江)流域上下游横向生态补偿实施方案

	主要内容	备注
基本原则	联防联控,流域共治;地方为主,中央引导;目标约束,系统治理	
补偿期限	2年	2016—2017年
考核目标	2016年和2017年,汀江、梅潭河(九峰溪)跨省界断面年均值达Ⅲ类水质,达标率均为100%,达标率可以有10%的波动;石窟河(中山河)跨界断面年均值达Ⅲ类水质,水质达标率2016年达50%,2017年达70%;象洞溪(多宝水库上游)跨省界断面年均值达Ⅴ类水质,2017年Ⅴ类水质达标率为70%	补偿指标:pH值、高锰酸盐指数、氨氮、总磷、五日生化需氧量
补偿区域	汀江(韩江)流域上游福建省所辖的长汀县、武平县、上杭县、新罗区、永定区、连城县、平和县	

---

① 人大代表建议助力粤闽治水破局[EB/OL].2016-07-14, http://news.sina.com.cn/o/2016-07-14/doc-ifxuaiwa6838769.shtml.
② 陈达兴.汀江(韩江)流域生态补偿机制试点的实践与创新[J].环境保护,2017,45(7):31-33.

续表

	主 要 内 容	备 注
补偿资金及使用	中央财政出资3亿元给福建省。福建、广东两省共同出资设立汀江(韩江)流域水环境补偿资金,资金额度为4亿元,两省每年各出资1亿元。以双方确定的水质监测数据作为考核依据,福建来水量按照汀江80%、石窟河(中山河)9%、梅潭河(九峰溪)10%、象洞溪(多宝水库上游)1%的比例,按照"双向补偿"的原则,计算补偿资金	资金主要用于汀江(韩江)流域上游福建省流域水污染综合整治、畜禽养殖污染治理和清拆补偿、环境基础设施和能力建设

与以往相关协议不同,此次采用"双指标考核",既考核"年达标率"又考核"月达标率",既考核"水质达标率"又考核"污染物浓度",解决了传统补偿机制中可能出现的水质性缺水的问题。同时为了对上下游地区的环境治理产生更大的鞭策作用,实行"双向补偿"原则,即以双方确定的水质监测数据作为考核依据,当上游来水水质稳定达标或改善时,由下游拨付资金补偿上游;反之,若上游水质恶化,则由上游赔偿下游。水质监测数据来源于两省的联合监测,处于两省交界处的永定区龙湖(棉花滩水库)则理所应当地作为一个重要的监测点,流出龙湖的水直接到了广东,所以福建省永定区政府负责省内汀江水污染治理的"最后一公里",责任重大。

为保证生态补偿的顺利实施,龙岩市专门成立了由市委书记任第一组长、市长任组长的汀江流域水环境保护和生态补偿机制建设工作领导小组。龙岩市环境科研所与北京国环清华环境研究院合作,共同编制了《龙岩市汀江流域生态环境保护与治理总体实施方案》,并出台《龙岩市各县(市、区)及重点乡镇水质考核管理办法(试行)》,将流域水质监测断面拓展到重点乡镇、重点支流。[①] 龙岩市和梅州市还建立了由两市副市长为召集人的联席会议制度,每半年开一次会,共同研究解决跨界区域生态环境治理中遇到的重大问题。两市环境执法部门定期交叉互访,每季度一会商,每半年一督查。

(四) 组织基础:河长制助力生态补偿

两省的生态补偿协议成功签订,整治水葫芦等污染问题的资金来源有了着落,但对福建省委、省政府和各县市来说,由谁来负责流域水污染的治理便成了一道现实难题。

---

① 跨省流域生态补偿机制确立以来汀江水质明显改善[EB/OL]. 2016-12-14,http://ly.fjsen.com/2016-12/14/content_18837777.htm.

正值生态补偿试点开展之际,河长制在全国推广开来。"每条河流要有'河长'了。"2017年伊始,习近平主席在新年贺词中强调。伴随着生态补偿工作的推进,永定区政府敏锐地意识到这是建立汀江综合治理机制的良机。机不可失,时不再来。2017年3月22日,在全面推进河长制工作落实专题会议上,区委常委、常务副区长高天明表示,推行河长制,是保护水环境、改善水生态的重要举措;是推进生态文明先行示范区的重要抓手。随后不久出台的《龙岩市永定区全面推行河长制实施方案》提出:"按照纵向到底、横向到边的要求,全面建立区、乡、村三级河长制体系,实现河长制全覆盖。"① 对于河长制的推行,水利局张副局长表示:"河长制就是一种多部门的合作机制,使得一个行政长官(河长)可以调动各个部门去治理这个河段,是河流治理的关键所在。"联合推进水环境的综合整治已然成为所有部门的共识。

龙岩市环保局工作人员说:"协议签订之后,省里面和广东省建立了汀江流域跨省生态补偿协调委员会,有什么问题可以直接对话。省政府现在对环保问题严阵以待,细化各级政府各部门环保工作职责,将'大环保'转变为具体的环保目标,层层贯彻。严格落实各部门水质目标绩效考评,每季度都会通报考评结果,不作为、乱作为、慢作为都要追责,并以此为基础进一步推行河长制。"

永定区迅速推行河长制工作,已将方案全部贯彻。截至2017年7月,区设有1名区级第一总河长,1名区级总河长,3名区级河长,护河队配备43人;乡设有第一总河长、总河长各20名,河长135名,护河队配备443人;村设河长135名,护河队配备1673人。②

总结过去水污染治理的经验和教训,永定区政府领导深知,河湖之病表象在水里、根子在岸上,标本兼治才是实现长效治理的唯一出路。循此思路,凭借着生态补偿和河长制的东风,永定区政府开始以水葫芦治理、养殖场拆除改造、城乡污水处理为抓手,推进综合治理。

三、生态补偿挽狂澜

(一) 政策破局:生态补偿送东风

2016年闽粤两省签订的生态补偿协议资金(补偿资金分配表见附录)迅速到位,破解了水葫芦治理工作的停滞困局。连相关负责人都坦

---

① 龙岩市永定区全面推行河长制实施方案。
② 龙岩市永定区河长制工作情况汇报.2017-07-12.

言:"没想到会这么快。"借此东风,河长办和水利局立即牵头制定水葫芦治理方案。2016年2月,龙岩市政府再次召开龙湖整治专题会议,确定了最终方案,由区属国有企业永定区龙湖旅游公司作为项目的实施主体;原定的三年集中整治时间缩短为两年,第三年转入日常保洁状态;使用物理打捞方法,共需筹集1500万元,资金切割为:棉电公司800万元、龙湖渔业50万元、市政府350万元、新罗区20万元、上杭县80万元、武平县20万元、长汀县40万元、连城县40万元;永定区政府提高了财政补助标准,2016年补助200万元,2017年补助150万元,比原定方案增加了250万元;龙湖渔业公司每年在龙湖库区增殖放流100万尾以上草鱼、鲢鳙等草食性、滤食性鱼类吞食水葫芦。①

出资问题解决后,水葫芦治理工作随之迅速推进。水葫芦打捞项目通过公开招标,由青山绿水公司等承接。承包方于2016年2月开始打捞作业,水葫芦打捞后集中堆放,用腐烂降解方式处理。为了赶在夏季高温季节水葫芦滋长黄金时间到来前消灭水葫芦,区人大常委会要求区政府建立整治工作旬报制度,及时汇报整治进展。河长责成水利、交通、农业等部门配合。2016年突击打捞期间,共建立打捞平台27个,投入27台挖掘机、5万余辆次运输车、100余艘小型围赶船、15艘专业除草船、2艘打捞保洁船、1艘轮船、2艘拖船,每天投入人力100~150人。② 同时将龙湖库区分成大坝至黄潭河口、黄潭河口至上杭稔田、黄潭河口至上杭中都3段,采取"水陆联动机械打捞法"和"分割拦截、分区打捞"方案进行打捞。③

(二)入村克难:思想动员聚人心

资金到位、完成方案设计仅仅是万里长征的第一步,实际运作更是一块难啃的硬骨头。黄潭河稔田镇附近水域内虽然河道狭长利于打捞,但存在大量渔民设置的拦河绳索、灯光网等非法养殖、捕捞设施,情势极为复杂。水葫芦船只打捞过程中容易造成渔民私设的拦河设施受损,当地渔民因此多次与打捞人员发生矛盾纠纷,导致漂浮分散或被拦截在这些设施内的水葫芦难以打捞。不仅如此,一旦挖掘机进场作业,渔民便因拦河绳索受损而蓄意报复,破坏拦截打捞装置。无法实施定

---

① 永定:万亩水葫芦成灾 推动治理还原貌[EB/OL].2016-07-18,http://lyydrd.gov.cn/html/2016-07-18/142420.html.
② 龙岩市永定区龙湖库区2016年度水污染防治专项资金绩效评价报告,2017年3月27日。
③ 龙湖库区水葫芦综合整治工作情况汇报。

点拦截、围垦作业,极大地影响了突击打捞效率。① 2016 年 7 月 14 日打捞工具就已进场,但直到 8 月 1 日才启动打捞。到了 2016 年 12 月,原位于黄潭河稔田镇段中部河段剩余约 300 亩的水葫芦,漂浮至稔田镇集镇河道,疯狂繁殖,面积增长至约 500 亩。

一边是水葫芦的野蛮生长,一边是群众的无理阻挠。这可让永定区政府犯了难,没有群众的理解,即便是惠民工程也难获支持。为了转变渔民思想,确保水葫芦打捞顺利进行,工作人员深入每户渔民家中,通过讲法律、说政策、听民意等方法,让渔民意识到,水葫芦打捞是真正的利民工程。渔民们逐渐敞开心扉,打开了话匣子,提出自己的想法。他们表示,知道打捞水葫芦后能捕上更多的鱼,但设备进场影响了捕鱼作业,短期内生计所迫只能阻挠打捞,如果能得到一些补偿自然再好不过。多番贴心窝子的交流后,永定区政府明白了群众的难处,在做出合理让步后,水葫芦打捞工作得到了群众的理解和支持,打捞平台有了着落。

(三)谈判攻坚:合作协商释疑虑

一波刚平,一波又起。刚解决完打捞设备进场的问题,永定区政府又面临打捞公司要求解除协议内容的请求。按照原合同约定,永定区仅按 200 万元将汀江上游各县流域内水葫芦打捞承包给青山绿水公司。② 永定区境内水葫芦总面积近 3 万亩,仅用不到半年时间就完成了打捞。上杭段原水葫芦面积不到永定区境内的 1/10,按正常的打捞速度设想,原本预计 2016 年 9 月中旬就能完成上杭库区剩余约 1000 亩水葫芦的打捞工作。这本是一场皆大欢喜的合作,无奈天不遂人愿,受上杭库区段水位持续高速运行、台风、大库水温高以及渔民拦截等影响,近 5 个月打捞工作时断时续,水葫芦则边打捞边疯长,大大增加了打捞成本。打捞公司成本激增、积极性严重受挫,多次要求解除协议内容,合作关系岌岌可危。

考虑到青山绿水公司的合理诉求,河长当机立断,组织协调龙湖旅游公司、区财政评审与合同管理中心、水利、交通、农业等部门,结合生态治理公司投入设备情况,共同对龙湖库区打捞成本进行了测算,结果为 1157.94 万元。③ 对此,各方经过多次协商谈判,根据市财政局、市环保局《关于 2016 年汀江—韩江流域生态补偿资金预算(第一批)的通知》,动用生态补偿金追加打捞公司费用 200 万元。永定区政府的迅速

---

① 龙湖库区水葫芦灾害治理工作情况汇报,2016 年 12 月 9 日。
② 龙湖库区水葫芦灾害治理工作情况汇报,2016 年 12 月 9 日。
③ 龙岩市永定区龙湖库区 2016 年度水污染防治专项资金绩效评价报告。

行动,让青山绿水公司感到了诚意,追加的费用也减轻了公司的压力,各方的合作关系得以继续。

龙湖库区水葫芦治理的阶段性成功并未让当地政府松懈。2017年生态补偿资金仍将水葫芦治理列为重点项目,在资金支持下永定区坚持以日常保洁工作为重点,巩固水葫芦突击打捞成果。年初,永定区制定水葫芦清理整治方案,将整治划分为两个阶段:2017年5月底前的集中整治期和2017年6月1日开始的长效管理期。① 坚持依靠专业清理、定点清理和人工清理,提高河道保洁质量,防止水葫芦灾害出现反弹。截至5月,龙湖库区累计出动大型湖库保洁船460次、人工打捞船1200次、围赶船380余次、人工打捞2700人次,共打捞水葫芦2200吨、湖面垃圾130吨,②棉花滩水库水质达到了Ⅲ类。在生态补偿资金的推动下,目前龙湖库区的水葫芦灾患已经得到有效的遏制。

(四) 追根溯源:剑指岸上污染

永定区政府领导深知单靠打捞并不能根治水葫芦污染,因此一直积极寻找釜底抽薪之策。正如水利局张副局长所言,污染"表面在河里,实际根在岸上"。近年,汀江流域内的养猪场大部分为环评不达标的粗放型养猪场,排泄物直接排入河中。环保局赖站长介绍,永定区最大的污染源就是养殖业,达70%,其余20%多是生活污水。找到了污染源,永定区政府迅速开展专项行动予以整治。但知易行难,区政府领导明白,关闭猪场无异于砸老百姓饭碗,只靠决心不能成事。否则,不但难以实现目标,还可能酿成官民冲突。因此,政府一直在寻找两全法子,既能保全群众利益,又能实现治理目标。但世间哪得双全法,资金成为堵在区政府领导心头的一块大石,无论是升级改造还是拆除补贴都需要钱。这对于经济不发达的永定区而言,是一笔不小的数目,整治行动陷入停滞。

转机出现在2016年,生态补偿资金的到位解决了基层政府的这一心腹大患。资料显示,2016年度养殖业综合整治资金投入达4520万元,其中生态补偿资金补助3000万元,配套资金1520万元。③ 养殖业治理开始动真格,一场举全区之力的整治行动随之展开。

2016年7月,永定区第十六届人民政府第六十一次常务会审议通

---

① 2017年龙岩市永定区水葫芦清理整治方案。
② 龙岩市永定区河长制工作情况汇报,2017年7月12日。
③ 永定区2016年度汀江流域(永定段)生态补偿项目(生猪养殖业综合整治)专项资金绩效评价报告,2017年5月3日。

过并印发《永定区 2016 年养殖业污染综合整治工作意见》。河长办责成农业局牵头,其他部门辅助配合,成立区养殖业污染综合整治工作领导小组办公室。

为了减少民众的抵触情绪,永定区积极宣传提高群众认识。在主要道口、公众聚集场所张贴养殖业综合整治标语,通过墙报、宣传栏等形式大力宣传畜禽养殖业污染防治的相关法律、法规和政策;通过发送短信、发放宣传材料、宣传车宣传、拍摄专题等形式,让群众更多地了解养殖业污染对环境的危害及开展综合整治工作的必要性和紧迫性,提高全社会对养猪业污染整治工作重要性的认识。龙岩公共频道以"村子里的养猪场"专题形式,采访报道了乱建猪场使村民不胜其扰,获得很大反响。

除此之外,各乡镇领导、村支书、党员群众还发挥模范带头作用,率先拆除、改造自家猪舍。环保局负责人表示:"现在猪场拆除已经总结出经验,干部动用人情说服相熟的群众不看僧面看佛面;实在不行,就找他在政府系统工作的亲戚,让亲戚去讲。去的多了养殖户也耐不住软磨硬泡。"不但如此,还制定奖励措施,鼓励群众积极配合。根据生猪养殖场兴建环保设施设备情况以及实行先建后补的原则,对验收合格且实现零排放或达标排放的生猪养殖场,每个给予 9 万~15 万元补助。对按要求拆除的生猪养殖场,规定对猪舍和管理房给予 60~175 元/平方米的补助;对主动在 2016 年 10 月 31 日前签订协议并实施拆除的,按每平方米 65 元的标准给予奖励;主动在 11 月 30 日前签订协议并实施拆除的,按每平方米 35 元的标准给予奖励;12 月 1 日以后拆除的生猪养殖场不再给予奖励,按照基准价执行。区政府将协议在网上公示,给群众吃下定心丸。

村民从最初的抵触甚至堵路不让村干部入村开展工作,到后来了解相关政策、逐步接受并愿意签订协议,最后,许多村民主动配合拆除猪场。村民黄炳香就响应号召主动拆除了自家猪舍,"政府补贴了我 36 万元,现在我已经拿这个钱,初步投资 20 万元,养美国牛蛙。"[①]"生态环保工作是大势所趋,也是大多数群众的心声,目前拆除猪舍的补助标准也没让我们吃亏,加上现在猪也不好养,成本高,我们愿意积极配合拆除工作。"村民江文明说道。

然而,还是有少数钉子户罔顾大局。对此,永定区组建多部门联合执法队伍,采用拉闸限电、突击检查、强拆等形式,对违法行为坚决予以

---

① 龙岩拆除猪场 1400 多家整治初见成效[EB/OL].2014-10-16,http://www.taihainet.com/news/fujian/cbhx/2014-10-16/1322463.html.

打击。在2014年的拆除工作中,虎岗镇两户养猪大户在镇村干部反复劝说下,仍对拆迁补偿款金额不满意,以种种理由拒不按照时间节点进行拆除。此后,永定区国土局对两户分别下达行政处罚决定书,责令其自行改正或者治理,并限期拆除地面建筑和构筑物。经过行政复议和行政诉讼,这两户仍拒不执行法院判决,在当地引起极大民愤。为了巩固生猪养殖业污染治理成果,彻底改善灌洋水库水质,经龙岩经开区管委会和永定区人民法院多次反复协调,最终达成了组织联合执法行动强制拆除这两户违建生猪养殖场的一致意见。

2016年9月,永定区法院联合龙岩经开区(高新区)执法、国土、公安及虎岗镇镇村干部近300人,对长期污染灌洋水库水质的这两家大型养猪场进行强制拆除。行动当天强制拆除了两户约1800平方米的违建猪舍,两户主人当场对永定法院法官作出了"在9月25日前完成场内生猪清栏,否则将承担相关法律责任"的书面承诺。① 强拆起到了强有力的震慑作用,保证了法律的严肃性。

事实证明,永定区生猪养殖业整治行动打了漂亮的一仗。"濑溪林其标户在拆除,古楼村梁兰兰户已拆除,涧头村李宪浪户拆除前后对比图……"永定区政府工作微信群里这些信息不断跳出,生猪养殖业整治工作快速推进。2017年,永定区政府继续出台《龙岩市永定区生猪养殖业污染综合整治工作方案》,以巩固生猪养殖业综合治理的前期成果。

为了根治岸上污染,永定区政府还多管齐下重点推进城乡污水治理。2015年,政府发出《龙岩市永定区人民政府关于授权永定区污水处理设施PPP项目实施机构及政府出资人代表的通知》,决定采取PPP模式筹措资金建设。2016年通过PPP项目筹款达1700万元。不仅如此,已签订的生态补偿协议还为永定区政府送来了及时雨——城乡污水处理管网建设被列为汀江流域横向生态环境补偿中央资金重点项目,城乡污水管网建设资金大为增加。

在综合整治过程中,永定区政府意识到治理城乡污水不仅需要硬件设施支持,还需要民众的环保意识来保障。"借着闽粤生态补偿协议这一契机,民众知道中央在重视汀江的事,重视保护水源的事,首先他们的环保意识提高了,对这件事情重视起来,我们的动员工作就更好做。"永定区宣传部负责人欣慰地说。另外,永定区环保局组织青年环保志愿者、小学生环保志愿者,在南门街广场开展"六五"世界环境日宣

---

① 龙岩经开区强制拆除两户养猪"钉子户"再掀水污染整治新高潮[EB/OL]. 2016-09-12, http://www.hxnews.com/news/fj/ly/201609/12/1004814.shtml.

传纪念活动,通过设置环保法律咨询台、发放宣传资料等形式,面对面为群众解疑释惑。

四、一江清水还复来

(一) 水复清,碧波微澜

在流域水环境综合整治中,永定区对禁养区的猪场全部进行拆除,对于非禁养区的猪场进行场地选址、科学饲养、环境治理、设备设施采购等方面的常态化培训,发展环保型畜牧养殖。截至2017年5月初,已全面关闭禁养区和限养区治理不达标的生猪养殖场1253户,拆除猪场793户。"前几年养猪多的时候,水污染太厉害了,黑黑的,洗衣服大家都不敢到河里面去洗。这一两年通过政府做工作,我们猪场拆掉了,改为其他多种经营,现在水清了很多,山也绿了很多。"农户刘家喜对养殖污染整治成果赞不绝口。永定区建立了水葫芦清理整治长效管理机制,流域内水葫芦泛滥情况得到了有效遏制。受水葫芦灾害影响停航一年多的棉花滩水库库区洪山专线客运航道也恢复通航。"停航后进出洪山乡走环湖公路,弯多难走,要1个半小时的车程。现在恢复通航仅需半个小时。"洪山乡一群众高兴地说。永定区还陆续开展了城乡污水垃圾百日大整治活动,在全区范围内开展河道整治,全面启动清河岸、清河面和清河障的河道"三清"专项行动。

在对生猪养殖污染、农村生活垃圾和流域水葫芦打捞的综合整治下,汀江流域水质情况得到了显著改善,社会舆论反响热烈。主干流4个断面Ⅲ类水质达标比例达100%,集中式生活饮用水水源地水质达标率100%,综合水质总体评价为Ⅱ类,达标率接近100%,流域水质明显好转。如今汀江水面波光粼粼,两侧河岸绿树成荫,一改以往"河道杂草和漂浮物大面积挤占河道、水污染严重"的景象,原本那个山清水秀、稻香鱼肥的汀江又回来了。

(二) 转结构,绿色发展

龙岩市环保局局长周天顺指出,2016年以来在投入上级补偿资金4.5亿元的基础上,龙岩市县两级政府追加投入16.6亿元,用于进行流域水污染治理及生态补偿。[①] 永定区灌洋水库周边农户拆除猪舍后,在区

---

① 跨省流域生态补偿换得汀江清水流广东[EB/OL]. 2017-05-11,http://www.xinhuanet.com/2017-05/11/c_1120957784.htm.

镇领导的支持下引导养殖户转产种植芙蓉李,农技人员蹲点指导,个大色润、酸甜爽脆的芙蓉李成为村民致富的香饽饽。农户郑细娘说:"我种了300多棵,可年产两三万公斤,年收入20多万元不成问题。"与此同时,永定区在灌洋举办首届芙蓉李采摘节,吸引周边游客上千人前往采摘、品尝,发展生态观光农业。除了芙蓉李,村民充分利用有利自然条件,在芙蓉李下套种了千亩高山茶,成立生态农业专业合作社,吸收社员,发展林下经济。龙岩市龙溪村村主任林全景介绍:"一棵芙蓉李树下套种高山茶,可产半公斤成品茶,每500克售价从100元到300元不等。"① 村民陈露华也正打算利用拆除的猪场种植一些蔬菜和水果,他说:"我把猪圈改变成菜园,种菜、种百香果,我们这边离城也比较近,自己种了自己销。"② 当下,永定区正大力推进农村电商发展,为实现产业发展生态化,大力引进技术含量高、无污染、产业带动力强的项目落户发展……

(三) 上下游,共治共赢

汀江流域生态补偿协议在改善上游水质、推动流域内经济转型的同时,也为下游的广东省带来了明显的生态效益。梅州市人大常委会环资委主任刘明义表示,项目开展以来,上游福建来水水质得到了明显改善,这使得韩江过境水流较以前有了很大改善,保证了流域生产生活的正常开展。

与福建交界的广东省梅州市大埔县在流域水污染治理中开展与上游库区的积极合作,协同治理,截至2016年底已拆除青溪库区网箱养殖户137户48万平方米,搬迁或处理生猪5044头,动用专业打捞设施清理水浮莲3200多亩,生活垃圾等杂物打捞稳步推进。粤闽协议按照"双向补偿"的原则,明确了上下游地市的权利义务关系,解决了资金来源的问题。项目开展以来,上游福建来水水质得到了明显改善,这使得韩江过境水流较之以前有很大的提高,保证了流域生产生活的正常开展。大埔县青溪镇党委副书记郭永富指出,青溪库区生态环境综合整治工作已于2016年年底全面完成,如今的汀江河水质明显好转,青溪库区周边的环境得到明显改善。③ 同时为尽快摆脱转型阵痛期,大埔县

---

① 永定灌洋:污水变清水 猪场成果园[EB/OL].2015-07-29,http://fj.people.com.cn/changting/n/2015/0729/c355599-25761738.html.

② 乡镇生猪养殖污染整治[EB/OL].2017-04-18,http://www.fjshxww.com/shyw/xzpd/201704/t20170418_325076.htm.

③ 汀江河水质好转 青溪库区周边环境明显改善[EB/OL].2017-06-03,http://www.dabu.gov.cn/index.php?c=index&a=show&catid=56&id=27750.

对于转产农民除了优先推荐到县里的工业园区就业之外,还将通过优惠贷款的方式,鼓励他们发展诸如花卉、古树、水果、食用菌等生态种植业,打造红色生态观光旅游线路,推动休闲农业和乡村旅游成为农民收入的新增长点。

青山再绿,汀江又清。生态补偿协议下闽粤两省通过合作共治,推动两地生态改善和经济转型,实现共同发展。如今的汀江流域一片生机勃勃,正向着一条绿色发展的新路稳步前行……

教学研讨的参考性问题

1. 生态补偿实施之前,为什么福建在汀江水污染治理中会失败?
2. 生态补偿在汀江流域水污染治理中发挥了什么作用?它是如何实现流域绿色发展的?
3. 生态补偿机制是如何运转的?它的运行框架是怎样的?
4. 生态补偿机制能够长久运行下去吗?如何保持它的持久性?

第三节 案例分析

一、理解生态补偿

(一) 生态补偿的概念和特征

生态补偿概念起源于生态学中的"自然生态补偿",指生物有机体、种群、群落或生态系统受到外部干扰时所表现出的调适能力或恢复能力。后来,生态补偿被理解为加强生态环境保护的经济调节手段,指的是一种采用公共政策或市场化手段,将生态环境保护中的外部性内部化,调整生态保护者与受益者之间利益关系的制度安排。① 生态经济学、环境经济学和资源经济学理论为生态补偿机制的研究奠定了基础,

---

* 本节由厦门大学硕士生翟文康、侯晓菁、王彬、杨语嫣、霍龙霞及清华大学公共管理学院案例中心城玥共同撰写,指导教师为厦门大学公共事务学院副教授吕志奎和清华大学公共管理学院副教授唐啸。

① 王昱. 区域生态补偿的基础理论与实践问题研究[D]. 东北师范大学,2009.

特别是生态系统服务功能的价值评估、外部性理论、公共物品理论、人地关系理论和可持续发展理论等。生态补偿以促进人与自然和谐发展,保护和可持续利用生态系统服务为目的,是平衡不同地区发展权和生态环境保护责任的重要手段,遵循"保护者受益、损害者付费"的原则。生态补偿制度的核心内容包括补偿主体、补偿对象、补偿标准、补偿方式和监管评估等。

国外对生态补偿的相关研究中多将之称为生态或环境服务付费(Payment for Ecological/Environmental Services,PES)。Wunder 认为生态服务付费具有以下特征:①是服务者与购买者之间基于谈判自觉达成的协议,不同于传统的命令与控制手段;②存在至少一个生态服务提供者和至少一个购买者;③交易的生态环境服务应该有清晰的界定;④当且仅当提供者按合约要求提供生态服务时,购买者才对其进行支付。① Cuperus 将生态补偿定义为:在发展中对生态功能和质量所造成损害的一种补助办法,目的是改善生态被破坏方的环境质量,或用于创建新的具有相似生态功能和环境质量的区域。②

生态补偿可分为多种类型。从地理空间尺度上,可分为以全球森林和生物多样性保护、污染转移等生态问题治理为主的国际补偿和以国内区域生态问题、重要生态功能区、流域、生态要素等为治理对象的国内补偿(见表 10-4)。从补偿方和受偿方之间的行政隶属关系来说,生态补偿可分为纵向生态补偿和横向生态补偿。补偿方和受偿方之间具有行政隶属关系的为纵向生态补偿,如中央政府对各级地方政府进行补偿,省政府对本辖区下级政府进行补偿;补偿方和受偿方之间不具有行政隶属关系的为横向生态补偿,如省际或市际的补偿。

表 10-4 生态补偿问题的类型③

地理尺度	问题性质	地区性质	公共物品属性	政策途径
国际补偿	全球森林和生物多样性保护、污染转移、跨界河流等		绝大部分属于纯粹公共物品类	多边协议下的全球购买、区域或双边协议下的购买、各类组织购买等,包括全球和区域市场交易

---

① Wunder,S. Payments for Environmental Services: Some Nuts and Bolts[J]. CIFOR Occasional Paper,2005(42):1-25.
② 乔旭宁等. 流域生态系统服务与生态补偿[M].北京:科学出版社,2016.
③ 丁四保,王昱. 区域生态补偿的基础理论与实践问题研究[M]. 北京:科学出版社,2010.

续表

地理尺度	问题性质	地区性质	公共物品属性	政策途径
国内补偿	区域补偿	西部、东北等	纯粹公共物品类	主要是国家(公共)购买
	重要生态功能区补偿	水源涵养区、生物多样性保护区、放风固沙、土壤保持区、调蓄防洪区等	纯粹公共物品类	主要是国家(公共)购买
	流域补偿	长江、黄河等7条大江大河	准公共物品;公共资源	主要是国家(公共)购买
		跨省界的中型流域	准公共物品;公共资源或俱乐部物品	公共购买与市场交易相结合,但上级政府的协调至关重要

生态补偿有多种方式,包括财政转移支付;设立专项基金;进行经济援助类补偿,如生态受益区帮助保护区建设循环产业园区,促进生态保护区内的企业搬迁,缓解生态保护区的环境压力;进行技术支持类补偿,如生态受益区对保护区给予提高其生态产品供给能力的技术帮助;进行生态移民;征收资源价值费、环境税和资源税;运用碳汇交易、排污权交易、水权交易、生态产品服务标志等市场化方法;社会捐赠、发行生态建设债券和生态彩票、争取国际援助等。

生态补偿标准的确定是构建生态补偿机制的关键问题,其测算方法没有统一标准,目前的研究和实践中主要包括费用分析法、机会成本法、支付意愿法、收入损失法、总成本修正法、生态系统服务价值法、水资源价值法、跨界断面水质目标核算法等。还有学者从水足迹、污染权、水体纳污能力、博弈理论模型等视角探索了流域生态补偿标准的测算方法。

通常,生态补偿受偿方的主要职责是保护生态,提供优质生态产品和服务;补偿方的职责是集约高效利用生态产品,并按时足额支付补偿资金。对受偿方的考核要"要参照国家对重点生态功能区的考核办法,注重其生态保护、环境治理、循环经济发展、社会发展等相关领域的考核,取消或弱化传统的 GDP 和财政收入等方面的考核"[①];对补偿方的考核应注重补偿资金是否及时拨付,并关注其在资源集约利用、技术研发和推广、劳动力培训等相关领域的成果。

---

① 国家发展改革委国土开发与地区经济研究所课题组,贾若祥,高国力.地区间建立横向生态补偿制度研究[J].宏观经济研究,2015(3):13-23.

(二) 国内外生态补偿现状和实践

实施生态补偿是我国生态文明制度建设的重要内容，是推进主体功能区战略的重要制度安排，是保护生态环境、促进区域协调发展的重要举措，是实现绿色发展、协调发展和共享发展的长效机制，对加快经济社会持续健康发展、建设社会主义现代化具有重要意义。

我国相继出台和实施了一系列生态补偿相关政策和法规，逐步建立健全生态补偿制度。党的十六届五中全会《中共中央关于制定国民经济和社会发展第十一个五年规划的建议》首次明确提出，按照"谁开发谁保护、谁受益谁补偿"的原则，加快建立生态补偿机制。党的十八届三中全会通过的《中共中央关于全面深化改革若干重大问题的决定》要求完善对重点生态功能区的生态补偿机制，推动地区间建立横向生态补偿制度。党的十八大报告指出，深化资源性产品价格和税费改革，建立反映市场供求和资源稀缺程度、体现生态价值和代际补偿的资源有偿使用制度和生态补偿制度。党的十九大报告强调，建立市场化、多元化生态补偿机制。2015年9月国务院在《生态文明体制改革总体方案》中提出要探索建立多元化补偿机制，逐步增加对重点生态功能区转移支付，完善生态保护成效与资金分配挂钩的激励约束机制，并鼓励各地区开展生态补偿试点。2016年《国务院办公厅关于健全生态保护补偿机制的意见》针对我国生态保护补偿的范围偏小、标准偏低，保护者和受益者良性互动的体制机制尚不完善等问题，明确了目标任务：到2020年，实现森林、草原、湿地、荒漠、海洋、水流、耕地等重点领域和禁止开发区域、重点生态功能区等重要区域生态保护补偿全覆盖，补偿水平与经济社会发展状况相适应，跨地区、跨流域补偿试点示范取得明显进展，多元化补偿机制初步建立，基本建立符合我国国情的生态保护补偿制度体系，促进形成绿色生产方式和生活方式。同时，对各分领域重点任务提出了明确的指导意见。

我国关于生态补偿的规定大多分散在具体领域的法律法规中，尚未形成系统完善的法律体系。早在1998年修正的《中华人民共和国森林法》中就提出国家设立森林生态效益补偿基金，用于提供生态效益的防护林和特种用途林的森林资源、林木的营造、抚育、保护和管理。2008年修订的《中华人民共和国水污染防治法》明确指出，国家通过财政转移支付等方式，建立健全对位于饮用水水源保护区区域和江河、湖泊、水库上游地区的水环境生态保护补偿机制。2011年起施行的《中华人民共和国水土保持法》规定，国家加强江河源头区、饮用水水源保护区和水源涵养区水土流失的预防和治理工作,多渠道筹集资金,将水土保持生态效益补偿纳入国家建立的生态效益补偿制度。作为环保领域的基础性和综合性法律,2015年起施行的新修正的《中华人民共和国环境保护法》第31条中规定:国家加大对生态保护地区的财政转移支付力度;有关地方人民政府应当落实生态保护补偿资金,确保其用于生态保护补偿;国家指导受益地区和生态保护地区人民政府通过协商或者按照市场规则进行生态保护补偿。

我国在生态补偿实践中也取得了一些显著成果,先后启动了退耕还林、退牧还草、天然林保护、京津风沙源治理、西南岩溶地区石漠化治理、青海三江源自然保护区生态保护与建设、甘肃甘南黄河重要水源补给区建设等具有一定生态补偿性质的生态建设工程。如山西省从2006年开始进行生态环境恢复补偿试点,对所有煤炭企业征收煤炭可持续发展基金、矿山环境治理恢复保证金和转产发展资金。[1] 南水北调中线工程丹江口水源地,通过中央政府的财政转移支付、受水区与水源区之间的省际经济补偿及针对水源区发展机会损失补偿等方式进行生态补偿。浙江省金华流域在东阳和义乌之间开展水权交易,义乌市出资2亿元购买东阳横锦水库近5000万立方米水的永久使用权,并以每立方米0.1元的价格每年向东阳支付综合管理费,同时,东阳保证横锦水库水质达到国家Ⅰ类饮用水水质标准。2012年,由财政部、环保部牵头,安徽、浙江两省共同推进的新安江流域生态补偿试点正式实施,以政府补偿为主,市场推进、社会参与为辅多渠道募集补偿资金,围绕生态保护、污染防治和产业结构调整发力,取得了显著成效。

国际上的生态服务付费实践大多围绕森林、流域和矿产开发领域来进行,主要分为政府购买模式、市场模式和生态产品认证计划(间接交易模式)。[2] 哥斯达黎加推出的环境服务补偿计划(the Pago por Servicios Ambientales,PSA)是全球生态补偿的一个著名例子。该计划针对森林的生态价值对私有土地所有者的生态保护行为进行补偿,通过森林保护合约、可持续的森林管护合约、重新造林合约,鼓励农民将保护林地所取得的碳汇出让给国家森林基金,由其在国际碳交易市场进行出售。补偿资金主要来源于化石燃料的消费税,世行贷款和全球环境基金(GEF)的资助,以及受益于生态的私有企业的支付。在哥斯达黎加的埃雷迪亚省,自来水用户在每月水费中额外支付每立方米0.3美

---

[1] 关注新常态下缺位的生态补偿制度[EB/OL].2015-03-16,http://www.cgs.gov.cn/xwl/ddyw/201603/t20160309_300453.html.

[2] 任世丹,杜群.国外生态补偿制度的实践[J].环境经济,2009(11):34-39.

元,用于给上游国家公园和私有地主来保护森林、涵养水源,当地饮料企业也积极捐赠,保护其上游生产基地的流域环境。① 南非将流域生态恢复和保护与扶贫有机地结合起来,每年投入约1.7亿美元雇用弱势群体进行流域保护。瑞士设立生态补偿区域(Ecological Compensation Areas),要求农户将7%的农田转为生态补偿区域,执行严格的生态标准,对达标的农户给予补偿和额外奖励。德国和捷克针对流经两国的易北河成立双边合作组织,对易北河污染问题进行整治,下游的德国出资900万马克交给捷克,用于建立两国交界处的城市污水处理厂。欧盟则通过出售高于普通商品价格的"生态标签"产品,肯定和鼓励生产厂家提高生态产品和服务质量,降低商品从生产、销售、使用到处理环节对环境的影响。

二、汀江—韩江府际合作下的生态补偿机制建立的必要性和意义

(一) 流域生态问题的整体性、系统性与现行封闭的、分割的行政体制之间的矛盾亟待解决

流域是以河流为纽带的带状区域,上下游、左右岸的生态环境要素构成了整个流域生态系统,生态环境具有整体性、系统性和关联性,生态系统内任何一处遭受污染,都可能破坏整体生态循环系统,从而使生态治理呈现府际特征。我国现有的行政区域划分以传统地理学上的差异性为主要依据,且环境治理主要依靠闭合的属地化治理模式,而在空间上流域生态圈往往与行政区划不重合,甚至常常跨越行政区划,因此依靠单一行政区的力量,很难彻底解决环境外部性问题。汀江—韩江流域的上下游是一个整体,龙湖的水葫芦泛滥不仅仅是永定区造成的,上游县生猪养殖、生活和工业污水不达标排放也是其重要根源。汀江—韩江水污染问题具有跨界转移性,不仅严重困扰上游的福建省,还对下游广东省的生产生活造成负面影响。横向流域生态补偿制度的构建就是"在府际合作的思路下,突破地理学上传统的以差异性为基准的区划范式,从区域生态整体功能角度来整合府际在生态治理上的分

---

① 李皓,申倩倩.生态补偿如何做到可持续?(世界脉动)[N/OL].中国绿色时报,2015-04-29. http://www.greentimes.com/greentimepaper/html/2015-04-29/content_3267842.htm.

工"。① 过去,因福建省无法对广东省构成直接命令或权力影响,只能凭借一己之力治理水污染问题,始终无法得到显著成效。横向生态补偿机制的确立,有助于从汀江—韩江流域生态圈的视角来规划和解决问题,打破了条块壁垒,成为破解福建省水污染治理困境的关键,有效促进了闽粤两省的合作。

(二) 生态文明理念下上游发展权与下游环境权之间需要平衡

流域上下游的功能区划、资源禀赋、环境容量、环境功能达标要求和经济社会发展状况不同,上游和下游实际享有的生存权和发展权也不相同。流域上游往往是经济落后的贫困地区,在财力和技术水平有限的情况下仍然要承担生态保护、环境治理、加强自然资源用途管制、引导落后产能转型升级的职责。流域上游为达到较高的生态环境标准,必然要投入更多的人力、财力和物力成本,执行较高的产业准入门槛,丧失一定的发展机会。流域下游则依赖于上游地区的生态优势,希望保障自身享有优质生态产品和服务的权利。福建汀江上游流域的长汀、武平和上杭过去都是国家级贫困县,主要依靠矿产业、养殖业等高污染产业,一旦失去了这些产业的支撑,当地政府难以获得财政收入,经济社会发展必然受到一定的影响。流域下游的广东省时常受到汀江—韩江水污染之苦,希望享有一江清水。根据闽粤两省签署的横向生态补偿协议,当上游来水达标时,下游补偿上游,保证了上游的发展权;当上游来水不达标时,上游补偿下游,保证了下游的环境权。

三、汀江—韩江流域合作共治生态补偿机制的构建

汀江—韩江流域生态补偿机制,以横向上闽粤两省的双向补偿为主,辅以纵向上来自中央政府的资金支持,有效避免了纵向补偿方式补偿资金不足且不稳定,受偿方容易滋生"等、靠、要"思想的弊端,充分运用经济杠杆激活了两省联防联治的积极性。横向生态补偿具有四个特点:①双方生态关系相关性十分密切;②相互间不具有行政隶属关系;③基于双方之间的自主谈判协商;④责任权利明晰且对等。② 签订《关于汀江—韩江流域上下游横向生态补偿的协议》,就是基于闽粤两省汀

---

① 刘娟,刘守义.府际合作视域下区域生态补偿制度研究[J].河北北方学院学报(社会科学版),2015,31(2):33-37.

② 国家发展改革委国土开发与地区经济研究所课题组,贾若祥,高国力.地区间建立横向生态补偿制度研究[J].宏观经济研究,2015(3):13-23.

江—韩江流域密切的生态关系,通过两省领导的协商,以河长制为组织依托,以生态补偿资金为保障,以生态环保组合拳为治污利器,建立了由动力机制、协商机制、领导小组机制、监督评估机制、实施机制构成的双向负责的生态补偿模式(见图 10-5)。

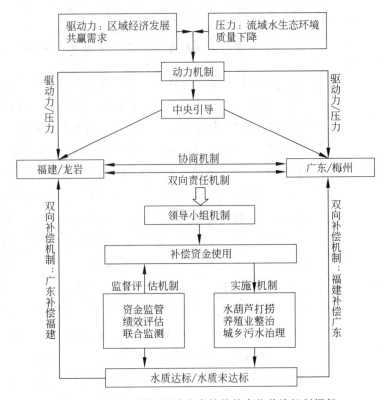

图 10-5 汀江—韩江流域生态补偿的合作共治机制框架

(一) 动力机制

汀江—韩江流域生态补偿机制的构建并非是偶然的,它的形成是经济驱动和环境压力双重作用的结果。广东作为汀江下游省份,其经济发展需要良好的流域水生态环境作为支撑,福建经济的崛起也需要绿水青山作为基础,对汀江流域水污染进行治理是两省的不谋而合,是区域经济发展共赢的需求,推动着两省走向合作。此外,汀江污染问题层出不穷,使得上下游的民众苦不堪言。2009 年后汀江流域污染事故频发,其中长潭水库、多宝水库、象洞溪的水质下降到Ⅳ类或Ⅴ类水,象洞溪更是龙岩有名的臭水沟,这对汀江下游梅江的水质也产生了极其恶劣的影响。对于两省而言,国家绿色发展理念的推行与居民生存环境的改善需求构成了推行生态补偿的压力,使得福建省和广东省积极接洽生态补偿事宜。

(二)协商机制

生态补偿机制是闽粤两省政府合作的一种重要形式,这种机制的构建与运行需要制度化的协商机制。现有的协商机制包括三个层面:一是在国家层面,由财政部、环境保护部(现生态环境部)、水利部共同组织协调,督导两省积极建立联系;二是广东省与福建省层面,建立汀江流域跨省生态补偿协调委员会,负责解决两省之间在实施流域生态补偿过程中需要交流、合作的重要问题和可能出现的争议;三是构建两个相邻地级市——龙岩市与梅州市之间的合作协调平台,主要体现在建立由两市分管副市长担任召集人的联席会议制度,完善流域监测信息共享平台,建立联合执法制度,开展跨界环境污染问题的共同预防与处置。

(三)领导小组机制

龙岩市作为汀江流域水环境整治的责任主体,成立了汀江流域水环境保护和生态补偿机制建设工作领导小组,该小组负责领导决策、指挥调度和协调推进各项工作,督促实施汀江流域水环境整治和生态补偿机制的目标确定、规划统筹、政策制定、任务分解下达、资金安排、工作督查、绩效评估考核等内容。各县(区、经开区)和市直有关部门也成立了相应的领导机构,加强对汀江流域综合整治工作的领导,确保工作高效有序推进。

(四)监督评估机制

1. 资金监管机制

龙岩市制定了详细的资金监管制度。一是建立流域补偿资金及项目管理制度,严格把控资金使用范围,严格遵循项目申报、施工、验收等制度,加强资金绩效评估管理。二是建立流域补偿资金专项审计制度,由审计部门每年定期对有关单位当年的流域补偿资金安排和使用情况、项目的建设与运行情况等进行审计,以保证资金的规范使用并及时纠正偏差、整改提高。[①] 三是建立项目定期监督检查制度。由市委、市政府督察室牵头,财政、水利、环保、农业、住建等有关部门参加,每季度开展一次流域整治项目定期督察,确保项目建设成为实在的有效投资。

---

① 陈达兴.汀江(韩江)流域生态补偿机制试点的实践与创新[J].环境保护,2017,45(7):31-33.

2. 联合监测机制

中国环境监测总站组织福建、广东两省开展联合监测,并对监测断面与采样要求、质量保证、评价方法等进行了详细的规定。

3. 绩效评估机制

两省政府共同开展绩效评估工作,每年第一季度将上年工作进展情况,包括补偿机制运行情况、水质改善情况、项目建设情况、补偿资金使用情况等,报财政部、环境保护部(现生态环境部)。为此,福建省于2016年3月出台《福建省环保督察实施方案》,成立环境保护督察组,每两年左右对全省各设区市落实环境保护情况进行督察,同时不定期对负有环境保护监督管理职责的省直有关部门开展督察,督察组长由省发改委、环保厅、住建厅主要领导担任。

(五)实施机制

1. 治污项目管理制

龙岩市制定了《龙岩市汀江流域生态环境保护与治理总体实施方案》,其中项目运行管理主要包括重点整治任务及重点整治工程。第一,全面推进汀江主干流环境治理。围绕汀江流域境内的主干水系,实施棉花滩库区水葫芦专项整治、干流上杭段及长汀段综合治理等生态工程。第二,全面推进重点支流的环境治理。加快推进环保能力建设步伐,围绕实现流域水环境有效监管、出境水质有效监控的工作要求,实施黄潭河、中山河水质自动监测站建设等项目。第三,实施重点整治工程。确定了31个重点整治工程项目,按整治类别划分,规划与管理项目3个,养殖业治理项目3个,城乡污水垃圾治理项目6个,区域流域综合治理项目14个,河道整治与管养项目3个,环保能力建设项目2个。计划总投资约20.1亿元,其中,2016年计划投资9.21亿元,2017年计划投资10.87亿元。①

2. 环境综合整治

环境综合整治工作主要包括汀江—韩江流域上游福建省流域水污染治理、畜禽养殖污染治理和清拆补偿、环境基础设施和能力建设,不仅仅治理水中的水葫芦问题,还要治理岸上的污染根源——生猪养殖产业和城乡生活污水,更要推进企业转型升级,发展绿色循环经济。环境综合整治补偿资金的使用规定主要有:第一,区域流域综合整治项目方面,确定补助比例为30%~40%。第二,养殖业治理项目方面,确定补助比例为50%。第三,城乡污水垃圾处理项目方面,确定补助比例

---

① 一江清水流广东[EB/OL].2016-09-28,https://china.huanqiu.com/article/9CaKrnJXPeV.

为20%;单独管网建设项目,补助比例为30%。第四,河道整治与管养方面,确定补助比例为50%;第五,规划与管理项目方面,确定补助比例为100%。第六,环保能力建设项目方面,确定补助比例为60%。

(六) 双向负责与补偿机制

汀江流域的生态补偿是"成本共担、效益共享、合作共治"的机制,坚持双向负责的原则,福建与广东联合监测、共同考核、资金互补。采用"双指标考核",既考核"年达标率"又考核"月达标率",既考核"水质达标率"又考核"污染物浓度"。同时,实行"双向补偿"原则,以双方确定的水质监测数据作为考核依据,当上游来水水质稳定达标或改善时,由下游拨付资金补偿上游;反之,若上游水质恶化,则由上游赔偿下游,上下游两省共同推进跨省界水体综合整治。若河流断面未完全达到年度考核目标,将按达标河流来水量比例和不达标河流来水量比例计算补偿金额。

总之,汀江—韩江流域生态补偿合作共治机制的构建基于两省实现绿色发展、改善流域居民生存环境的共同诉求,通过互相协商、加强领导、共同监测、联合监管、双向负责和双向补偿等方式保证了两省合作的有效顺利开展。合作共治关系中既有国家层面的协调与指导,也有地方政府之间的博弈与合作,还包括治污过程中监督部门与评估机构的参与。

四、汀江—韩江流域生态补偿机制的作用与效果

(一) 作用分析

1. 资金支持

汀江流域的生态补偿协议为福建流域水污染的整治提供了资金支持,输送了治污的新鲜"血液"。如2016年龙湖库区水葫芦综合治理总投资约2000万元,其中生态补偿资金拨付1000万元,极大地缓解了当地政府治理资金不足的困境,水葫芦治理工作得以迅速推进。2016年度养殖业综合整治资金投入达4520万元,其中生态补偿资金补助3000万元,配套资金1520万元,自此养殖业治理开始"动真格",一场举全区之力的整治行动随之展开。补偿资金的快速到位是此次福建汀江水污染治理取得显著成效的重要基础和保障。

2. 政策驱动力

省际流域横向生态补偿协议是福建省进行流域生态环境治理的

政策驱动力。正如"胡萝卜"与"大棒"一样,较为充足的补偿资金对福建开展强力治污行动起到激励和促进作用,广东的参与和双向补偿的压力对福建治污产生一定的监督效果,激励与监督结合,驱动着福建治污行动的快速推进。此外,2015年9月国务院印发《生态文明体制改革总体方案》,明确将"福建广东汀江—韩江"纳入国家横向生态补偿试点。在中央政策引导和中央部委的牵头组织下,两省之间横向生态补偿协议的签订为生态保护与污染整治奠定了政策基础,对闽粤两省各级政府造成一种政策压力,此时,加上领导的重视和有效统筹协调,生态补偿的协议目标很快通过各级政府的综合整治行动有效实现。

3. 府际合作

在跨省的流域水污染整治过程中,横向生态补偿机制成为省际沟通的法约尔桥,是两省之间的合作协商之桥。在生态补偿机制实施之前,下游地方政府往往将跨省水污染问题的解决寄托于省级政府之间的沟通,不断向上汇报污染情况,表达诉求。广东省与福建省作为同级且相邻的兄弟省份,无法构成相互命令,因自身诉求和考虑问题的角度不同,难以就生态补偿办法达成共识,两省于是向中央汇报,由中央出面协调。每当遇到跨省际的环境污染问题,地方政府往往会沿着科层金字塔逐级上报,然后中央沿着科层金字塔逐级向下询问,使得政府间沟通变得复杂。目前实施的生态补偿机制在闽粤两省之间架起了一座不再"麻烦"中央的沟通之桥,更加便于府际合作,也一定程度上破解了流域生态治理中的条块分割困境。

(二)效果分析

汀江—韩江流域生态补偿机制集中实施以来,以永定段为代表的水环境治理取得了较显著的成果,不仅提高了汀江流域的水质,还促进了流域内经济的转型发展和民众生活水平的改善。具体而言,取得的成果主要包括以下几个方面:

1. 水葫芦情况得到控制,水质明显改善

由于水体富营养化等原因,汀江流域(永定段)水葫芦生长旺盛,泛滥成灾,致使水质环境恶化,阻碍航道运输。2016年永定区开展棉花滩水库水葫芦综合整治项目,累计打捞清理水葫芦面积3万多亩,打捞水葫芦400余万吨,并实现6月26日河道恢复通航,转入日常保洁状态的整治目标。同时,实施大规格鲢鳙等滤食性鱼类增殖放流70万尾、近100吨,预计每年可新增消除水体中的氮21吨、磷4.2吨左右,缓解

库区水体富营养化趋势问题,实现"以鱼净水"的目标。棉花滩水库基本实现了水清环境美的转变。2016年底汀江永定段水质监测数据显示,以汀江、梅潭河等为代表的12个国控、省控断面Ⅲ类以上水质达标率为90.91%,汀江流域水质情况有了较大的改善。①

2. 重点整治工程进展顺利,排污基础设施得到完善

生态补偿实施以来,龙岩市借助生态补偿资金开展了一系列水环境整治工作,完成了汀江流域整治规划与实施方案编制,制定了流域水质考核及绩效评估、重点水源地建设规划等方案。协议签订后龙岩市顺利开展了永定城区污水管网建设、永定乡镇污水处理厂及配套管网工程建设、永定区养殖业污染综合整治、洪山尚迳溪小流域治理、龙湖棉花滩水库水葫芦综合治理等项目。

3. 产业结构转型升级加快,绿色经济发展稳步推进

在对畜禽养殖场清拆补偿的同时,政府积极帮助养殖户实现转产。龙岩市政府开始引进优质绿色项目,大力促进辖区内流域旅游业的开发,深入挖掘长汀客家、红色、生态文化底蕴,科学布局,合理规划。永定区引导养殖户转产种植蔬菜、水果,发展生态观光农业,同时套种了高山茶,发展林下经济。下游大埔县通过优惠贷款的方式鼓励转产农户发展花卉、古树、水果、食用菌等生态种植业,打造生态观光旅游线路,推动休闲农业和乡村旅游成为农民收入的新增长点。以汀江生态经济走廊为主轴,龙岩市逐步建立起资源节约型、环境友好型的产业结构,增长方式、消费模式得到优化。

4. 两省间关系得到改善,促进了广东与福建的横向合作

广东省一开始不愿意对福建省汀江流域上游进行补偿,持观望和不合作态度,因为担心"羊群效应"引来其他毗邻省份纷纷伸手要补偿金。两省之间签署生态补偿协议,共同出资设立汀江—韩江流域水环境补偿资金,还得到中央资金的支持,很大程度上解决了治理资金来源及分配的矛盾,化解了两省合作迟迟难以开展的僵局。通过生态坏境保护、水源涵养、污染防治、统一监测、强化监管等措施,闽粤两省明确治理目标和措施,建立起了统一的决策协商、信息通报、联合执法和应急预警机制,实现成本共担与效益共享,实行联防联控和流域共治,共同维护了汀江—韩江流域生态环境安全。

---

① 永定区环保局提供的资料。

五、汀江—韩江流域生态补偿试点的问题与建议

（一）现存的问题

1. 生态补偿资金来源单一

流域综合治理具有复杂性和长期性，虽然现阶段汀江—韩江水污染治理与生态环境保护取得了显著成果，但未来仍持续需要资金。目前生态补偿资金主要依靠两省政府间的补偿和大型项目的国家补偿，资金来源单一，市场化模式采用不足，没有充分调动企业和社会的参与。

2. 机构设置、队伍建设有待完善

目前生态补偿协议的执行主要依靠领导干部的推动，虽然建立了协调委员会和协商互访机制，但方案中并没有设置专门的流域生态补偿管理机构和相关的治污机构，未对其权责进行明确的规定和约束，同时缺乏配套的专业人才队伍从全流域的角度对生态治理工作进行大局统筹、细致执行，生态补偿贯彻落实的效果还有一定的提升空间。

3. 省内政府间沟通不畅

省际流域治理不仅涉及两省政府间的沟通与合作问题，在省内同一流域内不同地级市和县之间也存在同样的上下游政府协同治理问题。永定区环保局在与上游兄弟县市沟通水污染治理时便遇到了困难，两次合作整治行动均早早夭折。由于同级政府之间没有隶属关系，使得二者的协同很难推进，还需要上报到省级政府，由上级政府出面，所以生态补偿试点中省内政府间的协同问题还有待进一步解决。

4. 补偿标准缺乏科学论证，定价机制过于简单

流域生态补偿标准的测算方法有很多种，采用不同方法得到的结果存在差异，生态补偿标准的量化具有难度。汀江—韩江流域生态补偿资金标准主要根据上下游政府的财力、水质达标情况、其他省份生态补偿经验和国家建议来确定。标准的制定经由两省政府的友好协商，由地方主要领导拍板决定。决策过程中，专家、民众和相关行政管理部门未能深度参与。标准的制定也需要更为科学的计算方法和充分的技术论证作为支撑。

5. 生态补偿法律体系基础薄弱，具体工作的开展缺乏有力指导

目前，国家层面还没有系统的生态补偿法，关于生态补偿的相关规

定散落在各个具体领域的法律中。各地制定生态补偿方案和细则,主要依靠国内外试点的经验。汀江—韩江流域生态补偿机制的实施过程中,由于缺乏国家统一的规划和方针指导,解决问题和矛盾时没有权威的法律法规依据,加大了协调工作的难度,保障生态补偿机制的长期性和稳定性面临挑战。

(二) 对未来继续推行生态补偿的建议

1. 生态补偿与河长制协同推进,完善组织建设

生态补偿协议解决了资金问题,河长制奠定了组织基础,汀江—韩江生态补偿试点中河长制起到了关键的推动作用。由党政一把手担任地方水环境治理的第一责任人,有助于解决部门权力分割、推诿扯皮的问题,促进治理责任的落实和监督作用的发挥。因此,应坚持依托河长制来推行生态补偿,特别是在生态补偿实施后期,集中治污行动完成后,流域生态的日常管护工作需要稳定的河长制作为组织制度基础。此外,可以设立专门的机构来科学构建流域生态保护补偿的顶层设计,配套吸纳专业人才,实现重大决策有平台、部门协调有途径、政策执行有保障。

2. 省内流域推行生态补偿,搭建法约尔桥

为了更好地促进省内流域生态治理工作的顺利开展,除了上级政府统一指挥之外,应加强各地级市之间的沟通,在省内重点流域上下游市之间开展生态补偿,便于市际展开合作治理。

3. 吸引多元主体参与补偿,拓宽资金来源,科学进行分配

生态补偿是为了改善流域内的生态环境,受益群体较多,可根据受益者付费原则,结合受益群体享受的生态服务功能特征,评价其支付潜力和支付承受力,开拓多元化的补偿资金来源渠道,以合理的方式让生态受益区企业、居民、社会团体和非政府组织参与到生态补偿体系中。如可以将水资源、旅游门票作为支付载体,由用水企业、城镇居民、游客等生态环境受益群体缴交生态补偿费。[①]

当地政府还应加强生态补偿政策宣传,提高相关信息的透明度,吸引有关政府部门、专家、中介组织、民众参与生态补偿标准的科学量化过程,理顺和打通公众参与渠道,使其在横向生态补偿机制中充分发挥引导、监督、协调作用。

在生态补偿资金的使用上要考虑补偿的动态性,根据不同的补偿阶段合理分配资金。有学者从生态补偿资金需求的角度,将生态补偿

---

① 王晨野,岳平等. 海南省生态补偿机制资金来源与筹措方式探讨[C]. 2012环境保护投融资与产业发展研讨会. 中国北京,2012-12-01.

分为基本补偿阶段、产业结构调整补偿阶段和生态效益外溢补偿阶段（见图 10-6）。汀江—韩江横向生态补偿可设置专项资金与日常维护资金，在基本补偿和产业结构调整补偿阶段，投入专项资金对水葫芦的打捞、养殖业的拆转、城乡污水的治理等进行突击治理，支持农民转产、绿色产业园建设等项目；后期生态效益外溢补偿阶段，投入日常维护资金进行河道保洁和日常生态环境管理，保证治理效果的可持续性。资金的合理分配和使用有助于充分发挥生态补偿机制的作用。

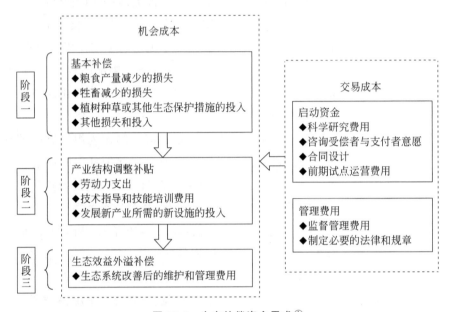

图 10-6　生态补偿资金需求①

4. 实现补偿方式的多样化

闽粤两省政府在目前货币补偿为主的基础上，可以尝试引入水权交易、排污权交易等市场化办法，还可在生态保护区和受益区之间展开对口协作，进行人力资源培训，共建生态产业园区，创新采用智力支持、政策补偿、项目补偿等方式构建多样化的生态补偿模式。

5. 完善生态补偿法律体系

从国家层面开始构建生态补偿法律体系，如建立专门的生态补偿法，在宪法和环境保护法中对生态补偿做出原则性规定。应尽快改变制度建设落后于实践发展的现状，保证生态补偿制度的合法性和严肃性，为各地生态补偿实践中制度的建立、权利与责任的分担、补偿费用的筹措和管理、合作与争议的解决提供法律依据。

---

① 秦艳红,康慕谊.国内外生态补偿现状及其完善措施[J].自然资源学报,2007(4)：557-567.

参考文献

[1] 陈达兴.汀江—韩江流域生态补偿机制试点的实践与创新[J].环境保护,2017(7):31-33.

[2] 陈莹,马佳.太湖流域双向生态补偿支付意愿及影响因素研究——以上游宜兴、湖州和下游苏州市为例[J].华中农业大学学报(社会科学版),2017(1):16-22.

[3] 龚得君.流域生态补偿财政工具法制化探析[J].经济研究导刊,2017(1):59-62.

[4] 国家发展改革委国土开发与地区经济研究所课题组,贾若祥,高国力.地区间建立横向生态补偿制度研究[J].宏观经济研究,2015(3):13-23.

[5] 宏观经济研究院课题组,贾若祥,高国力.横向生态补偿的实践与建议[J].宏观经济管理,2015(2):46-48.

[6] 李昌峰,张娈英,赵广川,等.基于演化博弈理论的流域生态补偿研究——以太湖流域为例[J].中国人口·资源与环境,2014,24(1):171-176.

[7] 潘佳.流域生态保护补偿的本质:民事财产权关系[J].中国地质大学学报(社会科学版),2017(3):34-44.

[8] 曲富国,孙宇飞.基于政府间博弈的流域生态补偿机制研究[J].中国人口·资源与环境,2014,24(11):83-88.

[9] 王晨野,岳平等.海南省生态补偿机制资金来源与筹措方式探讨[C].2012环境保护投融资与产业发展研讨会.中国北京,2012-12-01.

[10] 王金南,刘桂环,文一惠.以横向生态保护补偿促进改善流域水环境质量——《关于加快建立流域上下游横向生态保护补偿机制的指导意见》解读[J].环境保护,2017(7):13-18.

[11] 王军锋,吴雅晴,姜银萍等.基于补偿标准设计的流域生态补偿制度运行机制和补偿模式研究[J].环境保护,2017(7):38-43.

[12] 王军生,邹东哲,鹿明雷.基于博弈论方法分析流域内生态补偿机制[J].西安财经学院学报,2015(6):109-114.

[13] 王俊燕,刘永功,卫东山.治理视角下跨省流域生态补偿协商机制构建——以新安江流域为例[J].人民长江,2017,48(6):15-19.

[14] 张捷,傅京燕.我国流域省际横向生态补偿机制初探——以九洲江和汀江—韩江流域为例[J].中国环境管理,2016,8(6):19-24.

[15] [美]约翰·克莱顿·托马斯.公共决策中的公民参与[M].孙柏瑛,译.北京:中国人民大学出版社,2010:100.

[16] Alford J. Engaging Public Sector Clients: From Service-Delivery to Co-production[M].Basingstoke: Palgrave Macmillan,2009: 23.

[17] Gordon P.Whitaker.Coproduction: Citizen Participation in Service Delivery[J]. Public Administration Review,1980,40(3):240-246.

［18］ Jeffrey L. Brudney, Robert E. England. Toward a Definition of the Coproduction Concept[J]. Public Administration Review, 1983, 43(1): 59-65.

［19］ Ostrom E. Metropolitan Reform: Propositions Derived From Two Traditions[J]. Social Science Quarterly, 1972, 53(3): 474-493.

［20］ Parks R B, Baker P C, Kiser L, Oakerson R, Ostrom E, Ostrom V, Percy S l., Vandivort M B., Whitaker G P, Wison R. Consumers as Co-producers of Public Services: Some Economic and Institutional Considerations [J]. Policy Studies Journal, 1981, 9(7): 1001-1011.

［21］ Tony Bovaird. Beyond Engagement and Participation: User and Community Co-roduction of Public Services[J]. Public Administration Review, 2007, 67(5): 846-860.

［22］ Victor Pestoff, Stephen P. Osborne, Taco Brandsen. Patterns of Co-production in Public Services[J]. Public Management Review, 2006, 8(4): 591-595.